KB042547

ARTIFICIAL

INTELLIGENCE

AND

AI와 서비스경영

SERVICE

김진한 · 김주한

MANAGEMENT

박영사

머리말

경쟁 선진국에 비추어 볼 때 우리나라 서비스 부문은 제조 부문에 비해 상대적으로 경쟁력이 낮은 수준에 머물러 있다. 여기서, 분명한 점은 우리 경제가 제2의 도약을 위해서는 서비스 분야의 경쟁력을 향상시키기 위해 혁신과 성장이 필수적으로 요구되고 있다는 점이다. 이 방안에 관련하여 중요한 이정표 역할을 하는 것은 4차 산업혁명과 관련한 다양한 기술임은 틀림없는 사실이다. 이 기술이 제조 부문뿐만 아니라 서비스 부문의 경쟁력에 큰 영향을 미칠 것이라는 전망이 넘치는 상황에서 서비스 부문에서 이들의 현재와 미래의 활용 전망을 체계적으로 정리하고 이해하는 것은 매우 중요한 일이다.

4차 산업혁명과 관련된 기술 중 AI는 빅데이터, 디지털 트윈, 로봇, 자율 주행 등과 관련하여 가장 상위에 있으면서도 최종적으로 적용되는 기술이다. 앞으로 AI 기술이 우리의 일상생활을 포함하여 비즈니스와 경제에 미치는 영향이 커질 것은 분명하다. 우리는 이미 키오스크, 서비스 로봇, 챗봇 등의 낮은 수준의 AI를 실제 경험하고 있으며, 뉴스와 인터넷을 통해 인간지능과 맞먹는 알파고, AI 로봇, 자연어처리, 컴퓨터 비전 등의 높은 수준의 AI 활약상을 들었을 뿐만 아니라 예상하고 있다. 다양한 분야에 적용되는 AI는 특히 서비스 부문에 지대한 영향을 미칠 것이기 때문에 서비스에 관심있는 사람들은 이제 이들 간의 관계에 대해 명확한 이해와 개념 정립이 필요할 것이다. 본서는 이러한 사람들을 위한 중요한 학습도구로서 활용될 수 있을 것이다.

AI에 기초한 기술과 혁신의 도입으로 인해 서비스 부문의 불확실성은 더욱 크게 증가하였다. 고용문제, 중장년층의 디지털 격차, 고객의 감정적 소외, 미래 기술추세, 투자 증가, 서비스 통합, 무인 서비스, 플랫폼 서비스 등이 그 예이다. 그러나, 위기는 항상 누군가에게 기회로 다가가듯이 미리 준비하는 사람과 조직에게는 지금의 과도기가 새로운 기회로서 작용할 것이다.

본서는 서비스 경영, 특히 서비스 운영의 관점에서 AI의 정의, 유형, 역할, 활용, 추세 등의 주제를 다루고 있다. 구체적으로, AI의 정의와 간단한 운용 알고리듬을 소개한 후에 서비스 부문에서 AI가 적용되는 기법과 분야를 정리해 서비스와 AI의 연결고리를 이해하는 것에서 출발하도록 체계를 잡았다. 이후, 전략적 관점에서 서비스에 AI를 적용하는 전략과 결정요인을 설명한 후 현장에서 적용되고 있는 AI 유형의 중요성을 고려하여 AI에 기반한 서비스 접점을 어떻게 관리할 것인지를 구체적으로 소개하였다. 나아가, 서비스 부문에 AI

가 성공적으로 적용되기 위해서는 서비스 조직과 AI뿐만 아니라 고객과 가치의 공동창출이 반드시 필요하고 AI의 효과적인 도입을 위한 역량과 품질이 고려되어야 한다. 이러한 내용들은 서비스 부문 AI의 가치창출 관점에서 여러 장에 걸쳐 소개될 것이다. 한편, AI의 가치창출은 다양한 경영기능과 산업에서 효과적으로 전개되어야 하는데 이러한 내용이 운영, 물류, 마케팅, 인적자원, 재무, 혁신 등의 기능과 여러 서비스 산업에 걸쳐 정리되었다. 마지막으로, AI는 미래의 백색 마법사이기도 하지만 일종의 흑마술로서 다가올 수도 있기 때문에 이러한 점을 고려하여 AI의 잠재적 위험, 윤리, 미래에 대한 몇 가지 관점을 소개하였다.

저희가 이 자리에 오기까지 많은 분들의 도움이 있었다. 이 책의 출판을 위해 많은 도움을 준 박영사 임직원분들께 감사드린다. 마지막으로 저희를 위해 한없는 희생을 해주신 부모님께 감사의 마음을 전한다.

2023년 2월
연구실에서 저자 씀

목차

13장   서비스 산업별 AI 적용   347

서비스 운영과
AI의 등장

1장

서비스 운영과 AI의 등장

1 서비스 운영의 개념과 역사

1.1. 서비스 운영의 기본 개념

(1) 운영

서비스 운영(service operation)은 생산 운영관리(production and operations management)의 파생으로서 시작하여 점차 국가 경제에서 서비스의 중요성이 확대됨에 따라 관심이 증가하고 있다. 생산 운영관리에서 언급하는 운영은 <그림 1.1>처럼 다양한 투입물(노동, 자본, 설비 등의 유형 투입물과 지식, 기술 등의 무형 투입물을 포함)을 변환과정(transformation process)을 거쳐 다양한 산출물을 창출하는 과정으로서 표현될 수 있다. 이러한 과정은 주어진 환경 내에서 생산성 또는 효율성과 경쟁우위를 포함한 다양한 목표로서 언급되는 생산 운영전략(이를 경쟁우위 또는 경쟁우선순위라고 할 수 있으며, 구체적으로 저비용, 품질, 유연성, 속도, 기술혁신, 기업의 사회적 책임, 기업윤리, ESG 등의 목표가 있다)을 달성하기 위해 계속 피드백되는 일종의 시스템(system) 관점에서 바라볼 수 있다. 이러한 관점하에서 생산 운영관리를 위한 다양한 관리 접근법과 원칙들(예: 린생산시스템, 도요타생산시스템 등)이 제시되어 왔으며, 이들은 최종 산출물이 서비스인 경우에도 유사하게 적용될 수 있다.

그림 1.1 생산 운영시스템

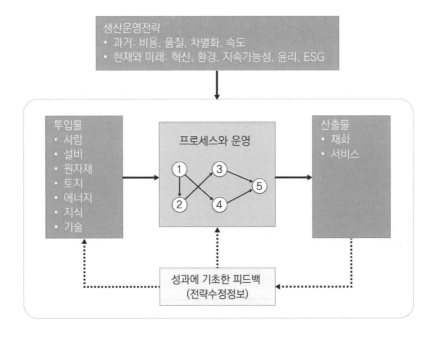

그러나, 유형의 제품에 초점을 둔 생산 운영과 차별화되는 서비스 운영의 독특한 특징으로 인해 생산 운영에서 적용되었던 이론과 원칙들이 항상 서비스 운영에 동일하게 적용되기는 어렵다.

(2) 서비스의 기본 특징

비록 본서가 서비스의 운영에 초점을 두고 있지만 서비스로 불려도 그 내용과 범위에 큰 무리가 없기 때문에 앞으로는 서비스라는 용어를 사용한다. 일반적으로 서비스의 독특한 특징으로 IHIS라 불리는 다음의 네 가지가 언급되고 있다.

① 무형성

어떤 운영시스템의 산출물은 크게 제품과 서비스로 구분된다. 여기서, 제품이 유형의 사물인 반면에 서비스는 무형의 아이디어, 개념, 행위 혹은 프로세스 등으로 정의될 수 있다. 이 무형성은 서비스의 가장 중요한 특성으로 고려되어왔다.

② 이질성(Heterogeneity)

고객은 만들어진 유형의 제품에 대해 선택만 할 뿐 제품의 생산과정에 그들이 참여하는 경우는 거의 없다. 그러나, 서비스 소비자는 자신이 원하는 서비스가 모두 다를 수밖에 없기 때문에 서비스 전달 프로세스에 적극적으로 참여하는 것을 선호한다. 그 결과, 서비스 전달 프로세스에 고객의 참여는 고객별 서비스의 변동성으로 결과된다.

③ 동시성(Inseparability)

비분리성이라고도 불리는 이 개념은 서비스가 창출(혹은 생산)되자마자 동시에 소비된다는 의미이다. 제조 부문에서는 생산이 완료된 최종 제품은 바로 고객에게 판매되고 그렇지 않은 제품은 일정 기간 재고로 쌓아놓은 후 고객에게 판매가 이루어진다. 따라서, 어느 정도의 수요의 변동에 재고를 이용하여 대응하게 된다. 그러나, 서비스는 창출된 서비스가 바로 소비되지 않으면 재고로 쌓을 수 없고 곧바로 사라지게 된다.

④ 소멸성(Perishability)

서비스가 사용되지 않는 경우에 영원히 그 서비스를 사용할 기회를 잃게 된다. 이미 언급한 바와 같이 소비되지 않는 서비스는 재고와 저장이 불가능하다. 즉, 사용되지 않음으로써 서비스 결과와 공급능력이 소멸된다는 의미이다.

(3) 서비스 운영

앞서 제시한 서비스의 특징으로 인해 서비스 운영은 전통적인 생산 운영과 다른 특징을 보유할 수밖에 없다. 물론 과거에 서비스 운영은 고객지향적 서비스를 고객에게 전달하기 위해 전방단계 프로세스(즉, 고객과 직접 접촉하는 프로세스)를 지원하고 조율하는 후방단계 프로세스(즉, 고객관 직접적인 접촉은 없지만 전방단계가 운영되기 위해 필수적인 프로세스)에 관심을 두었다. 이에 따라 서비스 운영은 생산 운영관리의 중요한 하위분야로서 다루어지면서 초기에는 생산 운영 프로세스의 관점에서 서비스 운영을 개념화하였고 많은 노력이 이 프로세스의 효율성과 효과성을 최적화하고 향상시키는 데 초점을 두었다.

하지만, 최근에 등장한 서비스 사이언스(service science), 서비스 지배 논리(service dominant logic), 제조의 서비스화(servitization) 등의 원칙과 접근법은 다른 관점에서 서비스 운영을 재구성하도록 만들었다. 즉, 서비스 운영은 운영 프로세스의 효율성을 달성하기 위해 생산역량을 활용하는 데 초점을 두기 보다는 기업, 고객, 시스템, 나아가 서비스 생태계 활동의 상황에서 고객을 위한 가치 창출과 점점 더 연계성이 높아지고 있다. 이에 따라 서비스 운영이 한 단계 더 도약하기 위해서는 서비스 시스템 내부뿐만 아니라 더 폭넓은 비즈니스 생태계 상황에서 기업과 고객의 상호 가치창출을 위해 이용가능한 역량을 활용하는 이해관계자들의 전략을 형성하기 위해 모든 이해관계자의 변화하는 니즈와 역량을 더 잘 이해하는 것이 필요하게 되었다.

1.2. 서비스 운영의 역사

(1) 과거

① 과학적 관리원칙의 적용과 혁신에 관심(1900년대 초)

20세기 전반에 서비스 운영의 주요 접근법은 서비스 시스템(혹은 조직)의 효율성을 향상하기 위해 학습과 사례에 기반하여 고객 변동성을 관리할 수 있는 관행(routine 혹은 prac-tice)을 찾기 위해 과학적 관리원칙(principles of scientific management)을 적용하는 것이었다. 동시에, 많은 기업들이 운영과 수익성을 향상시키기 위해 공통적으로 서비스 혁신을 도입하였다. 그 예로서, Disney의 혁신은 잘 디자인된 특정 분위기의 테마를 창출하기 위한 공간 제공, Disney University를 통한 직원 훈련, 특정 역할을 담당하는 직원 선발, 직원이 고객과 적극적인 상호작용과 같은 혁신 원칙을 추구하기 위해 엄격한 시나리오를 제공함으로써 고객의 총 경험(total experiences)을 관리하는 것을 포함하였다. 또한, Holiday Inn의 혁신은 여러 지역에 입지한 호텔에서 고객 숙박경험의 표준화를 추구하였다. 나아가, McDonald는 제한된 스킬과 훈련을 보유한 직원들이 고품질의 제품을 신뢰할 수 있게 생산하고 전달하며, 프로세스 성과를 모니터하고 통제하도록 표준화, 제품의 변동성 절감, 단순화, 프로세스 자동화를 도입하여 서비스에 대량생산이라는 생산라인 접근법을 도입하였다.

② 고객경험, 서비스 디자인, 서비스 분류에 초점(1960-1970)

1960년대에 제조와 서비스 산업의 차이를 인정하고 생산성의 성장을 추구하는 서비스 경제성에 관심이 기울여졌다. 1970년대는 특히 제조부문의 여러 방법론을 적용함으로써 고객 경험, 서비스 디자인, 여러 특징과 차원에 의해 서비스를 분류하는 이슈로 그 초점이 변화하였다. 예를 들어, Chase(1978)의 고객접촉이론은 이 추세에 기반하여 서비스를 항목화는 접근법을 제시하였고 뒤이어 Froehle & Roth(2004)가 고객접촉이론에 기술의 사용을 추가하였다.

③ 서비스 용량과 수요의 일치와 수학적 접근법에 초점(1980년대)

1980년대는 이 서비스 분류 혹은 항목화와 관련하여 노동의 강도(Schmenner, 1986) 혹은 서비스의 특징과 그 전달(Lovelock, 1983)에 의해 서비스를 분류하는 더욱 다양한 접근법을 취하였다. 이러한 항목화와 별개로 대기이론(queuing)과 같은 수학적 접근법에 기반한 고객 대기시간관리가 활발히 논의되었고 나아가 이 절대적 대기시간보다 고객의 기대와 인식이 더 중요하다는 심리적 접근법에 기반한 수율관리(yield management)와 같이 서비스 용량과 서비스 수요를 일치시키는 방법들에 대해 새로운 초점이 등장하였다.

④ 서비스이익사슬, 회복, 서비스지배논리에 초점(1990년대)

1990년대는 서비스이익사슬(Heskett et al., 1997)이 내부 직원 만족과 고객 만족을 연결하였고 서비스 현장 직원에게 권한을 부여하는 것을 강조하는 서비스 실패로부터 회복(Hart et al., 1990), 서비스 전달에서 자동화된 방법에 의존하는 실패 혹은 실수의 최소화(Chase & Stewart, 1994) 이슈가 중요하게 논의되었다. 이후, 풍부한 커뮤니케이션과 조정을 필요로 하고, 서비스 경험의 대량 고객화라는 기회를 제공하는 기술은 서비스를 글로벌 수준으로 더욱 확장할 수 있도록 만들었다. 궁극적으로, 행태적 운영(behavioral operations)으로서 린관리(lean management)와 관련한 아이디어들(Womack & Jones, 2005)과 재화와 서비스의 조율을 강조하고 자재 집약적인 제조에서 정보 집약적인 서비스와 지식기반 서비스로 전환을 반영하는 제품－서비스 시스템(PSS: product－service system)과 제조의 서비스화(servitization)의 개념과 철학이 서비스에 활발히 적용되었다. 그 결과, 서비스 운영은 서비스지배논리(SDL: service dominant logic)에 기초하여 고객과 서비스 제공자의 상호작용을 통한 가치 공동 창출적인 프로세스의 한 부분으로 간주되었다.

(2) 서비스 운영의 현재: 서비스에 기술의 침투

Makridakis(2017)는 산업 혁명부터 디지털 혁명을 거쳐 AI 혁명까지의 실제 기술혁신의 도입과 사용 사례를 <표 1.1>과 같이 보여주었다. 저자가 말했듯이 이 기술 중에 미래를 정확히 예측하지 못한 것도 있지만 맞춘 것도 많다. 저자는 2015년에 비록 인터넷과 스마트폰이라는 두 가지 중요한 발명을 예측하지는 못했지만 디지털 혁명 시기에 컴퓨터와 통신이 널리 사용될 것으로 전망하였다.

표 1.1 주요 혁명의 특징과 사례

산업 혁명(기계적 파워): 일상적 수작업을 대체, 보완, 증강	디지털 혁명(컴퓨터 파워): 표준화된 지적업무를 대체, 보완, 확장	AI 혁명(두뇌 파워): 실제 모든 지적업무를 대체, 보완, 확장
기술 사례		
1712 Newcomen의 증기엔진 1784 Watt의의 연발 증기엔진	1946 ENIAC 컴퓨터 1950년대 IBM의 PC	1990 뉴럴 네트장치가 손으로 쓴 숫자 인식

기술 사례		
1830 전기 1876 내부 연소엔진 1890 자동차 1901 가정내 전기 1914 연속생산라인 1919 가정의 1/3이 전기사용	1970년대 전자적 데이터 처리 1971 시분할 컴퓨터 1973 마이크로프로세스 1977 Apple의 컴퓨터 1980년대 모뎀을 갖는 컴퓨터	1993 로봇 Polly가 비전을 사용하여 방향 탐색 1997 Deep Blue가 세계 체스 챔피언에게 승리 1998 로봇 장난감 Furby가 말하는 법 학습 2005 로봇 ASIMO가 레스토랑 고객에게 서비스 2009 Google의 첫 번째 자율주행차 2011 Watson 컴퓨터가 Jeopardy에서 승리 2016 AlphaGo가 바둑 챔피언에게 승리
각 기간의 실제 적용	**2015년의 실제 적용**	**각 기술의 확산 적용**
1950년대 전기가전 1960년대 자동차 1970년대 장거리 전화 2010년대 무인공장	2015 미국인 61%가 스마트폰 사용 2015 Amazon이 가장 가치있는 미국 소매업체 2015 미국 직원의 37%가 재택근무 2015 빅데이터의 수집/활용	202? 컴퓨터 번역 202? 자율주행차 202? 딥뉴럴러닝 202? 인간 지능에 근접하는 기계

자료원: Makridakis, S.(2017)

    현재 진행 중인 스마트 센서(smart sensor) 기술, 높은 속도의 무선 커뮤니케이션, 로보틱스(robotics), 인공 지능(AI: arfitificial intelligence), 블록체인(blockchain)과 같은 기술적 진보는 서비스 혁신을 위한 매우 특별한 기회와 전례없는 운영의 효율성을 창출하였다. 특히, 서비스 비즈니스에서 이러한 기술의 등장은 기술이 가능케 하고 기술 자체가 제공하는 가치의 공동창출을 달성하도록 만들었다. 즉각적이고 글로벌한 정보공유, 사물 인터넷(IOT: Internet of Things), 빅데이터 애널리틱스(big data analytics), 딥 러닝(deep learning), 기타 현재 널리 회자되는 기술은 이미 서비스 시스템 내 주체들이 고객 니즈를 더 잘 이해하며, 더 빠르고 더 정확하게 이전보다 더 종합적인 가치를 창출하는 서비스 솔루션을 제공할 수 있게 만들고 있다. 하지만, 미래의 관점에서 새롭게 등장할 가상현실(VR: virtual reality), 퀀텀 컴퓨팅(quantum computing), 기타 새로운 첨단기술의 서비스 비즈니스에 대한 영향은 예측하기 쉽지 않다. 그럼에도 불구하고, 이러한 기술적 진보는 이전에 생각지도 못한 가치 창출의 기회를 만드는 것으로 기대되나 그 기대를 충족시키는데 이 기술들이 서비스 운영

뿐만 아니라 사회에서 미래의 인간에게 어떤 역할을 할 것인지에 관한 질문을 심각하게 고민할 필요가 있다. 예를 들어, 사람과 기술의 융합, 널리 편재하는 데이터 저장과 연결성, 더욱 효과적인 빅데이터와 인공지능의 사용, 문제의 디지털화에 대한 확산 추세는 서비스의 미래에 중요하기 때문에 현재를 명확히 이해하고 이 기반에서 미래에 대한 준비를 해 나가는 것이 필요할 것이다.

(3) 서비스 운영의 미래: 자율서비스시스템

서비스 운영의 과거에서도 그랬지만 미래에도 핵심은 기술이라는 것이 분명하다. 과거에 사람과 기술 사이에 역할이 잘 구분되었고 기업은 서비스 운영에 이용가능한 기술을 주로 관리하거나 통제하였다. 하지만, 현재는 그렇지 않다. 미래의 서비스 운영은 고객 니즈의 더 큰 수준의 변동성과 이질성, 이해관계자들의 변화무쌍하고 분산된 역할, 인간과 기술을 더 잘 통합하는 니즈에 대응하기 위해 가치 창출이라는 복잡한 상황에서 사람과 기술의 유연하고 탄력적인 조율을 추구할 필요가 있을 것이다.

어떻게 사람이 의사결정하고, 행동하고, 가치를 평가하는 것을 최근의 신기술이 지원하는지 생각해 보자. 예를 들어, 자율서비스시스템(autonomous service system)라는 개념은 어떻게 기술이 미래의 서비스 운영을 재정의하는 지에 대한 시사점을 제공한다. 인간의 참여와 개입없이 운영하는 시스템으로서 정의된 자율서비스시스템은 가치를 창출하기 위해 5개의 기술요인들에 의존한다. 그것은 사물과 사람 사이의 연결(connect), 상황인식을 위한 데이터 수집(collect), 클라우드에서 분석(compute), 무선 기술에 의한 커뮤니케이션(communication), 인간 및 개체 행위의 통제(control)이다(Lim & Maglio, 2018). 이 기술요인들은 자율서비스시스템의 세 가지 핵심 주체인 사람, (서비스)제공자, 사물 사이의 가치 공동창출에 영향을 미치기 위해 계속 순환하면서 상호작용한다.

구체적으로, 연결된 사물들은 고객에 의해 직접적으로 사용된 유형의 재화와 고객 및 제공자들에 의해 일반적으로 요구된 인프라를 포함한다. 이 재화와 인프라는 다른 사물들과 연결될 수 있다. 여기서, 수집된 데이터는 상황 추적, 비즈니스 프로세스의 사건 로그 데이터, 사람의 행동 기록, 사람과 동물의 생물학적 신호를 포함한다. 이 서비스 시스템 내 사물과 사람이 창출하는 물리적 및 사회적 지각은 사람의 행동과 운영, 조직과 사물의 운영과 상황 관리, 서비스 시스템 내 상호작용을 나타내는 데이터를 만든다.

분석적 프로세스는 의사결정을 지원하기 위한 알고리듬과 지식의 사용을 포함한다. 여기서, 분석은 이 프로세스가 원 데이터를 기계가 이해할 수 있는 데이터 혹은 인간이 이해할 수 있는 정보를 만드는 표준화된 데이터 혹은 정보로 변환시키기 때문에 연결된 네트워크에서 데이터 및 정보 커뮤니케이션을 위한 전제조건이 된다.

자율서비스시스템에서 통제는 전형적인 기계 대 기계 구동, 인간 대 기계 통제, 인간 대 인간 거래의 자동화, 스마트 계약에 의해 가능해진 업무흐름(다른 당사자들의 블록체인 네트워크에서 자동발효된 스크립트)을 포함한다. 전통적 대 자율서비스시스템에서 통제는 변동성의 관점에서 구분될 수 있는데 전자는 변동성을 줄이고(예: 제한된 옵션만을 포함하는 ATM기기) 후자는 변동성을 수용(예: 스스로 투자하는 AI 기반의 재무 서비스)한다는 차이점이 있다.

기술들이 서로 커뮤니케이션하고 사람도 상호 커뮤니케이션하며, 사람과 기술이 커뮤니케이션한다. 연결, 수집, 분석에 사용되는 기술에 기초하여 통제와 커뮤니케이션 요인들은 어떤 시스템의 여러 측면들 사이에 상호작용을 가능하게 한다. 어떤 사회적－기술적 서비스시스템은 가치의 공동창출을 포함하며, 이것은 상호 간에 가치있는 성과를 만들기 위해 다른 이해관계자들을 함께 묶는다. 사람, 조직, 정보, 기술이 더욱 끈끈하게 연결될 때 가치 공동창출을 위한 접점이 증가한다. 결국, 이 시스템이 고품질 데이터를 수집하고 분석하면서 가치 공동창출을 위한 정보 혹은 지적 자원들이 증가하고 시스템이 서로를 효율적이고 효과적으로 통제하고 커뮤니케이션할 때 가치 공동창출의 빈도와 강도가 증가한다.

이 5가지 기술 요인들에 기초한 미래의 자율서비스시스템의 예는 자율(autonomous) 홈, 빌딩, 운송, 물류, 농업, 헬스케어시스템들이다. 가령, 자율 홈은 연결, 수집, 분석, 통제, 커뮤니케이션을 통해 주택 소유자에게 다양한 가치 공동창출 활동(예: 조명 조절, 요리, 온도 통제, 문 단속 등)을 자동화하는 서비스 시스템으로서 정의될 수 있다. 자율 홈은 거주자들의 선호에 대해 학습하고 다른 이해관계자(가족, 손님, 관리인, 건축 및 개발업체 등)의 변화하는 니즈에 대응하여 다양한 가치 창출활동들을 조율함으로써 주택 소유자들의 일상을 단순화할 수 있다.

(4) 서비스 운영의 변화 추세와 고민

지금까지의 서비스 운영의 과거와 현재 및 미래의 추세를 사람, 기술, 그들의 상호작용에 토대하여 핵심 이슈를 정리하면 다음과 같다.

① 서비스 운영에서 사람

과거	서비스 운영은 합리적 인간 의사결정의 불확실성을 감소
현재	서비스 운영은 이질성을 포착하고 그것에 대응(예: 제한된 합리성을 갖는 인간의 의사결정에 반영된 행동경제학)
미래	• 서비스 전달이 정말 자동화될 수 있는가? 아니면 인적 요소와 고객 변동성이 항상

서비스 운영에 핵심이 될 것인가?
- 특히 정보 비대칭성이 줄어들 때 변동성이 미래에 어떻게 관리될 것인가?
- 기존의 이론적 프레임이 서비스 운영 내 확장하는 분석단위(개인-그룹-시스템)를 다루는데 충분한가?

② 기술의 역할

과거	기술(기법과 원칙)은 서비스 효율성과 이익을 증가시키는 데 사용
현재	기술(기법과 원칙)은 이해를 향상시키고 프로세스를 자동화하는 데 사용
미래	• 탄력적 서비스를 전달하고 복잡성을 다루는 자동화된 기술을 누가 관리/지배하는가? • 어떤 측정치들이 미래의 서비스 운영의 본질을 이해하는데 사용될 수 있는가? • 미래의 서비스 운영의 효율성 향상에서 조율을 위한 역할은 무엇인가?

③ 사람과 기술의 관계

과거	인간이 기술을 통제하고 둘 사이의 경계는 명확히 분리
현재	기술이 인간을 지원하고 둘 사이의 경계가 희미해지기 시작
미래	• 미래의 기술지배된 운영에서 인간은 어떤 역할을 할 것인가? • 기술이 핵심 주체로서 인간을 대체할 때 어떤 일이 발생하는가?

2 쉽게 경험하는 AI

2.1. AI를 이용한 흥미로운 경험

(1) AI에 의한 칼리그래퍼 작성(https://www.calligrapher.ai)

아래 <그림 1.2>의 글자는 AI가 작성한 서명으로 활용할 수 있는 한 유형의 칼리그래프이다.

그림 1.2 AI에 의한 칼리그래퍼 사인

(2) AI에 의한 자연 손글씨 인식(https://www.myscript.com>ai)

AI를 통해 영어, 중국어, 아라비아어, 일본어, 한글, 수학, 비구조화된 노트를 딥러닝을 통해 학습하여 인식시키는 소프트웨어가 상용화되었다. 아래의 <그림 1.3>은 손으로 작성한 수식을 인식하는 AI 소프트웨어의 사례이다(https://webdemo.myscript.com/views/math/index.html).

그림 1.3 AI의 손글씨 인식

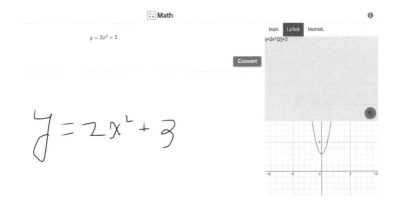

(3) AI를 통한 그림 그리기

AI가 간단한 손그림과 문자를 읽고 그림과 만화를 그려주거나 초상화 사진을 그림으로 표현하고 흑백사진을 컬러로 전환해 주는 다양한 사이트가 존재한다. 예를 들어, Midjourney, 노벨 AI, WebUI, Portrait AI, AutoDraw, DALL-E 2 등이 있다. 아래의 <그림 1.4>는 Portrait AI(portraitai.app)의 한 사례이다.

그림 1.4 AI의 Portrait 사례

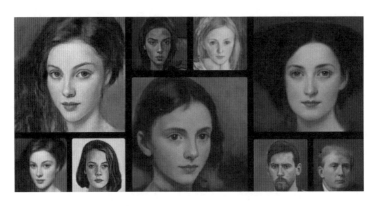

2.2. 일상에서 AI

(1) AI 스피커

Amazon Echo, Google Home, Apple HomePod, KT의 Giga Ginie는 일상의 활동과 관련한 기본적 업무를 더 현명하게 수행할 수 있는 가상의 어시스턴트의 예이다. Amazon은 Amazon Alexa Echo 스피커와 연동되어 음식의 종류와 양만 말하면 자동으로 음식을 조리하는 더 스마트한 새로운 전자레인지를 출시하였고 마이크를 탑재한 벽시계, 음성으로 제어하는 가전 제품 등을 소개하였다. 그러나, 소비자는 고객이 아픈지를 감지하기 위해 목소리를 분석하거나 제품을 구매하도록 제안함으로써 대화를 엿듣고 프라이버시를 침해할 수 있을 것이라는 두려움을 갖고 있다.

(2) 스팸 필터

이메일에 자주 나오는 스팸을 찾아 제거하기 위해 스팸 필터가 자주 사용된다. 일상에서 우리가 사용하는 이메일은 스팸메일을 스팸 혹은 쓰레기 폴더로 보내는 AI를 갖는다. Gmail은 약 99.9%의 필터 역량에 접근하도록 관리한다고 한다.

(3) 탐색과 추천 시스템

우리가 좋아하는 노래를 듣거나 좋아하는 영화를 보거나 온라인으로 쇼핑하기 원할 때 우리 관심사에 완벽하게 일치하는 것을 추천하는 AI를 찾을 수 있다. 이 지능적 추천 시스템은 우리에게 유사한 컨텐츠를 제공하기 위해 우리의 온라인 활동과 선호를 분석한다. AI는 사용자의 탐색 엔진에 대한 경험을 향상시키는 데 활용될 수 있다. 일반적으로, 우리가 찾는 답은 상위 탐색 결과에서 발결될 수 있다.

또한, e-commerce, 엔터테인먼트 웹사이트, 소셜 미디어, 비디어 공유 플랫폼과 같이 일상생활에서 사용하는 다양한 플랫폼은 사용자 데이터를 얻고 사용자에게 참여를 증가시키기 위한 고객화된 추천을 제공하는 추천시스템을 사용한다.

(4) 안면인식

인간의 얼굴은 수많은 특징으로 구분된다. 스마트 기계는 관심분야로서 얼굴의 정사각형을 형성하는 얼굴의 좌표, 코와 눈등의 표식, 기하학적 구조의 배열을 인식하기 위해 훈련되고 이것은 몇가지 요인들에 의해 얼굴을 인식하는 인간 능력을 향상시킨다. 스마트폰, 노트북, PC 등와 같은 친근한 장치를 안전한 접근을 제공하기 위해 감지하고 규명하는 안면 필터를 사용함으로써 안면인식 기술을 적용한다. 개인적 사용과는 별개로 안면인식은 심지어 공항, 군사 등과 같은 매우 높은 안전을 필요로 하는 분야에서 폭넓게 사용된다.

(5) 비디오 게임

게임 참여자의 즐거움을 향상시키고 더욱 도전적이고 게임의 매력속으로 유인하기 위해 스스로 게임을 만들뿐만 아니라 게임의 구성, 수준, 참여 방식 승리 확률 등을 설계하고 실행하기도 한다.

(6) 구글 맵과 차량호출 서비스

새로운 여정지로 여행은 더 이상 많은 생각을 필요로 하지 않는다. 혼란스러운 주소 방향에 의존하지 않고 쉽게 지도 어플리케이션을 이용할 수 있다. 수년 전에 단지 위성기반의 내비게이션인 GPS만이 여행 가이드로서 사용되었으나 지금은 AI가 독특한 환경에서 사용자에게 더 많은 경험을 제공한다. 교통 잼, 최선의 길, 최단 거리 등의 다양한 특성을 고려하여 도착 예정시간까지 알려주는 AI에 의한 어플리케이션이 사용되고 있다. 이 어플리케이션은 교통을 인식하고 이해하도록 훈련되고 교통혼잡과 병목을 피하는 최선의 방법을 제안하고 정교한 거리와 도착시간을 사용자에게 알려준다. 이러한 알고리듬은 차량호출 서비스와 연계된다.

(7) 문자편집기 혹은 자동수정

문서를 타이핑할 때 내장되거나 다운로드할 수 있는 단어 실수, 표절, 가독성의 편집을 위한 자동수정 도구가 존재한다. AI 알고리듬은 부적절한 언어 사용의 감지와 개선을 추천하기 위해 딥러닝, 머신러닝, 자연어처리를 사용한다. AI 기계는 기계가 이해할 수 있는 방식으로 구조화된 고품질의 대량의 데이터를 공급받는다. 따라서, 우리가 하나의 콤마를 잘못 입력할 때 편집기가 붉은 색으로 강조하고 제안을 제공한다.

(8) 챗봇

고객의 질문에 답하는 것은 시간이 오래 걸릴 수 있다. 챗봇을 통해 고객 니즈를 충족시키기 위해 기계를 훈련시키는 알고리듬을 사용하는 것은 이 문제에 인공적으로 지능을 가진 솔루션이다. 이것은 기계가 주문을 받고 추적할 뿐만 아니라 답하는 것을 허용한다. 고객서비스 에이전트의 대화형 접근법을 흉내내기 위해 챗봇을 훈련시키는 자연어처리를 사용한다. 발전된 챗봇은 예/아니오 질문과 같은 복잡한 투입물 형식을 필요로 하지 않는다. 그들은 종합적인 답을 필요로 하는 복잡한 질문에 대응할 수 있다. 만약 소비자가 한 대응에 대해 부정적 평가를 내리면 그 봇은 무엇이 잘못되었는지를 이해하고 다음에 그것을 수정할 것이다.

(9) 온라인 결제

AI는 현재 결제 프로세스를 단순화함으로써 고객이 더 이상 은행에 가지 않고도 거래를 지원할 수 있도록 사용 중이다. AI는 소비자가 가정에서 편리하게 수표를 예금하도록 한다. AI가 손글씨를 해독하고 온라인 수표처리를 실용적으로 만들 수 있다. AI는 소비자의 신용카드 지출 패턴을 관찰함으로써 사기를 감지하는데 활용될 수 있다. 예를 들어, 그 알고리듬은 어떤 사용자가 구매하는 품목, 언제, 어디서 구매하는지, 구매하는 가격대를 인식한다. 만약 사용자의 프로파일에 맞지 않는 어떤 의심스러운 행동이 존재한다면 그 시스템은 그 사용자에게 즉각 신호를 보낼 것이다.

(10) 게임

AI는 최근에 게임산업에서 중요한 부분이다. AI 분야에서 가장 중요한 성과 중 하나는 바둑에서 이세돌을 이긴 DeepMind의 AI 기반의 AlphaGo 소프트웨어이다. 승리한 후 DeepMind는 게임을 마스터하도록 스스로 가르칠 수 있는 AlphaGo Zero를 출시하였다. 많은 정보와 감독을 활용하여 장기간 동안 준비된 처음의 AlphaGo와 전혀 달리 이 AlphaGo Zero는 게임을 지배하도록 스스로 지도한다. 게임에서 AI의 다른 예는 1인칭 슈팅 비디오 게임인 First Encounter Assault Recon(FEAR)이다.

지금까지 일상 사례를 종합하여 도시하면 <그림 1.5>와 같다.

그림 1.5 일상의 AI 적용 사례

| AI 스피커 | 스팸 필터 | 추천시스템 |

중국 안면인식에 대한 우려

비디오 게임

맵과 차량호출

텍스트에디터 소프트웨어 사례

우리카드의 AI 챗봇 사례

AI 기반의 게임

③ 서비스에서 AI의 등장 배경

3.1. 현상

세계경제포럼(World Economic Forum)은 AI를 현재 일어나고 있는 기술혁명의 중심으로서 언급하였다. AI는 사람들이 일하고 살아가는 방식을 바꾸고 있으며 서로를 연결시키고 있다. 인간 고객과 인간 현장직원 사이의 전통적 교환 사이에서 AI는 점차 그 역할을 증가시키고 있는 중이다. 여기서 AI는 현장접점에서 인간의 상대방을 위해 대체하는 비인간 고객(AI 고객)과 비인간 직원(AI 현장직원) 모두를 언급하고 인간지능의 측면을 보이는 기계로서 정의될 수 있다. AI 현장직원은 기업을 대신해 고객과 상호작용한다. 가령, 호텔에 체크인(check-in)하는 고객은 자신의 방에 만족한지를 묻는 AI인 챗봇으로부터 문자를 받을 수 있다. 한편, 고객측면에서 최근의 혁신은 기업을 대신하여 다른 기업과 접촉할 수 있는 AI 고객(예: 디지털 어시스턴트)으로 결과된다. 특히, 이 디지털 어시스턴트는 거의 완벽한 인간의 목소리로 미용실 약속을 예약하거나 레스토랑 예약을 할 수 있다. 결과적으로, AI가 기존의 전통적인 서비스 제공자와 고객의 상호작용을 변화시키고 서비스 현장에서 새로운 상호작용을 가능하게 만들기 때문에 AI는 서비스 접점을 급진적으로 다시 형성하고 있는 중이다.

우리는 과거 수년동안 거의 모든 서비스 부문에서 AI 적용의 급성장을 목격하고 있다. 노동비용 절감과 서비스 효율성 향상이라는 장점으로 인해 추진된 지능형 기술은 사물인 터넷(IoT), 빅데이터(big data), 클라우드컴퓨팅(cloud computing), 음성인식(speech recognition), 안면 식(facial recognition)과 같은 기반 기술부터 소셜미디어(social media), 가상현실(VR), 증 강현실(AR: augmented reality), 지능형서비스데스크(intelligent service desk), 서비스로봇(service robot)과 같은 다양한 응용까지 거의 모든 서비스 부문에 침투하고 있다. 특히, 이 기술들 의 활용은 COVID−19 동안 서비스 산업에서 고객과 사회적 상호작용을 피하거나 줄이기 위한 시도로 널리 활용되고 있다.

그러나, 경영과 관련한 의사결정은 AI기술을 사용하여 수집된 데이터와 그 역할로 인해 서 대단히 향상된 반면에 어떤 인간은 부분적으로 자신의 업무에서 AI로 대체되고 있다. 고객의 관점에서 AI 적용은 서비스 상호작용을 재형성하고 그 결과 고객의 경험과 행동에 영향을 미치면서 인간 대 인간 혹은 대면 접촉의 수준을 줄였고 기술기반 서비스 접점을 창출하고 있는 일종의 문제점들도 만들고 있는 것이다.

3.2. AI의 일반적 등장 배경

모든 분야에서 최근의 AI의 재등장과 재유행은 세 가지 상호 관련된 현상의 결과이다.

- 경제와 사회의 디지털화에 따라 급속하게 증가하는 온라인 데이터의 축적
- 기계의 분석능력 증가
- 딥러닝과 신경망기반 기법의 발전

매우 복잡한 환경을 다루고(예: 자율주행차내 수백개 센서로부터 나오는 데이터를 분석하고 해 석하기) 인간의 인지적 및 신체적 제한없이 반복적이고 지루한 업무를 수행(예: 법률직 내에서 문서분류에서 텍스트분석)하는 능력을 고려하면 AI는 우리의 경제와 사회를 전환시키는 잠재력 을 갖고 있는 것으로 믿어지고 있다. 그러한 일반적 능력은 AI가 전체가 아니더라도 우리 사 회의 많은 영역에서 활용될 수 있음을 의미한다. 예를 들어, 여러 가지 중에서 AI는 징후가 발 생하기 전에 유방암을 감지하는 데 방사선전문의보다 뛰어나고 마이크로칩 개발을 위한 평면 도를 인간 엔지니어보다 더 빠르고 더 잘 디자인하며, 교통 모니터링에서 인간 에이전트보다 더 정확하고 반응적인 뛰어난 성과를 보이는 것을 우리는 미디어를 통해 잘 알고 있다.

3.3. 서비스 부문에서 AI의 등장 배경

서비스 부문에서 AI가 확산되는 배경을 구체적으로 정리하면 다음과 같다.

(1) 디지털 기술의 확산

디지털 기술은 경쟁환경의 급격한 변화를 초래하는 근본적인 이유이다. 오늘날, 이 디지털 기술의 효과는 분명해지고 있고 다양한 분야에서 전례없는 변화를 초래하고 있다. 모바일, 위치기반, 가상현실, 디지털 트윈(digital twin), 블록체인, 인공지능, 웨어러블 기술(wearable technology), 챗봇(chatbot), 신경과학(neural science), 비즈니스 프로세스 자동화(automation), 사물인터넷을 통한 기계 대 기계 상호작용과 같은 여러 기술의 융합이 현재 발생하고 있다. 그 혁신은 물리적, 디지털적, 사회적 영역을 포함하여 여러 기술의 융합을 통해 서로에게 기반이 되고 나아가 서로를 증폭시킨다. 또한, 디지털 기술은 이동성과 어디에나 존재하는 연결성 특징을 갖으며, 즉각적인 상호작용과 폭넓은 범위의 데이터와 컴퓨팅 파워를 제공한다. 이 특징은 또한 오늘날의 제품과 서비스에 반영되고 있고 지리적 위치에 상관없이 사람과 기술의 더 폭넓은 접근을 가능하게 만든다.

나아가, 이 데이터의 기하급수적 이용가능성은 기업들이 그 데이터로부터 시사점과 통찰을 분석하고 실시간으로 올바른 의사결정을 하는 것을 가능하게 한다. 따라서, AI는 우리 모두에게 이미 영향을 미치고 있는 중인 엄청나게 강력한 도구이다. McKinsey Global Institute(2018)의 보고서에서 AI는 2030년까지 글로벌 경제 산출물에 $13조를 추가할 수 있고 기업의 약 70%가 향후 10년 말까지 어떤 AI 형태를 실행할 것이라고 예측하였다.

수백만 개의 이미지를 규명하기 위해 Google과 같은 기업에 의해 사용된 AI와 머신러닝과 딥러닝은 우리 일상생활의 일부분이 되고 있는 중이다. 자율주행차는 장애물을 인식하고 이에 반응하는 방법을 학습하기 위해 AI를 사용 중이다. 또한, 여러분이 거대한 데이터를 거쳐 그들의 전반적 정확성을 측정할 때 이 딥러닝 시스템은 뛰어난 성과를 얻는 중이다. 물론 아직 다양한 실생활 적용에 있어 그 성과가 눈에 쉽게 보이지 않을 뿐이다.

Amazon의 Alexa는 기존의 B2C 시장을 파괴하는 AI 기술 발전의 좋은 예이다. Alexa는 인간과 컴퓨터 사이의 상호작용을 가능케 하는 음성인식 기술에 기초한 가상의 어시스턴트이다. Alexa는 다양한 장치와 응용에 걸쳐 사용될 수 있는 가상의 어시스턴트이기 때문에 단순한 장치가 아니라 서비스이다. 최근에, Amazon은 사람이 아픈지 혹은 그 사람에게 약을 제공해야 하는지를 판별하는 새로운 Alexa 특징을 특허로 신청하였다. 그것은 사람의 언어를 분석하고 병 혹은 감정의 다른 신호를 규명함으로써 가능해진다. Amazon은 자신을 제외한 다른 개발자들(다른 기업과 일반 개인들)이 Alexa Skill Kit을 사용하여 '스킬'을 구축하고 출간하도록 고무함으로써 Alexa의 기술 발전을 자극하고 있다.

(2) 기술에 의한 비대면 서비스의 증가

디지털 트랜스포메이션(digital transformation)이라는 유행어에서 볼 수 있듯이 기술이 빠르게 발전함에 따라 사람들이 그 기술을 쉽게 소통, 연결, 발견하고 있고 그 기술의 활용이 급속도로 증가하고 있는 상황이다. 예를 들어, 많은 소비자들이 오프라인 소매점포에서 온라인 채널로 이동하는 중이고 오프라인 소매점들은 소비의 감소를 경험하고 있는 중이다. 또한, 기업은 생산성과 효율성을 증가시키고 높은 노동비용을 낮추거나 줄이면서 고객 요구를 더 잘 충족시키고 증가된 고객만족을 지향하고자 새롭고 편리한 채널로 고객의 서비스에 대한 접근을 향상시키기 위해 비대면 서비스를 확대 도입하고 있다. 나아가, 젊은 소비자들은 보통 비대면 상호작용을 선호하고 다른 사람들과 소통을 필요로 하는 대면형태의 인간 서비스에 불편함을 느끼기도 한다. 결과적으로, 인간 접촉을 최소화하는 기술을 사용하는 서비스의 비대면 형태를 의미하는 비대면 서비스(contactless service)의 요구가 급속도로 확산되고 있다. 이 비대면 서비스는 소비자들이 판매원과 직접 상호작용하는 것을 피하고 무인의 조건 혹은 최소의 인간 접촉하에서 제품 혹은 서비스를 필요로 하는 것을 가능케 하기 때문이다.

이러한 비대면 기술을 사용하는 소매서비스는 소비자들이 제품을 간접적으로 만지고 느끼는 것이 가능한 가상현실(virtual reality) 기술, 인터랙티브 미러(interactive mirror), 사회적으로 상호작용하는 드레싱 룸, 점포 내 모바일 응용 기술에 의해 가능해 진다. 나아가, 소비자들이 몰입할 수 있는 쇼핑경험을 제공하도록 줄서지 않고 거래를 자동으로 할 수 있는 온라인 스트리밍 거래 셀프 체크아웃(self-checkout)과 무현금결제시스템(cashless payment system)이 수반되기도 한다.

특히, Millennials and Gen Z(M/Z 세대)는 디지털 원주민으로 불리고 있고 자신이 사람보다 기계 혹은 기술과 상호작용하는 것에 익숙함에 따라 보통 비대면 서비스에 대한 니즈가 더 높을 것으로 기대된다. 기술이 발전하고 사람들을 언제 어디서든 연결하는 초연결 사회에서 그들은 사람들과 접촉하고 너무 많은 상호작용을 하는 것에 지치고 있다는 것을 느끼기 때문이다.

(3) M/Z세대의 등장
① 배경
역사적 및 문화적 경험을 동시에 공유함으로써 각 세대는 공통의 개념 혹은 가치를 갖고 유사한 의식과 소비행태를 보여준다. 따라서, 정보와 소통 기술과 같이 사람들이 성장하면서 경험하는 것들은 개인적 가치에 영향을 미치고 소비가치 혹은 신념, 나아가 구매 의사결정 프로세스를 형성하거나 변화시킬 수 있다.

현대의 사회문화에서 선도적인 파워로 등장하고 있는 M/Z세대는 특히 신기술에 대한 태도와 관련하여 많은 유사한 특징을 갖는다. Z세대는 1990년대 중반과 후반에 태어난 인구통계적인 동질성을 보이는 집단이다. 이 멤버들은 디지털 세계에서 태어났으며 그들의 성장시기에 전례없는 많은 기술에 노출되었다. 그들의 전체 생활은 인터넷과 기술의 사용에 기초한다. 그들이 교육수준이 높으며 혁신적이고 디지털적으로 적응되었기 때문에 다른 세대보다 AI를 포함한 최신의 기술과 관련된 혁신을 특별한 부담없이 더 쉽게 수용하는 성향이 강하다. 또한, Z세대들은 미래의 재능을 보유하고 있을 뿐만 아니라 오늘날 노동자의 다수를 이루고 있어 Millennial의 수준을 따돌리고 다가올 미래에 가장 큰 시장을 형성하게 될 것이다.

② M/Z세대의 기술 관심

M/Z세대는 디지털 환경에서 성장하였다. 그들은 신기술에 능숙하고 개인의 개성과 취미를 우선시하며, 소셜 미디어를 적극적으로 사용하고 경제적 가치를 중요시하는 것으로 설명된다. 물론, M/Z세대는 일반 생활에서 볼 수 있는 디지털 기술에 대한 능숙함과 더불어 편리를 추구하는 공통의 성향을 갖는다.

구체적으로, Kim(2021)은 이들을 고려하여 기술에 대한 M/Z 세대의 태도를 세 가지로 구분하였다.

● 신기술에 대한 관심

다른 세대와 달리 M/Z세대는 신기술에 대한 높은 관심과 선호를 보인다. Millennials 와 Z세대의 멤버들은 신기술이 일을 빠르게 하고 쉽게 사용할 수 있기 때문만이 아니라 그들에게 호기심으로 작용하기 때문에 그 기술을 적극 활용한다. 결국, 이러한 호기심은 탐구적 행동을 자극하고 혁신적 신제품의 수용으로 이어진다.

● 편의성 추구

M/Z세대는 쇼핑과정뿐만 아니라 제품과 서비스의 사용 시에도 편의성에 최고의 순위를 부여한다. 서비스 상황에서 편의성은 서비스를 구매하거나 사용하는 것과 관련된 요구 시간과 노력에 대한 소비자들의 인식으로서 정의되고 이들은 고객만족과 행동에 영향을 미칠 수 있다. 이 편의성은 서비스를 받는데 필요한 시간과 노력을 줄여 소비자들에게 가치를 부가하는 수단으로 간주될 수 있다. 실제로, Millennial들

이 쇼핑상황에서 셀프 체크아웃 기술을 사용하는 이유 중 하나는 편의성이다. 또한 Z세대 소비자들은 특정 제품과 서비스에 대한 관심기간이 대체로 짧고 경제적 가치에 높은 점수를 부여하며, 기술 주도의 편의성, 효율성, 실용성을 추구하도록 만드는 것으로 알려졌다.

● 안전 추구

신기술에 기초한 거래에서 안전에 대한 그들의 관심이 발생한다. 특히, Millennial과 Z세대 모두는 안전성 이슈에 대한 우려와 스마트 소매거래 중에 발생하는 부정적 결과를 매우 중시한다. 점포에서 신용카드 정보를 훔치고 개인 정보가 유출되는 문제는 젊은 소비자 사이에 프라이버시 보호 우려와 서비스 직원에 대한 신뢰의 감소로 이어질 수 있다.

(4) COVID-19 팬데믹의 확산

2019년 12월 중국 우한에서 시작한 COVID-19 팬데믹은 전 세계에 일상생활뿐만 아니라 건강, 생명, 정치, 경제 등 거의 모든 분야에 강력한 충격파를 던졌다. 이 전례없는 위기는 이전의 사스(SARS: severe acute repiratory syndrom), 에볼라(Ebola), 독감(Influenza) 팬데믹과 비교하여 상대적으로 큰 규모의 위기로써, 비교되는 패턴을 찾기 어렵고 대응을 위한 시간의 부족으로 대응전략이 쉽게 도출되지 못했다. 이 질병과 싸우기 위해 검역과 사회적 거리두기가 긴급하고 효과적 대응방안으로 고려되었다. 그러나, 사람들이 경제생활을 유지하기 위해 직장에 갈 필요가 있는 것처럼 생명을 지키기 위해 모든 사람에게 가정에 머물러 있기를 요청하는 것은 불가능한 것으로 보인다. 이러한 도전은 비즈니스를 폐쇄하지 않으면서 어떻게 사회적 거리두기를 유지할 수 있는 가이다. 이제 대인간 접촉을 없애거나 낮은 수준의 사회적 접촉을 필요로 하도록 만드는 것을 서비스 산업의 하나의 솔루션으로 간주되도록 하였다. 이 목적을 위해 특히 AI와 같은 기술의 응용이 가속화되었다.

실제로 COVID-19는 신기술의 침투를 더 신속히 처리하였다. 주로 혁신 혹은 부가서비스로서 출시되도록 설계된 새로운 기술은 이 팬데믹으로 인해 필수가 되고 있는 중이다. 예를 들어, 마스크 착용, 손 위생, 사회적 거리두기와 같은 규칙들이 새로운 규범으로 인정되고 있고 무접촉 혹은 비대면 기술이 계속 비즈니스를 수행하면서 사람들을 격리하도록 유인하는 하나의 솔루션으로 고려되고 있다. 이 솔루션들은 스캔가능한 QR 코드, 비대면 체크인, 모바일 객실 열쇠, 무접촉 지불, 인앱(in-app) 주문 등을 포함하고 있다.

실제로, COVID-19 팬데믹을 다루기 위한 기술의 사용은 다양한 분야에서 이루어지고 있다. 그중에서 헬스케어 부문에서 발생하고 있는 안전하고 접촉없는 보건의료 서비스를 제공하기 위한 미래의 디자인과 기술의 발전과 사용은 다양하게 전개되고 있다. AI, 머신러닝, 이미지 인식, 딥러닝 알고리듬에 의해 가능케 되는 혁신적 기술은 감염 예방, 조기 발견 및 진단, 신속한 치료제와 백신 개발을 위해 사용될 수 있다. 기존 기술(가령 AI)을 다른 목적에 맞게 변형시킨 3D 프린팅 기술은 얼굴 마스크와 보호장비를 만드는 것을 도울 수 있고 사회적 거리 강제와 동선 추적을 지원한다. 빅데이터 애널리틱스는 임상 방문, 여행 이력, 임상 징후를 분석함으로써 COVID-19 검진 대상자 규정, 백신 개발, 원격으로 실시간 경고 발생을 성공적으로 지원하고 있다. 또한, 원격의료(telehealth) 혹은 원격진료 기술은 위기의 시기에 의료서비스 시스템의 대응성, 효과성, 지속가능성, 편리성에 유연성을 추가할 수 있다. 스마트폰과 비디오 화상 회의 도구와 같은 모바일 앱의 사용은 개인의 이동을 추적, COVID-19 다발지역을 방문하는 것에 대한 경고, 비디오 서비스와 원격의료를 통한 의사의 환자 진단 지원, 온라인 쇼핑/e-러닝/온라인 회의/재택근무로 커뮤니티를 지원하는데 효과적으로 사용될 수 있다.

또 하나의 사용분야는 사회적 로봇이다. COVID-19는 서비스 소비자들에게 중요한 파괴적 요인으로서 작용한다. 세계인들에게 강제된 정부 차원의 검역 대응방안이 즉각적이고 장기적으로 소비자들에게 해를 끼치는 심리적 건강 문제를 낳았다. 이 부정적 영향은 특히 고령층과 아동과 같은 취약자들에게 더욱 악화된다. 심지어 COVID-19 대응방안의 완화에도 이 고령의 고위험 집단을 포함한 취약한 소비자들은 계속 제한된 사회적 접촉하에서 살아야 하고 지속적으로 부정적인 심리적 건강 상태로부터 고통받을 수밖에 없다. 나아가, 확장된 사회적 거리두기와 고립 기간은 개인들의 심리적 행복을 심각하게 악화시킬 수 있다. 비록 소수의 개인이 외로움이라는 감정없이 혼자 살아가는 삶을 즐길 수 있을지라도 일반적으로 다수는 마음속에 존재하는(혹은 주관적인) 사회적 고립이라는 중요한 부정적 영향을 가질 수밖에 없다. 여기서, 마음속에 존재하는 사회적 고립은 사람의 사회적 관계의 질 혹은 양과 관련된 외로움 혹은 괴로움과 같다. 특히, 이 마음 속에 존재하는 사회적 고립의 상태는 신체적, 심리적, 인지적 건강에 심각한 부정적 결과와 관련된다. 나아가, 그것은 우울감과 침울함 증가, 인지능력 저하, 사회적 위협에 심화된 민감성으로 연결된다. 특히, 이 심리적인 사회적 고립은 아동과 노령층 사이에 가장 널리 확산되고 COVID-19 동안에 그들을 특히 취약한 소비자 그룹으로 만든다.

취약한 소비자들에게 사회적 고립의 부정적 결과에 대응하는 한 방법은 사회적 로봇에 의해 제공된다. 사회적 로봇은 일상의 삶에서 인간과 사회적 상호작용을 지원하고 관여하기 위해 디자인된 인간의 신체와 유사하게 형상화된 에이전트들(agents)이다. 그 예는 대화와 터치스크린을 통해 인간들과 상호작용할 수 있는 사회적 로봇인 Pepper이다. 이 사회적 로봇은 인간의 대면 상호작용이 없어도 필요한 소비자들에게 서비스를 제공할 수 있기 때문에 COVID-19 도중과 종료 후에도 소비자 행복에 희망을 주는 변화를 창출할 수 있다.

종합하면, 이러한 위기 동안 소비자들(예: 고객과 관광객들)의 안전 인식과 위생과 청결이 서비스업에 중요한 역할을 한다. 그러나, COVID-19의 심각성은 사람들의 이 대응 자체를 변화시켰다. 많은 사람들은 밖에 나가지 않고 집에 머물도록 강제되거나 스스로 통제하려고 노력하고 있고 이것은 거의 모든 서비스 부문에 영향(예: 배달의 증가)을 미쳤다. 게다가, 사람들의 라이프스타일은 이러한 현상들로 인해서 점차 변화하고 있다. 결과적으로, 이 팬데믹으로부터 회복하기 위해 서비스 부문은 그들의 운영에서 심각한 변화를 가져올 필요가 있다. 오히려, 위기는 첨단기술을 통한 혁신을 유인할 수 있다. 따라서, 서비스 부문에서 발생하는 현재의 COVID-19 격동은 로봇과 같은 인공지능과 그 응용의 잠재적 편익을 확산시키도록 고려해야 한다. 과거에 오랫동안 서비스 부문에서 다양한 자동화와 기술발전의 적용가능성이 고려되었으나 그들은 대부분 빈약한 기술에 집중하거나 단지 제한된 분야에만 적용되었다. 이제 AI와 서비스 로봇에서 새로운 발전은 서비스 전달을 포함하여 다양한 서비스 분야에서 AI 주도의 기술로 이어지고 있다.

(5) 전환적 서비스 개념의 부각

전환적 서비스(transformative service)는 개인(소비자와 직원), 가족, 사회 네트워크, 커뮤니티, 도시, 국가, 생태계 등의 복지(well-being)의 희망을 주는 변화와 향상(예: 건강, 행복, 불평등 감소, 읽고쓰는 능력, 서비스 접근성 등)을 창출하는 데 초점을 둔다(Anderson et al., 2013). 이러한 서비스의 전환(혹은 변환)의 동기는 앞서 언급한 디지털 기술의 등장과 최근의 COVID-19 팬데믹에 기인하여 강력히 추구되고 있다.

초기 서비스 연구는 1980년대에 유형의 재화와는 다른 서비스만의 차별적 개념과 원리들을 개념적으로 연구하기 시작하였다. 이후 10년 후에 서비스 연구자들은 그들의 초점을 서비스 디자인과 서비스 품질에 초점을 둠으로써 기업의 수익성을 향상시킬 수 있는 방안을 실증적으로 연구하기 시작하였다. 그 결과, 1990년대에 SERVQUAL이 고객만족의 동인으로서 중요하게 제안되고 검증되었다. 2000년대가 가까워지면서부터는 서비스 연구자들은 관계 마케팅과 직원과 고객 사이의 접점이 가치 창출로 결과된다는 역할에 초점을 두기 시작하였다. 이후 2000년대 들어서부터는 세계에서 가장 큰 서비스 제공자인 World Wide Web(즉, 디지털 기술)이 서비스에 미치는 영향을 적극적으로 연구하기 시작하였다.

이러한 역사를 거치면서 서비스 부문의 주요 연구주제는 크게 두 가지로 분류할 수 있다. 첫째, 서비스 연구자들은 고객 및 직원만족, 고객의 미래 행동의지, 긍정적 구전의 확산과 같은 서비스 성과의 동인들(예를 들어, 서비스 전략, 서비스 혁신, 직원만족, 서비스 조직관리, 서비스 회복, 서비스스케이프 등)에 대해 많은 관심을 두었다. 둘째, 대면서비스 전달에서 사용된 다양한 전환적 기술에 기반한 서비스에 대한 연구 등이 주로 그 대상이 되었다. 이러한 기술을 이용하여 어떻게 서비스 자체, 서비스 디자인, 서비스 제공자가 소비자의 행복 혹은 사회적/세계적 복지를 향상시킬 수 있는지를 연구한다. 최근에 등장한 새로운 서비스 기술은 개인, 기업, 사회가 어떻게 기능하는 지를 급속하게 변환시키고 있다. 스마트폰, 생체정보기술(biometrics), 인공지능, 로보틱스, 텍스트마이닝, 사물인터넷, 디지털미디어, 가상현실/증강현실, 블록체인, 메타버스와 같은 기술은 엄청나게 기업의 역량을 향상시키고 고객 경험을 변환시킨다. 또한, 이러한 유형의 기술은 대부분 산업의 전제조건을 파괴하지만 기술의 발전이 서비스 기업으로 하여금 시장과 상호작용하는 방식을 변환시키기 때문에 그것은 일차적으로 서비스 부문에 영향을 미친다.

이러한 신기술의 등장과 더불어 최근의 비대면 서비스의 확대는 약간 다른 관점에서 전환적 서비스(transformative service)라는 개념을 도입하도록 만들었다. 이미 언급하였지만 COVID-19 팬데믹의 급속한 전파는 인간의 건강과 생명에 대한 위협과 더불어 모든 경제 수준에서 급격한 영향을 미치는 중이다. 특히, COVID-19는 특히 고령층과 아동들인 취약한 서비스 소비자들에게 중요한 파괴적 요인으로 작용한다. 사회적 고립에서 살기 위해 소비자들에게 부여된 일치단결된 세계차원의 검역 대응방안이 즉각적이고 장기적인 해로운 심리적 건강 결과를 낳았다.

이러한 소비자 취약성은 소비자들이 자원에 대한 접근과 통제가 시장에서 기능하는 그들의 능력을 심각하게 억제하는 방식으로 제약한다. 따라서, COVID-19 중에 정신건강 결과로부터 특히 고통받기 쉬운 아동과 65세 이상의 노인 소비자들 자신들이 이용하거나 통제할 수 있는 자원의 소실로부터 고통을 극복할 수 있도록 도와줄 수 있는 서비스에 접근하는 것에 힘들 수 있다. 따라서, 그들 모두는 서비스 연구로부터 구체적 관심을 받을 가치가 있고 서비스가 그들의 복지를 긍정적으로 바꾸는 풍부한 잠재력을 제공한다.

복지에 대한 관심은 두 관점 중 하나로 폭넓게 다루어졌다. 그것은 쾌락주의(hedonic)와 행복주의(eudaimonic)이다. 쾌락주의적 복지는 즐거움과 행복과 동일시되고 흔히 만족과 긍정적 영향 혹은 그것의 결여로서 조작화된다. 행복주의 형태는 완전히 기능하는 개인들(즉, 이상을 성취하는 사람들)을 지원하기 위해 의미와 자기실현(예: 환경적 지배, 개인적 성장, 긍정적 사회관계)을 촉진하는 차원들에 기초하여 복지를 정의한다. 이제 새로운 서비스에 대한 관점은 두 접근법을 통합하면서 취약한 소비자들의 복지를 촉진하기 위한 서비스의 잠재력의 관심을 가져야 한다. 이제 취약한 소비자들은 그들이 시장에서 사회적 고립과 번성의 부정적 결과를 극복하기 위해 쾌락주의적(예: 엔터테인먼트) 혹은 행복주의적(예: 인생 코칭) 행복에 대한 강조를 하는 서비스로부터 큰 편익을 볼 수 있다. 그러나, 행복주의적 소비자는 특히 팬데믹 위기 기간 동안에 더욱 악화될 수 있다. 취약한 소비자들에게 사회적 고립을 막을 수 있는 좋은 방법 중 하나는 사회적 로봇에 의해 제공될 수 있다. 결과적으로, COVID-19은 서비스에 전환적인 영향을 미치고 이 서비스의 품질은 서비스의 성과에 매우 중요하다.

전환적 서비스는 폭넓은 용어이고, 그 핵심은 개인과 사회의 복지를 지원하는 것에 있다. 서비스 부문은 이 비즈니스의 필수 요소들이 강제적 대응방안(예: 봉쇄, 사회적 거리두기, 여행금지)으로 인해 저해되고 있기 때문에 가장 영향받는 산업 중 하나이다. 전례없는 이 팬데믹의 특성은 서비스 기업들이 팬데믹 이전에 운영되어온 방식을 변화시킬 수 있다. 여기서 등장하는 전환적 서비스는 모든 수준(미시, 중시, 거시)에서 서비스의 모든 부문에 대한 COVID-19의 영향을 평가하고, 치료방안을 규명하고, 비즈니스 회복 전략을 제안하는데 그 초점을 둔다. 즉, 이것은 개인(예: 소비자와 직원-미시 수준), 서비스 조직(중간 수준), 산업(거시 수준)의 복지를 다루고 향상시키는 것을 지향한다.

4 서비스의 미래에서 기술의 역할

4.1. 기술이 포함된 서비스의 미래에 대한 학자들의 견해

2017년 COVID-19 팬데믹이 발생하기 전 Queensland대학과 Australian National University in Brisbane에서 개최된 'Thought Leadership Conference in Service'에서 서비스의 2050년까지의 미래를 전망한 바 있다(Keating et al., 2018). 여기에 초대된 각 영역의 학자들은 2050년 서비스의 미래를 상상하도록 질문을 받고 고객경험, 서비스 운영, 서비스 디자인, 협력 서비스, 서비스 비즈니스 모델, 서비스 기술, 서비스 혁신, 현장 서비스 직원과 같은 영역에서 미래의 학술적 노력을 이끌어갈 이슈와 도전사항들을 규정하도록 하였다.

이 논의에서 공통적인 동의사안은 서비스 상호작용에 더 많은 기술의 침투가 존재하고 심지어 로봇과 다른 첨단 기술들이 이미 점점 더 증가하는 역할을 수행 중이라는 데 있다. 그 결과 중요한 질문은 "기술의 적용이 얼마나 멀리 갈 것인가?"였다. 물론, 모든 서비스 측면들이 기술을 통해 수행되리라는데 동의가 이루어지지는 않았다. 예를 들어, 인공지능을 장착한 로봇은 아직 감정적 지능을 갖지 않고 있고 단지 인공적으로 프로그램된 감정만을 갖고 있다는 것이다. 그 이유로 인간의 터치(human touch)는 여전히 미래에도 중요한 것으로 기대되고 심지어 어떤 분야에서는 더 중요해지고 서비스 기업의 잠재적 차별요인이 될 것이라고 전망하였다. 즉, 개인들 사이의 상호작용이 때때로 로봇을 포함할 수 있을지라도 인간들 사이(예: 다른 고객들, 현장 직원들, 친구들과 가족들)의 상호작용은 여전히 계속될 것이다. 그럼에도 불구하고, 서비스에 기술의 침투는 지속적으로 진행될 예정이고 앞서 설명한 환경의 변화를 고려하면 그렇게 될 수밖에 없기 때문에 이에 대한 준비를 하는 것은 절대적으로 필요한 일이라는 데 동의하고 있다.

4.2. 인간-기술 결합

거의 모든 사람이 서비스에서 기술을 중요한 주제로 고려하고 있는 것은 분명하다. 흥미로운 것은 기술의 역할과 대응의 차이이다. 즉, 기술의 침투 이후에 서비스에 대한 논의는 지배적인 인본주의적 패러다임 내에서 그 퍼즐을 해결하는 데 초점이 맞추어져 있다. 이 패러다임 내에서 여러 인간(고객, 직원, 관리자, 정책입안자이든 간에)은 가치명제가 어떻게 정의되고 가치가 어떻게 공동창출되는 지를 결정하는 책임이 있다.

하지만, 인간 주체들을 지원하는 것을 넘어 기술(혹은 로봇과 챗봇과 같은 다른 무생물 주체들)의 역할에 대한 고려는 거의 이루어지지 않았다. 구축된 환경은 서비스 전달과 소비를 위한 상황을 제공하고 자연환경은 자원에 공헌하며, 기술은 더욱 효율적이고 효과적인 서비스 시스템을 촉진한다. 그러나, 이 전제가 완화된다면 어떤 일이 발생하는가? 서비스 로봇처럼 무생물(혹은 사물)이 독립적이고 에이전트가 된다면? 이 의미에서 전통적인 서비스 개념은 뒤바뀔 것이고 이 무생물에 대한 인간 주체들의 영향은 동등하게 중요한 것으로서 등장할 것이다. 비록 AI와 자율 시스템의 영역에서 기술이 너무 미성숙해서 그러한 패러다임 이동이 발생 중이거나 심지어 임박한 것이라고 주장할 수 없을지라도 최근의 기술적 발전이 서비스 교환에서 서비스의 본질과 인간의 역할을 심각하게 변화시키는 잠재력을 갖는 것은 분명하다. 따라서, 앞으로 이러한 기술의 역할과 영향에 대해 계속 고민하고 연구해야 할 것이다.

이때, 기술의 역할을 고려하는 상황에 대한 더 나은 인식이 요구된다. 비록 어떤 시스템의 운영이 점점 더 자동화될지라도 많은 사람들은 어떤 상황에서 다른 사람들과 상호작용하는 것을 좋아하고 어떤 서비스 접점은 항상 어떤 인간의 관여를 필요로 할 것이다. 마찬가지로, 더 많은 동료 대 동료 상호작용과 협력에 대한 강조를 포함하면서 플랫폼이 전통적 서비스 비즈니스 모델을 계속 파괴시키는 것으로 기대되지만 이 서비스 전달에 대한 제한 혹은 경계가 더 잘 이해될 필요가 있다. 그리고 기술이 분명히 업무의 미래에 영향을 미칠지라도 여전히 사람을 위한 어떤 장소(비록 기술을 모니터하는 곳일지라도)가 있을 것이다. 그 결과 업무와 레저 사이의 경계가 미래에는 더욱 희석될 것이다.

기술이 미래에 하게 될 역할의 범위는 명백하게 정의될 수 있다. 이 역할은 인간 접점의 수준과 기술이 서비스 접점에서 핵심이 되는 수준에 따라 구분될 수 있다. <그림 1.6>은 이 두 차원의 다른 결합을 나타내는 네 가지 기술 기반 서비스 시나리오의 개괄을 제공한다.

그림 1.6 서비스 접점에서 기술의 사용 유형

자료원: Bitner, M.J., Brown, S.W. & Meuter, M.L. (2000), "Technology infusion in service encounters", Journal of the Academy of Marketing Science, 22(1), 138-149.

3/4분면에서 시계 방향으로 우리는 이미 전통적 서비스 접점뿐만 아니라 현대 서비스 접점에서도 이 예를 볼 수 있다. 기술은 매우 상품화된 거래적 서비스에 인간 대신에 쉽게 적용된다. 차별화 수준이 낮은 상황에서 셀프서비스 기술은 가치 창출과 고객 보유에 장기적인 영향을 미치는 것으로 알려졌다. 2/4분면과 같이 기술은 또한 서비스 직원의 역량을 증강시키기 위해 효과적으로 활용되어 왔고 1/4분면과 같이 더욱 고객화되고 유연한 혼합 서비스를 제공하는데 활용되어 왔다. 4/4분면은 AI와 인지 컴퓨팅에 의해 가능해진 신기술이 서비스 접점 내 인간의 역할을 전환하는 분야를 나타내고 아직 덜 알려진 분야이다. 이 부분은 향후에 본서에서 집중적으로 논의될 주제가 된다.

참고문헌

Anderson, L., Ostrom, A.L., Corus, C., Fisk, R.P., Gallan, A.S., Giraldo, M., Mende, M., Mulder, M., Rayburn, S.W., Rosenbaum, M.S., Shirahada, K., & Williams, J.D. (2013), "Transformative service research: An agenda for the future", Journal of Business Research. 66(8). 1203-1210.

Baylor, G.W. & Simon, H.A. (1966). A chess mating combinations program. Proceedings of the 1966 Spring Joint Computer Conference, 28, 431−447.

Bitner, M.J., Brown, S.W. & Meuter, M.L. (2000), "Technology infusion in service encounters", Journal of the Academy of Marketing Science, 22(1), 138−149.

Bowen J. & Morosan, C. (2018), "Beware hospitality industry: The robots are com−ing", Worldwide Hospitality and Tourism Themes, 10(6), 726-733.

Conti, D., Di Nuovo, S., Buono, S. (2017), "Robots in education and care of children with developmental disabilities: A study on acceptance by experienced and future professionals", International Journal of Social Robotics, 9, 51-62.

Davenport, T. & Kirby, J. (2015), "Beyond automation", Harvard Business Review, June.

Dreyfus, H. (1972), What Computers Can't Do, MIT Press.

Frey, C.B. & Osborne, M.A. (2017), "The future of employment: How susceptible are jobs to computerisation?", Technological Forecasting and Social Change, 114(C), 254−280,

Harary, Y.N. (2017), Homo Deus: A brief history of tomorrow, HarperCollins Publishers.

Huang, M. & Rust, R. (2018), "Artificial intelligence in service", Journal of Service Research, 21(1), 155−172.

Keating, B.W., McColl−Kennedy, J.R. & Solnet, D. (2018), "Theorizing beyond the Horizon: Service Research in 2050", Journal of Service Management, 29(5), 766−775.

Kim, S., Jang, W., Choi, W., Youn, C. & Lee, Y. (2021), "Contactless service en−

counters among Millennials and Generation Z: the effects of Millennials and Gen Z characteristics on technology self−efficacy and preference for contactless service", Journal of Research in Interactive Marketing, 2040−7122, DOI 10.1108/JRIM−01−2021−0020.

Li, J., Bonn, M.A. & Ye, B.H. (2019), "Hotel employee's artificial intelligence and ro−botics awareness and its impact on turnover intention: The moderating roles of perceived organizational support and competitive psychological climate", Tourism Management, 73, 172−181.

Manyika, J., Lund, S., Chul, M., Bughin, J., Woetzel, J., Batra, P., Ko, R. & Sanghvi (2017), "Jobs lost, jobs gained: Workforce transitions in a time of automation", McKinsey Global Institute's latest report. https://www.mckinsey.com/featured−insights/future−of−work/jobs−lost−jobs−gained−what−the−future−of−work−will−mean−for−jobs−skills−and−wages.

Makridakis, S. (2017), "The forthcoming Artificial Intelligence (AI) revolution: Its im−pact on society and firms", Futures, 90, 46−60.

Markoff, J. (2016), Machines of loving grace: The quest for common ground between humans and robots, HarperCollins Publishers.

Mori, M. (2012). "The uncanny valley". IEEE Robotics & Automation Magazine, 19(2), 98-100.

Yoon S. & Lee D (2019), "Artificial Intelligence and Robots in Healthcare: What are the Success Factors for Technology−based Service Encounters?" International. Journal of Healthcare Management, 12, 218-225.

머신러닝과
AI의 원리

2장

머신러닝과 AI의 원리

1 머신러닝

1.1. 유형

머신러닝은 크게 세 가지 부류로 분류된다. 지도학습(supervised learning), 비지도학습 (unsupervised learning), 그리고 강화학습(reinforced learning)이다.

- 지도학습
이 학습은 라벨(또는 클래스)이 주어진 데이터를 이용하여 라벨을 구분하는 학습을 수행하고 그 학습 결과를 적용하여 새로운 데이터의 라벨을 찾는 것이다.
- 비지도학습
비지도학습은 라벨이 없는 데이터를 학습시켜 데이터의 새로운 분포나 비슷한 패턴을 갖는 무리별로 구분하여 무리별로 라벨을 설정할 수 있게 하는 것이다.
- 강화학습
이 학습은 학습에 있어서 어떠한 지도를 하지 않지만 그 학습 결과에 따라서 보상을 달리하여 가장 높은 보상을 받도록 반복적으로 학습하는 것을 말한다.

1.2. 선형모델

주어진 데이터를 이용하여 이 데이터의 이면에 숨어 있는 모델을 찾아내는 것은 다양한 인간 활동의 여러 분야에서 매우 중요한 일이다. 예를 들면, 온도의 시간에 따른 변화 데이터를 이용하여 온도 변화의 이면에 숨어있는 요인들과 장차 미래의 기후변화가 어떻게 될 것인지 예측하는 것은 환경뿐만 아니라 인간의 경제활동 및 자원배분에 있어서 매우 중요하다. 또한 Wallmart와 같은 소매상점에서 일 년 동안 판매되는 상품의 단기 변동뿐만 아니라 다년간의 판매 양상을 이해하는 것은 미래의 상품을 준비하고 재고를 적절히 유지하며 업체의 순이익을 높이는 데 매우 중요한 요소이다. 따라서 관측 데이터를 이용하여 이에 맞는 적절한 모델링을 통해 과거를 이해하고 미래를 예측하는 것은 과학뿐만 아니라 경경경제와 기업 활동에 매우 중요한 행위가 된다.

그런데, 이러한 데이터로부터 이면에 숨어 있는 모델을 찾아내는 것은 매우 어려운 일이다. 특히 수많은 인간의 다양한 욕구와 행동을 반영할 수 있는 완벽한 모델은 존재하지 않을지도 모르고 데이터를 잘 모사하는 근사 모델을 찾는 것 또한 매우 어렵다. 이러한 모델에는 선형회귀 모델과 비선형회귀모델, 기계학습 방법에 동원되는 인공신경망 등이 있다. 이를 수학적인 모델로 표현하면 아래와 같다.

$$y(x) = y(x; a_1, a_2, \cdots, a_N)$$

여기에서 x는 입력을 나타내고, $a_1, a_2, \cdots, a_N$는 모델 인자를, 그리고 y는 출력을 나타낸다. 관측된 데이터는 (x_i, y_i) 형식으로 표현되는데, $i = 1, \cdots, M$ 으로 총 M개의 데이터 쌍을 갖고 있다. 따라서 모델의 수학적 형태를 찾고 해당 $a_1, a_2, \cdots, a_N$ 값을 구하는 것이 데이터 회귀와 인공지능의 중요한 목표이다. 예를 들면 x_i를 시간이라고 한다면, y_i는 제품을 뜻하고 $a_1, a_2, \cdots, a_N$들은 시간을 제품과 대응하게 해주는 모델 인자라고 할 수 있다. 아래의 <그림 2.1>은 이러한 회귀모형들의 종류를 요약해서 보여주고 있다.

그림 2.1 기계학습과 관련한 여러 회귀모형

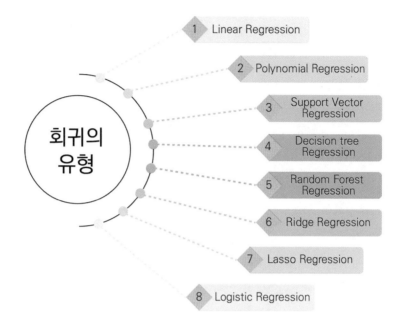

현재 알려진 방법 중에 적절한 모델을 찾는 행위 중의 하나는 최소제곱맞춤(least-squares fit)이고 이를 수학적으로 표현하면 아래와 같다.

$$\arg\min_{a_1, a_2, \cdots, a_N} \sum_{i=1}^{M} \left[\frac{y_i - y(x_i; a_1, a_2, \cdots, a_M)}{\sigma_i} \right]^2$$

즉 모델 예측값 (y)과 데이터값 (y_i)과의 차이들의 합이 최소가 되도록 하는 모델 인자값 $(a_1, a_2, \cdots, a_N)$들을 찾는 것이다. 여기에서 σ_i는 해당 데이터의 (측정) 오차를 뜻한다. 즉, 우리는 $\chi^2 \equiv \sum_{i=1}^{M} \left(\frac{y_i - y(x_i)}{\sigma_i} \right)^2$를 정의하면, χ^2를 최소로 하는 $a_1, a_2, \cdots, a_N$ 값들을 찾는 것이 목표이다. 그런데, 여기에서 χ^2의 최소 값의 의미는 $a_1, a_2, \cdots, a_N$ 값들을 각각 어느 방향으로 변화시킨다고 하더라도 χ^2값이 점점 커진다는 의미이기 때문에, χ^2를 $a_1, a_2, \cdots, a_N$으로 미분하면 0이 된다는 것(극값; extremum)을 의미한다. 즉 최적 a_k 인자 값은 아래 수식을 만족해야 한다.

$$\frac{\partial \chi^2}{\partial a_k} \Delta a_k = 2 \sum_{i=1}^{M} \left(\frac{y_i - y(x_i)}{\sigma_i^2} \right) \left(\frac{\partial y(x_i;, a_1, a_2, \cdots, a_N)}{\partial a_k} \right) \Delta a_k = 0$$

다음과 같은 식으로 표현되는데, 이 의미를 좀 더 부연하면 a_k를 조금 바꾸었을 때 (Δa_k) 데이터의 변화량($\partial y(x_i)/\partial a_k$)과 데이터와 모델과의 차이(($y_i - y(x_i))/\sigma_i^2$)를 곱하고 이를 모든 데이터에 적용하여 더하면 총합이 0이 되도록 하는 것이다. 그렇다면 만약 현재 주어진 $a_1, a_2, \cdots, a_N$ 값들이 χ^2 값을 최소로 하지 않으면 어떻게 될까? 그렇다면 위의 수식은 0이 아닌 어떤 값일 것이다. 만약 양의 값을 갖는다면 해당 a_k 값이 줄어들어야만 위 수식의 값이 줄어들 것이고, 음수의 값을 갖는다면 해당 a_k 값을 키워야 할 것이다. 이렇게 a_k값들을 수정하여 위의 수식에 대입하여 a_k 값을 계속 업데이트한다면 원하는 값을 얻을 수 있을 것이다.

이러한 반복적인 탐색으로 최소 χ^2을 갖는 $a_1, a_2, \cdots, a_N$ 값들을 찾아 나가는 것을 경사 하강법(gradient descent method)이라고 한다. 이러한 방식은 회귀뿐만 아니라 인공신경망 학습에서 역전파방법(backpropagation method)을 이용한 모델 찾기에 이용되기 때문에 다음에 다시 다루도록 하겠다. <그림 2.2>는 이러한 경사 하강법의 설명 예제이다.

그림 2.2 최소값을 찾는 경사하강법 사례

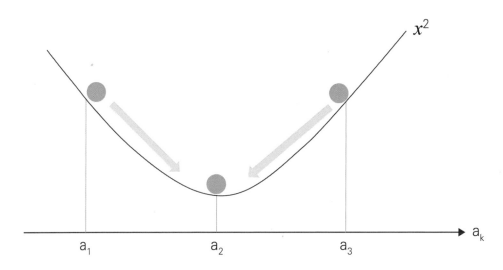

설명) 어떤 인자 (a_k)에 대해서 오차 값의 변화 (χ^2)를 포물선으로 나타내었고, 가장 작은 오차 값($a_k = a_2$)을 찾는 방식을 경사하강법을 이용하여 설명하고 있다.

어떤 주어진 회귀 문제에서 χ^2는 $a_k = a_2$에서 최소값을 갖는다고 하자. 이를 찾아가는 방법으로 임의의 점 a_2 또는 a_3에서 시작하여 χ^2의 기울기를 계산하고 이 지점에서 경사 방향으로 a_k를 조금씩 이동하여 경사가 0이 되는 지점인 a_2를 찾는 방법이다(<그림 2.3> 참조).

산속에서 길을 잃었을 때에 내려오는 가장 쉬운 방법은 현재의 위치에서 계곡을 찾고 그 계곡을 따라서 내려오는 것이다. 이것은 경사 하강법과 같은 원리로 최소값(여기에서는 산 밑의 마을)을 찾는 데에 있어서 매우 간단하고 효율적인 방법이다.

그리고 자주 사용하는 다른 방법으로는 최대가능성 추정(maximum likelihood estimation)방법으로 아래와 같이 표현된다.

$$\arg\max_{a_1, a_2, \cdots, a_N} \prod_{i=1}^{M} \exp\left[-\frac{1}{2}\left(\frac{y_i - y(x_i)}{\sigma_i}\right)^2\right]\Delta y$$

여기에서 이를 최대로 만드는 $a_1, a_2, \cdots, a_N$들을 찾는 것이다. 주어진 데이터를 모델링하는 값들이 존재하는데, $a_1, a_2, \cdots, a_N$ 값들의 가장 좋은 선택은 위 수식(또는 확률)을 최대로 하는 것을 찾는 것이다. 이 방법은 최소제곱 맞춤법과 비슷해 보이지만, 로그 규모에서 $a_1, a_2, \cdots, a_N$ 값들로 표현되는 모델과의 차이를 확률분포로 보는 것이다.

그림 2.3 선형회귀의 사례

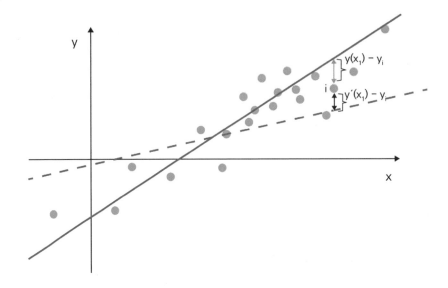

설명) 원들은 데이터를 나타내고 실선과 점선은 맞춤을 시도하고 있는 선형모형들이다. 두 가지 선형모델($y(x)$, $y^{'}(x)$)에 대해서 각각 χ^2값들을 구하고 이 중에 작은 χ^2값을 갖는 모델을 선택하는 방식을 계속 반복하여 최소 χ^2 값을 갖는 선형모델을 찾는다.

실제로 최소제곱 맞춤법은 최대가능성 추정법의 특별한 한 형태이다.

(1) 선형회귀(Linear Regression)

선형회귀는 가장 간단한 형태의 데이터 모델링으로 어떤 데이터 분포를 단순한 직선으로 맞춤하는 것이다. 이를 수식으로 나타내면 아래와 같이 표현할 수 있다.

$$y(x) = y(x;a, b) = a + bx$$

여기에서 a는 기울기이고 b는 y 절편을 뜻한다. <그림 2.3>에 이러한 선형회귀의 예를 나타내었다. 여기서 원으로 표시한 데이터는 선형회귀법을 사용하여 맞춤하려는 것들이고, 실선과 점선은 이러한 모델을 나타낸다. i번째 데이터와 선형모델과의 차이점은 그림에서 나온 것처럼 정의되는데, 이러한 차이들을 제곱하여 모든 점에서 구해서 더하여 χ^2 값을 구한다. 이러한 χ^2를 최소로 하는 것이 최소제곱 맞춤법의 원리이다. 만약 실선이 최소 χ^2값을 갖는다면 다른 선(예제 그림에서는 파선)들의 χ^2 값들은 이 값보다 항상 클 것이다.

이러한 모델의 인자들인 a, b를 구하는 것은 역전파법을 사용할 필요 없이 간단한 수학으로 얻을 수 있다.

선형회귀모델에 최소제곱맞춤법을 적용하면

$$\chi^2 = \sum[y_i - y(x_i)]^2 = \sum[y_i - a - bx_i]^2$$

위 수식을 각각의 모델 인자로 미분하면 각각 아래와 같은 수식을 얻는다   ,

$$0 = \frac{\partial \chi^2}{\partial b} = -2\sum_{i=1}^{M}(y_i - a - bx_i)x_i = -2\sum_{i=1}^{M}y_ix_i + 2a\sum_{i=1}^{M}x_i + 2b\sum_{i=1}^{M}x_i^2 \rightarrow 0 = \overline{XY} - a\overline{X} - b\overline{XX}$$

$$0 = \frac{\partial \chi^2}{\partial a} = -2\sum(y_i - a - bx_i) \rightarrow 0 = \overline{Y} - a - b\overline{X}$$

이 두 수식에서 우리는 아래와 같은 정의를 이용하였다.

$$\overline{XX} \equiv \frac{1}{M}\sum x_i^2, \quad \overline{XY} \equiv \frac{1}{M}\sum x_iy_i, \quad \overline{X} \equiv \frac{1}{M}\sum x_i$$

따라서 우리는 모델의 최소제곱맞춤에 따른 인자값을 아래처럼 유도할 수 있다.

$$b = \frac{\overline{XY} - \overline{X}\,\overline{Y}}{\overline{XX} - \overline{X}\,\overline{X}}, \quad a = \overline{Y} - \frac{\overline{XY} - \overline{X}\,\overline{Y}}{\overline{XX} - \overline{X}\,\overline{X}}\overline{X} = \frac{\overline{XX}\,\overline{Y} - \overline{XY}\,\overline{X}}{\overline{XX} - \overline{X}\,\overline{X}}$$

(문제)

만약 $\chi^2 = \sum\left[\frac{y_i - y(x_i)}{\sigma_i}\right]^2 = \sum\left[\frac{y_i - ax_i - b}{\sigma_i}\right]^2$ 처럼 데이터의 측정 에러 (σ_i) 가 있는 경우 최소제곱맞춤법에 따른 a, b값을 구하라.

이제 일반화된 선형회귀모델을 살펴보자. 아래와 같은 다항식으로 된 모델에서도

$$y(x) = a + bx + cx^2 + \cdots + dx^{N-1} \equiv \sum_{i=0}^{N-1} a_ix^i$$

선형모델과 마찬가지로 최소제곱맞춤법으로 계산할 수 있다. 아래 그림에서는 주어진 입력 데이터에 여러 다항식 모델들을 이용하여 맞춤한 결과이다. <그림 2.4>는 1975년부터 2020년까지 우리나라 매 5년의 평균 기온의 변화를 보여주고 있다. 원은 관측 데이터이고 실선은 다항식 맞춤의 결과이다. 왼쪽 위에서부터 지그재그로 1차, 2차, 4차, 7차, 8차, 그리고 10차 다항식으로 맞춤하였다.

<그림 2.4>의 왼쪽 위부터 1차 다항식부터 10차 다항식 모델까지 각각 사용하였고, 각각 그림에 맞춤한 결과의 오차 값(χ^2)을 같이 표시하였다. 이 그림들을 보면 차수가 커질

수록 χ^2값들은 점점 더 줄어드는 것을 알 수 있고 점들과 곡선들이 잘 맞아가는 것을 알 수 있다.

하지만 이 예제에서 놓쳐서는 안 되는 중요한 점이 있다. 과맞춤(over-fitting)인데, 맞춤 모델의 인자 수를 높이면 높일수록 맞춤 결과는 좋아진다(또는 χ^2 값이 줄어든다). 하지만 이는 현재 (학습) 데이터를 잘 기술할 수 있을지 몰라도 새로이 추가되는 (테스트) 데이터를 기술하지 못하는 경향이 있다.

그림 2.4 우리나라의 매년 평균 기온의 변화(1975년부터 2020년까지 매 5년 자료)

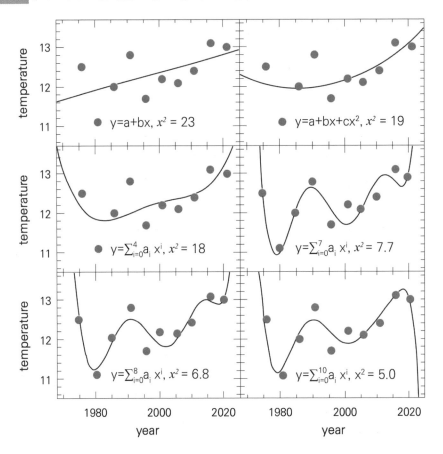

설명) 왼쪽 위에서부터 오른쪽 아래로 내려오면서, 각각의 그림은 1차, 2차, 4차, 7차, 8차, 그리고 10차 회귀의 결과를 실선으로 보여주고 있다.

(2) 로지스틱 회귀

로지스틱 회귀 (logistic regression)는 통계모형의 한 유형으로 분류와 예측 또는 의사결정에 사용되고 있다. 이는 입력 데이터(정보)로부터 모델링을 통해서 특정 분류의 확률분포를 출력하는 방식이다. 예를 들면 주어진 흉부 X-ray 사진으로부터 암세포가 있을 확률을 계산하기 위해서 사용될 수 있다. 또는 주어진 주식 시장 또는 경제 상황에 따라서 어떠한 주식이 오를지 아니면 내릴지 그 확률을 계산하는 데에 사용되기도 한다. 이는 선형회귀와 다른 특성으로 선형회귀의 경우 y 축의 값에 제한이 없는 경우가 많아서 이를 확률분포로 사용하기가 힘들기 때문이다.

로지스틱 함수는 아래와 같은 함수 꼴로 표현된다.

$$P_L(x) = \frac{1}{1 + e^{-ax}}$$

이러한 함수는 입력 x 값이 매우 작으면 확률이 0으로 수렴하고, 반대로 입력 x 값이 충분히 크면 확률이 1이 된다. <그림 2.5>에서 우리는 이러한 확률분포를 시각적으로 나타내었다. 이러한 0과 1 사이의 값을 갖는 성질을 이용하면 여러 분류 문제에 적용할 수 있는 장점이 있다.

그림 2.5 로지스틱 함수

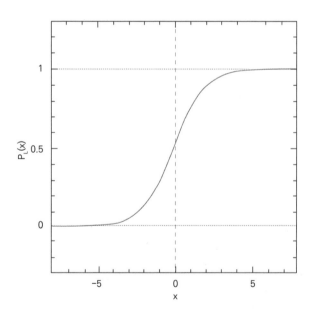

설명) 이 로지스틱 함수의 값은 0과 1 사이의 값을 갖는다. 이러한 함수는 s자 성장곡선과 비슷한 꼴을 갖고 있고 여러 부분에서 널리 사용되고 있다.

로지스틱 회귀에서 우리는 x와 a를 실수로 가정하였는데, 이를 조금 확장하여 아래와 같이 일반적으로 표현할 수 있다.

$$P_L(x) = \frac{1}{1 + e^{a \cdot x}}$$

여기서 a와 x는 모델 인자 값과 좌표의 벡터로 $a = (a_1, a_2, \cdots, a_n)$ 그리고 $x = (x_1, x_2, \cdots, x_n)$와 같이 표현할 수 있다. 그렇다면 $a \cdot x = a_1 x_1 + a_2 x_2 \cdots a_n x_n$와 같이 된다. 이는 n차원에서 어떤 표면과 연관된 수식이 된다. 2차원인 경우는 직선을 나타내고, 3차원인 경우는 평면, 4차원인 경우는 부피를 나타낸다. 예를 들면 백혈병을 판별하는 통계 모델을 수립한다고 가정해보자. 또한 여기에 맞는 회귀모델에서 판별하는 수식이 2차원(x, y)에서 $a \cdot x = x - y$ 이라는 수식이라고 가정해보자. 이는 기울기가 1인 직선이고 만약 원점을 지난다면 이의 값은 0이다. 만약 어떤 입력 값에 대해서 $(x - y)$의 값이 매우 큰 양수가 된다면, 위 로지스틱함수는 1에 가까운 값이 될 것이다. 이는 100%의 확률로 혈액 암세포가 있다는 것을 뜻하고, 만약 $(x - y)$ 값이 매우 큰 음수가 된다면 $P_L(x)$의 값은 0이 되고 이는 암세포가 없다고 판별할 수 있을 것이다. <그림 2.6>은 이러한 선형 로지스틱회귀의 예제이다. 참고로 이는 백혈병을 판별하는 방법과 이의 설명을 보여주고 있다. x축은 하나의 증상(예를 들면 잦은 출혈)을, 그리고 y축은 다른 증상(예를 들면 가쁜 호흡)을 나타낸다고 하자. 여기에서 파란색 원은 혈액암으로 최종 판별하는 사건이고, 붉은색 십자가는 다른 병을 나타낸다고 하자. 일단, x축이라는 하나의 증상만으로는 혈액암 판결이 힘들다는 것을 알 수 있다. 또한 y축으로 대변되는 증상만으로는 혈액암 여부를 판별할 수 없는데, 어떠한 로지스틱회귀 모형에 따라서 $y - x$ 값을 얻어내고, 이 값을 함수에 넣으면 혈액암 $(y - x > 0)$인지 아닌지 쉽게 구분할 수 있다. 물론 로지스틱함수가 0에서 불연속이지 않고 연속인 함수이기 때문에, 0에 가까운 경우, 여기에서는 $y - x = 0$ 이라는 선에 가까울수록 100%가 아닌 확률로 혈액암 여부를 판단하게 되고 여기에서 오진할 가능성이 있다. 하지만, 이렇듯 선형판별식으로 구분되는 경우는 거의 없고, 복잡한 선형 또는 비선형 관계식을 사용해야 하는 경우가 대부분이다.

그림 2.6 선형 로지스틱 회귀의 예제

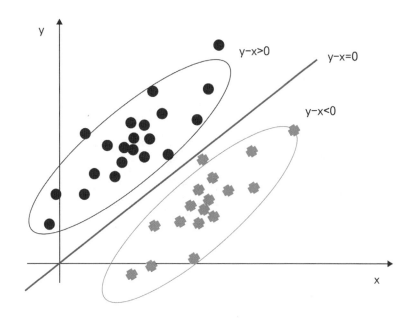

설명) 검은색 원은 혈액암을, 파란색 십자가는 다른 병을 뜻한다.

이러한 선형수식을 좀 더 확장해서 비선형 수식으로 바꿀 수 있다면, 아래의 경우도 가능하다. 즉 $a \cdot x$을 모델인자 a와 입력값 x의 어떠한 형태로 본다면

$$a \cdot x = a(x-b)^2 + c(y-d)^2 + e$$

이는 2차원에서 중심이 (b,d)인 (원을 포함하는) 타원을 표현하는 수식이다. 예를 들면 이것은 타원의 안쪽에 있는 데이터는 혈액암으로 판결하고 바깥쪽의 경우는 혈액암이 아니라고 판별하는 경우이다. 따라서 기존의 데이터를 이용하여 이러한 판별식(또는 회귀모형)이 어떻게 되는지 아는 것이 매우 중요하다. 물론 어떤 증상이 판별에 중요하고, 얼마나 많은 증상을 이용해야 하는지 아는 것도 중요하다.

<그림 2.7>은 여러 가지 판별식 예제를 나타내었다. 먼저 x, y로 대변되는 증상을 선형으로 판별할 때 (가장 왼쪽 그림) 오해하여 혈액암으로 오진하는 경우가 왕왕 있다는 것을 알 수 있다. 만약 2차 다항식으로 판별할 때도 마찬가지로 이러한 오진이 가능하다. 만약 주어진 데이터에서 비선형 판별식을 극단적으로 이용한다면 가장 오른쪽 그림처럼 될 것이고, 혈액암의 오진률을 0까지 떨어뜨릴 수 있을 것이다. 하지만, 주어진 (학습) 데이터 외

에 새로이 추가되는 (테스트) 데이터를 이용하여 이 모델의 정확도를 판단하는 경우, 이러한 혈액암의 테스트 데이터가 커질수록 오진율은 높아질 것이다. 이것은 앞서 언급한 과맞춤(over−fitting)의 예로, 사용하는 맞춤 모형이 복잡할수록 오진할 가능성도 커지게 된다.

그림 2.7 로지스틱 회귀의 몇 가지 예

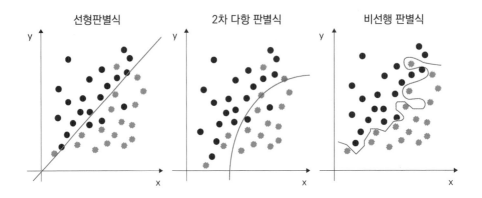

설명) 왼쪽 그림부터 선형, 2차 다항식, 그리고 극단적인 비선형 판별식을 적용했을 때이다. 검은색 원은 혈액암인 경우이고, 파란색 십자가는 아닌 경우이다.

1.3. 역전파(backward propagation) 알고리듬

기계학습에서의 역전파 알고리듬은 기본적으로 통계의 회귀에서 사용하던 방식을 채택한다. 앞서 최소제곱 맞춤법에서 설명했던 것처럼 χ^2 값을 최소로 갖도록 모델의 인자 값들을 경사 하강법을 사용하듯이 미리 정의된 손실함수(loss function) 값이 최소가 되도록 앞선 계층(레이어)의 값들을 변화시킨다. 그 이후에 한 단계 앞선 계층의 값들을 같은 방식으로 변화시키고 이를 반복적으로 수행하여 가장 앞에 있는 계층까지 진행한다. 이러한 방식은 뒤에서 앞으로 진행하여 각각 계층에서의 인자 값들을 수정하는 것으로 역전파라고 불리운다. 이러한 역전파 방식은 기계학습에서 가장 중요한 부문으로, 지금은 머신러닝 학습을 제공하는 패키지에서 역전파를 자동적으로 수행한다. <그림 2.8>은 이러한 역전파 과정을 두 개 계층의 히든 레이터를 가정하여 간단히 나타내고 있다. 얇은 화살은 인공신경망에서 계산이 수행되는 흐름을 나타낸다. 여기에서 각각의 화살은 w_k라는 가중치를 갖고 있는데, 앞 계층에서의 값(x_k)에 이러한 가중치를 곱하고 이를 활성화 함수에 넣어 값을 계산하는 방식이다. 여기서 앞 계층에서의 값은 주어지고, 활성화 함수는 인공신경망 학습을 시작하기 전에 사용자가 정의한 함수이다. 따라서 이러한 각각의 화살이 갖는 가중치(w_k)를 어떻게 학습을 통해서 결정하는 것이 인공신경망의 학습을 통해서 구하고자하는 것이다. 이러한 가중치를 결정하는 것 중에서 가장 널리 사용되는 것은 역전파 알고리듬이다. 이 그림에서 굵은 화살표는 역전파 과정을 나타낸다(간략하게 4 개의 굵은 화살표만 사용하였다). 먼저 output에서 손실함수 값을 계산하여 이 값을 낮추기 위해서 앞 계층의 얇은 화살표의 가중치(w_k) 값을 어떻게 수정해야 하는지 판단한다. 해당 계층에서 계산이 끝나면 그 이전 계층으로 관심을 옮기고 여기에서 동일한 과정을 통해서 그 앞 계층에서의 가중치 값들을 수정한다. 아래 글 상자는 특정 계층에서 가중치를 어떻게 수정하는지 좀 더 자세히 설명하고 있다.

그림 2.8 **역전파 알고리듬의 흐름도**

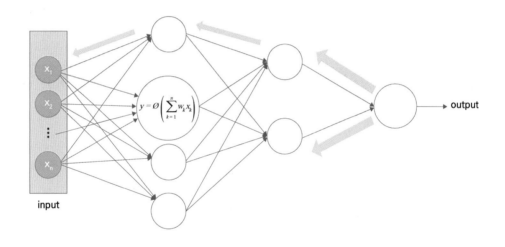

설명) 역전파 과정은 굵은 화살표로 간략하게 그렸다. 실제로는 얇은 화살표에 대응되는 모든 관계에 굵은 화살표가 있지만 편의상 생략하였다.

최소제곱맞춤은 역전파 방법 중의 하나로 아래와 같이 생각해보자.

모델맞춤 오차 = $\sum$(데이터와 모델의 차이)×(데이터 위치에서 모델인자 변화량)

여기에서 데이터와 모델의 차이는 주어진 모델에서 바로 알 수 있는 값이고, 데이터 위치에서 모델인자 변화량은 모델이 주어지면 계산할 수 있는 양이다.

다음 그림은 일반적인 모델 맞춤을 예제로 도식화한 그림이다. 먼저 왼쪽 두 개의 원은 입력 데이터의 (x,y)값을 나타내고 오른쪽 다섯 개의 원은 맞추고자 하는 모델의 다섯 개 인자들이다. 먼저 모델 인자 값을 임의의 수로 초기화하자. a_1을 맞추려면 아래 순서대로 수행한다.

(1) 특정한 데이터에 대해서 a_1을 변화
함으로 생기는 변화량에 모델과 데이터
의 차이를 곱한다.

(2) 이를 모든 (x_i, y_i)에 적용하고 더
하여 0이 되는지 확인한다.

(3) 0이면 다음 a_2로 옮겨 (1)부터 시
작한다.

(4) 양수이면 a_1값을 조금 줄이고,
음수이면 조금 늘려준다. (1)로 이동하여
반복한다.

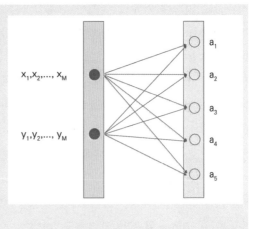

2 인공신경망(ANN: Artificial Neural Network)

2.1. 뇌 신경망의 구조

인간의 뇌는 약 100억−수조 개의 뉴런으로 구성되어 있으며 각각의 뉴런은 수많은 축삭돌기와 수상돌기를 통해 서로 연결되어 있다. 이러한 연결점을 시냅스라고 한다. 인간은 이렇듯 상호 연결된 뉴런을 통해 생물학적인 행동뿐만 아니라 여러 지적이고 창조적인 행위를 하고 있다. 따라서 이러한 뇌의 뉴런 구조를 이용하여 인간의 여러 지적 활동을 모방하여 인공지능을 설계하는 것은 어떻게 보면 매우 당연한 결과라고 할 수 있을 것이다. <그림 2.9>에 이러한 뇌 신경망의 구조를 간단하게 표현하였다. 하나의 신경세포는 주변의 다른 신경세포로부터 시냅스를 통해서 신호를 전달받고 이를 종합한 다음, 그 값이 임계치에 도달하면 다음 신경세포에 이 신호를 전달하게 된다.

그림 2.9 뇌 신경망 구조

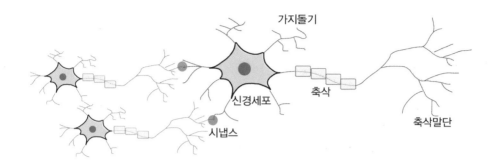

설명) 신경세포에는 축삭과 가지돌기가 있고, 다른 신경세포와는 시냅스를 통해서 정보와 신경물질을 전달한다.

2.2. 퍼셉트론

1957년에 로젠블라트에 의해서 처음으로 제안되었다. 이는 인공지능 역사에서 처음 나온 신경망으로 인간의 신경망을 모델화하여 이미지로부터 대상을 인식하기 위해서 고안되었다. 퍼셉트론은 입력(input)과 가중치(weights), 전달함수(transfer function) 그리고 활성함수(activation function)가 있는데, 이에 대응되는 신경세포의 구조물 또는 작동방식으로는 각각 다른 신경세포로부터 들어오는 신호(입력)와 이를 전달받는 시냅스(가중치), 신경세포에서 신호를 종합(전달함수; transfer function)하고, 이를 축삭돌기를 통해서 전달(활성함수; activation function)[1]하는 것이다.

(1) 단층 퍼셉트론

단층 퍼셉트론은 이러한 신경망의 방식을 단 하나의 계층으로 표현한 것이다. 즉, 입력과 가중치[2], 전달함수 또는 활성함수를 이용하여 주어진 신호(입력)로 어떠한 상태(또는 확률)를 출력하는 장치이다. 여기에서 여러 입력신호를 모아서 하나의 판별식을 구성하는데, 퍼셉트론에서는 아래처럼 선형수식을 이용한다.

$$y \equiv \phi\left(\sum_{i=1}^{N} w_i x_i\right)$$

---

1 여러 인공지능 관련 책과 논문들에서 전달함수와 활성함수를 섞어서 사용하는 때도 많고 둘 사이의 의미의 차이가 없으므로, 이후로 구별하지 않고 혼용하겠다.
2 입력과 가중치를 함께 순 입력 함수(net input function)라고 한다.

여기서 w_i, x_i는 각각 가중치와 입력신호 세기를 나타내고 ϕ는 전체 신호의 증폭을 그리고 y는 이러한 신호를 선형으로 종합한 값을 나타낸다. 이러한 방식은 앞에서 설명한 로지스틱스 회귀와 비슷한 방식으로 이를 통해서 출력 값을 어떠한 분류에 사용될 수 있는 확률로 표현하기 때문에 사물의 분류에 많이 사용된다(<그림 2.10> 참고).

그림 2.10 단층 퍼셉트론에서의 계산 흐름

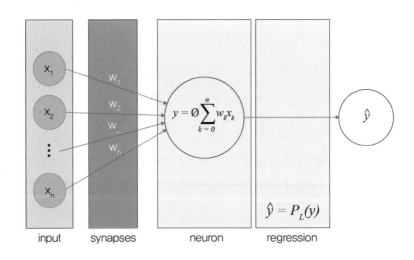

설명) $x_1, x_2, \cdots, x_n$은 입력 데이터를 $w_1, w_2, \cdots, w_n$은 가중치를 y는 이러한 입력 데이터로 구한 선형판별식을, $P_L(y)$는 입력값(y)으로 확률($0 \le P_L(y) \le 100\%$)을 계산하는 함수를 나타낸다. 여기에서 neuron 계층에 있는 원을 노드 (Node)라고 부른다. 여기서 기계학습에서는 neuron에 해당하는 것은 순 입력 함수 (net input function)이고 regression에 해당하는 것은 전달함수 또는 활성함수이다.

(2) 다층 퍼셉트론

단층 퍼셉트론은 채택하고 있는 선형판별식 때문에 선형 분류에만 적용할 수 있는 단점이 있다. 따라서 이러한 단층 퍼셉트론을 확장하여 다층 (또는 복층) 퍼셉트론을 이용하면 비선형 관계에도 적용할 수 있는 장점이 있고, 이의 확장성은 층의 개수를 늘리면서 쉽게 구현할 수 있다. <그림 2.11>은 이러한 다층퍼셉트론의 간단한 예를 보여주고 있다. 가장 왼쪽의 그림은 하나의 층으로 이용했을 때 얻어진 분류 결과라면 가운데 그림과 오른쪽 그림들은 각각 2개 층과 3개 층을 이용했을 때 얻어진 분류 결과이다. 즉 여러 층의 퍼셉트론을 사용한다면 복잡한 분포를 분류할 수 있는 장점이 있다.

그림 2.11 다층 퍼셉트론의 예

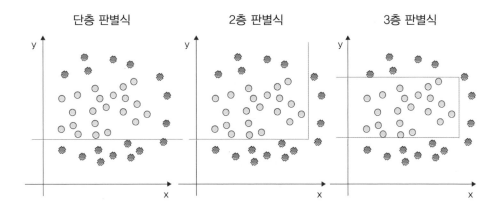

설명) 단층일 경우 두 가지(원과 십자) 분류가 성공적이지 못하지만, 계층을 늘려갈수록 분류가 더욱 정확해지는 것을 알 수
있다. 이 경우는 3개의 계층이 필요한 예이다.

<그림 2.12>에서는 이러한 다층퍼셉트론을 사용하였을 때 각 계층이 어떻게 연관되는
지 간단히 나타내었다. 여기에서 가운데 여러 계층을 은닉계층(hidden layer)이라고 한다. 먼
저 입력과 첫 번째 은닉계층 사이에서 수행하는 작업은,

$$y_i = \phi_1(w_{i1}X_1 + w_{i2}X_2 + w_{i3}X_3),\ 여기서\ i = 1,2,3$$

이다. 그리고 첫 번째 은닉계층의 원에서는 아래처럼 전달함수 값을 계산한다.

$$Y_i = P_L(y_i)$$

이를 다음 두 번째 은닉계층의 입력값으로 사용한다. 위에서처럼 같은 방식을 적용하여

$$z_i = \phi_2(w_{i1}Y_1 + w_{i2}Y_2 + w_{i3}Y_3)$$

을 얻게 된다. 여기에서도 전달함수를 아래와 같이 적용한다.

$$Z_i = P_L(z_i)$$

마침내 우리는 아래와 같이 얻게 된다.

$$\hat{y} = \phi_3(w_{31}Z_1 + w_{32}Z_2 + w_{33}Z_3)$$

그림 2.12 다층 퍼셉트론에서의 계층 연결도

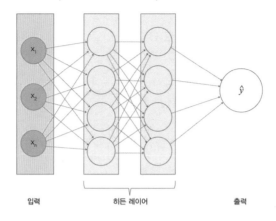

입력   히든 레이어   출력

설명) 입력과 출력 사이에 2개의 계층이 있는 경우이고, 각각의 계층에는 4개의 노드가 있다.

> 은닉계층이라고 하는 이유는 관련 연구가 딥러닝으로 넘어가면서 해당 계층에서 사용자 (또는 프로그래머)들이 자세한 값들의 흐름을 몰라도 되기 때문이다. 즉 대부분의 계산은 컴퓨터가 자동으로 수행한다. 단지 프로그래머들은 해당 계층의 모양과 속성만 지정하면 되기 때문에 어떻게 보면 black box처럼 보이기도 한다.

　이러한 다층퍼셉트론의 단점들이 존재한다. 이러한 은닉계층의 수를 늘리는 것은 다항식 회귀처럼 과맞춤의 함정에 빠질 수 있다. 여기에서는 로지스틱스 함수를 사용한다고 가정했지만, 단순한 선형 식을 사용한다면 이러한 다층을 사용할 필요가 없다. 왜냐하면 모든 계층 관계식들의 총합은 하나의 선형 식으로 표현할 수 있기 때문이다. 따라서 여기에 각 층에서 다음 층으로 값을 보낼 때 선형 식으로 보내지 않고 로지스틱스, tanh, ReLU 등의 비선형 모델을 사용하는 것이 중요하다.

2.3. 활성함수(Activation Function)[3]

　활성함수는 이전 노드들에서 값을 받아들이고 총합하고 이 결과를 다음 계층의 노드들에게 신호를 보내는 역할을 한다. 이러한 활성함수들이 기본적으로 가져야 하는 성질을 말하자면 다음과 같다.

---

3 https://mlnotebook.github.io/post/transfer-functions/

(1) 모든 입력 값에서 정의가 되어 있어야 하며

(2) 연속적이어야 하고

(3) 미분 가능해야 (다른 말로 부드러운 곡선이어야) 하고

(4) 계속 증가해야한다.

기계학습의 많은 문헌에서는 전달함수와 활성함수를 혼용해서 사용하기도 한다. 특히 신호처리 분야에서는 전달함수라는 용어를 선호하지만 최근 기계학습 분야에서는 활성함수라는 용어를 보다 자주 사용한다(과거에는 기계학습에서도 전달함수라는 용어를 사용하였다). 즉 두 함수 모두 입력 신호를 받아서 비선형화를 수행한 후에 다음 계층에 출력 신호를 보내는 함수라고 생각해도 무방하므로, 이 책에서는 두 용어를 혼용하여 사용하겠다.

(1) 시그모이드 함수(Sigmoid function)[4]

2000년 대 중반까지 인공신경망 연구에서는 활성함수로 시그모이드 함수를 주로 사용하였다. 그 이유는 인공지능 연구에서 중요한 역전파 작업을 수행하려면 활성함수의 미분이 필요한데, 이러한 시그모이드 함수의 미분은 매우 간단히 계산할 수 있기 때문이다. 즉,

$$\frac{\partial P_L(x_i)}{\partial x_i} = P_L(x_i)(1 - P_L(x_i))$$

위의 식처럼 $P_L(x_i)$ 값을 미리 안다면 이 값을 이용하여 바로 구할 수 있다. 이러한 수학적인 성질로 빠르고 정확한 미분 계산을 수행할 수 있어서 널리 채택되었다. 하지만, 이러한 시그모이드 함수는 큰 음수 값일 때에는 0의 값을 갖는데, 이는 해당 노드에서 다음 계층에 신호가 가지 않는 것을 의미한다. 이러한 성질의 의미는 큰 음수가 나오는 경우 이후 계층의 노드들에게 영향을 끼치지 못하는 것을 뜻하며, 결과적으로 특정 입력 값의 학습에 있어서 해당 노드의 역할이 없어지는 것을 의미한다. 이러한 시그모이드 함수의 적용은 인공신경망 연구에서 좋은 결과를 얻지 못하였다.

보통 시그모이드 함수는 S자 형의 성장곡선들을 통칭한다. 따라서 특별한 함수 꼴을 일컬어 이야기하는 것은 아니고, tanh, 로지스틱스 함수도 이에 포함된다. 그렇지만 보통 인공지능에서는 로지스틱스 함수를 시그모이드 함수로 불리는 경우도 왕왕 있다. 따라서 본서에서는 시그모이드 함수를 이야기할 때에 별다른 언급이 없으면 로지스틱스 함수를 뜻한다.

---

4 https://towardsdatascience.com/understanding-sigmoid-logistic-softmax-functions-and-cross-entropy-loss-log-loss-dbbbe0a17efb

(2) tanh(하이퍼볼릭 탄젠트) 함수

이 함수도 시그모이드 함수처럼 매우 간단하고 미분도 쉽게 구할 수 있는 장점이 있다. 하지만 이 함수의 출력 범위는 -1부터 1까지로, 시그모이드와 차이가 있다. 시그모이드 함수의 경우 큰 음수 값을 입력하게 되면 -1을 출력하게 되어 해당 노드가 죽지 않고 이후로 지속해서 이후 계층의 노드들에게 영향을 끼치게 된다.

(3) 스텝 함수(Heaviside function)

기계학습에서 가끔씩 매우 강력한 한계기 필요할 때가 있다. 즉 어떤 값을 기준으로 작으면 0으로 하고 나머지 경우는 모두 1로 하는 함수가 필요한데, 스텝 함수가 이러한 기능을 수행한다. 하지만, 이러한 스텝 함수는 미분 가능하지 않으므로 역전파 방법을 사용할 수 없는 것처럼 보이지만, 수치적으로는 가능하다.

(4) 강화 선형 유닛(ReLU: Rectified Linear Unit)

최근의 기계학습 방법 중에 합성곱인공망(Convolutional Neural Networks)에서 강화 선형 유닛이 널리 사용된다. ReLU 함수는 제프리 힌트 교수가 제안한 것으로 입력 값이 0보다 작으면 0을 출력하고 0보다 크면 해당 입력 값 그대로 출력한다. 이 함수를 이용하면 기존의 시그모이드 함수보다 기계학습이 더 잘되는 경향이 있다.

<그림 2.13>에 여기서 언급한 4개의 활성화 함수 모양을 나타내었다. tanh 함수를 제외하고 모두 input 값이 음수일 때에는 0의 값을 갖는다. 그리고 ReLU 함수를 제외하고 input 값이 매우 클 때에는 모두 1의 값을 갖거나 1에 수렴하는 값을 갖는 것을 알 수 있다.

그림 2.13 활성화 함수의 모양

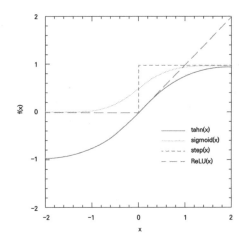

2.4 합성곱 인공신경망(CNN: Convolutional Neural Networks)

합성곱 인공신경망은 주어진 이미지에서의 패턴 인식에서 뛰어난 성능을 갖고 있다. 여기서 합성곱이란, 주어진 이미지에 특정 커널을 씌워서 이미지의 특정한 패턴(라인, 경계, 화질 등)을 두드러지게 나타내어 이를 이용하여 패턴 인식을 수행하는 것이다. 여기서 커널이란, 주어진 픽셀의 주변 픽셀 값들에 어떤 특정한 값을 곱한 후 더하여 새로운 이미지를 출력하게 하는 방식을 말한다. 즉 여러 가지 커널을 사용하여 다양한 목적의 이미지를 생성할 수 있다. <그림 2.14>는 이러한 다양한 커널을 적용하였을 때, 이미지가 어떻게 변하는지 보여주고 있다. 왼쪽 위 그림은 원본 이미지이다. 그리고, 오른쪽 위는 boxcar 평탄화 커널을, 왼쪽 아래는 sharpening 커널을, 그리고 오른쪽 아래는 edge detection 커널[5]을 적용했을 때 얻는 결과 이미지이다. 오른쪽 아래의 경우는 커널의 이름에서 알 수 있듯이, 어린 아이의 얼굴 윤곽과 눈, 코, 입 등이 매우 잘 보이는 것을 알 수 있다. 이처럼 CNN에는 필요에 따라 다양한 커널을 적용하여 이미지에서 필요한 정보를 얻을 수 있는 장점이 있기 때문에 다양한 기계학습의 분야에 널리 사용되고 있다.

그림 2.14 합성곱 인공신경망의 간단한 예제

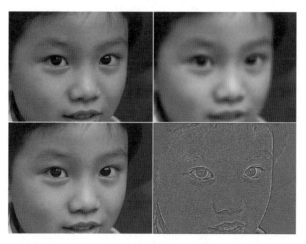

설명) 왼쪽 위 이미지는 원본 이미지이고, 그 외는 여러 커널을 사용했을 때 얻어지는 이미지들이다. 원본 이미지는 https://this-person-does-not-exist.com/en 에서 구하였다 (free licence).

---

5 평탄화, sharpening, edge detection 커널을 차례로 행렬로 표시하면,

$$\begin{bmatrix} 1 & 1 & 1 \\ 1 & 1 & 1 \\ 1 & 1 & 1 \end{bmatrix}, \quad \begin{bmatrix} 0 & -1 & 0 \\ -1 & 5 & 0 \\ 0 & -1 & 0 \end{bmatrix}, \quad \begin{bmatrix} -1 & -1 & -1 \\ -1 & 8 & -1 \\ -1 & -1 & -1 \end{bmatrix}$$ 이다.

2.5. 재귀 인공신경망(RNN: Recurrent Neural Networks)

CNN의 단점은 입력 데이터가 이미 준비되어 있어야하고 그 형식 또한 규격화되어야 하는 데에 있다. 이러한 단점 때문에, 길이가 변하는 음성인식, 음악 창작, 번역, 시간에 따른 예측과 같은 부문에서는 사용할 수 없기 때문에 이 부분의 기계학습을 위해서 RNN이 고안되었다. 여기서 재귀의 뜻은 이전의 결과에 현재의 결과를 결합시켜서 시계열과 같은 데이터 처리를 한다는 의미이다. 예를 들면, "북극에 사는 동물인"이라는 문장이 읽혔을 때에 그 다음에 나오는 단어는 "북극곰"이 나올 확률이 크다. 또한 "인간은 사회적인"이라는 문장 다음에 "동물이다"가 나올 확률이 높을 것이다. 이처럼 이전에 읽혀진 (또는 입력된) 데이터로부터 다음에 나오는 데이터가 어떤 것인지를 학습하는 것이 재귀 인공신경망이라고 할 수 있다. 이의 예로서, 음성인식, 자동번역, 자연어 처리 등 실생활에 응용 분야가 매우 크다.

3 의사결정 트리(Decision Tree)

중요한 의사결정 과정에서 정책적 판단 시에 고려해야할 요인들은 매우 복잡하게 얽혀 있고 그 선택에 따른 파급효과를 미리 파악하는 것은 매우 어렵다. 매우 많은 상반된 판단 조건 및 근거들은 적절한 의사결정을 어렵게 하는 요인이고, 의사결정에 따른 동반 위험들도 사전에 알기 힘든 경우가 많다. 이러한 복잡한 판단결정에 도움을 주는 기계학습들 중의 하나가 결정트리이다. 또한 의사결정 트리(또는 의사결정 나무, 결정 트리 등으로 불리지만, 이 책에서는 의사결정 트리로 통일하여 부르겠다)를 이용하여 분류에 응용할 수 있다.

3.1. 의사결정 트리를 이용한 분류 예시1

만약 독자가 자료 구조론을 배웠다면, 데이터의 트리구조에 대해서 이미 알고 있을 것이다. 이는 다수의 복잡하고 다양한 데이터 모임을 구조적으로 재구성하여 찾고자 하는 성질이나 목표 값에 인접한 데이터들을 찾는 데에 주로 이용된다. 이러한 트리구조(또는 나무구조)를 이용하여 분류에도 사용할 수 있다. 즉 의사결정 트리구조를 이용하여 주어진 사물이 어떠한 클래스(또는 라벨)에 해당하는지 판단하는 것이 목적이다.

먼저 모든 데이터를 갖는 뿌리 노드(root node)를 만든다. 이 뿌리 노드는 분류에 있어서 시작점을 의미한다. 이 뿌리 노드로부터 가지치기처럼 밑으로 자식노드들과 그들의 자식노드들, 그들의 자식노드들과 같은 방식으로 순차적으로 만들어 나간다. 뿌리 노드를 부모노드로 간주하고 이러한 과정을 아래 (1)과 (2)처럼 반복하여 진행한다.

(1) 주어진 부모 노드의 바로 밑에 여러 개의 자식 노드를 만든다. 그리고 부모 노드에 있던 데이터들을 어떠한 효율적인 기준(split function, 분할함수)에 따라서 분류하여 나누고 이를 각각의 자식 노들에 포함시킨다. 여기에서 효율적인 기준이란, 해당 데이터들이 갖고 있는 변수들 중에 하나를 선택하고 이러한 선택된 변수의 분포를 고려하여 데이터를 클래스 별로 최적으로 나누는 것이다.

(2) 그리고 각각의 자식 노드와 그에 포함된 데이터에 대해서 한 단계 더 분류가 필요하다고 판단되면 (1) 과정을 반복한다.

이러한 과정은 자료구조에서 흔히 이야기하는 이진트리(binary tree)를 생성하는 것과 같다. 그렇다면 어떤 기준을 선택하여야 좋은 분류가 될 수 있을까? 그것은 사례에 따라 다를 것이다. 결국, 다양한 기준 중에 가장 분류가 잘 되는 것을 선택하면 될 것이다. 이를 위해서 몇 가지 파라미터들을 설명하겠다.

● 불순도(impurity)

어떤 노드에 있는 데이터들이 얼마나 차이가 큰 변수 값들을 갖고 있는지 나타내는 파라미터이다. 이러한 불순도 값을 이용하여 해당 노드에서 자식노드들을 형성하여 좀 더 분류를 세분화할지 판단한다. 예를 들면 개와 고양이를 구분(개와 고양이 클래스를 구분)하는 의사결정 트리를 작성한다고 하자. 이 경우 클래스는 개와 고양이로 2개가 있는 경우이다. 여러 마리의 개와 고양이 데이터를 갖고 있다고 가정하자. 예를 들면 다리 개수, 꼬리 유무, 털의 색깔, 코의 모양, 울음소리의 특징, 눈동자의 모양 등의 변수를 갖고 있다고 하자. 이러한 데이터를 이용하여 개와 고양이를 효율적으로 구분할 수 있는 결정 트리를 만드는 것이 목적이다.

현재 어느 노드에서 고양이가 4마리 그리고 개 6마리가 있다고 가정하자. 그러면 현재 노드의 지니 불순도[6]는 $I = 1 - \left(\dfrac{4}{10}\right)^2 - \left(\dfrac{6}{10}\right)^2 = 0.48$(계산은 다음 박스 참고)이다. 자, 이제 서로 다른 두 가지 방법을 이용하여 자식노드를 만들어보자. 첫 번째 방법은 울음소리

---

6 불순도에는 지니 불순도, 엔트로피, 분류오류 등 다양하게 존재하지만, 본서에서는 가장 간단한 지니 불순도를 이용한다.

를 적용하는 것이고 두 번째 방법은 눈동자의 모양으로 구분하는 것으로 가정하자. 이러한 두 가지 방법 중에 어떤 방법을 이용하여야 의사결정 트리를 잘 구성하여 개와 고양이 두 개의 클래스를 잘 구분할 수 있을까?

(1) 울음소리의 특징을 수치화하여 기준을 세워 두 개의 자식노드를 만들었다고 하자. 이러한 기준을 적용하여 구분하니 첫 번째 자식 노드에는 고양이가 3마리 개가 1마리가 있고, 두 번째 자식 노드에는 고양이가 1마리 그리고 개가 5마리가 있다고 가정하자. 따라서 각각 자식노드의 지니 불순도는 0.375와 0.276이 되고, 자식 노드의 총 불순도는 $0.375 \times \left(\dfrac{4}{10}\right) + 0.276 \times \left(\dfrac{6}{10}\right) = 0.316$이 된다 (아래 박스 참고). 따라서 부모노드의 불순도와 자식노드의 총 불순도의 차이는 0.48 − 0.316=0.164가 된다. 이러한 불순도의 차이를 정보 획득량이라고 정의한다.

(2) 이번에는 눈동자의 모양으로 기준을 세워 두 개의 자식노드를 만들었다고 하자. 이 분류를 사용한 결과 첫 번째 자식노드에는 고양이가 4마리와 개가 1마리가 있고, 두 번째 자식노드에는 고양이가 없고 개가 5마리가 있다고 가정하자. 그러면 각각 자식노드의 지니 불순도는 0.32와 0이 되고, 자식노드의 총 불순도는 0.16이다. 그러면, 이 경우의 정보 획득량은 0.32가 된다.

(a) 어떤 노드에서의 지니 불순도(I)는 아래와 같이 정의된다.

$$I \equiv 1 - \left(\frac{N_1}{N_a}\right)^2 - \left(\frac{N_2}{N_a}\right)^2$$

여기서 N_a는 해당 노드에 있는 전체 데이터의 개수이고, N_1, N_2는 각각 첫 번째와 두 번째 클래스에 해당하는 데이터의 개수이다.

(b) 정보 획득량이란 자식노드에서 새로운 기준으로 분류하였을 때에 얼마나 클래스 구분이 좀 더 나아졌는지 나타내는 수치이며 이는 아래와 같은 수식으로 정의된다.

$$IG_{부모 - 자식} = I_p - \frac{N_1}{N_p}I_1 - \frac{N_2}{N_p}I_2$$

여기서 $IG_{부모 - 자식}$은 부모노드에서 자식노드로 진행할 때의 얻게 되는 정보 획득량이고 I_p는 부모의 불순도, I_1은 첫 번째 자식의 불순도, 그리고 I_2는 두 번째 자식의 불순도이다. 또한 N_1, N_2는 각각 첫 번째와 두 번째 자식노드가 갖는 데이터의 개수이고 N_p는 부모노드가 갖고 있는 데이터의 개수이다.

(1) 방법과 (2) 방법의 정보 획득량을 비교해보면 (2)의 경우가 더 큰 값을 갖는 것을 알 수 있다. 즉 (1)보다는 (2)를 선택하는 것이 훨씬 분류가 잘됐다고 말할 수 있다. 따라서 (2) 방법을 이용하여 자식노드를 구성하여 클래스를 구분하는 것이 좀 더 좋다고 할 수 있을 것이다. 이런 방식으로 주어진 노드에서 자식노드들을 구성하는 기준을 어떻게 설정할지를 주어진 대상의 변수들을 이용해서 다양하게 시도해보고 정보 획득량이 가장 큰 경우를 선택한다.

3.2. 결정트리를 이용한 분류 예시2

<그림 2.15>는 결정트리방법 중에 분류의 또 다른 한 예로서 농가에서 보유 농지를 이용하여 농업활동을 할 때에 어떠한 농사를 지어야할지 판단하는 순서를 나타내었다. 각각의 선택에 따라서 소요비용과 소득을 매우 간단히 나타내었는데, 가장 큰 소득은 쌀농사를 짓고 정부미 형태로 판매했을 경우 총 150만원의 소득을 얻을 수 있고, 고추 농사는 110만원, 밀농사의 경우 총 100만원의 소득을 얻을 수 있다. 따라서 쌀농사를 짓고 정부미로 판매하는 것이 최대 소득을 보장하는 방법이지만, 실제는 이렇게 간단하지 않다. 정부에서 쌀 수매량을 줄이거나, 자연재해가 발생하여 손해가 발생할 수 있다. 만약 고추 탄저병이나 가뭄과 홍수가 발생한다면, 결과적으로 쌀 및 밀의 생산량 감소로 소득이 줄어들게 된다. 각각의 재해에 따른 순소득은 고추의 경우 -100만원, 쌀의 경우 -60만원, 그리고 밀의 경우 -20만원이다. 이런 위험까지 고려한다면 밀농사가 가장 안전하다고 할 수 있지만, 이러한 재해가 발생하지 않는다면 가장 소득이 낮은 경우이다. 그렇다면 각각 재해가 발생할 수 있는 확률에 따라서 순 기대 소득은 얼마나 달라질까?

고추 탄저병의 연평균 발병 확률은 30%라고 하자. 또한 매년 가뭄 또는 홍수가 일어날 확률이 20%라고 한다면, 고추 농사의 경우 순 기댓값(null expected value)은 (10만원-120만원)*0.2+(230만원-120만원)*0.8=66만원이다. 이와 같이 계산한다면 쌀(정부미 수매는 전체 쌀 수매 양의 20%라고 가정)과 밀농사의 경우, 각각 88만8천원과 76만원이 된다. 그렇다면 쌀농사를 짓는 것이 가장 큰 소득을 기대할 수 있는 방안이다.

같은 방식으로 좀 더 깊게 결정트리를 만들어 나갈 수 있다. 예를 들면 고추 탄저병의 경우, 해당 농약을 뿌리는 데에 필요한 자금이 필요할 수 있다. 또한 가뭄이 온다면 양수기를 구매하거나 빌려서 물을 밭에 대어서 극복할 수 있고, 홍수의 경우 배수지 정리를 통해서 대비할 수 있다. 이러한 경우, 추가적인 비용이 들게 되고 이를 위의 소득 계산에 추가하면 최종 선택이 달라질 수 있다.

그림 2.15 결정트리 방법의 한 예

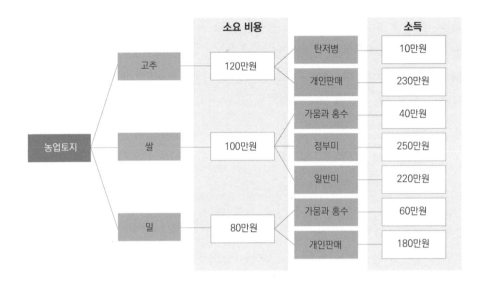

설명) 이러한 결정방식의 모양 때문에 결정트리라고 불린다. 여기서 가뭄과 홍수가 난다면 정부수매가 없다고 가정하였다.

4 랜덤 포레스트(Random Forest)

의사결정트리의 경우, 주어진 데이터를 이용하여 트리구조를 형성하여 분류나 회귀에 사용할 수 있는 것을 알게 되었다. 하지만, 의사결정트리는 여러 문제가 있다. 자식노드들로 분기할 때 하나의 변수에 대해서 조건을 설정하기 때문에 변수 간의 상관관계를 반영하기 힘들어서 좋은 기준을 마련하기 힘들다. 또한 학습 데이터에 주어진 변수 값의 에러에 매우 취약한 단점을 갖고 있다. 만약 주어진 데이터에 문제가 있는 (또는 노이즈가 있는) 경우는 결정트리가 잘못 만들어질 수 있고, 또한 에러가 있는 새로운 데이터를 결정트리에 적용할 경우 엉뚱한 결과를 얻을 수 있다. 이런 경우, 앞에서 언급했던 것과 마찬가지로 과맞춤(overfitting)이 이루어져서 발생하는 현상으로 이러한 과맞춤을 피하기 위해서는 의사결정트리의 경우 어느 단계에서 밑의 자식노드들을 없애는 가지치기(pruning)를 수행할 수 있고, 랜덤 포레스트에서는 배깅방법을 사용한다.

랜덤 포레스트란 의사결정트리가 갖는 여러 문제점들을 해결하기 위해서 고안된 것이다. 먼저 배깅(bagging)을 이용한 학습방법을 이야기하겠다. 배깅이란 bootstrap aggregating 의 약자로 학습에 사용되는 데이터로부터 무작위로 데이터를 뽑아내는 것을 뜻한다. 여기서 무작위로 뽑아낼 때에 중복도 가능하도록 한다. 이를 통해서 조금씩 다른 데이터 세트들이 만들어지고 이를 이용하여 각각의 데이터 세트마다 의사결정 트리를 만든다. 이렇게 만들어진 다수의 의사결정 트리를 하나의 트리로 결합한다. 하나의 의사결정 트리의 경우는 과맞춤이 되어 있을 확률이 높지만, 여러 트리를 통합하는 과정에서 이러한 노이즈가 줄어들게 되고 결과적으로 과맞춤이 줄어들게 된다.

참고문헌

Legg, S., & Hutter, M. (2007). A collection of definitions of intelligence. In B. Goertzel & P. Wang (Eds.) Proceedings of the 2007 conference on advances in artificial general intelligence: Concepts, architectures and algorithms: Proceedings of the AGI workshop 2006 (pp. 17-17). Amsterdam, The Netherlands: IOS Press.

AI의 정의와
구성요소

3장

AI의 정의와 구성요소

① AI의 역사

1.1. AI의 시작

인공지능(Artificial Intelligence: AI)이란 사람 또는 동물이 보이는 지적인 활동을 컴퓨터가 흉내 내어 수행하는 능력을 뜻한다. 이것은 1956년 미국 Dartmouth 대학의 컨퍼런스[1]에 모인 Marvin Minsky와 John McCarthy 등에 의해서 정의되어 사용된 용어로 특정 목표를 인식하고 성취할 수 있도록 기계(컴퓨터)를 학습시키는 것을 목적으로 한다. AI는 과거 인간에 의해 수행될 수 있는 지능적 업무를 컴퓨터가 수행하도록 만드는 방법에 대한 연구이다.

1.2. 튜링테스트

하지만 이보다 앞서 영국의 수학자인 앨런 튜링(Alan Turing)은 1940년대에 이미 AI와 인간과의 구별이 불가능한 상태를 판단하기 위한 테스트를 제안하였다. 이는 튜링테스트라고 하는데 특별한 상태에서 인간의 반응을 흉내 낸다면 AI를 갖고 있다고 말할 수 있다는 것이다. 튜링테스트의 원형은 3개의 터미널로 구성되어 있고, 하나의 터미널은 컴퓨터로 연결되고 다른 두 개는 두 명의 사람에게 연결되어 있다. 한 명은 오퍼레이터 역할을 하고 특정한 질문을 다른 두 터미널로 보내어 답변을 받는다. 이렇게 받은 답변들로 어느 쪽이 인간이고 어느 쪽이 컴퓨터인지 판단하도록 하고 이러한 테스트를 반복하여 어느 쪽이 컴퓨터인지 구분할 수 없다면 이 컴퓨터는 AI를 갖고 있다고 판단한다. 이러한 테스트를 통

---

1 이를 다트머스 컨퍼런스라고 한다.

과한 최초의 컴퓨터는 Joseph Weizenbaum이 개발한 프로그램인 ELISA이다. 하지만 이렇게 인간을 흉내 내는 것만으로는 AI를 정의할 수 없다. 최근 GPT-3(Generative Pre-Trained Transformer-3)라는 오픈소스(open source)기반의 자연어처리(Natural Language Processing)를 하는 AI 프로그램을 이용하여 이러한 테스트가 진행되었는데, 의미없는 질문을 받더라도 프로그램이 내놓는 답변에 대한 논란이 있어서 튜링테스트를 통과했는지에 대한 의문이 있었다. 이후 여러 가지로 변형된 튜링테스트가 있었다.

1.3. AI 연구의 겨울(1974-1980)

AI의 등장 이후에 사람들은 일반적인 AI 프로그램을 연구하려고 노력하기 시작하였으나 알고리듬과 컴퓨팅 파워에서 심각한 장애에 직면했고 교착상태에 이르러 AI는 다시 그 인기가 사라지는 듯 하였다.

1.4. AI 연구의 성장기

1993년 이후에 AI는 중요한 시점을 맞이하였는데 역전파(back propagation) 알고리듬의 폭넓은 적용으로 인해서 인공신경망(artificial neural network)이 빠르게 발전하였다. 대규모 환경에서 이 기법의 광범위한 활용은 산업에 많은 비용을 절감시켰고 산업 효율성을 크게 향상시켰다.

1.5. AI 연구의 폭발기

1997년에 Deep Blue의 성공은 AI의 발전을 다시 의제에 올리기 시작하였다. 컴퓨팅 파워의 향상 덕분에 AI의 병목이 깨졌고 딥러닝의 발전과 빅데이터에 기초한 향상된 학습이 지속되었다. GPU(graphics processing unit)의 지속적인 발전으로 맞춤형 프로세서의 성공적 개발이 또한 지속적으로 분석 파워를 향상시켰다. 이것이 AI의 폭발적 발전의 토대를 마련하였다.

AI는 70년 이상의 역사를 갖고서 오랜 개발 프로세스를 경험하였다. 중요한 개발 프로세스는 다음의 몇 단계로 구분될 수 있다.

▶ 1943년: 인공 뉴런(artificial neuron) 모델이 제안되었고 이것이 인공 뉴런 네트워크 연구를 열었다.

▶ 1956년: Dartmouth Conference가 개체되었고 AI의 개념이 제안되어 AI의 탄생을 맞이 하였다. 이 기간에 국제학술커뮤니티에 의해 AI 연구의 추세가 증가하였고 학술적 회의가 빈번하게 발생하였다.

▶ 1960년대: 연결주의(connectivism) AI(사람의 뇌 구조를 본떠서 기계의 지능을 구현하자고 주장한 학파) 유형이 폐기되었고 스마트 기술이 발전의 내리막길을 걸었다.

▶ 1970년대: 역전파(back propagation) 알고리듬에 대한 연구가 시작되었으나 컴퓨터 비용과 분석능력이 점차 높게 요구되어 전문가 시스템의 연구와 응용을 어렵게 만들었다. 비록 진보에 어려움을 맞이하였으나 AI는 점차 대변혁을 맞이할 준비를 하였다.

▶ 1980년대: 역전파 뉴럴 네트워크가 폭넓게 인식되었고 인공신경망에 기반한 알고리듬이 빠르게 개발되었으며, 컴퓨터 하드웨어 기능이 신속히 향상되었고 인터넷의 발전이 AI의 발전을 촉진하였다.

▶ 2000년대: 모바일 인터넷의 발전은 더 많은 AI 적용과 시나리오를 유인하였다.

▶ 2012년: 딥러닝이 제안되었고 AI는 대변혁적인 발전을 달성하였다. 또한, 알고리듬은 음성과 시각 인식에서도 많은 발전을 이뤘다.

기계가 인간지능의 특성을 보이는 AI는 시장을 급진적으로 전환시킬 것이다. 그것은 3D프린팅, 사물인터넷(예: 인터넷에서 정보를 보내고 받는 능력을 제공하기 위해 보안 시스템과 전자 장치와 같은 도구들로 연결성을 확장하기)과 함께 4차산업혁명의 한 부분이다. AI에 의한 기존 산업체계 붕괴의 가능성은 특히 서비스부문에서 높아진다. 예를 들어, 어떤 기업은 종업원을 AI로 대체하고 어떤 고객은 대면접촉에 비해 AI 기반의 서비스를 선택하기도 하며, 실제로 서비스 제공자와 고객이 가치 공동창출을 증가시키기 위해 서비스경험 이전, 동안, 이후에 AI 기술을 적용 중이다.

② AI의 정의

AI라는 기술집합에 대해 일치된 정의를 제안하는 것은 쉽지 않다. 실제로 AI는 단순히 어떤 특정 기술 혹은 심지어 그 기술들의 집합을 의미하지 않는다. 오히려 머신러닝과 딥러닝부터 자연어처리와 이미지인식까지 다른 여러 기술을 포함한다. 어떤 학자는 AI를 특정 업무를 수행하기 위해 데이터로부터 해석하고 학습하는 알고리듬의 사용과 연결시키려 시도하였으나 다른 학자는 AI를 인간의 닮은 지능을 모방하는 어떤 프로그램으로서 더욱 일반적으로 정의하기도 하였다.

AI는 데이터로부터 학습하고 자율적으로 시간이 지나면서 적응할 수 있다는 점에서 다른 기술과 차별화된다. 즉, AI는 스스로 학습할 수 있기 때문에 이전의 제조 혹은 정보기술과 차별화된다. 따라서, AI는 인간의 사용을 위해 정보를 처리할 수 있을 뿐만 아니라 추가적인 프로그래밍 혹은 인간의 개입없이 데이터로부터 학습하고 결과를 업데이트할 수 있다. 인간의 지능과 상호작용이 양방향, 자율, 조정적이기 때문에 이 AI의 특징은 협력을 핵심변수로 만든다. 그것은 고정된 방식으로 인간의 지능에 서비스하도록 설계된 다른 기술과 다르다.

2.1. 포괄성에 기초한 정의

AI는 광범위한 내용을 갖는 용어로서 비록 그것을 두루뭉실하게 표현하는 것이 잘못된 것이 아니지만 정확한 것은 아니다. AI는 인간이 사고하는 방식을 흉내내는 기계에 의해 수행된 어떤 것을 나타내는 포괄적 용어이다. 머신러닝(machine learning)은 최근에 실제로 많은 관심을 유인하여 발전한 AI의 하위분야이다. 이것은 특정 지침을 갖는 수작업 코딩 소프트웨어 루틴이 아닌 업무를 수행하는 방법을 학습하기 위해 알고리듬이 대용량의 데이터를 사용하여 훈련될 때 가능해 진다. 이에 비해 딥러닝(deep learning)은 다음 수준으로 기술을 높이는 머신러닝의 한 유형이다. 인간 뇌의 뉴런(neuron)에 토대하여 모델링을 한 후 딥인공신경망을 통해 막대한 양의 데이터를 소화하고 인간의 개입 없이 그것으로부터 학습한다. 또한, 우리 인간과 같이 실수로부터 학습한다. 실제로, 이 많은 아이디어들은 수십년 동안 주위에 존재했으나 최근에서야 엄청난 데이터와 분석능력을 필요로 하는 업무에 비로소 이용가능하게 되었다.

심리학자, 사회학자, 생물학자, 신경과학자, 철학자에게 조사한 바에 의하면 지능이라는 용어는 70개 이상의 다른 정의를 가질 수 있다고 한다(Legg & Hutter, 2007). 따라서 AI라는 용어가 일반적으로 사용될지라도 정의가 잘 이루어지지 않고 모호한 개념으로 남아 있다. 결과적으로, 하나의 입장을 취하기보다는 다양한 범위의 포괄성에 기초하여 세 가지 정의를 내릴 수 있다.

(1) 가장 포괄적인 정의

폭넓게 수용된 AI의 정의는 기계에 의해 보여진 지능이다. 그러나, 여기서 지능이 무엇인가에 대한 명확한 설명이 없어 너무 느슨한 정의로 이어져 AI의 혼란, 오해, 남용으로 이어질 수 있다. 일반적으로 지능은 학습, 계획, 문제해결과 가까운 개념일지라도 또한 이해, 자율인식, 감정적 지식, 추론, 창의성, 논리, 비판적 사고를 포용할 수 있다. 이 매우 느순한 정의는 기업이 막연히 AI가 작동하는 제품과 서비스(AI 워싱으로 명명된 전략)를 전달할 때 포괄적으로 사용될 수 있다.

(2) 가장 제한적인 정의

어떤 연구자들은 만약 '인공적 일반 지능(AGI: artificial general intelligence)' 즉 인간이 할 수 있는 어떤 지능적 업무를 이해하거나 학습할 수 있는 기계의 지능을 언급할 때에만 AI라는 용어를 사용하는 경우가 효과적이라고 믿는다. 오늘날, 기계는 체스놀이, 인간 얼굴의 인식, 온라인 방문자가 배너광고를 클릭할 가능성 예측과 같이 '구체적인', '잘 정의된', '제한적' 업무를 수행하는 것을 단지 학습한다. 이 알고리듬은 그들이 작동하기 위해 프로그램된 협의의 영역 이상의 어떤 것을 학습할 수 없기 때문에 때때로 '약한 AI' 혹은 '협의의 AI'로 언급된다. 그러나, 학습은 인지적 활동이고 이론적으로 어떤 인지적 활동은 학습될 수 있다. 결과적으로, 언젠가 '강한 AI' 혹은 인공적 일반지능으로 불리는 개념인 '학습하기 위해 학습'하는 기계를 프로그램하는 것이 가능할 수 있다. 일반적인 과학적 합의사항은 앞으로 AGI까지 10년 정도 남았다고 주장하기 때문에 어떤 연구자들은 장난삼아 AI를 우리가 아직 할 수 없는 모든 것으로 정의하기도 한다.

그 주장에 몇가지 사실이 존재한다. 광학문자인식(optical character recognition) 혹은 규칙 기반 전문가 시스템과 같은 70년대 혹은 80년대에 AI 분야와 공통적으로 관련되는 기법은 오늘날 너무 보편적이어서 이들을 AI 기법으로 부르기에는 적합하지 않다. 이 의미에서 사회가 어떤 기법을 숙달하여 잘 이해하고 폭넓게 적용하자마자 그 기법은 더 이상 AI로 고려되지 않는 경향이 있다. 심지어 언젠가 딥러닝이 더 이상 AI로 고려되지 않을 가능성도 있다. 즉, 만약 AGI가 궁극적 목표라면 최근의 진보는 단지 그 방향의 작은 진일보한 발걸음일 수 있고 AI로 부르기 어려울 수 있을 것이다.

(3) AI와 고차 학습

AI는 더 높은 수준에서 자율적 지식창출을 통해 학습, 계획, 문제해결이라는 업무에서 인간 지능을 모방하는 기계로서 더욱 구체적인 정의를 할 수 있다. 이 정의는 다음의 몇가지 장점을 갖는다.

> 지능의 정의를 세 가지 구체적 하위 업무로 제한한다.
> AI가 지능을 달성하는 것을 요청하지 않고 오히려 그 어떤 산출물을 모방하는 것을 요청한다. 이를 통해 기계가 지능적일 수 있는지에 대한 철학적 논쟁을 피할 수 있다.
> AI를 새로운 구성개념과 지식 구조를 자율적으로 만드는 알고리듬으로 제한한다.

고전적 통계 기법과 AI 알고리듬을 가장 잘 구분하는 것은 지식창출의 개념이다. 여기서, 창출은 가장 높은 수준의 학습 목표로서 일관성 있거나 기능적인 전체를 형성하기 위해 요소들을 새로운 패턴 혹은 구조로 재배열하여 함께 모으는 것으로 정의된다.

2.2. 인간 및 AI의 역량과 관련한 정의

(1) 인간의 역량에 기초한 AI 정의

다음과 같이 AI는 인간지능의 관점에서 묘사될 수 있다.

① Syam & Sharma(2018)

문제해결과 학습을 포함하여 인간사고와 관련시키는 인지적 기능에 초점을 두어 AI를 지능적인 인간행동을 모방하는 기계의 능력으로서 정의

② Ostrom et al.(2018)

AI를 비생물적인 지능으로서 정의

③ Huang & Rust(2018)

AI를 인간지능의 측면을 보이는 기계로서 정의

(2) 인간의 역량을 넘어서는 AI 정의

AI는 인간의 두뇌와 달리 딥러닝과 빅데이터와 결합하여 인간지능을 넘어서는 패턴, 성향, 의지를 인식한다. 인간이 제한된 데이터로부터 학습하고 결론을 도출할 수 있는 반면에 기계는 수백만 혹은 수십억 개의 데이터로부터 학습할 수 있다. AI가 네 가지 유형의 지능(예: 기계적, 분석적, 직관적, 감정적)을 통해 진화하고 추론, 개념적 학습, 상식, 계획, 교차영역 사고, 창의성, 심지어 자기인식과 같은 첨단 능력을 개발하는 것처럼 그것은 인간의 역량을 훨씬 넘어설 것이다. 따라서, AI의 정의를 인간의 역량에 기초하는 것은 너무 제한적이 될 수 있다.

이에 다음과 같이 확장된 AI의 정의가 있다.

① Kaplan & Haenlein(2019)

그들은 AI를 유연한 적응을 통해 특정 목적과 업무를 달성하기 위해 외부 데이터를 올바르게 해석하고 그 데이터로부터 학습하며, 그 학습을 활용하는 시스템의 능력으로서 정의한다. 이 정의는 AI와 AI를 가능케 하는 기술을 구분한다. 이 정의는 단지 AI에 의해 사

용된 외부 빅데이터보다 더 폭넓게 AI를 묘사한다. 유사하게 비록 AI가 로보틱스(robotics)에 도입될 수 있을지라도 이 정의는 로봇들이 늘 유연하게 적응적이지는 않기 때문에 로보틱스를 포함하지 않는다.

그러나, 이 정의는 서비스의 복잡성을 반영하지 못한다. 서비스는 제공자와 고객 사이의 어떤 직접적인 제공 혹은 가치의 공동창출을 의미한다. 따라서, 대면의 대고객 접촉인력은 서비스가 셀프서비스 기술, 컴퓨터 어플리케이션, 자동화에 기초하여 관리될 경우에는 필수적이 아니다. 보통 서비스는 두 환경으로 분해될 수 있다. 그것은 서비스 프로세스가 서비스접점(예: 진실의 순간)을 촉진하기 위해 시행되는 내부 환경(예: 후방단계)과 고객이 서비스경험을 운영하고 공동창출하는 외부 환경(예: 전방단계)이다. AI는 이 두 환경 모두에서 가치를 창출한다. 예를 들어, 내부 환경에서 AI는 고객이 그들의 존재를 인식하기 전에 서비스 실패를 규정할 수 있고 외부 환경에서 AI는 실패를 해결하는 대안 솔루션을 규명함으로써 서비스 회복을 지원할 수 있다.

② Bock et al.(2020)

이들은 서비스 AI를 감지, 학습, 의사결정, 행동함으로써 가능해진 유연한 적응을 통해 내부와 외부 서비스 환경에서 가치를 제공하는 기술의 구성으로서 정의한다. 이 정의에 반영된 것처럼 AI는 학습하는 능력을 보임으로서 사전에 프로그램된 의사결정(예: if-then rule)을 적용하는 것을 넘어선다. 또한, 유연한 적응에 초점을 둠으로써 이 정의는 서비스 AI를 블록체인, 드론, 로보틱스, 빅데이터, 사물인터넷과 같은 다른 기술과 차별화하는 동시에 이 기술의 결합이 서비스 AI를 가능하게 한다는 것을 나타낸다.

(3) AI의 역량에 기초한 정의

잘 정의된 AI의 개념은 AI의 차별적인 역량에 기반한다. 그것은 이해(understanding), 추론(reasoning), 학습(learning)이다(Russell & Norvig, 2010). 이해는 예를 들어, 자연어처리, 컴퓨터비전(computer vision)을 통한 환경적 정보에 대한 인간적 인식과 해석이다. 추론은 정보에 근거한 의사결정 혹은 추천이 행동방침을 최적화호도록 만들어질 거라는 것을 의미한다. 학습은 AI와 다른 정보로부터 지식을 얻고 지능적 행동을 보이는 환경에 적응하는 것을 의미한다. 이 세 가지 측면은 인간의 사고와 행동을 지원하도록 설계된 AI 역량을 구성한다.

2.3. 시스템의 초점에 따른 정의

AI는 어떤 시스템이 인간처럼 사고하거나 행동하는지 혹은 어떤 시스템이 합리적으로 사고하거나 행동하는지의 관점에서 정의하기도 한다(Kurzweil, 1990). 이 정의는 기술적 혹은 인간적 초점 중 하나를 갖는다.

① 기술적 초점
사고하고, 환경을 인식하고, 독립적으로 복잡한 일을 해결하기 위한 컴퓨터, 기계, 알고리듬, 로봇의 능력에 초점을 두는 AI의 정의이다.

② 인간적 초점
기술적 시스템이 인간처럼 일을 수행하기 위해 특정의 지능을 필요로 하는 능력에 초점을 두는 AI의 정의이다.

2.4. 비즈니스에서 정의

비즈니스 분야에서 증가하는 AI에 대한 관심은 분석적 연산파워와 실시간으로 짧은 시간에 어떤 형태의 거대한 양의 데이터를 분석하는 능력으로 달성되는 기술적 성숙에 기인한다. 비즈니스 관점에서 AI와 데이터 분석 시스템은 개인이 보통 분산된 방식으로 시장에 대해 이용가능한 정보를 체계화하고 데이터를 변환시켜 비즈니스 의사결정 프로세스를 용이하게 하는 역할을 한다.

비즈니스 애널리틱스(business analytics)는 의사결정과 행동을 유인하는 광범위한 데이터의 사용, 통계적 및 계량적 분석, 설명적 및 예측적 모델, 사실기반의 경영으로서 정의될 수 있다. 이 비즈니스 애널리틱스는 조직의 재량에 있는 데이터를 그러한 데이터가 행동과 향상된 의사결정을 통한 실제 경제적 가치를 연결해 준다. 이 연결은 물론 AI 기법의 적용을 통해 달성된다. 데이터 애널리틱스 기법은 비즈니스 잠재력의 증가를 유인하면서 기술적(descriptive), 예측적(predictive), 처방적(prescriptive)으로서 분류된다. 기술적 애널리틱스는 데이터 애널리틱스의 가장 전통적인 적용이고 역사적 데이터로 의사결정을 지원하기 위해 데이터 웨어하우스(data warehouse)와 분석적 처리 기법의 활용과 같은 비즈니스 인텔리전스(business intelligence)의 개념과 역사적으로 연결된다. 머신러닝과 AL 도구에 의해 대부분 작동되는 예측적 및 처방적 애널리틱스 솔루션은 새로운 비즈니스 전략을 설계하거나 과거 데이터의 분석을 넘어 소비자 행동을 조사하고 효과적으로 인간의 활동을 향상시키는 것과 같은 관리 혹은 비즈니스에 수익적으로 활용된다.

기업에서 AI의 가치는 빅데이터와 같은 대량의 비즈니스 관련 정보의 이용가능성에 의해 확장되었다. 이 빅데이터라는 용어는 양(volume), 다양성(variety), 속도(velocity) 나아가 변동성(variability), 진실성(veracity), 가치(value)로 특징된 구조화되고 비구조화된 데이터 포인트의 광범위한 수집을 의미한다. 전략적 자원으로서 빅데이터에 대한 비즈니스 인식은 경영 프랙티스를 급진적으로 전환시켰다.

지난 십년동안 웹 사용자들은 AI와 그 관련 용어인 빅데이터, 비즈니스 인텔리전스, 머신러닝을 다루는 페이지를 점점 더 많이 탐색하였다(<그림 3.1> 참조).

그림 3.1 웹 사용자들 사이의 용어의 대중성(2010년부터 2019년까지)

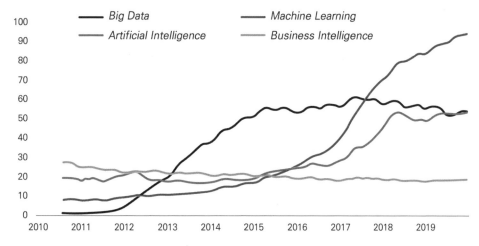

자료원: Google Trends.

여기서, 비즈니스 인텔리전스는 가장 대중적인 주제어로서 사용되었다. 빅데이터는 2011년 경 대중성이 급등하였고 정점이 도달한 후에 안정적인 관심 수준을 유인하는 것으로 보인다. 약 십년 전 이미 잘 구축된 개념인 AI는 컴퓨팅 파워를 가능하게 하는 저렴한 기술과 광대한 데이터의 이용가능성으로부터 편익을 보고 있고 그 대중성이 증가하고 있다. 한편, AI의 영역 내에서 머신러닝은 기업으로부터 증가하는 수요에 맞는 스킬과 관련되기 때문에 최근에 가장 인기있는 주제가 되었다.

2.5. 서비스에서 정의

서비스 부문에서는 Huang & Rust(2021)의 정의에 가장 많은 관심을 보인다. AI는 인간 지능의 특성을 보이는 기계이다. AI는 학습, 연결, 적응할 수 있는 기술을 포함한다는 점에서 일반적인 정보기술과 다르다. AI는 학습할 수 있으나 요구에 따라서 항상 학습하도록 설계되지는 않는다. AI는 다양한 학습능력, 적응성, 연결성 수준을 가질 수 있다. 가령, 호텔청소서비스로봇은 고객과 상호작용하면서 잡담을 나누기보다는 일상적이고 지속적으로 침대를 정리하고 바닥을 청소하는 것과 같은 기계적 업무를 수행할 수 있도록 설계된다. 이러한 AI 적용은 낮은 수준의 학습역량을 갖도록 설계되거나 가끔씩 재프로그램된다. 변화하는 요구에 적응할 수 있는 AI로 결과되는 AI를 규정하는 두 가지 특징이 존재한다.

① 자기학습

AI는 다양한 투입물들(예: 빅데이터와 머신러닝)로부터 학습함으로써 자동으로 자기향상을 달성할 수 있다. 이것은 AI가 적응할 수 있는 이유이다. 이 학습은 AI가 학습한 것에 기초하여 행동하고 적응할 수 있다는 것을 암시한다. 학습이 심화될수록 AI는 인간사고와 감정역량과 더 비슷할 수 있다. 가령, <그림 3.2>와 같은 AI 보조자 Alexa는 시간이 지나면서 지속적으로 고객니즈와 요구사항을 학습하고 그 알고리듬은 고객에게 더 잘 서비스하기 위해 고객의 개별적 니즈에 적응할 수 있다.

② 연결성

AI는 독립적인 기계가 아니다. 심지어 가정에서 조용히 있는 것처럼 보이는 Roomba도 그렇다. 이 진공청소기로봇은 고객의 집 바닥 평면도를 지도화할 수 있고 그 지도정보를 서로 공유함으로써 음성통제를 가능하게 하는 아마존의 Echo와 Alexa에 연결될 수 있다. 그것은 서비스를 더욱 잘 수행하고 학습을 쉽게 하도록 모두 연결된다. 그 연결은 기계 대 기계, 기계 대 고객, 기계 대 직원일 수 있다. Roomba가 아마존, 애플, 구글과 연결될 때 그것은 기계 대 기계 연결 시나리오이고 Roomba가 당신의 명령을 받고 당신의 침대를 청소할 때 그것은 기계 대 고객 연결이며, Roomba가 당신의 바닥 정보를 iRobot(그 제조업체)에 보낼 때 그것은 기계 대 직원 연결이다. 이러한 논리는 자율자동차에도 적용할 수 있다. 만약 전 세계의 모든 자동차 AI가 학습한 도로 상황에 따른 최적 운전방식 정보가 실시간으로 학습된다면 그 학습의 속도는 상상하기 어려울 것이다. AI의 연결성은 기계, 인간, 사물이 모두 함께 연결되고 데이터가 보편적으로 흘러가고 공유되는 IoT에 의해 가장 명확하게 나타난다. 예를 들어, IoT에서 스마트 대상과 소비자의 경험 모두가 네트워크에 의해 이용이 가능해질 뿐만 아니라 제약되기도 한다. 서비스 시스템으로서 IoT는 사회 (society) — 사이버(cyber) — 물리(physics)이고 정보와 데이터를 유동화시키는 중이다.

그림 3.2 스마트 스피커 Alexa와 청소용 로봇 I−Robot Roomba

3 서비스 부문에서 AI의 수준별 유형분류

3.1. 서비스 AI의 유형

많은 사람들은 자동화와 인공지능을 혼용해 사용하기도 한다. 그러나, 이는 분명한 차이를 보인다. 만약 지능이 정보를 처리, 경험으로부터 학습, 환경에 적응하는 능력으로서 설명된다면 현재 AI로 이름붙여진 대부분의 것은 진정한 지능을 보여주지 못하고 있고 오히려 단순한 자동화 혹은 대용량의 데이터의 처리일 뿐이다. 따라서, 정확한 AI의 개념을 더욱 명확히 이해하기 위해서는 AI의 유형을 자세히 분류하는 것이 필요하다.

(1) Huang & Rust(2018)의 분류

서비스 산업을 연구하는데 Huang & Rust(2018)는 본질적인 네가지 유형의 지능인 기계적, 분석적, 직관적, 감정적을 규정한다. 이 네가지 지능은 순차적으로 진화의 양상을 보여주며, 각 단계가 서비스 산업 내에서 고객 서비스와 직원에 대한 독특한 영향을 갖기 때문에 기술적 진보를 항목화하는데 유용하다. 이들은 또한 AI의 발전이 기계적으로 시작하고 분석적과 직관적을 통해 발전하여 감정적 지능으로 확장하는 논리적 순서를 따른다고 지적한다. 이 프레임워크를 따라서, 환대 서비스 산업에서 AI 기술의 현재의 적용을 <표 3.1>과 같이 요약하였다.

표 3.1 네가지 수준별 AI 유형과 환대산업에 적용

지능유형	설명	환대산업에 적용	
		고객서비스	직원관리
기계적 지능 (자동화)	• 일상적이고 특화된 업무를 수행하는 능력 • 규칙기반 • 사전 지식에 의존 • 창의성 혹은 학습을 거의 혹은 전혀 필요로 하지 않음	• 체크인 • 컨시어지/포터 • 청소 • 운반	• 선별 • 급여지불 • 관리
분석적 지능 (약한 AI)	• 문제를 해결하거나 질문에 답하는 정보를 처리하는 능력 • 반복적으로 학습하기 위해 알고리듬을 사용하나 실수를 반복하기 쉬움	• 룸서비스/식사 • 주문 보안 • 청소관리 • 엘리베이터관	• 인력 • 주문
직관적 기능 (강한 AI)	• 창의적으로 생각하고 진기한 상황에 효과적으로 적응하는 능력 • 성과를 극대화하기 위해 실수로부터 학습하고 미래 대응에 변화	• 건강 모니터링 • 온도/조명패널	• 훈련 • 직원관계
감정적 지능 (정서적 AI)	• 사람의 감정을 인식, 이해, 영향을 미치는 능력 • 일을 경험하는 능력 • 감정노동/지능을 표현	• 다이어트와 운동관리 • 스트레스관리	• 직원 스트레스관리

자료원: Huang & Rust(2018)

① 기계적 지능

이 지능은 일상적이고 반복적 업무를 자동으로 수행하는 능력으로서 스마트하지 않으나 많은 업무에서 필수적이다. 그 프로세스가 여러 번 수행되고 거의 생각없이 수행될 수 있기 때문에 인간에게 기계적 프로세스는 많은 창의성을 필요로 하지 않는다. 이 기계적 노동은 비숙련 노동이고 고급훈련 혹은 교육을 필요로 하지 않는다. 예를 들어 콜센터 직원, 소매 판매원, 웨이터/웨이트리스, 택시 운전사가 이에 해당한다.

인간의 자동화를 모방하기 위해 AI는 일관성을 유지하고 제한된 학습과 적응능력을 갖도록 설계된다. 예를 들어, 서비스로봇은 육체적 업무를 수행하고 지침이 필요없이 자율적으로 운영되며, 사람의 도움없이 컴퓨터에 의해 지시된 기술만을 수행한다. 그들은 규칙기반(rule-based)이고 서비스 환경에서 물리적 및 일시적 변동성을 관찰하고 반응하기 위해 사전지식과 연속적인 센서인식에 의존한다. 그들은 환경을 이해하지 못하고 자동으로 적응할 수 없으며, 대신 환경의 반복적인 특성으로 인해 그들의 지식은 임시방편적이고 가끔 업데이트될 뿐이다. 비록 더욱 발전된 버전으로서 자동 업데이트 기능을 도입할 수 있으나

대부분의 서비스로봇은 단지 필수적 업무만을 수행하는데 충분하도록 설계될 뿐이다.

예를 들어, Google의 지능 검색인 Bing 혹은 다른 검색엔진은 강력한 서버를 사용하여 분석하고 질문의 의미를 이해하고 올바른 결과를 돌려주도록 지능 알고리듬을 사용한다. 비록 그 엔진이 다른 페이지보다 어떤 페이지들이 더 적합한 지를 이해하기 위해 지능 알고리듬을 사용하기는 하나 그 페이지의 내용을 이해하지 않는다는 점에서 그러한 검색은 여전히 기계적이다.

이 기계적 AI는 인간에 비해 극단적 일관성을 갖는 상대적 강점을 보유한다. 예를 들어, 이것을 통해 인간이 피로로부터 자유를 얻고 매우 신뢰할만한 방식으로 환경에 반응하는 것이 가능해 진다. 많은 변동없고 반복적인 업무 특성은 제한된 짧은 시간에 학습하는 것을 가능하게 한다. 서비스 거래 혹은 관계 시에 학습해야 할 새로운 것이 없는 경우에 그 것은 반복적으로 행동하고 반응하기 위해 단지 관찰에 의존할 뿐이다.

② 분석적 지능

이 지능은 문제해결을 위해 정보를 처리하고 그 문제해결에서 학습하는 능력을 의미한다. 이것은 정보처리, 논리추론, 수학적 스킬에 대한 것이고 이 어려운 스킬은 훈련, 숙련성, 인지적 사고에 대한 특화로부터 달성된다. 예를 들어 컴퓨터와 기술 관련 노동자, 데이터 과학자, 수학자, 회계사, 재무 분석가, 자동차 서비스 기술자, 엔지니어는 크게 분석적 스킬을 사용한다.

머신러닝과 데이터 애널리틱스는 중요한 분석적 AI 적용 사례이다. 다양한 유형의 머신 러닝이 있고 전형적인 분석적 AI는 특정 정보를 찾는 곳에서 프로그램되지 않고 통찰력 있는 정보를 발견하기 위해 데이터로부터 작관적으로 학습하기 위해 이 알고리듬을 사용한다. 예를 들어, IBM의 체스 컴퓨터 Deep Blue는 이 규칙기반 학습을 사용한다. 그러한 AI는 만약 그 규칙이 변하지 않는다면 동일한 실수를 다시 저지를 것이다. 비록 그러한 AI 적용이 외관상 지능적 행동을 보일지라도 그들은 직관을 쉽게 모의실험할 수 없기 때문에 AI문헌에서 분석적 AI는 '약한 AI'로 고려된다.

이 지능은 복잡한, 그러나 체계적인, 일관적인, 예측가능한 업무를 수행하는 데 필요하다. 예를 들어, 데이터와 정보집약적인 업무들이 이에 해당한다. 이 특성은 서비스 제공자가 고객의 빅데이터에 기초한 대량 개인화에 적합한 것으로 만들어준다(예: 협력적 개인화). 이 AI는 빅데이터에 기초하여 서비스 로봇과 같은 고립된 기계에서 집단 지능을 발생시키는 네트워크화된 기계로 더 이동한다. 이것은 지금까지 서비스에 AI가 초래한 가장 심오한 폭넓은 변화로서 고려된다. 여기서, AI는 대량의 데이터를 처리하고 종합하고 학습할 수 있는 기계이다.

③ 직관적 지능

이 지능은 창의적으로 생각하고 진기한 상황에 효과적으로 적응하는 능력을 의미한다. 그것은 전체적이고 경험기반 사고에 기초한 지혜로서 고려된다. 직관적 지능은 통찰과 창의적 문제해결을 필요로 하는 숙고하는(hard thinking) 전문적 스킬을 포함하며, 그 예로는 마케팅관리자, 경영컨설턴트, 변호사, 의사, 판매관리자, 여행대리인이 있다.

여기서, 이해는 직관적 AI를 분석적 AI와 구분하는 핵심적인 특징으로서 고려된다. AI가 더욱 유연하게 인간과 같이 기능하도록 설계된다는 점에서 직관적 AI는 '강한 AI'로 표현될 수 있다. AI는 인간 인지의 폭넓은 범위를 모방하고 인간 아이와 유사하게 학습(그러나 분석력과 연결성으로 인해서 더 빨리)하도록 구축된다. 이런 식으로 기계기능은 인간지능과 다르지 않은 것으로 생각될 수 있다.

직관적 AI는 인간의 모든 특징인 자기 인식, 직감, 의식을 포함한다. 직관적 AI는 경험으로부터 학습하기 때문에 동일한 실수를 다시 쉽게 저지르지 않을 것이기 때문이다. 예를 들어, Watson의 Jeopardy는 직관적으로 학습할 수 있으며, Google의 DeepMind AlphaGo는 단지 계산이 아니라 본능을 모방하고 AI 포커 플레이어인 Libratus는 불완전한 정보로 전략적 사고를 할 수 있다. 현재 IBM은 직관적 기술의 B2B 적용을 위해 많은 발전을 보이고 있다. 즉, Watson은 이해하고, 추론하고, 학습하고, 상호작용할 수 있고 비즈니스를 위한 주요 AI플랫폼 중 하나가 될 것이다.

보통 복잡한, 창의적인, 혼돈적인, 전체적인, 경험적인, 상황적인 업무들이 직관적 지능을 필요로 한다. 업무의 복잡하지만 독특한 특성은 성공적인 서비스 제공을 위해 직관에 의존하도록 만들기 때문이다. 고객관계는 시간에 따라 고객의 특유한 니즈를 더 잘 알게 되는 것을 도울 수 있다. 그러한 통찰은 외관상 생각이 비슷한 고객의 데이터를 채굴하는 것으로 쉽게 획득될 수 없기 때문이다. 예를 들어, 복잡하고 개인화된 여행서비스 계약, 고급 환대 서비스, 엔터테인먼트, 스포츠는 더 나은 서비스를 제공하기 위해 직관을 필요로 하는 사례이다.

④ 감정적 지능

이 지능은 다른 사람들의 감정을 인식하고 이해하며, 적합하게 감정적으로 대응하고 다른 사람의 감정에 영향을 미치는 능력을 의미한다. 이 지능은 사람이 다른 사람의 감정에 민감하고 다른 사람들과 잘 일하도록 하는 개인 간, 사회적, 사람의 스킬을 포함한다. 이 스킬은 의사소통, 관계구축, 리더십, 지지와 협상, 업무−생활 균형, 사회적, 팀업무, 문화적 다양성, 카리스마를 포함한다. 감정적으로 숙련된 전문가로는 정치인과 협상가 같은 사람의 스킬과 정신과 의사와 같은 직업에서 발견될 수 있다. 또한, 그들은 심리학자와 같은 숙련된 전문가 혹은 승무원과 같은 상대적으로 숙련되지 않은 현장 노동자들일 수도 있다.

감정적 업무는 더 높은 수준의 사회적 존재를 필요로 하는 하이터치 서비스이다. 그러한 업무는 사회적, 감정적, 소통적, 상호작용적, 관계적인 특성을 지닌다. 감정적 노동은 어떤 직무의 감정적 요구사항을 이행하기 위한 감정과 표현의 관리이고 종업원은 피상적이든 혹은 마음 깊숙한 곳이든 간에 고객과 상호작용할 때 적합한 감정을 보이는 것으로 기대된다.

이 감정적 AI는 기계가 감정을 갖는 것처럼 느끼거나 최소한 행동할 수 있는 기계를 설명한다. 이와 관련하여 '감성컴퓨팅'은 감정과 관련, 감정으로부터 발생, 감정에 영향을 미치는 컴퓨팅으로서 정의된다. 신경학분야에서 주장되듯이 인간의 인지와 인식 모두에서 감정의 필수적 역할은 감성컴퓨터가 인간을 지원하는 데 더 나은 성과를 제공할 뿐만 아니라 의사결정을 하는 컴퓨터의 능력을 향상시킬 수 있어야 한다는 것을 의미한다.

감정적 AI는 가장 발전된 AI 세대이고 서비스에 대한 현재의 적용은 여전히 거의 존재하지 않는다. 몇가지 예는 Replika(심리학적 편안함 혹은 행복을 위해 인공적인 사람 즉 개인봇을 제공), Sophia(Hanson Robotics의 인간 같은 AI)로서 이들은 인간과 같이 보이고 인간과 같이 행동하도록 설계되었다.

⑤ 수준별 응용 사례

네가지 AI 수준별 AI 응용 사례는 다음의 <표 3.2>와 같다.

표 3.2 수준별 AI 응용 사례

지능 수준	응용 사례
기계적 지능	− 휴머노이드 로봇(Pepper)는 호텔, 크루즈선, Nescafe 점포에서 고객과 상호작용 − 패스트푸드 레스토랑에서 셀프서비스 키오스크 − 로봇은 실리콘 밸리의 Zume에서 피자를 제조 − Caliburger 로봇이 햄버거 요리 − Sacarino 상호작용적 벨보이 로봇이 손님 사이에 걸어다니며 지역 및 호텔 관련 서비스에 대한 정보를 제공 − Aloft의 Boltr 로봇 집사가 손님객실에 침대보와 편의물품 제공 − 로봇 팔 바텐더가 Royal Caribbean 크루즈 상의 bionic bar에서 음료를 제조 − 나가사키의 Hotel Henn Na는 243개의 로봇 직원을 운영 − Pactum 소프트웨어는 계약 효율성을 증가시키기 위해 판매자 거래처와 협상을 관리 − Vinpearl Nha Trang 리조트가 손님 체크인, 보안을 용이하게 하고 리조트 접근을

지능 수준	응용 사례
	제공하기 위해 안면 인식을 사용 – San Francisco의 Creator 레스토랑이 로봇에 의해 만들어진 버거를 서비스 – Domino의 DRU의 자율 주행차
분석적 지능	– Hilton McLean의 Connie 로봇 컨시어지는 손님 질문에 응답하고 방향을 제공 – Las Vegas의 Cosmopolitan의 Rose 챗봇은 인간의 개입없이 손님 요구를 이행하고 질문의 82%에 응답 – RLH Corporation은 1400 system hotel의 본부 예약을 위해 AI 가상 에이전트를 활용 – AUtoClerk PMS 시스템은 서비스 주문, 이슈 보고, 유지업무 주문 발생을 위해 호텔 직원과 손님이 문자를 통해 소통하는 것이 가능 – 로봇 바텐더가 인간의 사회적 상태를 추정하는 것을 가능하게 하는 소프트웨어
직관적 지능	– 손님이 객실을 체크인 하고 방 열소로서 작동하며, 객실 환경을 통제하고 음식/오락을 추천할 수 있는 호텔 스마트폰 앱 – 패스트푸드 레스토랑에서 온라인 판매를 추진하기 위해 사용된 챗봇 – Spencer 가상 에이전트는 KLM 항공사의 고객이 여행경험을 향상시키는 것을 지원 – AllyO 채용 소프트웨어는 잠재적 직업 후보자를 위치시키고 그들이 지원하도록 유인하며 전체 적합성에 맞는 후보자를 선별 – MSC 크루주에서 Zoe 크루즈 어시스턴트는 정보 제공, 예약, 손님과 상호작용 – Wave RMS 수익관리시스템은 호텔의 수익관리 전략을 최적화 – BlackRock은 수납관리자를 컴퓨터 알고리듬으로 대체하기로 계획 – 안면인식 기술이 호텔 손님이 객실로 체크인하는데 사용되고 자동으로 지불을 수용하며, 감정을 평가하고 교통 패턴을 추적
감정적 지능	– Replika의 개인화된 현장 의사소통 – 감정 인식 디지털 장치가 객실 환경, 커피 주문 등을 변화시킴으로서 소비자의 감정을 감지하고 반응

자료원: Huang & Rust(2018)

(2) Huang & Rust(2021)의 후속 분류

저자들은 기존의 네 가지 분류모델을 축소하여 <그림 3.3>과 같은 세 가지 AI 유형을 새롭게 제시하였다. 그것은 고객관여를 위해 서비스에서 다르게 사용될 수 있는 기계적(mechanical), 사고적(thinking), 감정적(feeling) AI이다. 이 복수의 AI 관점은 다른 업무를 수행하도록 각각 디자인된 채 복수의 AI가 존재한다는 점을 유지한다. 기계적 AI는 단순한, 표준화된, 반복적인, 일상적 업무를 위해 사용되고 사고적 AI는 복잡한, 체계적, 규칙기반적, 잘 정의된 업무에 감정적 AI는 사회적, 감정적, 소통적, 상호작용적 업무에 활용된다.

AI의 발전은 누적적이다. 일단 AI가 더 높은 수준으로 발전하면 또한 일반적으로 더 낮은 수준의 지능역량을 소유한다. 기계적 AI는 현재 AI가 그러한 지능을 능숙하게 필요로 하는 서비스 업무를 다룰 수 있다는 것을 의미하면서, 가장 낮고 쉬운 역량을 소유한다. 사고적 AI는 빅데이터를 분석하고 어떤 직관적 의사결정을 할 수 있다. 감정적 AI는 가장 진보한 것이나 완전한 잠재력은 아직 실현되지 않았다.

이 세 가지 AI들의 각각은 서비스에 독특한 편익을 제공할 수 있다. 구체적으로, 기계적 AI는 서비스 표준화에 이상적이고 서비스 개인화는 사고적 AI, 서비스 관계(예: 개인화된 관계)는 감정적 AI에 이상적이다.

그림 3.3 세 가지 인공지능과 서비스에 대한 편익

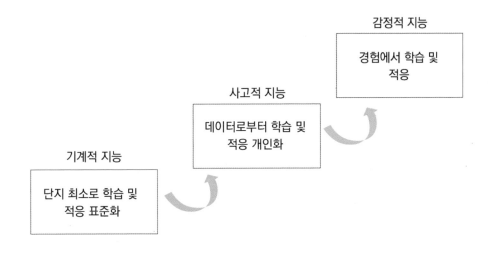

자료원: Huang & Rust(2021)

① 서비스 표준화를 위한 기계적 AI

기계적 AI는 포장, 셀프서비스 로봇과 같이 표준화와 일관성을 필요로 하는 자동화된 반복적 일상적 업무를 수행하기 위해 설계되었다. 기계적 AI는 일반적으로 단지 최소 수준에서 학습하고 적응한다. 그것은 효율성을 최대화하고 변동성을 최소화하는 목표로 디자인된다. 따라서, 그것은 서비스 표준화에 이상적이다. 서비스가 재화 같을수록 규모와 효율성을 위해 자동화되도록 만드는 것이 더 적절하다. 이것은 McService 전략과 유사하다. 고객이 서비스에 대해 동징적 요구를 갖고 잠재적 고객 생애 가치가 낮을 때 기술은 효율성을 위해 서비스를 자동화하는데 사용되어야 한다. 예로는 패스트푸드 주문과 전달, 셀프서비스, 예산 서비스, 일상적 이슈에 대한 고객 서비스가 있다. 이 기계적 AI의 사용에서

규칙적이고 반복적인 인간 서비스는 셀프서비스로 전환되거나 대량으로 생산된다. 가령, 일상적 구매에서 AI 도우미들은 편익적이고 중단되지 않는 가사작업을 제공한다. 다른 기계적 AI 적용은 서비스 로봇이다. 가령 호텔 청소 서비스 로봇은 이 일상적 서비스를 수행하기 위해 인간 종업원을 대체한다.

② 서비스 개인화를 위한 사고적 AI

머신러닝과 딥러닝을 통한 사고적 AI는 IBM Watson과 추천 시스템(예: Netflix 영화 추천, Amazon 교차판매 추천)에 적용된 것처럼 의사결정을 위한 패턴과 주제의 인식(예: 텍스트마이닝, 안면인식)을 통해 사용자들에게 정보의 생산과 처리를 위해 설계되었다.

사고적 AI는 데이터로부터 학습하고 적응한다. 그것은 분석적이거나 직관적일 수 있다. 분석적 AI는 의미있는 패턴을 규명하기 위해 고객 다양성을 탐구하는 목표로 디자인된다(예: 데이터마이팅, 텍스트마이닝). 더욱 발전된 직관적 AI는 의사결정 정확성을 최대화하기 위해 디자인된다(예: 데이터 사이언스 언어에서 문제를 해결하기, 질문에 답하는 정확성을 최대화하기). 따라서, 사고적 AI는 최적의 서비스 생산성을 위한 서비스 고객화에 이상적이다. AI 역량이 누적적이기 때문에 직관적 AI는 또한 분석적 AI의 모든 역량을 처리할 수 있다.

사고적 AI는 서비스 개인화 특히 풍부한 고객 데이터가 이용가능하고 문제가 잘 정의될 때(예: 어떤 신규 서비스가 어떤 고객에 호소할지를 예측할 때) 서비스 개인화에 이상적이다. 이 상황에서, 다른 고객에게 다른 새로운 서비스를 제안하기 위해 사용될 수 있는 풍부한 기존의 고객 선호 데이터가 존재한다.

사고적 AI의 분석적 하위 유형은 개인화의 기반으로서 데이터에서 의미있는 패턴을 밝히거나 발견하는 데 좋다. 서비스 개인화를 위해 분석적 AI를 사용하는 것은 서비스를 위한 고객화된 거래 전략과 유사하다. 수요가 이질적이고 잠재적 고객 생애가치가 더 낮을 때 분석적 AI는 횡단면적 데이터((예: 다른 마음이 맞는 고객)에 기반하여 서비스 선호의 개인적 차이를 포착하는 데 사용될 수 있다. 예를 들어, 복잡한 쇼핑 의사결정에서 AI 비서 혹은 도우미들은 고객의 기준을 학습하고 소비자들이 기꺼이 하는 상충(예: 고가 혹은 녹색 소비)이 무엇이든지 간에 최적화할 수 있다. 아마존의 제품 추천 시스템은 이 항목에 해당한다.

사고적 AI의 직관적 하위유형은 단지 관찰가능한 체계적 패턴에 기반하지 않고 상황에 대한 더 심오한 이해에 기반하여 학습하고 적응(예: 딥러닝)하는 역량을 갖는다. 딥러닝(deep learning)은 인간의 뇌를 모방(뉴런, 신경망, 뇌와 같은 가상의 신경망 등)하려고 노력하는 AI이다. IBM의 Watson은 다양한 부분에서 적용된 그러한 직관적 AI 적용이다. 더욱 인간과 같은 사고 역량으로 인해 직관적 AI는 더욱 심오하고 적응적인 개인화에 바람직하다.

가령, AI는 시간이 지남녀서 개별 고객을 위해 점차 효과적으로 개인화할 수 있는 적응적 개인화 시스템을 구축하는데 사용될 수 있다. 시간에 걸쳐 특정 고객에 대한 동태적(종단면적) 소규모 데이터가 개인화를 위해 이용가능하기 때문에 동태적 개인화를 위한 직관적 AI를 사용하는 것은 관계적 서비스 전략과 유사하다. 가령, 소비자의 의사결정 지원으로서 AI 도우미 혹은 비서(assistants)들은 덜 편의되고 덜 망각된다. 그들은 소비자들에게 객관적 추천을 제공하기 위해 모든 마지막 정보를 보유하고 데이터를 분석할 것이다.

③ 서비스 관계화를 위한 감정적 AI

감정적 AI는 자연어처리, 텍스트 음성변환 기술, 순환 신경망(recurrent neural network)를 분석하기 위해 설계되었다. 이 유형의 AI는 인간의 언어표현을 모방하는 챗봇과 감정적 신호를 감지하는 서비스 로봇에서 현시된다.

감정적 AI는 경험으로부터 학습하고 적용한다. 경험은 상황 특유이고 개인 특유적인 데이터로서 정의된다. 이 수준의 AI는 모든 기계적이고 사고적인 AI 역량을 소유할 수 있으나 이 역량들은 경험기반 데이터에 적용된다. 감정적 AI는 개인화된 관계로서 정의되는 서비스 관계화와 고객만족과 보유에 이상적이다. 그것은 상호작용, 의사소통, 이해, 경험이 중요한 고객 관계를 유지하는 데 결정적이다. 모든 관계는 본질적으로 개인적이고 그러한 데이터를 다룰 수 있는 감정적 AI는 이 목적에 이상적이다.

감정적 AI의 두 가지 극단적인 적용이 존재한다. 낮은 수준에서 가상 대리인(virtual agents)과 챗봇(chatbot)과 같은 감전적 AI 적용은 기계적 AI 와 같은 고객 서비스를 전달하기 위해 폭넓게 사용된다. 이것은 요구가 동질적이고 잠재적 고객 생애가치가 높은 관계적 서비스 전략과 유사하다. 사고적 AI와 같이 운영하나 감정적 데이터를 사용하거나 데이터로부터 감정을 추출하는 감정적 애널리틱스는 전형적인 적용이다. Affectiva와 Magids, Zorfas, Leemon의 감정적 연결 애널리틱스는 감정적 애널리틱스의 예들이다. Alexa, Cortana, Siri와 같은 소비자 시장에서 인기있는 현재의 대화형 시스템(<그림 3.4> 참조)은 고객과 상호작용하나 오히려 기계적 방식으로 자연어처리를 사용하는 다른 적용의 유형이다.

그림 3.4 대화형 에이전트

높은 수준에서 감정적 AI는 단순히 고객접촉 인터페이스로서 작용하지 않고 감정이입과 이해를 필요로 하는 고객 돌봄을 위한 잠재력을 갖는다. 자동화된 대화 감정 인식은 건강, 검색, 로보틱스, 보안에 폭넓게 적용될 수 있는 차세대 AI로 고려된다. 그러한 AI는 인간 감정을 진정으로 읽을 수 있고 인간의 대화 파트너와 같이 감정에 반응할 수 있는 것을 필요로 한다. Sophia와 더욱 정교한 챗봇은 그러한 적용의 예이다. 감정적 AI는 여전히 개발의 초기 단계에 있고 따라서 감정적인 것은 때때로 인간 서비스 직원의 영역을 유지한다.

(3) 기타 분류
① 인공지능 수준에 따른 유형(Adams et al., 2012)

● 인공적 협의지능(ANI: artificial narrow intelligence)
  ANI는 보통 한 특정 문제를 해결할 수 있고 인간에 의해 프로그램될 필요가 있다.
● 인공적 일반지능(AGI: artificial general intelligence)
  AGI는 스스로 학습할 수 있고 어떤 인간의 도움없이 다른 일에 경험과 스킬을 전송할 수 있다. 따라서, AI에 대한 인간 능력의 비교는 필수불가결하다. 이미 언급된 혁신적 AI 적용인 AlphaGo Zero는 이미 자율학습이 가능하나 여전히 지식기반을 다른 일에 이전할 수 없기 때문에 ANI와 AGI 사이의 전이 단계에 있다.
● 인공적 초지능(ASI: artificial super intelligence)
ASI는 인간의 정신보다 더 발전된 소프트웨어의 개발을 나타낸다. 그러나, 비록 과학자들이 ASI가 자동으로 AGI로부터 진화할 것이라고 믿을지라도 오늘날 그러한 소프트웨어는 존재하지 않는다. 기계에 대한 인간 활동과 지식의 이전뿐만 아니라 잠재적으로 관련된 인간의 통제의 손실은 정부정책과 윤리적 잇슈에관련된 우려를 낳는다. 이러한 의심에 대항하여 정부의 역할이 일반적으로 기술 감독자와 특정 AI 적용을 위한 기술 수신자로서 작용해야 한다.

② Davenport & Kirby (2015)의 자동화 단계

그들은 자동화는 세 단계로 발생한다고 제안한다. 첫 번째 단계에서는 기계가 더럽고 위험한 업무를 맡고 아주 힘든(3D: dirty, dangerous, difficult) 육체노동의 인간의 노동을 줄인다. 두 번째 단계에서 기계는 지루한 업무를 맡고 일상적인 서비스 거래와 사무직의 따분한 일을 하는 인간의 노동을 경감시킨다. 세 번째 단계에서 기계는 의사결정을 맡아 더 빠른 속도와 신뢰성으로 인간과 비슷하거나 더 나은 선택을 할 수 있게 된다. 이 단계 하에서 서비스 산업에서 AI 활용은 여전히 단계1에서 단계 2로 이전 중에 있고 아직 단계 3에 제시된 가능성에 대해서는 아직 관심이 주어지지 않았다고 볼 수 있다.

③ Wirth(2018)의 분류

이 방법은 AI를 약한 AI, 혼합 AI, 강한 AI로 분류하였다.

● 약한 AI

특정 업무를 수행하도록 맞춰진 AI이다.
● 혼합 AI

다수의 솔루션을 혼합하고 새로운 업무에 적응하는 AI이다.
● 강한 AI

특정 업무에 특화되지 않고 인간만큼 잘 추론할 수 있는 지능을 갖는 AI이다.

4   AI 시스템의 구성요소

4.1. AI의 기본 기법

AI의 목적은 기계가 인간과 유사하게 학습, 추론, 활동을 하는 것이다. 이를 위해 AI의 근간을 이루는 세 가지 기본 방법이 존재한다. 그것은 머신러닝, 딥러닝, 신경망이다. 이 개념들은 계속 확장하여 데이터마이닝, 자연어처리, 구동 소프트웨어의 발전으로 추가되고

있다. AI와 머신러닝이 상호교환적인 용어처럼 보일지라도 AI는 보통 더 폭넓은 용어이고 머신러닝과 딥러닝, 신경망은 AI의 하위 집합이다.

딥러닝 메카니즘은 인공신경망의 원칙에 기초한다. 그것은 뉴런(neurons) 혹은 두뇌세포를 모방한다. 인공신경망은 우리가 생물학에서 발견한 것들에 의해 영감을 받았다. 신경회로망(neural net network) 모델은 인간 두뇌 프로세스를 모방하기 위해 수학과 컴퓨터 사이언스 원리를 사용하며, 행동하기 위해 더 많은 학습과 명령을 허용한다. 인공신경망은 밀집하게 상호연결된 두뇌세포의 프로세스를 통합하나, 생물학으로부터 구축 대신에 이 뉴런 혹은 노드(nodes)는 인간이 만든 코드로부터 구축된다.

신경망은 투입 레이어(input layer), 은닉 레이어(hidden layer), 산출 레이어(output layer) 세 가지 레이어를 포함한다. 이 레이어들은 수천, 때때로는 수백만 노드를 포함한다. AI는 신경망의 개념을 통해 인간의 정신을 모방한다. 그것은 문제를 해결하기 위해 인간이 생각하고 행동하는 방식을 생각한다. 이것은 AI의 독특함이다. 즉, AI는 환경과 행동을 해석하기 위해 인간 두뇌를 모방한다.

4.2. AI 프레임워크

AI를 이해하는 종합적 프레임워크는 AI 적용을 위해 필요한 AI 역량을 갖추어야 하고 이 역량을 실현하기 위해 구체적인 AI 방법이 존재해야 한다는 점을 강조해야 한다(Volkmar et al., 2022). 물론 이 모든 프레임워크의 시작은 빅데이터에서 비롯된다. 이 프레임워크는 구체적으로 다음과 같다.

- AI 방법
  전문가 규칙, 딥러닝, 신경망, 강화학습, 시행착오 기반 학습, 자율 및 감독학습 등
- AI 역량
  전문가시스템(추론), 자연어처리, 지식표현, 예측시스템, 컴퓨터비전, 음성신호처리, 지식마이닝 등
- AI 적용
  지능형자동화, 문자/음성/이미지/비디오분석, 사용자프로파일링과음성세분화, 코봇, 개인화, 증강 및 혼합현실, 바이오메트릭스, 안면/음성/목소리/감정/자세인식, 성과최적화, 추천시스템, 의사결정지원시스템, 적응적 학습, 지능형 에이전트, 지능형 제품 등

결과적으로, 데이터에 근거해 다양한 AI 방법들을 적용해야 하는데 이를 위한 역량이 갖춰줘야 하고 그 역량에 기초해 다양한 분야로 AI를 활용할 수 있어야 한다. 물론 이 세 가지 중요한 프레임워크 내에 매우 많은 방법론, 역량, 활용분야가 존재한다. 그러나, 이 많은 요소들의 범위가 광범위하여 모두 이해하기가 어렵다는 점은 분명하다.

4.3. AI 시스템의 구성요소

AI 시스템을 더욱 쉽게 이해하기 위한 방법으로서 그 시스템의 구성요소를 살펴보는 방법이 있다. 이미 1장의 운영시스템에서 언급하였지만 AI도 일종의 정보시스템으로 간주할 수 있고 그 관점에서 본다면 그 정보시스템은 하드웨어, 소프트웨어, 데이터, 사람, 절차를 포함하고 주어진 환경 내에서 작동하는 것으로서 생각할 수 있다. 그 시스템은 기본적 투입물－프로세스－산출물의 틀 내에서 환경과 상호작용한다. 여기서, 투입물은 인간 혹은 물리적 원천들로부터 나오는 원 데이터를 의미하고 프로세스는 이 데이터의 가치창출을 가공하는 것을 의미하며, 산출물은 환경에 피드백되는 의미있는 정보로 구성된다.

최선의 기대성과를 달성하기 위해 행동하는 시스템을 개발하는 이론과 실무로서 AI를 고려한다면 AI 시스템은 투입물, 프로세스, 데이터 저장(지식기반), 산출물의 네가지 구성요소로 다시 분해된다(Paschen et al., 2019).

(1) 투입물
① 구조화된 데이터

구조화된 데이터는 비즈니스 애널리틱스와 지능의 핵심을 형성하며, 개략적으로 표준화되고 조직화된 데이터이다. 생산시스템의 사례로는 재고 수치, 판매 데이터, 생산 수준이며 기업 외부의 구조화된 데이터는 웹사이트 검색 지표 혹은 주식거래 데이터일 수 있다. AI는 이 데이터를 실시간으로 분석하는 것을 도울 수 있다.

② 비구조화된 데이터

비구조화된 데이터는 표준화되거나 조직화되지 않기 때문에 분석하기 더욱 어렵다. 문자, 음성, 영상 파일을 포함하는 블로그 포스트(blogpost), 리뷰(review), 트위트(tweet)와 같은 소셜 미디어, IoT, 모바일 장치가 만든 많은 데이터는 이 항목에 속한다. AI는 이 투입 데이터를 다룰 수 있어야 한다.

(2) 프로세스

① 사전처리

비구조화된 데이터의 사전 처리는 데이터 정제, 변환, 선택을 도입하고 그 데이터는 추가로 처리될 수 있다. 이와 관련한 두 사례는 자연어이해와 컴퓨터비전이다.

- 자연어이해

  AI 시스템은 인간이 말하고 기록한 언어를 해석하기 위해 자연어이해를 사용한다. 첫 번째 단계인 음성인식에서 인간의 언어는 문자로 번역된다. 이것은 어떤 시스템이 음성으로 표현된 단어를 인식하는 것을 허용하나 그들에게 의미를 부여하는 것은 허용하지 않는다. 문맥, 방언, 특수용어 혹은 대화와 같은 요인들이 심각한 모호성을 수반하기 때문에 단어에 의미를 부여하는 것은 자연어이해에서 핵심적인 어려운 일이다. 대부분의 자연어이해 적용은 구조, 관계, 단어의 문맥 혹은 자연어에서 구절을 분석하기 위해 어휘와 일종의 문법규칙을 활용한다. 음성 텍스트의 가장 적절한 의미는 다시 통계 모델링과 머신러닝을 사용하여 해석된다. 자연어이해의 현재 두드러진 사용은 문자 요약, 감성분석, 관계추출을 포함한다.

- 컴퓨터비전

  컴퓨터비전은 <그림 3.5>와 같이 어떤 표현이 AI 시스템과 상호작용할 수 있도록 이미지를 변환시키는 데 초점을 둔다. 이 처리는 컴퓨터에게 매우 까다로운 일이다. 컴퓨터비전은 패턴을 인식하고 의미를 추출하기 위해 머신러닝을 사용한다. 예를 들면, 인간의 인식과 일치하는 성공률로 범죄 혐의자를 찾기 위해 감시 비디오를 탐색하는 안면인식 소프트웨어를 사용하는 것이다.

그림 3.5 컴퓨터비전

② 주요 프로세스

AI에서 주요 프로세스는 문제해결, 추론, 머신러닝이라는 세 가지 유형의 지능행동을 포함한다. 머신러닝은 바람직한 성과를 더욱 효과적으로 얻기 위해 신지식을 얻거나 기존 지식을 수정하기 위해 세 가지 프로세스를 사용한다.

● 문제해결

문제해결은 어떤 목표를 최선으로 달성하는 솔루션을 선택하는 것을 의미한다. 하나의 최선의 솔루션이 존재하지 않을 때 확산적 문제해결(divergent problem solving)이 동일하게 가치있는 대안 솔루션을 발생시키고 평가한다. 반면에 수렴적 문제해결 (convergent problem solving)은 당면문제에 대한 충분한 성과에 도달하기 위해 빅데이터를 갖는 AI 시스템으로 하나의 최선의 솔루션을 밝히려고 노력한다. 이 확산적과 수렴적 문제의 솔루션은 AI 시스템 내에 저장되고 그 지식은 계속 업데이트된다.

● 추론(reasoning)

추론은 이용가능한 데이터로부터 어떤 결론에 이르기 위해 논리를 사용한다. AI 시스템은 불확실한 상황 하에서 추론하기 위해 전통적인 역량을 넘어서야 한다. 연역적이거나 하향식 추론은 사실이라고 믿어지는 가설에 기초하여 새로운 결론에 다다르려고 시도한다. 이에 비해 귀납적 혹은 상향식 추론은 개별적인 관찰의 결과로부터 일반적 명제를 발생시키는 것을 추구한다. 두 유형의 추론을 통해 AI 시스템은 현재와 미래 문제에 적용될 수 있는 패턴과 규칙을 찾아낸다.

● 머신러닝

머신러닝은 시스템 내에 저장된 사전에 정의된 규칙에 의존하지 않고 AI 시스템이 스스로 성과를 향상시키도록 한다. 초기의 머신러닝은 학습을 목적으로 시스템 내에 사전에 프로그램된 규칙을 정의한 인간에 의해 감독된다. 그러나, 이 접근법의 한계가 곧 명확해졌다. 결과적으로 AI 연구자들은 거대한 양의 데이터로부터 신지식을 추출할 수 있는 알고리듬을 개발하여 딥머신러닝을 만들었다. 딥머신러닝은 더 많은 문제를 더 효율적으로 해결하는 시스템의 능력을 확장하고 반복적인 업무 솔루션의 정확성을 증가시킨다. 네트워크 레이어(layer)로 알려진 일련의 분석 단계로 구성된 인공신경망은 오늘날 머신러닝에서 사용된 강력한 도구 중 하나이다. 각 네트워크 레이어는 매우 단순한 계산을 수행하고 다시 그 결과를 다음의 더 깊은 레이어로 보낸다. 비록 각 비선형분석이 수학적으로는 단순할 수 있을지라도 이 계속되는 설계 방식은 복잡한 매핑을 묘사할 수 있는 강력한 시스템으로 결과된다.

(3) 데이터 저장: 지식기반

지식이 후속 행동에 영향을 미칠 수 있다는 점에서 경험이 반영되기 때문에 지능행동은 과거 데이터, 정보, 지식의 저장에 의존한다. 초기의 정보시스템에서 계층 레이어적이고 관계적인 데이터베이스는 과거의 프로세스로부터 자료의 저장과 검색을 허용하는 구조화된 데이터를 포함한다. AI 시스템에서 이 표현은 비구조화된 데이터, 구조화된 데이터, 사전 처리로부터 나오는 데이터뿐만 아니라 AI 프로세스를 위해 시스템 자체에 의해 발생된 정보일 수도 있다. 딥러닝은 단일의 네트워크 레이어로부터 저장된 정보가 다른 레이어의 상황과 무관하게 해석될 수 없는 암묵적 지식으로 이어진다. 이런 식으로 인공신경망은 암묵적 지식기반으로서 작용한다.

(4) 산출물: 정보

AI 시스템은 프로세스 완료와 더불어 인간의 의사결정을 위한 기반 혹은 다른 정보시스템의 투입물 중 하나로서 이 프로세스로부터 결과되는 의미있는 정보를 그 환경과 연관시켜야 한다. 또한, AI가 발생시킨 정보는 또한 다양한 비즈니스 적용에서 비인간적 업무를 위해 사용된다.

- 자연어생성

  자연어생성은 본질적으로 자연어이해의 반대이다. 그것은 산출물로서 완전한 대화형 설명을 창출한다. AI 시스템이 대규모 데이터를 보고서와 비즈니스 지능 통찰로 바꾸기도 하지만 더욱 정교한 일반적 음성을 얻을 수 있도록 문자 텍스트의 형태를 취할 수 있다. 이 기술을 사용한 챗봇은 이미 마케팅과 고객 서비스에 폭넓게 사용 중에 있고 최근의 Google Assistant는 인간과 의미있는 양방향 대화에 참여할 수 있음을 보였다.

- 이미지생성

  이미지 생성은 이미지 인식의 반대이다. 비록 이용가능한 정보가 불완전할지라도(예: 만약 배경이 없을지라도) 그것은 완전한 이미지를 산출물로 만든다. 비록 이 기술이 아직 정교하지 않을지라도 드로잉봇(drawing bot)은 이미 문자 설명으로부터 이미지를 생성할 수 있다.

- 로보틱스

  로보틱스는 환경과 물리적으로 상호작용하고 그 환경을 바꾸기 위해 정보를 사용하도록 한다. AI가 주도하는 기계는 복잡한 물리적 환경에서 이동, 창고에서 물품을 잡기, 유연하게 회전하고 이동하기, 심지어 매우 기량이 뛰어난 균형과 조정으로 달리거나 점프할 수 있다.

참고문헌

Adam, M., Wessel, M. & Benlian, A (2021), "AI—based chatbots in customer service and their effects on user compliance", Electron Markets, 31, 427-445.

Bock, D.E., Wolter, J.S. & Ferrell, O.C. (2020), "Artificial intelligence: Disrupting what we know about services", Journal of Services Marketing, 34(3), 317—334.

Davenport, T. & Kirby, J. (2015), Beyond automation, Harvard Business Review.

Huang, M.H., & Rust, R.T. (2018), "Artificial intelligence in service", Journal of Service Research, 21(2), 155-172.

Huang, M.H., & Rust, R.T. (2021), "Engaged to a robot? The role of AI in service", Journal of Service Research, 24(1), 30-41.

Kaplan, A. & Haenlein, M. (2019), "Siri, Siri, in my hand: Who's the fairest in the land? On the interpretations, illustrations, and implications of artificial intelligence", Business Horizons, 62(1), 15—25.

Ostrom, A.L., Fotheringham, D. & Bitner, M.J. (2019), Customer acceptance of AI in service encounters: Understanding antecedents and consequences. In: Maglio, P., Kieliszewski, C., Spohrer, J., Lyons, K., Patrício, L. & Sawatani, Y. (eds) Handbook of Service Science, Volume II. Service Science: Research and Innovations in the Service Economy. Springer.

Kurzweil, R. (ed.) (1990), The Age of Intelligent Machines. MIT Press.

Paschen, J., Kietzmann, J. & Kietzmann, T.C. (2019), "Artificial intelligence (AI) and its implications for market knowledge in B2B marketing", Journal of Business & Industrial Marketing, 34(7), 1410—1419.

Russell, S. & Norvig, P. (2010), Artificial Intelligence: A Modern Approach. 3rd ed. Prentice—Hall, Upper Saddle River.

Syam, N.B. & Sharma, A. (2018), "Waiting for a sales renaissance in the fourth in—dustrial revolution: Machine learning and artificial intelligence in sales research and practice", Industrial Marketing Management, 69, 135—146.

Wirth, N. (2018), "Hello marketing, what can artificial intelligence help you with?", International Journal of Market Research, 60(5), 435-438.

서비스 부문 AI의
적용기법과 분야

4장

서비스 부문 AI의 적용기법과 분야

1 AI의 연구 분야와 적용 기법

1.1. 연구 분야

AI의 정의에서도 파악할 수 있었지만 AI의 적용 범위도 공통적으로 한정하기는 쉽지 않다. 하지만 AI의 대표적인 연구 분야를 가장 폭넓게 분류하면 <표 4.1>과 같다.

표 4.1 AI의 연구 분야

분야	설명
전문가 시스템	전문가시스템(expert system)은 전문적 지식과 경험을 갖는 컴퓨터지능형 프로그램 시스템이다. 문제를 해결하기 위해 인간의 전문성 능력을 모델화함으로써 보통 전문가들에 의해 해결되는 복잡한 문제를 모방하기 위해 인공지능에서 지식표현과 지식추론 기법을 사용한다. 이것은 전문가가 할 수 있는 동일한 수준의 문제해결 스킬에 다가갈 수 있다.
머신러닝	머신러닝은 확률이론, 통계학, 근사화이론(approximation theory), 볼록공간분석(convex analysis), 알고리듬 복잡성 이론, 기타 분야를 포함하는 다학제적 학문분야이다. 머신러닝은 새로운 지식 혹은 스킬을 획득하고 자신의 성과를 지속적으로 향상시키도록 기존 지식구조를 재조직화하기 위해 컴퓨터가 어떻게 인간의 학습행동을 모방하거나 실현하는지에 대한 연구에 특화한다.
로보틱스	로보틱스는 로봇의 디자인, 제조, 응용에 관련된 과학이다. 이것은 로봇 통제와 처리 대상 사이의 관계를 연구한다.

분야	설명
의사결정지원시스템	의사결정지원시스템(decision support system)은 경영과학의 범주에 속하고 지식-지능과 밀접한 관계를 갖는다.
패턴인식	패턴인식은 기계가 인식역량을 갖도록 만드는 방법에 대한 연구이다. 이것은 주로 시각적 및 청각적인 패턴의 인식을 연구한다.

1.2. 일반적 AI 기법

(1) 빅데이터

빅데이터는 AI의 선제조건이고 AI가 인식율과 정확성을 향상시키도록 촉진하는 핵심 요인이다. IoT의 폭넓은 발전과 적용으로 발생된 데이터의 양이 기하급수적으로 증가하였을 뿐만 아니라 데이터의 차원이 또한 확장되었다. 이 많은 대규모의 고차원 데이터는 AI의 발전을 지원하는 핵심 역할을 한다.

(2) 알고리듬

전통적인 패턴인식(pattern recognition)방법에서 인식을 위한 알고리듬에 대한 많은 법칙과 방법이 도출되었다. 그러나 이 추상화방법은 많은 한계와 낮은 정확성을 가졌다. 연구자들은 갓난아이들에 의해 영감을 받았다. 갓난아이는 아무도 그들에게 대상을 인식하는 방법을 가르치지 않으나 그들 스스로 학습한다. 이에 사람은 사물을 규정하는 규칙과 방법들을 요약하는 머신러닝 방법을 제안하였다. 가령, 당신이 컴퓨터에 많은 개 사진을 투입한다면 컴퓨터는 훈련 모델(신경망과 같은)을 통해 개의 특징을 학습할 수 있고 이 특징에 기초하여 다른 사진에서 정확하게 개를 인식할 수 있다. 머신러닝은 컴퓨터가 자동으로 빅데이터를 학습하고 분석하며, 다시 의사결정과 실제 세계의 사건들에 대해 예측하는 것을 가능하게 한다. 이처럼 알고리듬은 AI를 가능하게 만든다. 그리고 패턴인식 분야에서 AI와 관련된 알고리듬의 적용을 넘어서서 언어 인식(speech recognition), 탐색 엔진(search engine), 의미 해석(semantic analysis), 추천 시스템(recommendation system)과 같은 여러 분야에서 만족스러운 결과가 달성되고 있다. 이 각 분야는 AI 알고리듬의 추동력으로 인해 엄청난 발전을 이루었다.

(3) 인공신경망

AI 분야를 딥러닝과 인공신경망으로 제한하는 것은 오해를 불러일으킬 것이다. 단지 이 둘을 AI로 부르는 것은 로봇, 챗봇, 전문가 시스템과 같은 중요한 하위분야를 배제한다. 일반적으로 비즈니스 활용 관한 AI의 가장 인상적인 발전은 딥러닝이라는 분야와 관련된다. 비즈니스 영역에서 AI 활용의 다수는 십년이내에 해결하기 어려운 것으로 고려된 복잡한 예측적 업무를 수행하는 딥인공신경망(deep artificial neural network)의 사용을 언급한다.

인공신경망과 딥러닝에 대한 현재의 초점을 고려하면 오늘날 가장 일반적으로 사용된 인공신경망 기법의 유형은 다음과 같다.

- 다층레이어퍼셉트론(MLP: multilayer perceptron)
- 합성곱신경망(CNN: convolutional neural network)
- 순환신경망(RNN: recurrent neural network)

① 다층레이어퍼셉트론(MLP: multilayer perceptron)

MLP는 여러 레이어(layer)의 분석적 단위(혹은 뉴런)로 구성되는 순방향신경망(feedforward neural network)의 가장 단순한 형태이다. 여기서, 한 레이어의 각 뉴런은 후속 레이어의 뉴런들에게 직접 그리고 보통 완전히 연결되고 한 레이어의 산출물은 다음 레이어의 투입물로서 작용한다.

딥러닝이라는 용어는 신경망에서 히든레이어의 수를 의미한다. 어떤 학습은 수십 개 혹은 심지어 수백 개 이상의 히든 레이어를 가질 수 있고 신경망이 투입물과 산출물 사이에 매우 복잡한 관계를 학습하도록 허용할 수 있다.

다층퍼셉트론은 보편적인 예측 모델(또한 예측기계로 명명)이고 예측인자의 수가 잘 정의되고 사전에 알려질 때 고정길이의 투입물을 갖는 것이 장점이다. 이 기법은 패턴 인식(pattern recognition)과 분류(classification) 문제에 폭넓게 활용되어 주식가격 예측, 고객이탈 예측, 신용점수 예측, 고객충성 평가에 빈번히 적용된다.

② 합성곱신경망(CNN: convolutional neural network)

합성곱신경망은 전형적으로 최소한 하나의 합성곱레이어를 포함하는 딥러닝, 순방향신경망이다. 합성곱레이어는 데이터(보통 이미지)에서 자동으로 패턴을 규명하고 합성곱레이어의 시퀀스를 쌓아 네트워크가 더욱 복잡한 패턴을 규정하도록 한다. 예를 들어, 합성곱신경망의 첫 번째 레이어는 수평, 수직, 대각 에지(edge)를 규정하기 위해 학습할 수 있다. 두 번째 레이어는 이 에지를 눈, 코, 입을 규명하기 위해 결합하도록 학습할 수 있고 세 번째 레이어는 다시 얼굴을 규명하기 위해 이 패턴을 결합할 수 있다.

합성곱신경망의 강점은 그들의 위치에 상관없이 패턴을 규명하는 능력에 있다. 예를 들어, 만약 어떤 CNN이 눈의 존재를 규명하기 위해 학습한다면 그것이 그림에 위치한 장소에 상관없이 그렇게 하도록 학습할 수 있다.

비록 CNN이 이미지 인식과 컴퓨터 비전에서 그들의 역량이 폭넓게 알려졌을지라도 최근의 활용은 자연어 처리와 시계열 예측에서 그 가치를 입증하였다. 예를 들어, 서비스 운영에서 어떤 행동의 구체적 패턴이 고객 이탈을 예측한다면(예: 서비스 실패 → 고객 불평 → 문제를 해결하는 데 실패) CNN은 이탈 예측을 위한 그러한 패턴을 규명하는 데 특히 효율적일 수 있다.

③ 순환신경망(RNN: recurrent neural network)

순방향신경망의 중요한 한계 중 하나는 그 투입물의 차원성이 고정되고 안정적이어야 한다는 것이다. 예를 들어, 고객이 어떤 온라인 사이트에 클릭하는지를 예측하는 일을 하는 딥신경망을 고려하자. 그것은 명확히 정의되고 유한한 투입물, 예측요인(예: 나이, 성별, 시간, 추론된 온라인 방문자의 관심, 방문자의 이전 행동을 요약하는 특징) 집합을 필요로 한다. 마찬가지로, 컴퓨터 비전에서 합성곱신경망은 전형적으로 동일한 크기를 갖는 그림의 집합에서 훈련될 것이다(비록 이것이 유사한 차원으로 원래 그림을 다시 크기 조정한다는 것을 의미할지라도).

전통적 신경망이 주로 음성 인식, 음악 창출, 기계 번역, 감정 분류, 시계열 예측을 위해 적용되기 때문에 투입 데이터의 길이가 고정되지 않거나 사전에 결정될 수 없는 시퀀스 데이터(sequence data)가 존재한다면 그 적용은 부적절하게 된다. 예를 들어, 자연어처리에서 문장 'Tom fell on the floor and broke […]'는 7개의 연속적 벡터 투입물의 시퀀스로서 간주될 수 있다. 잘 훈련된 신경망은 그 문장이 남성형 주제(Tom)으로 시작하였다고 기억할 것이고 따라서 이 특정 문장에서 다음 문장의 단어는 her보다는 his일 것이다. 단어 floor와 broke의 존재는 어느 정도 기억될 것이고 his 다음의 단어가 car보다는 arm일 것이라고 예측하는데 사용될 것이다.

가장 일반적인 순환신경망 중 하나는 한 시간단계부터 다음 시간단계까지 그것이 어떤 정보를 기억할 필요가 있는지를 규명하기 위해 학습하는 게이트순환유닛(GRU: Gated Recurrent Unit)을 사용한다. 더욱 복잡한(그러나 역사적으로 더 먼저 탄생한) 버전인 장단기 메모리(LSTM: Long Short-Term Memory) 유닛은 이전 정보가 부적합하고 미래 예측을 위해 무시되어야 할 때를 학습하도록 설계된 망각 게이트(forget gate)를 포함한다. 예를 들어, 단어시퀀스 예측에서 어떤 기간의 발생은 문장의 마지막을 의미하고 미래 예측을 위해 이전의 많은 기억 정보를 진부하게 만든다.

순환신경망은 가장 유명하고 음성 인식, 시퀀스 생성(예: 음악, 문자, 목소리), 문자 번역, 감성 분석(예: 정의되지 않은 길이의 단어 시퀀스가 감정을 검정)을 예측하기 위해 사용된다. 그러나, 연구자들은 마케팅에서 행동의 시퀀스를 예측하기 위해 최근에 이 기법을 자주 사용하고 있다.

(4) 머신러닝

머신러닝의 기본 아이디어는 데이터로부터 학습함으로써 성과를 향상시키는 알고리듬을 적용하는데 있다. 머신러닝을 통해 해결될 필요가 있는 네 가지 가장 중요한 문제 유형은 예측, 군집화, 분류, 차원 축소이다. 학습방법을 분류할 경우에 머신러닝은 지도학습(supervised learning), 자율학습(unsupervised learning), 준지도학습(semi-supervised learning), 강화학습(reinforcement learning)의 네 가지 항목으로 다시 구분될 수 있다.

① 지도학습

지도학습 패러다임에서 신경망은 손실함수(예: entropy)를 최소화하도록 학습하는 모델과 같이 모델 투입물(예측요인)과 산출물(목표변수) 모두가 분석자에게 알려진 사례들(훈련 데이터)로부터 학습한다.

딥신경망과 선형회귀, 로지스틱회귀, 분류와 회귀나무(classification and regression tree), 서포트벡터머신(SVM: support vector machine)과 같은 더욱 전통적 기법 사이의 중요한 차이는 딥신경망이 데이터에서 더 높은 수준의 구성개념을 자동으로 그리고 자율적으로 규명할 수 있다는 것이다. 예를 들어, 이미지로 얼굴을 인식하는 임무를 맞고 충분히 큰 훈련 데이터를 공급하는 합성곱신경망은 어떠한 인적 개입없이 이미지에서 에지(예: 모서리)를 규명하기 위해 자동으로 학습하고 이 에지를 코, 눈, 입과 같은 더 높은 수준의 구성개념으로 다시 결합할 것이다. 이것은 심지어 데이터에서 분석자가 의식하지 못하는 패턴을 인식할 수 있기 때문에 고차원의 학습 목적을 달성한다.

투입물 데이터가 딥신경망의 다양한 레이어를 통해 이동하기 때문에 그 알고리듬은 데이터를 더 높은 수준의 구성개념으로 자율적으로 재결합할 것이다. 이것은 종속변수들을 효과적으로 규명하고 분석자에 의해 결정되어야 하는 독립변수가 존재하는 고전적 회귀분석으로부터 시작한다. 예를 들어, 다이렉트 마케팅 상황에서 고객 예측의 상황에서 LSTM 모델은 인간이 규정한 이전의 지시과 정의없이도 원데이터로부터 새로움, 빈도, 계절성과 같은 예측적 특징을 자동으로 규명하고 미래의 예측을 위해 그들을 기억 속에 보유한다.

하나의 주목할만한 개념은 레이블 데이터(labeled data)의 개념이다. 통계에서 목표변수는 전통적으로 이진(예: 이 고객이 이탈할 것인가? 그렇지 않을 것인가?), 다항(예: 어떤 브랜드를 구매할 것인가?) 혹은 연속적(예: 얼마나 많이 소비할 것인가?)처럼 정량적이다. 그 데이터가 본질적으로 관찰가능한 양이기 때문에 추가적인 데이터 준비가 요구되지 않는다. AI의 많은 지도학습 적용에서 데이터는 보통 우선 수작업으로 레이블이 붙여질 필요가 있고 이것은 힘든 일일 수 있다. 만약 어떤 기업이 '고객이 화가 났는지' 혹은 '그의 가장 최근의 이메일 혹은 작성된 코멘트에 기초하는지 그렇지 않은지'를 자동으로 예측하는 딥러닝을 사용하기 원한다면 그 기업은 우선 '화/화나지 않음' 이전 고객의 이메일에 레이블을 각각 붙일 필요가 있고 예측 모델을 결정하기 위해 그 데이터를 사용할 필요가 있다. 그러나, 딥러닝 모델이 데이터에 의해 그 성패가 결정되는지를 고려하면 이것은 심각한 걸림돌이다. 딥러닝의 경쟁력 원천은 지식 추출, 감성 감지, 분석을 포함하여 잠재적 훈련(레이블된) 데이터의 큰 데이터베이스에 접근하는 것이다. 결국, 지도학습의 성과는 새로운 데이터 유형 혹은 가치를 예측하기 위해 훈련시키는 레이블된 데이터(labeled data)에 달려있다.

예측결과에 따라 이것은 분류(classification)와 회귀(regression)라는 두 항목으로 다시 구분될 수 있다. 지도학습의 전형적 방법은 SVM과 선형판별(linear discrimination)이 있다. 예를 들어, 회귀문제는 연속형 값의 산출물의 예측을 수행하는데 부동산가격 데이터를 분석할 수 있고 그것을 표본 데이터에 기초하여 적합시킨 후 부동산가격을 예측하기 위해 연속형 회귀선을 획득할 수 있다. 분류문제는 현재 사진이 일련의 특징에 기초하여 개인지 혹은 고양이인지를 판단하는 것과 같이 이산값의 산출물 값(1 혹은 0)을 예측하는 것을 의미한다.

② 비지도학습

비지도학습 또는 자율학습은 데이터가 레이블이 없을 때 훈련시키는 방법으로서 데이터 마이닝(data mining)이 대표적이다. 이 학습은 주로 군집화에 사용된다. 예를 들어, 통계분석에서 어떤 데이터는 태그(tag)없이 집단의 사전분류가 없는 여러 특징에 따라 분류될 수 있다. 전형적인 자율학습 방법은 k-클러스터링(clustering)과 주성분분석(principal component analysis)을 포함한다. k-클러스터링의 중요한 전제는 데이터 사이의 차이가 유클리디언 거리(Euclidean distance)로 측정될 수 있다는 점을 필요로 한다. 만약 그것이 측정될 수 없다면 그것이 사용가능한 유클리디언 거리로 전환될 필요가 있다. 한편, 주성분분석은 직교 변환 (orthogonal transformation)을 사용함으로써 관련 변수들이 상관되지 않은 변수들로 변환되는 방식이며, 이 변환된 변수들은 주성분(principal component)이라 불린다. 그 기본 아이디어는 원래의 지표들을 독립적인 결합(composit) 지표들로 대체하는 것이다.

자율학습은 이전에 존재하는 레이블없이 데이터에서 패턴을 발견하는 것을 지원한다. 전통적 통계에서 가장 일반적인 자율학습 모델은 k-means 군집화, 계층적 군집화, 요인분석, 다차원척도법을 포함한다. 자율학습 적용은 최종적으로 어떤 예측과 분석에 자주 활용되지 않으나 많은 AI 적용의 필수 구성요소이다. 예를 들어, 자연어처리에서 단어와 상징은 역사적으로 희소 벡터(sparse vector)[1]로서 표현된다. 만약 사전이 10,000 단어를 포함하였다면 각 단어는 크기 10,000의 벡터로서 표현된다. 여기서 하나를 제외하고 모두는 0과 동일하다. 이 접근법은 100,000개 단어 이상의 사전이 더욱 일반적인 복잡한 문제에 적합하지 않은 것으로 입증된다. 대신, 단어 임베딩(embedding)은 문서 어휘의 가장 일반적 표현 중 하나이다. 여기서 각 단어는 레이블되지 않은 특징의 벡터로서 표현된다. 이 벡터의 차원은 수천개가 아니라 수백개이고 따라서 학습과 예측을 촉진한다. 자율학습의 전형으로서 이 특징은 필요한 이전의 레이블링없이 대량의 문자를 분석함으로써 학습된다. 그 알고리듬은 문자의 덩어리에서 공동발생에 기초하여 단어들 사이의 관계를 규명하고 자율적으로 단어를 함께 연결하는 더 높은 수준의 구성개념을 창출한다.

③ 준지도학습

문자 그대로의 의미로서 준지도학습은 지도학습과 자율학습의 혼합으로 이해될 수 있다. 실제로, 레이블된 데이터(레이블은 데이터에 정답을 사전에 작성하여 분류하는 것을 의미)와 레이블되지 않은 데이터가 학습 프로세스에 혼합된다. 일반적 상황에서는 레이블로 표시되지 않은 데이터의 양이 표시된 데이터의 양보다 훨씬 많다. 준지도학습의 아이디어는 이상적이긴 하나 실제 응용에서 많이 사용되지는 않는다. 일반적으로 사용된 준지도학습 알고리듬은 self-training, graph-based semi-supervised learning, semisupervised support vector machines (S3VM)을 포함한다.

④ 강화학습

강화학습은 보상 수준에 의해 행동의 품질을 판단하면서 환경과 상호작용함으로써 보상을 얻고 모델을 훈련시키는 방법이다. 더 나은 보상을 얻기 위해 사람들은 가장 높은 보상을 얻을 수 있는 행동을 선택해야 하나 알려지지 않은 사람들의 어떤 행동을 발견해야 한

---

1 희소 벡터(sparse vector)는 요소 대부분의 값이 0인 벡터를 뜻한다. 자연언어 처리 분야에서는 단어, 문장, 문서와 같은 언어 단위를 벡터로 표현하는 '임베딩(embedding)'의 단계를 거쳐야 한다. 단어를 임베딩하는 워드 임베딩 과정에서 희소 벡터를 만날 수 있는 대표적인 방법은 단어가 가진 속성마다 벡터값을 부여하는 원-핫 인코딩(one-hot encoding)이다. 원-핫 벡터(one-hot vector)는 단어가 가진 속성에 대한 요소 값으로 1이 부여되고, 단어가 가지지 않은 속성에 대한 요소 값으로는 0이 부여된다. 이 방법은 자연언어를 벡터로 변환하는 가장 직관적인 방법이라는 점에서 특징적이지만, 어떤 단어가 가진 속성을 다른 단어들이 반드시 가지는 것은 아니므로 결과적으로 단어가 많을수록 0으로 채워진 벡터 공간이 커진다는 한계를 가진다. 이때 대부분의 요소 값이 0으로 표현되는 방법을 희소 표현(sparse representation)이라고 하며, 희소 표현 방식의 벡터를 희소 벡터라고 하는 것이다.

다. 강화학습의 토대는 행동 심리학에서 나온다. 1911년에 Thorndike는 효과적 규칙을 제안하였다. 사람 혹은 동물이 편안함을 느끼는 환경에서는 이들이 계속 어떤 행동을 강화할 것이다. 반대로, 어떤 사람 혹은 동물이 불편함을 느낀다면 그들은 어떤 행동으로의 이전을 줄일 것이다. 즉, 강화학습은 보상 행동을 향상시키고 벌칙 행동을 약화시킬 수 있다. 이 방법은 최고의 보상을 얻기 위해 최선의 운영과 행동을 발견하는 시행착오 메커니즘을 통해 모델을 훈련시킬 수 있다. 이것은 지도학습처럼 인간 혹은 동물들의 학습모델을 모방하고 특정 방향으로 학습하도록 어떤 주체를 안내할 필요가 없다.

강화학습은 에이전트가 시간에 걸쳐 보상을 극대화하고 벌칙을 극소화하는 환경에서 실행하도록 학습하는 머신러닝의 한 분야이다. 예를 들어, 강화학습은 체스(Chess) 혹은 GO와 같은 게임을 하도록 학습하였고 어떻게 자율주행차와 로봇이 작동하는지와 관련된 필수적 구성요소이다.

개략적으로, 만약 A가 에이전트가 취할 수 있는 행동의 집합이라면 S는 환경 상태이고 R은 에이전트에 의해 받은 장기의 아마도 할인된 보상이라면, 그 문제는 가장 높은 (할인된) 보상으로 이어지는 최고의 행동순서를 선택하기 위해 함수 $f(S, A) \rightarrow R$를 근사화하는 것이다.

탐구(그 전체에서 f를 학습하기)와 활용(보상을 극대화하기)을 균형시키는 필요성 혹은 지연된 보상에 의해 부과된 어려움(여기서, 에이전트는 체스 게임의 승리/패배와 같이 최종 단계에서만 보상/벌칙을 얻을 수 있고 그 알고리듬은 어떤 행동이 그 결과로 이어지는지를 학습해야한다)과 같이 몇가지 흥미로운 도전이 강화학습에서 발생한다. 가장 일반적인 강화학습 알고리듬은 TD-학습, SARSA, Q-learning이다.

강화학습은 10년간 지속되어 왔으나 AI 분야에서 발전은 최근에 그 분야를 새롭게 활성화시켰다. 이 발전 중 하나는 투입물(예: 잠재적으로 현재 수천 혹은 수만 개의 지표들로 기술될 수 있는 환경 S의 상태)로서 많은 양의 정보를 취할 수 있고 어떤 (환경, 행동)의 쌍과 미래의 보상 사이의 복잡한 관계를 자율적으로 발견하도록 학습하는 딥인공신경망을 전개하는 능력이다. 즉, 보편적 근사함수(universal function approximation)로서 딥신경망의 역할은 강화학습에서 최근 발전의 핵심이 되고 있다.

비즈니스에서 강화학습의 가장 단순한 사례는 목적을 학습하면서 수확하도록 만들어 최적으로 탐구와 활용을 균형시키는 multi-arm bandit 문제이다. 이 접근법을 사용하여 웹사이트 디자인의 실시간 최적화, 온라인 광고, 가격책정 문제와 같은 많은 사례가 해결될 수 있다. 그러나, AI에서 폭넓은 강화학습 분야와 비교하여 이 적용은 지연된 보상을 정말로 설명하지 못하기 때문에 상대적으로 단순한 것으로 간주될 수 있다. 더 주목하지 않을 수 없는 적용은 환경의 상태(S)가 특정 고객에 대해 이용가능한 모든 정보와 현재의 비즈니스 환경으로서 정의되고 행동(A)가 기업의 취할 수 있는 비즈니스 행동으로서 정의되고, 지연된 보상 (R)이 그 고객의 장기 수익성으로서 정의된 상황일 것이다. 그러면 모든 비즈니스 행동(예: 광고 캠페인, 목표화된 의사결정, 촉진행동, 가격책정)은 정말로 최적으로 자동화될 수 있다.

(4) 자연어처리

자연어처리(NLP: natural language processing)는 인간의 문자와 언어를 인식하고 이해하는 컴퓨터의 능력을 의미하고 이것은 컴퓨터사이언스와 인간언어를 포함하는 학제적 주제이다. 자연어에서 가장 중요한 것은 인간의 사고가 언어에 기반하기 때문에 자연어처리는 AI의 목표를 나타낸다는 것이다. 자연어처리는 grammatical and semantic analysis, information extraction, text mining, information retrieval, machine translation, the question answering system, dialog system이라는 7개의 방향으로 분류된다.

자연어처리는 컴퓨터와 소통하기 위해 자연어를 사용하는 기술이다. 자연어를 처리하는 핵심은 컴퓨터로 하여금 자연어를 이해하도록 하는 것이다. 따라서, 그것은 컴퓨터언어학(computational liguistics)이라고도 불리며, 언어 정보처리와 인공지능의 교집합에 해당한다. 예를 들어, 우선 음성신호를 기계가 수집한 후에 자연어처리 기술이 음성신호를 문자신호와 그 문자의 의미로 전환한다. 다음에 기계는 음성을 단어로 전환하고 단어를 의미로 전환한다. 이 두 프로세스를 완료한 후에 그 기계는 인간의 언어를 듣고 이해할 수 있다. 이 음성인식과 의미이해 기술을 장착한 기계는 연속적 학습에서 알고리듬을 최적화하고 그 결과 그 기계는 들을 뿐만 아니라 이해(심지어 감정까지도)도 할 수 있다.

(5) 하드웨어

이미 언급한 바와 같이 머신러닝에서 어떤 딥신경망모델(deep neural network model)은 복잡한 문제를 해결하는데 사용될 수 있다. 머신러닝은 AI를 실현하는 한 방법이고 딥러닝은 일종의 머신러닝이다. 딥러닝을 수행하는 하드웨어 플랫폼은 주로 NVIDIA에 의해 만들어진 GPU(graphics processing unit)이다. GPU 가속은 병행기능을 갖는 어플리케이션을 가속하기 위해 병행 프로세서를 대량으로 사용하는 새로운 컴퓨팅 모델이다. 과거에, CPU(central processing unit)가 훈련 결과를 얻는데 1달이 소요되었지만 지금은 GPU가 하루 만에 그 결과를 얻을 수 있다. GPU의 강력한 병행분석 기능은 딥러닝 알고리듬을 위한 훈련 병목기간을 줄이고 인공지능의 잠재력을 높여준다.

(6) 컴퓨터비전

컴퓨터비전(computer vision)의 목표는 컴퓨터가 인간처럼 시각을 통해서 세계를 인식하고 이해하도록 만드는 것이다. 그것은 주로 이미지를 규명하고 분석하는 알고리듬을 사용한다. 가장 폭넓게 사용된 컴퓨터 비전은 안면인식(facial recognition)과 이미지인식(image recognition)이다.

2015년 이후 어떤 분류를 위해 딥러닝을 사용하는 이미지처리 방법이 폭넓게 활용되었다. 신경망이 뉴런을 통해 네트워크로 구축되고 그 모델은 활성함수(activation function)를 통해 비선형적합함수(nonlinear fitting function)로 나타난다. 일단 모델의 투입과 산출이 설계되었다면 그 모델은 자동적으로 특징추출과 분류를 훈련하도록 학습할 수 있다. 이 딥러닝의 사용은 가장 어렵고 많은 시간이 필요한 이미지분류 프로세스를 단순화하고 이미지분류의 효과와 효율성 모두를 향상시킨다. VGG 신경망, ResNet(Residual Neural Network), Startup은 공학분야에서 가장 많이 사용된 구조들이다.

어떤 인식 프로젝트에서 사용된 모델은 효율성과 효과성 모두를 고려해야 한다. 즉, 그것은 속도를 보장하면서도 정확성을 보장해야 한다. 안면인식 분야에서 Faster R−CNN, Mask−RCNN, and YOLO(You Only Look Once) 모델은 지금 일반적으로 사용되는 네트워크 모델로서 실시간으로 결과를 감지하고 얻을 수 있다. 이 모델의 공통적 특징은 높은 정확성과 빠른 속도이다.

2 서비스 부문에서 AI 기법의 적용

2.1. 비즈니스에서 AI 적용

모든 분야에 대한 초기의 AI의 적용은 당시의 제한된 기술수준과 일상생활에 대한 적응가능성뿐만 아니라 AI를 대부분 공상과학의 영역으로 보는 관점에 의해 제한될 수밖에 없었다. 이후 일부 AI의 실행경험에 기초하여 AI의 잠재력이 과대평가되었고 AI의 수용과 실행에 관련한 위험은 과소평가되었다. 시간이 지나 1950년대에 예측된 AI의 많은 잠재적 편익이 대부분 실현되었거나 여전히 진행 중이지만 그 기술이 개선, 실행, 수용된 일정은 예상보다 더 길어지고 있다. 예를 들어, 컴퓨터가 체스 챔피언이 될 거라는 예상은 과거에 추정된 10년이 아니라 40년 이상이 걸렸고 복잡한 수학적 이론을 만들고 자동으로 완벽한 언어 통번역을 할 수 있을 거라는 초기 예측은 실제로 실현되지 않았다. AI가 가능케 하는 가상봇(virtual bot)은 25년 이상에 걸쳐 이용 가능해졌을지라도 아직은 사용이 어렵고 그다지 효과적이지 않기 때문에 여전히 제한적인 성공으로만 실행되고 있다.

이 관점에서 본다면 미국의 환대산업 직업 중 25%가 2030년까지 자동화될 것이고 동일한 기간에 전 세계적으로 8억 개까지의 직업이 자동화될 것이라는 PwC의 추정은 너무 낙관적인 것으로 보인다. 비록 AI가 수십 년동안 계속 발전 중이고 실생활에 상당한 침투를 하고 있을지라도 여전히 원시적 단계에 있다고 평가될 수 있다.

그러나, 농업과 기계생산, 대량생산, 분석적 파워에 초점을 둔 이전의 산업혁명과 달리 AI는 심오한 전체적인 변화를 이끌 수 있는 방식으로서 사회의 모든 측면을 가상적으로 변환시키고 물리적, 디지털, 생물학적 영역에 중대한 영향을 미치는 잠재력을 갖는다. 이전의 산업혁명처럼 단지 제품을 향상시키기 보다는 현재의 AI기술은 지금 '스마트 제품'이라고 불리듯이 제품 그 자체의 일부분이 되고 있는 중이다. 현재 진행 중인 기술적 진보는 '4차산업혁명', 'IT 주도의 경쟁이라는 제3의 물결', '자동화의 3세대'로 언급되면서 기술의 서비스 부문으로의 단순한 확장과 기계적 분석이 아닌 분석적 및 직관적 프로세스의 영역으로 신속한 확장히 이루어지고 있다. 게다가, 컴퓨터의 더 높은 처리 속도와 더 낮은 사용 비용은 이 기계 사이의 전례없는 통합과 조정을 가능하게 만들고 있다. 이 기술적 능력의 진보는 50년 이상 개발되지 않고 과장되었던 AI 산업의 발전을 실제로 가능하게 만드는 중이다.

2.2. 서비스 부문에서 AI의 활용과 에이전트

(1) 서비스 부문의 AI 기술

서비스 부문에서 대표적으로 적용되는 AI 관련 기술들은 <표 4.2>와 같다.

표 4.2 서비스 부문에서 AI가 적용되는 기술

서비스 부문에서 AI의 응용기술	특징
셀프서비스 (self-service)	• 키오스크 등 다양한 셀프서비스에 AI 기능의 추가
빅데이터 (big data)	• 첨단 애널리틱스, 머신러닝, 클라우드컴퓨팅 시스템을 필요로 하는 큰 데이터 집합의 활용

서비스 부문에서 AI의 응용기술	특징
챗봇(chatbos)	• 전형적으로 챗플랫폼(문자 혹은 청각적 수단)을 통해 인간과 상호작용하는 자동화된 프로그램 • 챗봇은 문자 데이터를 처리하고 적절한 대응을 결정하기 위해 알고리듬을 사용 • 챗봇은 고객 질의에 대응하기 위해 고객서비스에서 자주 사용
가상 에이전트 (virtual agent)	• 고객서비스로서 기능하도록 설계된 컴퓨터 생성 특징 • 챗봇은 흔히 가상 에이전트로 고려
가상 어시스턴트 (virtual assistant)	• 음성명령에 반응하고 할 일 리스트를 창출, 스케줄 관리, 전화걸기와 같은 업무를 수행할 수 있는 디지털 어시스턴트 • 잘 알려진 예는 Apple의 Siri, Amazon의 Alexa, Microsoft의 Cortana, Google Now 등
로봇 (robot)	• 인간과 닮은 서비스 전달을 제공하기 위해 일련의 행동, 이동, 업무를 수행하도록 프로그램될 수 있는 기계
블록체인 (blockchain)	• 시간에 따라 데이터 블록(혹은 원장)에 불변의 기록을 저장하는 분산된 P2P 네트워크인 분산된 정보기술
드론(drones)	• 머신러닝을 사용하도록 프로그램될 수 있는 무인의 항공 장치
사물인터넷 (internet of thing)	• 인터넷으로 정보를 보내고 받는 능력을 제공하기 위해 보안 시스템, 가전제품과 같은 도구로 연결성을 확장
스마트 도구 (smart device)	• 네트워크 상의 다른 도구들과 연결되고 와이파이와 블루투스 운영과 같은 다른 무선 프로토콜을 위해 상호작용방식으로 의사소통하고 분석을 수행
알고리듬 (algorithm)	• 문제해결을 위해 절차 혹은 포뮬라를 제공하는 규칙의 집합 • 정보 투입물을 통해 업무 혹은 의사결정을 위한 산출물을 제공
머신러닝 (machine learning)	• 컴퓨터가 특정 업무를 위해 프로그램되지 않고 학습하도록 알고리듬과 데이터를 사용하는 AI의 응용
딥러닝 (deep learning)	• 두뇌의 구조와 기능과 관련된 알고리듬을 사용함으로써 경험으로부터 어떻게 학습하는지를 모방하는 AI 머신러닝의 부분집합
신경망 (neural network)	• 인간의 두뇌를 모방하기 위한 알고리듬과 컴퓨팅 시스템의 활용 • 어떤 규칙없이 업무를 수행하기 위해 학습 • 센서자료가 시스템 내 원자료 투입물의 이미지, 소리, 문자로 인식되고 지각

(2) 서비스 부문의 AI 에이전트

AI 에이전트는 미리 결정된 목표를 달성하기 위해 작동하는 코드 또는 메커니즘을 의미한다. 서비스 부문에서는 AI 에이전트(agent)가 강조되고 있다. 이 에이전트는 보통 실재(presence)와 구현(embodiment)의 두 가지 차원을 갖는 것으로 고려된다.

- 실재

  이 개념은 에이전트가 손님에게 가시적인 가상의 실재(예: Siri) 혹은 물리적 구현인지 아닌지를 의미한다.
- 구현

  이 개념은 완전히 공동존재하는 서비스 로봇부터 디지털 이미지(예: 컴퓨터 모니터)까지 다양한 형태를 취할 수 있다.

이 개념에 기초하여 현대 서비스 거래에서 사용된 AI 도구는 다음의 네 가지 유형의 에이전트로 항목화될 수 있다.

① 스마트 도구

스마트 기술은 그들의 상황에서 변화를 감지하는 능력을 갖고 새로운 상황에서 그들의 기능성을 향상시키기 위한 대응을 한다. 예를 들어, 스마트 온도조절장치(예: Ecobee4)는 방 온도와 사용자의 선호 변화를 감지하고 개인화된 자율온도통제를 제공할 수 있다. 다른 스마트 제품으로는 스마트 조명(예: Philips Hue), 스마트 보안 카메라(예: NetGear Arlo Q), 스마트 스피커(예: Amazon Echo)가 있다. 이 제품들은 기존 제품과 유사하게 보이나 환경을 감지하고 그에 상응하여 반응하기 위해 제품에 내재된 AI 시스템을 갖고 있다. 따라서, 대부분의 스마트 제품은 가상적으로 실재하나 물리적으로는 구현되지 않는다.

스마트 제품은 다양한 역량을 갖고 호텔 서비스에 적용되어 왔다. 일련의 스마트 기술 제품을 적용하는 호텔은 '스마트 호텔' 혹은 '지능형 호텔'로 불린다. 스마트 호텔은 고객의 음성 명령, 스마트 폰, 기타 다른 장치를 통해 객실을 통제하고 개인화하며, 고객에게 편리한 숙박경험을 제공하는 것을 가능하게 만든다.

② 셀프서비스 기술

셀프서비스 기술(SST: self−service technollgy)은 고객이 서비스 직원의 직접적인 관여없이 서비스를 제공할 수 있게 하는 인터페이스(interface)이다. 세 가지 가장 대중적인 SST 플랫폼은 자동판매기, 셀프서비스 키오스크, 웹 어플리케이션이다. SST의 사용은 최근에 급격하게 증가하였고 지속적으로 크게 성장할 것으로 추정되고 있다. SST는 비용효과성과 규모화장성으로 인해 기업에 의해 적극 활용되었으나 그 기술의 실행은 고객(특히, 노인)의 훈련을 필요로 하고 어떤 고객은 인간과 상호작용이 사라지는 옵션에 부정적으로 반응한다는 점에서 잠재적 저항을 부르기도 한다. 대부분의 SST가 자동화된 서비스를 제공하면서부터 최근에 AI 적용은 이 SST의 중요한 구성요소가 되고 있다.

③ 챗봇

챗봇은 사용자와 효과적으로 소통할 수 있는 다른 유형의 AI 에이전트이다. 챗봇은 의료 컨설팅, 여행 추천, 호텔 예약과 같은 여러 서비스 상황에서 사용되어 왔다. 이 도구는 모방된 인간의 언어를 사용하여 인간의 언어를 처리하고 사용자에 대응한다. 따라서, 이 도구는 구현되지 않으나 가상의 실재를 유지하는 것으로 고려된다.

챗봇은 일반적으로 온라인 혹은 전화 거래와 가장 밀접하게 관련된다. 발전된 의인화 기술로 인해 고객은 그들이 AI 도구와 말하고 있다는 것을 심지어 깨닫지 못할 수도 있다. 챗봇은 인간 서비스 에이전트에 비해 가상적으로 무제한의 거래를 동시에 처리하고 막대한 양의 정보를 저장하고 실수, 감정적 변화, 피로를 덜 느끼거나 덜 경험할 수 있다는 점에서 장점을 갖는다. 그러나, 챗봇은 두 가지 중요한 단점을 지닌다. 첫째, 실제로 기계와 상호작용하는 동안 고도로 인간과 닮은 챗봇이 사람들로 하여금 그들이 인간과 상호작용 중이라고 믿도록 할 때 윤리적 이슈가 제기된다. 둘째, 기업이 고객과 상호작용하기 위해 인간이 아니라 챗봇을 활용할 때 고객은 기업에 의해 제대로 대접받지 못한다고 느낄 수도 있다.

④ 서비스 로봇

서비스 로봇은 <그림 4.1>의 사례와 같이 외모로 구분이 어렵지만 그 역할에 따라 구체적으로 서비스 로봇, 사회적 로봇, 휴머노이드 서비스 로봇으로 세분화될 수 있다.

그림 4.1 서비스 로봇의 사례

서비스 로봇(Caliburger 로봇)

사회적 로봇

휴머노이드 서비스 로봇(Pepper 로봇)

● 서비스 로봇

비록 서비스 로봇이 물리적으로 구현된 에이전트로 고려될지라도 이것이 반드시 의인화되는지, 사회적 스킬을 필요로 하는지, 어떤 수준으로 AI를 구현하는지가 달라질 수 있다. 서비스 로봇은 물리적 세상에 영향을 미치도록 행동할 수 있는 물리적으로 구현된 인공지능을 갖는 에이전트이다. 이것은 산업의 자동화 적용을 배제하고 고객과 상호작용, 의사소통, 서비스를 전달하는 시스템 기반의 자율적(autonomous)이고 적응가능한(adaptable) 인터페이스이다. 환대산업에서 활용된 서비스 로봇의 예는 Sacarino가 있다. 이것은 손님 사이를 돌아다니면서 최소한의 기본 서비스를 제공하고 도시에 대한 이미 입력된 정보를 제공할 수 있는 상호작용 벨보이(bellboy)의 역할을 한다. 그러나 햄버거를 요리하고 쟁반에 놓을 수 있는 Caliburger 로봇과 Royal Caribbean 크루즈선의 Bionic Bar의 로봇팔 바텐더와 같은 다른 유형의 서비스 로봇은 손님과 상호작용하지 않고 단순히 프로그램된 반복적 업무만을 수행한다.

● 사회적 로봇

사회적 로봇(social robot)은 서비스 로봇의 일종이며, 인간과 상호작용하고 소통하고 행동규범을 따르는 추가 능력을 갖는다. 이 로봇은 AI, IoT, 클라우드컴퓨팅 등을 접목해 사람과 교감하는 감성을 지닌 로봇에 그 주요 기능이 있다. 이처럼 사회적 스킬을 로봇에 주입하는 것은 최근 AI의 심오한 발전 분야 중 하나이고 AI가 서비스 산업에 침투하게 만드는 것을 가능하게 하는 중요한 요소이다. 이때, 고객 서비스를 제공하는 서비스 로봇과 직원을 지원하는 서비스 로봇을 구분하는 것이 중요하다. AI가 제공하는 대부분의 잠재적 편익과 더욱 가치있는 활용은 고객의 시야를 벗어난 이면에서 발생할 수 있다. 사회적 로봇은 자율적 혹은 반자율적이될 수 있고 다양한 형태의 구현 방식을 취할 수 있다. 예를 들어, 유형의 행동(물건 전달, 이발 등)은 명백히 유형의 로봇을 필요로 하는 반면에 무형의 행동은 가상의 로봇, 비디오, 홀로그램에 의해 수행될 수도 있다.

● 휴머노이드 서비스 로봇

인간의 외모와 유사하게 닮은 형태를 갖는 휴머노이드 서비스 로봇(humonoid service robot)은 사회적 수준에서 더욱 의미있게 고객을 참여시킬 수 있다. 최근의 주요 관심은 의인화된 기계로서 서비스 로봇에 있고 많은 호텔들은 로봇 벨보이, 컨시어지, 프론트 데스크 에이전트를 갖고 있다. 비록 인간의 외모와 닮지 않았지만 Boltr 로봇 집사는 객실에 수건과 편의용품을 전달하고 일본의 Henn-na Hotel은 243개의 로봇 에이전트를 사용하며, Pepper 로봇은 전 세계에서 활용되고 있는 현재 사용 중인 서비스 로봇의 사례이다. 비록 의인화된 서비스 로봇이 서비스 영역에서 가장 급격한 진화 중 하나일지라도 그들은 고객에 의한 가장 심각한 저항의 원천이다.

⑤ 메타버스(metaverse)

메타버스는 차세대의 사회적 연결로서 인식되었다. 이것은 창조자에 의해 정의된 규칙 하에 사람이 살 수 있는 창조된 세상을 의미한다. 메타버스는 전체적으로 혹은 부분적으로 가상일 수 있다. 예를 들어, 그것은 VR 시스템과 같이 완전한 가상의 세계일 수 있고 실제 세계의 상황에서 AR시스템의 사용과 같이 부분적으로 가상의 세계일 수 있다. 메타버스 공간에서 사람들은 <그림 4.2>와 같이 이슈에 대한 토론, 프로젝트에 대한 협력, 게임, 어떤 문제를 경험하거나 해결하는 것으로부터 학습과 같은 다양한 사회적 활동에 관여할 수 있다. 메타버스에서 누군가의 파트너 혹은 친구들은 실제 사람 혹은 가상의 캐릭터일 수 있다. 게다가, 실제 세계와 같이 메타버스에서 경제적 활동, 정치적 사건, 자연재해와 같이 다양한 유형의 활동 혹은 사건들이 존재할 수 있다. 그러한 가상의 세계에서 유일한 한계는 사람의 상상력이다. 게다가, 메타버스에서 세부적인 삶은 라이프로깅(lifelogging)[2]을 통해 완전히 기록될 수 있다.

---

2 개인이 일상생활에서 경험하는 모든 정보를 인터넷, 소셜 미디어나 스마트 기기에 기록, 저장, 수집, 분석하는 것을 의미한다.

그림 4.2 메타버스에서 토론

어떤 사람은 메타버스는 단순히 VR 혹은 AR의 확장된 용어라고 생각할 수 있으나 그 것은 AR 혹은 VR 이상을 의미한다. 고전적 VR 혹은 AR과 매우 다르게 만드는 메타버스 의 세 가지 특징이 존재한다. 그것은 바로 '공유된', '지속적인', '분산된'이다. 게다가, AI는 메타버스 세계가 창조자에 의해 정의된 규칙을 따라 작동하는 것을 가능하게 하는 필수 기술이다. 이 관점에 따른다면 VR 혹은 AR은 가상의 컨텐츠를 제시하기 위한 메타버스의 일부분일 수 있고 메타버스는 VR 혹은 AR 요소를 포함하면서도 다른 필수 요소들을 요구 한다. 세컨드 라이프(Second Life)와 같이 멀티유저 VR 시스템에서 사람들은 새로운 신분을 사용하여 다른 사람들과 상호작용할 수 있다. 그러나 만약 그 시스템이 일하기, 소유하기, 학습하기, 상호작용하기, 창조하기, 오락하기와 같이 사용자들이 살아가는 것을 가능하게 하는 지속적인 세계를 제공할 수 없다면 그것은 지속적 관점에서 메타버스가 아니다. 게다 가, 분산된 기술(예: 블록체인)이 메타버스에서 경제적 활동이 안전하게 수행되고 개인적 재산과 로그가 다른 사람들에 의해 수정되지 않을 것이라는 것을 보장하도록 요구된다.

최근에 메타버스와 관련된 많은 활용은 컴퓨터 게임과 소셜 네트워크 기업에 의해 세계 적으로 보고되었다. 게다가, 웨어러블장치와 같은 몇가지 새로운 기술이 메타버스에서 사 용될 수 있다. 예를 들어, Meta 플랫폼의 CEO인 Mark Zuckerberg는 머리에 착용하는 디스 플레이 Oculus를 소셜 컴퓨팅 플랫폼(social computing platform)으로 이름붙였다. 게다가, VR 과 ΛR과 더불어 두뇌−컴퓨터 인딭페이스의 발전은 메타버스의 적용을 더 촉진할 것이라 고 많은 사람이 주장한다.

3.1. AI의 적용 예시

서비스 산업에서 AI는 다양한 목적과 용도로서 적용되어 왔다. 그 몇가지 예시를 들면 다음과 같다.

● 예시1

  일본 Henn-Na호텔과 같은 서비스 상황에서 이용된 공룡리셉션로봇, 벨보이로봇, 로봇바텐더, 휴머노이드로봇노동자(최대 243개까지 활용)는 인간직원을 보완하는 것을 넘어서 대체하는 용도로서 이 로봇서비스 에이전트에 대한 추세는 24/7 노동과 노동비용 절감과 같은 경제적 요인과 고령 사회 혹은 최저임금 상승과 같은 사회적 요인에 의해 대부분 주도한다(비록 로봇의 절반이 해고되었지만).

그림 4.3 Henn-Na 호텔의 리셉션 로봇

● 예시2

  헬스케어 서비스의 상황에서 서비스 로봇이 이불보 운송 혹은 청소와 같은 부가가치를 창출하지 않는 간호활동을 맡음으로서 간호사의 업무부하를 축소시켜 감정적 지능을 갖는 직원들을 효과적으로 보상할 수 있고 더 높은 직무성과로 연결시키고 간호사들이 환자에게 더 많은 돌봄과 더 나은 서비스를 제공하도록 유인한다.

그림 4.4 헬스케어산업에서 로봇의 간호와 수술 지원

● 예시3

로지스틱스 산업에서 물류 분야에 로봇을 활용하여 자동화와 효율성을 목표를 달성
한다.

그림 4.5 물류분야의 로봇

● 예시4

국방서비스 부문에서 로봇을 사용하여 인간의 능력을 확장하거나 대체한다.

그림 4.6 국방부문에서 인간의 능력 확장과 대체

● 예시5

레스토랑 상황에서 인간과 닮은 로봇이 인간의 정체성을 위협하기 때문에 그 로봇은 고객의 불편으로 귀결되고 이 불편은 다시 고객의 보상적 반응에 기인한 음식에 대한 갈망으로 연결되어 더 많은 음식을 주문하도록 유인

그림 4.7 로봇에 의한 음식 조리와 전달

3.2. 서비스 부문별 적용

(1) 자동차 산업

비록 제조부문이라고 할 수 있지만 우리 주위에서 흔히 애기 듣고 있는 자동차산업의 한 예로 자율주행을 고려하자. 자율주행은 자동차산업, AI, IoT와 같은 신세대 정보기술의 통합의 결과이다. 자율주행은 계속 최적화하고 도로 상의 최선의 경로와 차량의 통제계획을 제공하기 위해 도로 상황과 보행자 정보를 수집하고 이 정보를 첨단 AI 알고리듬과 결합하기 위해 다른 센서뿐만 아니라 광선라이더(LIDAR: Light Detection and Ranging))와 같은 센서를 사용한다.

2014년에 Google은 첫 번째 운전자없는 자율주행자동차를 발표하였다. 스위스와 프랑스는 2015년에 운전자없는 버스를 공동으로 생산하였고 2년간의 도로시험을 계획하였다. 2017년 독일 Audi는 새로운 'Audi AI' 상표를 출시하였고 올림픽 게임에 AI를 적용하였다. 자동차에 설치된 자동주차와 다른 부수적 운전장치가 어느 정도로 자동운전을 실현하였고 운전자없는 차량이 운전 시 인간의 행동을 자유롭게 만들고 있다.

(2) 금융 산업

AI는 지능형 리스크 통제, 지능형 컨설팅, 시장 예측, 신용 평가 등과 같이 금융시장에 성공적으로 적용되었다. Silicon Valley의 첨단 인터넷 기업들은 사용자들이 수용하는 금융상품의 한계를 낮추기 위해 AI 알고리듬을 사용하고 있는 중이다. 그 모델은 재무분석가의 지식과 경험에 기초하여 훈련되고 고객니즈를 추적하고 비용을 최소화하기 위해 적용되었다. 일본의 창업기업인 Alpaca는 사용자들이 많은 양의 정보로부터 외환거래 차트를 더 빨리 발견하도록 돕기 위해 이미지를 분석하고 인식하는 딥러닝을 사용한다. 또한, 머신러닝과 같은 기술적 수단을 통해 AI는 주식시장의 리스크와 방향을 예측할 수 있도록 응용되고 있다. 금융기관은 투자/재무관리 인력/자원을 절약하며, 여러 데이터 원천을 통합하고 사람들에게 실시간 리스크 경고를 제공하기 위해 머신러닝 방법을 활용한다.

(3) 의료보건 산업

의료분야에서 의료적 지원을 제공하고 암을 검진하며, 신약을 개발하기 위해 AI관련 알고리듬이 사용된다. 세계적 감염병의 확산 시기에 의료정보의 광범위한 획득과 활용은 세계 보건사업의 발전에 중요한 영향을 미쳤다. 가장 유명한 사례 중 하나는 IBM의 지능형 로봇인 Watson이다. IBM 기술 팀은 우선 의료정보와 보고서, 임상 가이드라인, 투약결과 보고서, 수많은 환자 의료기록 등과 같은 막대한 양의 데이터와 정보를 여기에 투입하였다. 그 후, AI 알고리듬이 이해관계자들에게 의료적 지원을 제공하고 의료진단을 더욱 효과적이고 정밀하게 수행하기 위해 적용되었다.

(4) 소매 산업

소매 산업에서 오프라인 매장은 진정한 무인점포를 달성하기 위해 AI를 사용하고 있고 그것으로 비용을 줄이고 효율성을 뛰어나게 향상시키고 있다. Amazon에 의해 구축된 스마트 소매점포인 AmazonGo는 단시간에 스마트 소매의 확산을 촉진하였다. 'Just Walk Out'이라고 불리는 AmazonGo의 기술은 머신러닝, 컴퓨터비전, 센서를 결합하여 점포 내 유통 센서, 카메라, 신호 수신기에 의해 가상의 쇼핑카트 내 재화를 모니터할 뿐만 아니라 선반 위의 재화의 배치와 제거를 모니터할 수 있다. 또한, 사용자의 잠재적 선호에 기초하여 온라인 제품추천 모델을 구축하고 많은 e-커머스 웹사이트에 적용되고 있는 추천시스템(recommendation system)에 AI의 적용은 온라인 판매를 증가시키며, 더욱 정교한 시장예측을 달성하고 재고비용을 절감할 것이다.

(5) 미디어 산업

미디어 산업에서 컨텐츠 커뮤니케이션 로봇과 브랜드 커뮤니케이션 로봇은 사용자들이 원하는 컨텐츠의 원클릭 창출을 지원하여 10,000개의 기사가 1분만에 출판될 수 있다. 인공지능에 기반한 이 지능형 미디어 플랫폼은 현재의 핫 이벤트, 여론, 홍보 마케팅 컨텐츠를 결합할 수 있으며, 미디어 전달과 전달규칙을 제공하고 사용자들이 읽기 원하는 컨텐츠를 자동으로 생성시킬 수 있다. 나아가, 그것은 주류 미디어 플랫폼과 지능적으로 연결되고 효과적인 확산을 달성하기 위해 자동으로 정보를 동시에 보낼 수 있다. 또한, 브랜드 촉진을 위해 지능형 플랫폼은 브랜드 컨텐츠, 판촉 예산, 판촉 효과에 기초하여 기업에게 가장 큰 커뮤니케이션 가치를 제공하는 미디어 제품과 채널을 찾아내 준다.

(6) 스마트 결제 시스템

요즘 모바일폰을 통해 현금없이 쇼핑하는 많은 사람을 보고 있다. 고객이 어떤 비용을 결제하기 위해 스캔 코드를 사용할 뿐만 아니라 보이스프린트 결제(voiceprint payment[3])와 안면 스캐닝을 활용할 수도 있다. 그 결과, 쇼핑객은 자신의 목소리와 얼굴을 통해 지불할 수 있기 때문에 외출할 때 지갑을 가져갈 필요가 없고 QR 코드를 스캔할 필요가 없으며, 심지어 패스워드를 입력할 필요도 없다. 특히, 보이스프린트 인식은 생물학적 특징에 기반하여 개발된 신기술이다. 예를 들자면, Alipay Pay는 KFG 레스토랑(KFC를 모방한 중국기반의 카페 및 레스토랑체인점)에 적용된 AI 기반의 결제시스템이다. 비록 일란성 쌍둥이들이 존재할지라도 홍채인식 기법을 통해서 AI는 몇 초만에 실수없이 신속하게 그들을 구분될

---

3 목소리를 통한 지불하는 결제방식을 의미한다.

수 있게 되었다. 사용자들은 먹고, 숙박하고, 운전하는 것 모두 그들의 얼굴을 대는 것만으로도 손쉽게 해결할 수 있다.

(7) 스마트홈

스마트 홈은 효율적인 거주시설과 가정업무 관리를 위해 일상의 생활에 관련된 장치를 통합하는 첨단기술을 사용한다. 스마트홈은 많은 제품(TV, 침실, 냉장고, 에어컨, 문 잠금장치, 기타 제품 등)을 포함하여 스마트 커뮤니케이션을 통해 사용자들에게 가정관리시스템을 서비스한다. 완전한 스마트 홈시스템은 단지 도구만을 의미하는 것은 아니고 많은 가정용 제품과 그 기능들의 결합이다. 가족 내 사용자는 한 개인이 아니라 여러 사용자들이 있기 때문에 스마트홈 시스템의 목표는 가정용 제품과 가족의 의사결정과 행동을 학습하고 연결하며, 스스로 적응할 수 있는 통일된 시스템을 향해 효율적이고 지능적으로 조율하는 것이다.

이제 기존의 버튼과 터치스크린 방식의 상호작용과 비교하여 음성 어시스턴트 하드웨어에 기반한 음성통제가 스마트 홈의 중요한 도구가 되었다. 예를 들어, 여러 기술기업은 이 시장을 선점하기 위해 스마트스피커(smart speaker) 시장에 진입하고 있다. 다양한 브랜드의 스마트스피커는 AI 분야에서 스마트홈의 통제를 위한 출발점으로 고려되고 있다. 스마트스피커의 중요한 기능은 인간의 목소리와 상호작용하는 것이다. 사람은 목소리를 통해 스마트스피커와 상호작용하기 때문에 이 도구는 사람의 니즈와 감정을 이해하고 사람이 필요로 하는 서비스를 수행할 수 있다.

4 COVID-19로 인한 관련 기술의 적용 확대

4.1. 팬데믹 이후 AI의 적용

팬데믹 동안 AI 적용은 기하급수적으로 성장하였다. 운영을 자동화하고 대규모 데이터를 조직화하며, 활동의 우선순위를 정하고 자동으로 의료 기록을 만들면서 기술이 관리 부담을 줄였다. 심지어 온라인 교육관련 기업의 본격적인 등장으로 인해 교육부문이 대규모로 AI를 포용하고 학생의 니즈와 특별 요구에 기초하여 맞춤형 서비스를 제공하기 시작하였다. 교육기관은 학생성과를 추적하고 교육의 격차를 감지하며, 단조로운 관리업무를 자동화하기 위해 기술을 사용할 수 있다.

또한, COVID-19 발발로 인해서 신속한 확산 예측, 흉부 엑스레이 이미지에 기초한 의학진단, 투약과 백신제공의 성장이 가시적으로 나타났다. 머신러닝과 인공지능 접근법은 특히 보건의료의 제공자에게 유망한 분야이다. 열이 질병의 전형적인 징후이기 때문에 한 방법으로서 개인의 체온을 모니터하는 적외선 기술을 사용한 AI에 기반한 도구가 사용되고 있다. AI 알고리듬은 일반 대중을 위해 질병 확인 도구로서 개발될 뿐만 아니라 환자에게 대응하고 그들에게 징후에 대한 인식과 공공보건 운동을 교육시킬 수 있는 봇으로서 작동 중이다. 추적의 경우에도 두 등록된 사용자들이 서로의 블루투스 범위 내에 올 때 그들의 앱이 즉각 독특한 디지털 ID를 교환하고 접촉하는 시간과 GPS 위치를 기록할 것이다. 만약 다른 등록된 사용자가 COVID−19에 확진되었다면 그 확진자의 모바일 도구로부터 정보가 안전하게 업로드되고 서버에 유지될 것이다. 다시 이 정보를 사용하여 양성으로 나타난 사람과 밀접한 접촉을 한 모든 잠재적 사람들을 규명하기 위해 추적 기능이 사용될 것이다. 물론, 이러한 모든 일은 인권과 합법의 경계선 상에서 이루어져야 한다.

4.2. 로봇/코봇의 적용

팬데믹의 결과로서 로봇기업이 병원과 다른 기업에서 업무를 취급할 수 있는 기계를 개발 중이다. 많은 산업이 코로나 검체 채취로봇, 자율 주행로봇, 자외선 살균로봇, 로봇 가이드와 같은 다양한 로봇들을 사용하고 있고 점차 그 역할을 확장하고 있다. 그 이유는 인간의 실수가 제거되고 노동력이 결코 아프거나 피로하지(혹은 위험한 바이러스를 확산시키지 않고) 않으며, 24/7 일할 수 있기 때문이다. Bengaluru기반의 기업인 Invento Robotics에 의해 만들어진 로봇인 Mitra는 팬데믹 기간 동안 의사를 지원하였다. 앞으로 전문서비스를 담당하는 로봇의 수는 지속적으로 증가할 것이다. 그 결과, 안전과 생산성이 증가되었고 인적 전문가에 대한 의존성이 감소되었으며, 운영이 단순화되었고 해당 기업의 수익이 증가하였다.

4.3. 자동화의 적용

로보틱스와 달리 VUCA(bolatility, uncertainty, complexity, ambiguity) 세계에서 원격으로 일하는 도구를 적용한 기업과 산업은 시간이 갈수록 자동화의 증가를 시도하고 있다. 많은 성공적인 공장은 협력적 로봇(collaborative robot)으로 인해 공장을 다시 열 수 있었다. 전형적인 제조라인에 보편적인 코봇(cobot)을 도입함으로써 그 공장들은 높은 생산성 수준을 유지하면서 대면 위험을 제거하고 노동자들에게 안전성을 부여할 수 있었다. Jeff Bezos와 Elon Musk는 초자동화 제조시설에 큰 관심을 표현하였다. 앞으로도 지능형 자동화 산업은 지속적인 고성장을 보일 것이고 로봇 프로세스 자동화는 지능형 자동화를 창출하기 위해 광학특성인식, 대화형 AI, 인지적 지능과 결합될 것이다.

4.4. 챗봇의 적용

챗봇은 현재 보편적이고 기업은 고객이 봇과 대화하도록 유도하고 있는 중이다. 세계경제포럼에 따르면 WHO와 질병통제센터(CDC)는 수많은 사람에게 질병과 징후에 대한 최신의 정보를 전달하기 위해 챗봇을 자신의 웹사이트로 통합시켰다. 개인화된 접촉을 향상시키고 반복적인 업무를 자동화하며, 인간의 노동부하를 낮추고 직무 생산성을 증가시키기 위한 가장 효과적인 도구 중 하나는 챗봇이다. iPAL, Karl, TIA, Eva와 같은 AI기반의 언어 기업은 새로운 수준으로 챗봇의 사용을 지원하고 있다.

4.5. 가상 어시스턴트의 적용

가상 어시스턴트는 일상 활동에서 우리의 질문을 듣고 정보를 제공하며, 우리를 즐겁게 하고 지원한다. 가상 어시스턴트 붐은 음성인식에서 자연어처리의 사용을 통해 촉발된다. 예를 들어, 음성을 인식하고 명령을 수행할 수 있는 전화, Alexa, Google Home, 자동차, 기타 다른 도구와 소통하기 위해 자연어처리를 적용할 수 있다. 챗봇 혹은 가상 어시스턴트가 기업을 위한 고객 경험을 향상시키기 위해 사용되면서 그들은 지금 기업 특히 병원이 사람에게 가상의 지원을 제공하고 사회적 거리를 유지하도록 지원하는 중이다.

4.6. 감시시스템과 스캔의 적용

감시 카메라, 안면 인식 기술, 스마트 도구, GPS 위치 구별도구는 추적과 감시 프로토콜을 지원함으로써 COVID-19 종식을 위해 능동적으로 활용 중에 있다. 이것을 고온의 사람들을 감지할 수 있는 열 이미지와 결합할 때 완전한 반감염, 항바이러스, 방역 보호시스템을 지원할 수 있다. 또한, AI가 작동하는 스캔은 의사가 짧은 시간에 더욱 정교한 진단을 하도록 지원할 수 있다. 병원은 지금 헬스케어 인력이 시간에 압박을 받을 때 가슴 CT 혹은 X-ray를 통한 COVID-19를 감지하기 위한 AI 기반의 기술을 적용 중이다.

4.7. 컴퓨터비전 기술의 적용

COVID-19 발병 이후로 컴퓨터비전 도구는 비즈니스 연속성을 보장하는 수단으로서 점점 더 대중적으로 성장하였다. COVID-19의 확산과 싸우기 위해 이것이 마스크를 인식하고 사회적 거리두기를 추적하기 위해 소매점포에 설치되었다. 그것은 감시, 모니터링, 보안을 위한 CCTV 카메라 플랫폼과 체온 감지와 안면인식과 양립할 것이다. 또한 온도 이미지 카메라는 높은 체온을 갖는 사람의 위치를 찾아내고 사용자들에게 어떤 경고를 수행한다. 나아가, 이 기업들은 실행 프로세스를 가속화하기 위해 드론 기술을 결합하는 중이다.

4.8. 클라우드시스템의 적용

클라우드컴퓨팅은 의심의 여지없이 큰 조직의 핵심에 있다. 팬데믹 이후 짧은 시간에 Webex와 Zoom과 가은 비디오 화상회의 도구와 가상회의 소프트웨어의 사용이 증가하고 있다. 헬스케어와 같이 데이터가 가장 가치있는 자산인 조직에서 클라우드 컴퓨팅은 온라인 데이터 백업을 향상시켰고 클라우드 협력 어플리케이션은 증가된 생산성으로 결과된다.

4.9. 스마트 음성자동응답

AI 기반의 콜센터 솔루션은 여러 산업의 비즈니스를 지원하는 중이다. 환대 및 여행부문은 위기로 인해 고객서비스 센터의 전화응대 규모가 전례없는 증가를 경험했기 때문에 코로나 위험에도 불구하고 최악의 업무 폭증을 경험하였다. 이 경우에, AI로 가능해진 IVR(interactive voice response)은 교통관제에서 원격노동자를 지원하는 역할을 하였다.

서비스 부문 AI의
적용 전략과
결정요인

5장

서비스 부문 AI의 적용 전략과 결정요인

1 AI의 적용 목적

서비스 부문에서 AI의 적용(adoption) 혹은 수용(acceptance)은 고객−AI−직원 상호작용에서 중요한 관심사안이다. AI 적용은 조직의 전체 가치사슬에 걸쳐 전개될 수 있고 그것은 우리의 일상생활의 많은 핵심 측면을 혁신하는 잠재력을 갖고 있다. AI의 적용의 목적은 자동화(automation)와 확장(augmentation)이라는 두 가지 항목으로 크게 구분할 수 있다. 자동화는 인간의 일을 대체하는 임무가 부여된 AI 시스템을 의미하는 반면에 확장은 의사결정을 지원할 수 있는 통찰력을 제공함으로써 인간의 지능을 향상시키는 역할을 강조한다.

(1) 자동화

자동화의 개념은 새로운 것이 아니다. 이것은 자동차 조립라인에서 임무를 수행하는 로봇과 같이 인간을 대체하는 기계와 관련한 기존의 개념을 반영한다. 하지만, 이 설명은 AI에 의해 작동되는 자동화에 대해서는 사실이나 AI가 초래하는 급진적 변화를 설명하지는 못한다. AI에서 최근의 발전은 기계가 학습, 향상, 적응하는 것을 가능하게 하고 시간이 지나면서 성과를 증가시킨다. 따라서, AI 기술은 학습과 문제해결과 같은 인지를 포함한 더욱 복잡한 업무를 자동화할 수 있다. 이 자동화는 흔히 '지능형 자동화(intelligent automation)'라고 불린다. 지능형 자동화는 이전에 자동화하기 어려운 것으로 고려된 지식과 서비스 업무와 같은 일의 자동화를 가능하게 한다. 이것의 한 사례는 자동으로 이메일을 처리하는 가상로봇의 사용이다.

제조와 건설산업에서 AI는 재고와 보충뿐만 아니라 예산수립과 계획을 자동화하는 데 사용된다. 서비스 상황에서 AI는 고객의 경험에 영향을 미치기 위해 고객에게 디지털과 로봇 서비스를 제공한다. 한 예로서 인간의 소통역량을 모방하는 대화형 소프트웨어시스템인 챗봇이 있다. 챗봇은 음성 혹은 문자 인터페이스를 통해 고객을 지원할 수 있다. 신용카드와 보험산업에서 챗봇은 기본 질문에 응답, 보험 클레임을 해결, 제품 판매, 고객이 보험에 의해 적절하게 가입되는 것을 보장하는 데 사용된다. 따라서, 챗봇은 이전에 인간 노동자가 담당하던 직업을 수행하는 중이다.

조직 내에서 업무를 자동화하기 위해 AI를 사용하는 것뿐만 아니라 고객의 업무를 자동화하기 위해 AI를 적용할 수도 있다. 이것의 한 예는 Apple의 Siri와 Amazon의 Alexa와 같은 대화형 지능에이전트이다. 이것은 음성명령으로 문자를 적고, 전화를 하고, 음악목록을 보여주는 것과 같은 업무를 자동화할 수 있다. 이 에이전트들은 또한 음성 상호작용을 통해 스마트홈 자동화를 제공하기 위해 Ardiuno와 Raspberry PI와 같은 장치들과 결합될 수 있다. 이 유형의 시스템은 가정에서 단순한 일상의 업무(예: TV와 조명과 상호작용)를 자동화할 수 있다. 다른 예는 스마트폰에서 사용자 확인 프로세스를 자동화하는 안면인식의 도입이다. 이 예는 AI의 다양한 잠재적 응용과 업무를 자동화하는 데 사용될 수 있는 분야의 다양성을 보여준다.

(2) 확장

최근에 AI는 어떤 복잡한 업무를 수행하는데 인간의 능력을 넘어서고 있다. AI는 인간의 인지적 역량을 넘어 빠른 속도로 대량의 정보를 처리할 수 있다. 따라서, AI는 인간의 인지적 제한을 극복하는 데 사용될 수 있다. 확장은 의사결정을 향상시키고 행동을 최적화하기 위해 인간의 전문성과 AI를 종합하는 것을 의미한다. 따라서, 그 초점은 인간을 대체하기보다는 지원하는 것이라는 걸 암시하는 AI의 지원적 역할에 두고 있다.

조직은 흔히 대량의 데이터를 생산하거나 그에 접근한다. 이 데이터를 고려함으로써 관리자는 제대로 된 박식한 의사결정을 할 수 있다. 그러나, 그 데이터는 인간이 분석하는 데 너무 복잡하다. 따라서, 관리자는 더 나은 의사결정을 위해 데이터에 기반한 통찰력을 얻고자 AI를 사용할 수 있다. 예측적 애널리틱스(predictive analytics)는 데이터로부터 학습하여 정확한 예측이라는 의사결정을 할 수 있다. 예를 들어, 이전에 알려지지 않은 경영지표를 해석하며, 매출이 감소하고 경쟁자가 신제품을 도입할 때 올바른 행동을 제안하는 것을 포함한다. AI는 또한 특정 제품 혹은 서비스와 관련된 의견, 태도, 감정에 대한 분석에 사용될 수 있다. 이것은 고객이 제공품을 어떻게 인식하는지에 대해 조직이 더 심오한 통찰을 얻을 수 있기 때문에 더욱 중요해지고 있다.

헬스케어에서 컴퓨터비전은 의사를 위한 이미지에서 작은 출혈도 표시하기 위해 뇌의 MRI 이미지를 처리하는 데 사용될 수 있고 AI는 암 패턴을 감지하거나 복잡한 수술 시 의사를 지원할 수 있는 수술용 로봇에 내재될 수 있다. 홍보에서 AI는 소셜 미디어를 모니터하고 미디어 추세를 예측하는 데 사용될 수 있고 마케팅에서 선호와 라이프스타일에 기초하여 고객을 분류하기 위해 고객 세그먼트에 적용될 수 있으며, 패션산업에서 AI는 고객습관의 예상, 미래 추세의 예측, 추천 시스템의 최적화에 사용될 수 있다.

또한 AI는 조직이 고객의 지능을 향상시키기 위해 제공하는 제품과 서비스에 적용될 수 있다. 한 예는 Netflix의 추천 엔진이다. 이것은 개인화된 추천을 제공하기 위해 위치, 시청한 컨텐츠, 사용자에 의해 검색된 데이터와 같은 고객 데이터에 기초하여 다양한 파라메터를 사용한다. 이 개인화된 추천은 고객이 정말로 좋아하는 것을 시청하도록 선택하는 고객의 가능성을 증가시킨다.

② AI 적용의 이론적 설명

2.1. 전통적 기술수용이론의 적용과 차이

최신 기술의 적용 혹은 수용을 결정하는 요인을 설명하는 모형은 경영학분야 특히 경영정보분야에서 TAM(technology acceptance model; Davis, 1989), UTAUT(unified theory of acceptance and use of technology; Venkatesh et al., 2003) 등과 같은 전통적인 기술수용모델에 기초하였다. 서비스 상황에서 AI의 수용과 관련된 많은 기존 연구들도 전통적 기술수용이론을 많이 응용하고 있다.

(1) TAM 모형
네가지 변수가 정보기술(IT: Information technology)의 수용을 결정한다.

① 인지된 유용성
- IT가 개인의 직무향상에 도움을 주는 정도
- IT가 개인의 업무수행 능력과 삶의 질이 향상될 것이라는 결과에 대한 평가

② 인지된 용이성
- IT를 사용하는 것이 쉽다고 믿는 정도

③ 이용 태도
- 개인의 행동에 대한 신념과 감정을 의미
- 직접적으로 행동의도에 영향을 미침

④ 행동의도
- 실제 IT 사용

(2) UTAUT

TAM이 IT의 다양한 환경을 충분히 고려하지 못하는 한계를 벗어나기 위해 기존의 행동의도에 관한 이론을 통합해 개발한 행동 예측에 관한 모델로서 행동예측의 설명력을 높였다. 행동의도에 영향을 미치는 네 가지 요인은 다음과 같다.

① 성과기대
- 시스템을 사용함으로써 작업의 성과를 향상시키는데 도움을 받을 수 있다고 믿는 정도

② 노력기대
- 시스템을 사용하는 것과 관련된 용이성의 정도

③ 사회적 영향
- 주변의 중요한 사람들이 새로운 시스템을 사용해야 한다고 믿는 것에 대한 인식 정도

④ 촉진 조건
- 개인이 시스템 사용을 지원하기 위한 조직적 및 기술적 기반이 갖춰져 있다고 믿는 정도

그러나, 학자들은 기술수용이론이 전통적으로 비지능적인 기술제품의 수용을 설명하기 위해 개발되었다고 주장한다. 따라서, AI 서비스 도구의 지능적 특성이 전통적인 수용이론이 적용한 어떤 예측요인들에 대해 AI의 상황에서 부적절할 것이라고 한다. 게다가, 서비스 상황에서 사용된 AI는 사회적 개체로서 사람들과 상호작용하도록 설계되기 때문에 이 도구는 또한 서비스 거래 중에 고객에게 감정적 혹은 심리적으로 영향을 미칠 수도 있다.

2.2. AI 적용의 이론적 프레임워크 사례

이러한 관점에 기초하여 기존의 전통적 기술적용이론의 프레임워크를 이용할지라도 AI의 특성에 맞춰 새로운 변수를 도입하거나 수정하는 모형이 자주 제시되었다. 대표적 두 모형을 소개하면 다음과 같다.

(1) SRAM(service robot acceptance model: Wirtz et al., 2018)

이 모형은 서비스 로봇에 대한 고객의 적용이 기능적, 관계적, 사회적–감정적 요소들에 의해 영향받을 수 있다고 한다.

① 기능적 요소
- 예를 들어, 인식된 사용용이성, 인식된 유용성, 주관적 사회규범
- 이 요소는 로봇에 대해 고객이 인식한 효용에 초점

② 관계적 요소
- 예를 들어, 신뢰와 관계
  이 요소는 로봇에 대해 고객이 인식한 관계에 초점

③ 사회적–감정적 요소
- 예를 들어, 인식된 인간성, 인식된 사회적 상호작용성, 인식된 사회적 실재
  이 요소는 사회적 생활에 참여하는 사회적 실재로서 로봇에 대한 고객의 심리적 평가에 초점

(2) Artificially Intelligent(AI) Device Use Acceptance theory(Gursoy et al., 2019)

이 모형은 서비스 거래에서 적용의 선행요인 중에서 상호관계를 설명하는 모형이다. 그 이론은 고객의 적용행동은 일차평가, 이차평가, 성과단계의 세 가지 단계 프로세스를 통해 발생된다고 한다.

① 일차평가 단계
고객은 그들의 사회적 영향, 쾌락적 동기, AI 장치의 의인화에 대한 인식에 의해 주도된 AI 도구에 대한 초기 태도를 결정한다.

② 이차단계:

고객은 성과와 노력 기대에 기초하여 AI 도구를 평가하고 그에 상응하여 그 도구에 대한 감정을 발생시킨다.

③ 성과단계

사용에 대한 고객의 적용 혹은 반대는 그들의 감정에 의해 주도된다.

서비스에서 AI의 고객 적용의 결정요인은 일반적으로 서비스 로봇의 상황에서 디자인 특징(예: 의인화), 고객 특성(예: 나이, 성별), 서비스 접점 특징(예: 시스템에 의해 적용된 의사결정에 사용자 참여의 수준)이 고객 수용, 만족, 의지, 행동의 결정요인들로서 설명되고 있다. 이 결정요인은 AI의 상황으로 일반화되어 소비자 수용, 만족, 의지, 행동은 다음의 요인이 보통 제시되고 있다.

- AI 시스템 특징

  AI 기반의 시스템 디자인 특징, 사용자가 AI 기반의 시스템과 상호작용 중이라는 공지의 알림 혹은 생략 등
- 소비자 특징

  신기술에 대한 소비자의 성향, 나이 등
- 제공된 서비스의 특징

  얼마나 많은 정보가 사용자에게 제공되고 그것이 어떻게 제공되며, 어느 정도로 사용자가 의사결정에 포함되어야 하는지 등

③ AI 적용의 가능요인

AI 적용의 가능요인은 기술적, 조직적, 환경적이라는 세 가지 주요 항목으로 세분화되어 제시될 수 있다.

3.1. 기술적

(1) 데이터

① 빅데이터의 이용가능성

대규모 데이터셋이 AI를 훈련시키기 위해 사용되기 때문에 AI의 핵심에 데이터가 있다. AI는 전문가 지식에 의해 명백하게 정의된 규칙들이 아니라 이 데이터셋에 기초하여 의사 결정하기 위해 학습한다. 따라서, 조직에서 AI 적용의 필수 가능요인은 그들이 생산하거나 접근하는 데이터(예: 센서 데이터)이다. 빅데이터라는 용어는 흔히 이 대량의 데이터셋을 언급하기 위해 사용된다. 빅데이터의 세 가지 주요 특징은 3V(volume, velocity, variety)이다. 고품질의 AI 적용을 위해 대량의 훈련 데이터가 이용가능해야 한다. AI를 사용할 때 일반적인 어려움은 충분한 훈련 데이터의 결여이다. 속도 혹은 적시성은 데이터가 수집되고 업데이트되는 속도를 언급한다. 적시성은 데이터의 새로움(예: 시계열 예측)에 강하게 의존하는 AI 시스템에 영향을 미친다. 또한, 훈련 데이터에서 폭넓은 다양성을 갖는 것은 예측하는 모델의 능력을 확장하고 그 결과의 정확성을 증가시킨다.

② 데이터의 품질

AI를 훈련하기 위해 사용된 데이터의 다른 중요한 측면은 데이터의 품질이다. 데이터 품질은 신뢰할만한 예측을 제공하기 위해 중요하다. GIGO(Garbage-in, garbage-out) 원칙은 만약 훈련 데이터가 낮은 품질을 보이면 그 AI에 의해 발생된 통찰은 또한 낮은 품질을 갖고 조직 상황에 유용하지 않다는 것을 의미하는 AI를 위한 기본 원칙이다. 데이터의 품질에 관한 공통 문제는 불완전한 데이터, 부정확한 입력, 잡음이 있는 특징을 포함한다. 이 품질문제를 인식하는 것은 매우 도전적일 수 있다. 따라서, 데이터과학자와 관련분야 전문가는 데이터품질 문제를 규명하기 위해 밀접하게 협력할 필요가 있다. 품질의 중요한 측면은 또한 편향이 없고 책임과 진실한 원칙을 따르는 데이터를 사용하는 것과 관련한다. 편향이 만들어지거나 수집 혹은 가공시에도 사용된 데이터에 존재하게 될 수 있다.

(2) 기술 인프라

조직은 AI를 적용하기 위한 올바른 기술 인프라를 가져야 한다. 조직에서 AI를 성공적으로 전개하기 위해 세 가지가 요구된다.

- 컴퓨팅 파워 인프라
- 알고리듬
- 풍부한 데이터셋

AI 알고리듬은 데이터에 기초하여 모델을 구축한다. 이 알고리듬은 복잡할 수 있고 데이터셋은 거대할 수 있다. 따라서, 인프라는 광대한 양의 컴퓨팅 파워 즉 높은 속도와 무한대의 확장가능성을 갖는 것을 필요로 할 수 있다. 많은 기업이 이 자원을 현장에서 보유하는 것은 불가능할 수 있다. 따라서, Google, Amazon, Microsoft와 같은 기업은 <그림 5.6>과 같이 클라우드에서 AI와 머신러닝 학습을 위한 인프라(예: Google Cloud AI)를 제공하기 시작하였다. 이 솔루션은 다른 조직에게 AI를 적용하는데 필요한 인프라에 온라인 접근을 제공한다. 따라서, AI를 적용하기 위해 기업은 클라우드 기반의 솔루션에 접근할 필요가 있거나 스스로 AI 사용을 촉진하기 위해 올바른 분석용 하드웨어를 가져야 한다.

그림 5.1 Google cloud AI/ML 포트폴리오

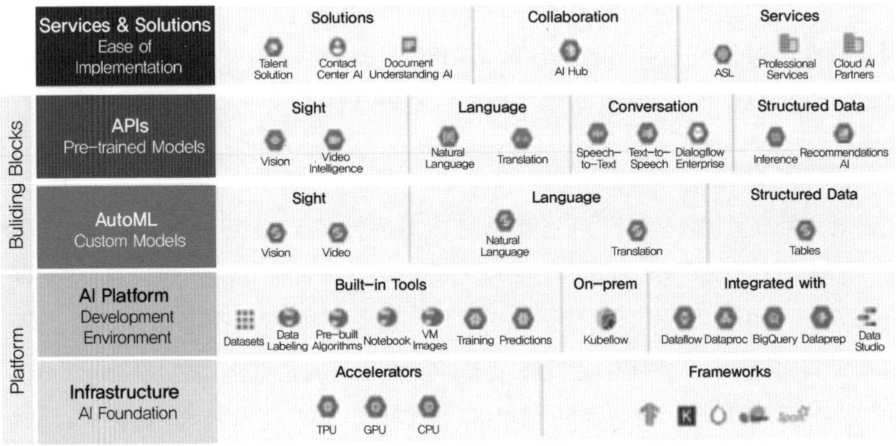

3.2. 조직적

AI의 조직적 가능요인은 전략적 지향과 조직구조와 같은 조직의 상황이 어떻게 AI를 성공적으로 적용하는 조직의 능력에 영향을 미치는 지와 관련된다.

(1) 문화

기업 내 문화는 AI를 적용하는 결정에 강한 동력을 제공한다. AI는 기업의 비즈니스 모델과 시스템을 변화시키는 혁신적 기술로서 간주될 수 있다. 따라서, 조직은 이 변화에 대응할 수 있어야 한다. 이것은 직원이 장기적으로 신기술을 사용할 의지를 갖는 것을 포함한다. 혁신적 문화는 새롭고 기회적 아이디어를 활용하는 열정과 의지를 갖기 때문에 AI 기술을 더 적극적으로 포용할 것이다. 계속 학습하고 혁신하려는 의지가 있는 직원을 갖는

것은 AI 적용의 전개와 사용을 지원할 것이다. 이것은 혁신적 사고를 갖는 직원이 더욱 새로운 기술을 사용하는데 개방적일 뿐만 아니라 AI의 적용을 위한 새로운 기회를 규명하고 포착할 수 있기 때문이다.

(2) 최고경영층 지원

AI 적용의 가장 강력한 결정요인 중 하나이자 자주 주목받은 측면은 최고경영층의 지원이다. 최고경영자와 비즈니스 소유자는 AI 기술을 탐구하는 역할을 맡아야 하고 이것을 오로지 기술자들에게만 남겨두어서는 안된다. 예를 들어, 기업의 문화는 AI 적용에 영향을 미치는 것으로 보여지고 최고경영자는 이 문화를 구축하는 데 결정적 역할을 하기 때문이다. 또한, 최고 수준의 경영층은 자원을 배분하고 자본을 투자함으로써 AI의 적용을 지원할 수 있다. 따라서, 최고경영층의 헌신과 관여는 조직의 AI 전개에 강한 공헌역할을 한다.

(3) 조직의 준비성

조직적 준비성은 AI 적용에 필요한 보완적인 조직적 자원의 이용가능성을 의미한다. 다른 혁신처럼 AI의 적용은 헌신된 예산을 통한 재무자원을 필요로 한다. 직원이 AI 솔루션의 개발과 함께 하면서 학습하는 능력을 갖기 때문에 높은 예산은 특정 성과목표를 충족시키는 의무없이 AI의 적용을 가능하게 한다. 또한, AI의 실행은 조직의 인적자원의 스킬에 심하게 의존한다. 신기술을 적용하는 것은 새로운 스킬 요구사항으로 이어질 수 있기 때문에 AI를 적용하는 조직은 AI 시스템을 창출하고 전개하는 기술적 스킬을 지닌 직원을 필요로 한다. 예를 들어, 직원들은 TensorFlow, PyTorch, Keras와 같은 기술적 AI 라이브러리를 활용할 수 있어야 한다. 그들은 또한 기존의 비즈니스 프로세스의 업무, 업무흐름, 논리를 이해하는 부문 전문가들을 필요로 하고 어떻게 AI 시스템이 그들을 향상시킬 수 있는지를 생각하는 능력을 가질 필요가 있다.

(4) 직원-AI 신뢰

AI 시스템은 인간의 지능을 복제하거나 이전의 수작업 업무를 자동화하는 업무를 수행할 수 있다. 이 경우에, 인간은 그러한 업무를 수행하는 책임을 갖고 결과적으로 AI의 실행은 직원의 역할을 변화시킬 수 있다. 따라서, 역할은 재설계될 필요가 있고 새로운 역할이 등장할 수 있다. 그 이유로, 직원들은 AI의 목적, AI의 역할, AI가 조직 내에서 직원의 역할과 책임을 어떻게 변화시키는지를 이해할 필요가 있다. 직원은 AI와 함께 일해야 하고 AI 시스템에 기초하여 그들의 의사결정을 해야 한다. 이것은 그들이 AI 시스템을 신뢰해야 하고 어떻게 그들이 운영하고 결론에 도달해야 하는지에 대해 이해를 확실히 가져야 한다는 것을 의미한다. 그러나, 인간과 AI의 상호작용은 복잡한 프로세스이고 인간과 기계 사이의 신뢰를 구축하는 것은 어려울 수 있다. AI는 인간과 동일한 방식으로 감정을 경험하지 않고 동일한 감정역량도 갖고 있지 않다. 따라서, 직원이 변화에 강한 관성을 갖게 된다면 직원-AI 신뢰는 AI 사용의 저해요인이 될 수 있다.

(5) AI 전략

AI의 편익을 달성하기 위해 조직은 AI 전략을 개발해야 한다. 그 전략은 조직이 편익을 얻기 위해 AI를 어떻게 적용하고 실행할 지를 기술해야 하고 기술된 행동은 기업의 기존 목표와 일치해야 한다. AI 전략은 단순히 AI의 실행으로 달성하고자 하는 것을 설명할 뿐만 아니라 이 목표를 실행하기 위한 구체적 프로세스, 계획, 시간대를 제공해야 한다. 또한, AI 전략은 어떻게 조직이 구조화되는지, 부서 간 협력의 수준, 어떻게 데이터가 조직에 걸쳐 활용되는지에 중요한 조정을 필요로 할 것이다. 따라서, 우선 조직의 목표와 전략에 AI 솔루션의 상대적 우위와 양립성을 정의하는 것이 필수이다.

(6) 양립성

양립성은 희망하던 적용과 기술 사이의 적합성을 의미한다. 기술과 업무 사이의 강한 적합성은 더 높은 수준의 적용과 활용으로 이어질 것이다. 양립성 개념은 비즈니스 프로세스와 비즈니스 사례라는 두 하위항목으로 분해될 수 있다. 구체적이고 견고한 비즈니스 사례가 수립되어야 하고 기존의 전략과 잘 배치되어야 한다. 이것은 AI의 적용을 통해 해결하고자 의도한 정확한 문제를 정의하는 것을 의미한다. 견고한 비즈니스 사례는 AI 기술이 수행하는 것을 설명하고 어떻게 그 알고리듬이 비즈니스 프로세스의 실행과 결과를 보여주어야 한다. AI를 적용할 때 새로운 요구사항이 발생할 것이다. 기업의 비즈니스 프로세스는 조정이 성공적이 되기 위해 이 새로운 요구사항에 의해 조정되어야 한다.

3.3. 환경적

조직은 경쟁자 및 정부와 같은 주체들로 이루어진 동태적이고 지속 변화하는 환경에서 운영한다. 이것은 다시 AI를 적용하는 조직의 능력과 성향에 대한 여러 가지 압력을 발휘한다.

(1) 윤리적 및 도덕적 측면

윤리 및 도덕은 AI를 적용할 때 필수 측면이다. AI 시스템은 인간과 닮은 능력을 갖고 이것은 인간과 기계 사이의 경계가 덜 명확해 진다는 것을 의미한다. 따라서, 조직은 AI 적용이 윤리적 원칙에 기초하여 개발되고 알려지지 안은 편향이 그들 내에 내재되지 않는다는 것을 보장해야 한다. AI 윤리는 AI 기술의 개발과 사용에서 도덕적 행위를 안내하기 위해 폭넓게 받아들여진 올바름과 잘못됨의 표준을 활용하는 가치, 원칙, 기법의 집합으로서 정의된다. AI 윤리는 조직이 기술의 사용이 그들의 가치와 일치한다는 것을 보장하도록 지원할 수 있다. 투명성, 편향, 차별은 AI 시스템을 개발할 때 등장하는 도전이다. AI는 데이터 주도적이고 따라서 기반이 되는 데이터셋이 불균형적이거나 차별적이면 잠재적으로 편향되고 차별적 결과로 이어질 수 있다. 그것은 또한 시스템 디자이너의 편향과 선입견을 모방할 수 있다. 실제로, Apple과 Amazon과 같은 저명한 기업에서 차별과 편향으로 결과된 AI의 오용에 대한 보고가 계속 나오고 있다.

AI 주변의 윤리적 및 도적적 측면에 대한 더욱 전체적인 관점을 취하기 위해 공공 및 민간 기관들이 AI 사용의 바탕이 되어야 하는 핵심 원칙을 정의하였다. EC(european commission)에 의해 출판된 최근 보고서는 조직이 AI 적용을 전개할 때 고려해야 하는 7개 핵심 차원을 강조한 바 있다. 이들은 편향과 관련된 측면을 넘어 AI 적용의 투명성, 책임성, 안전과 보안, 사회적 및 환경적 복지, 보편적 접근을 위한 디자인, 인간 대리인과 감독과 같은 차원을 포함한다. 이러한 원칙에 기초하는 것은 블랙박스와 화이트박스 AI 적용 사이의 균형 혹은 정확성과 해석가능성 사이의 올바른 균형을 발견하도록 도와줄 것이다.

(2) 규제

정부 정책과 규제는 윤리적 및 도덕적 이슈에 대한 사회적 태도를 표명하고 어떻게 AI 적용이 개발되는지를 형성하는 지시를 제공한다. 2018년 5월에 GDPR(the General DAta Protection Regulation)이 EU(European Union)와 EEA(European Economic Area)에서 이 규제가 강제된 바 있다. GDPR은 개인적 데이터의 처리와 같은 활동을 규제한다. 이 새로운 법은 AI 솔루션을 활용하는 조직들에게 그들의 지능형 기계의 훈련에 사용하기 위한 개인적 데이터를 까다롭게 제공하는 이슈를 발생시켰다. 많은 데이터셋은 이 새로운 법적 요구사항을 다루기 위해 익명화될 필요가 있고 이것은 지능적인 자율학습 알고리듬의 사용을 더욱 어렵거나 심지어 불가능하게 만든다. GDPR은 AI 전개의 복잡성을 증가시키고 따라서 AI 적용을 저해하는 것으로 이어질 수 있다. AI의 적용에서 장애물을 만드는 것으로 입증될 수 있는 다른 법적 측면은 AI 알고리듬과 그것에 의해 사용된 데이터셋에 수반된 지적재산과 관련된다. 정부규제와 더불어 각 산업은 AI 적용에 영향을 미치는 자신의 요구사항들을 갖고 있다. 이것은 기업에 영향을 미치는 법률 혹은 다른 외부 상황 및 환경과의 상호작용일 수 있다. 헬스케어와 같이 규제가 매우 큰 산업은 덜 규제된 산업과 비교하여 AI를 전개하는 데 추가적 도전에 직면할 수 있다.

(3) 환경적 압력

AI 적용의 중요한 동인은 경쟁압력이다. 경쟁압력은 조직이 어떻게 경쟁자에 대응하여 취해진 행동에 의해 영향받는지를 의미한다. 경쟁사에 대해 경쟁우위를 얻는 것은 조직이 지속적이고 빠른 변화에 기초하여 자신을 재구성하고 적용하기 위해 행동을 취해야 한다는 것을 의미한다. 따라서, 경쟁우위를 잃는 위협은 조직이 IT 혁신을 적용하도록 동기를 부여하는 한 동력으로서 작용한다. 반면에, 수요측면에서 강력한 유인이 존재한다. 고객은 기업으로부터 재화와 서비스를 구매하는 사람들이고 기업은 조직이 고객의 니즈를 충족시키거나 초과할 필요가 있다. 기업이 AI를 적용하기로 결정할 때 고객의 기반지식과 적용 가능성을 고려하는 것이 필수적이다. 고객은 Netflix의 추천엔진과 같이 개인화된 서비스와 제품을 점점 더 기대하는 중이기 때문에 이것은 기업이 개인화된 지능형 제품을 설계하기 위해 AI를 적용하도록 몰아 붙일 것이다.

④ 서비스 로봇의 적용 요인

4.1. 협력적 서비스 로봇

협력적 서비스 로봇의 적용 요인을 제시하면 다음과 같다(Xiao & Kumar, 2021).

(1) 개념

서비스 로봇은 두 가지로 정의된다. 첫째, 고객에게 서비스를 상호작용, 커뮤니케이션, 전달하는 시스템 기반의 자율적이고 적용가능한 인터페이스이다. 둘째, 높은 수준의 자율성으로 물리적과 비물리적 업무를 수행함으로써 고객화된 서비스를 제공하는 물리적 구현의 정보기술이다. 로봇들이 의인화, 업무 지향, 혹은 묘사와 같은 여러 특징에 따라 차별화될 수 있는 반면에 그들이 인간과 동태적 상호작용을 할 수 있기 때문에 여기서는 가상의 어시스턴트(예: Alexa)를 제외하고 형상적으로 인간을 닮은 구현(예: Pepper, Sophia)된 서비스 로봇에 초점을 둔다.

그림 5.2 Alexa, Pepper, Sophia 로봇

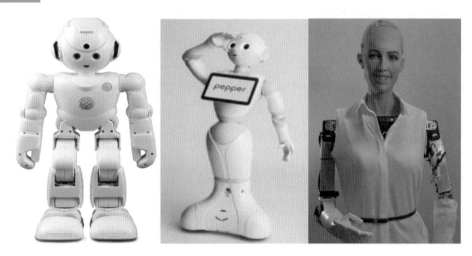

　서비스 로봇이 서비스 접점에서 고객과 빈번하게 상호작용하기 때문에 그들은 현장직원의 업무환경에서 필수 부분이 되고 있다. 가령, Hilton, Shagri-La, Aloft, Crowne Plaza를 포함한 호텔들은 프론트데스크와 컨시어지서비스와 같은 다양한 분야에 서비스 로봇을 도입하였다. 이 상황에서 인간-로봇 상호작용은 로봇을 현장직원의 동료, 팀 구성원으로서 고려하게 만든다. 따라서, 협력적 서비스 로봇은 현장 서비스 직원과 함께 일하고 인간 카운터파트와 유사한 서비스 역할을 수행하도록 설계된 어느 정도의 인공지능과 기능적 자율성으로 갖춰진 구현된 기계로서 설명된다.

(2) 인간-로봇의 상호작용과 협력하려는 의지

　조직 내 협력은 기업의 성공에 중요하기 때문에 중요한 관심사이다. 로봇이 다양한 환경에서 인간과 동일한 업무장소를 빈번하게 공유하기 때문에 인간-로봇의 협력적 상호작용이라는 주제는 많은 관심을 받았다. 이전의 로봇틱스 연구는 인간-로봇 공존(coexistence), 인간-로봇 협동(cooperation), 인간-로봇 협력(collaboration)이라는 세 가지 유형의 인간-로봇 상호작용을 구분한다. 여기서, 서비스 환경에서 협력적 서비스 로봇과 현장직원 사이의 양자적 상호작용은 인간-로봇 협력을 반영한다. 즉, 협력적 서비스 로봇은 공통의 목적(예: 고객니즈를 만족시키기 위해 서비스 전달을 공동창출)을 달성하기 위해 인간

－인간과 인간－로봇 공동 행동의 프로세스를 통해 현장직원들과 함께 일하는 것으로 기대된다. 그러나, 현장직원은 협력적 서비스 로봇과 함께 일하는 그들의 의지에 관해 다른 관점을 가질 수 있다.

(3) 로봇 동료와 협력하려는 현장직원의 의지에 미치는 영향요인
① 서비스 현장 상황요인의 이해
● 협력적 서비스 로봇의 특징
  ■ 자율성: 이 항목은 협력적 서비스 로봇이 인간 개입없이 업무를 독립적으로 수행하도록 설계되기 때문에 중요한 서비스 로봇 특징이다. 그들의 시스템 통합과 연결성에 기초하여 고객을 인식하고 관련 데이터베이스를 통해 고객 정보에 접근할 수 있으며, 개인화된 추천을 하거나 정보를 제공할 수 있다.
    • 어떤 사람은 협력적 서비스 로봇이 자율적으로 행동하고 직원의 개입없이 고객을 도울 수 있다는 사실을 좋아한다.
    • 다른 사람은 협력적 서비스 로봇이 만족스러운 정보를 제공할 수 없기 때문에 고객들은 어쨌든 직원에게 돌아온다고 믿는다
    • 자율성은 직원의 협력하려는 의지에 중요한 요소로서 간주되기도 하나 반대로 실업문제와 신뢰로 사람에 대한 위협으로 간주되어 중요한 장애물이 되기도 한다.
    • 자율적인 로봇은 직원을 두렵게 한다. 직원은 로봇이 도덕이 없고 어떤 행동이 사회적 상호작용에서 적절한지를 모른다는 것에 두려움을 가진다.
    • 직원들은 로봇의 규칙과 계층을 따르지 않고 기업의 사회적 네트워크를 침해한다는 것에 두려움을 느낀다.
  ■ 사회적 실재: 이것은 현장직원이 로봇과 상호작용할 때 로봇을 어떻게 인식하는지를 다룬다.
    • 사회적 실재는 협력적 서비스 로봇에 의해 거의 제공될 수 없다.
    • 동료와 상호작용과 교환이 특히 직무의 일부분으로 간주되지만 대인간 관계를 서비스 로봇으로 상상하는게 어렵다.
    • 직무에 대해 화가 났을 때 그 화를 동료와 공유하고 지원을 받는 것이 어렵다.
  ■ 휴머노이드 외모: 이것은 업무 현장의 상호작용에 영향을 미친다. 로봇은 다양한 형태로 나타난다. 그들은 외모에서 기술적일 수 있는 반면에 인간적 특성을 보유하고 인간적 외관을 취할 수도 있다.
    • 그들은 보통 기술적 외모를 보유하고 인간과 닮지 않는다. 반면에 서비스 상황에

서 인간의 외모를 닮은 로봇들이 더욱 일반적이다.

- 서비스 상황에서 휴머노이드 외모를 사용하는 것이 필수적이다. 인간의 외모는 신뢰를 구축하고 직원 간에 상호작용을 촉진하는데 필수이다.
- 따라서 과도한 인간적인 외모가 잘못된 기대를 창출할 수 있기 때문에 바람직한 균형을 발견하는 것이 중요하다.

● 직무 특성

두 번째 항목은 다른 유형의 직무, 직무요구, 직무자원을 수반하는 직무 특성이다. 협력적 서비스 로봇과 함께 일하는 의지는 직무가 개인들에게 얼마나 중요한지와 어떤 직원이 그들의 직무와 동일시하는 지에 의존한다.

- 어떤 사람은 매우 오랫동안 그들의 직업에서 일하였고 그들의 경험이 중요한 차별 요인이라고 간주한다.
- 더 높은 직무 포지션에 있는 직원들은 자신이 필수이고 그들의 역할이 기업에게 매우 중요하다고 고려하기 때문에 그들의 직무가 로봇으로 인해 위험에 빠졌다고 보지 않는다.

■ 직무유형: 여러 유형의 서비스 직무 혹은 업무가 존재한다. 어떤 업무는 로봇에 의해 매우 쉽게 수행될 수 있는 반면에 다른 업무는 인간 직원에 의해 더 잘 수행될 수 있다. 따라서 로봇 동료와 일하려는 직원의 의지는 직무 유형에 의존한다.

- 단순한 반복적인 업무는 로봇에 의해 잘 수행될 수 있다(예: 손님 환대 혹은 질문에 답하기)
- 감정, 직관, 진실한 감정(예: 서비스 회복 프로세스)을 필요로 하는 도전적인 업무는 여전히 인간 직원에 의해 수행되어야 한다.
- 단순한 직무에 대해 직원은 자신이 로봇에 의해 대체될 것이라고 걱정한다. 높은 직위의 사람들은 이 두려움을 갖지 않는 경향이 있다.
- 높은 물리적 업무부하를 갖는 직무에서 직원들은 로봇에 의해 자신의 업무가 경감되는 느낌을 가질 것이다.
- 하지만 고객 접촉업무와 책임에 관해 어떤 사람들은 혼합된 관점을 갖고 그들의 의견은 다르게 나타날 것이다.
- 인간직원과 상호작용이 고객에게 좋은 감정을 주고 더 잘 지원한다고 느끼기 때문에 고객 접촉을 다루는 인간 직원이 필요하나 직원과 고객이 인공적인 접촉에 익숙해질 때까지는 단지 시간문제일 것이다.
- 심지어 분석적 업무에서도 직원은 굉장한 서비스 로봇의 잠재력을 인식하고 그들

의 직무를 더 잘 하는데 그것들을 사용할 것이라고 인식한다.
- 그러나, 특히 간호업무에서 사람들은 환자에게 높은 감정적 유대를 가지기 때문에 협력적 서비스 로봇은 직원을 대체해서는 안된다.
■ 직무 요구: 서비스 로봇과 직원의 협력하려는 의지에 영향을 미치는 기술적 스킬과 같은 직무 요구사항을 수반한다.
- 그들은 로봇을 적절하게 운영할 수 없다는 것을 두려워한다.
- 직원은 기술적 노우하우를 이해하지 못한다.
- 그러나 미래에 그것은 직원의 기본적 요구사항에 포함되는 스킬 중 하나가 될 것 이라고 인식한다.
■ 직무역할: 서비스 기업 내 업무구조와 역할을 의미한다.
- 그들은 점점 더 로봇에 의해 직업을 잃을 것이라고 두려워했다.
- 더 많은 협력적 서비스 로봇이 업무현장에 진입할 때 그들은 역할의 명백한 분업 을 기대한다.
- 이 역할이 더 명확하게 분배될수록 직원은 로봇에 대해 더 개방적인 사고를 갖는다.
- 시간이 지나 기술의 발전이 역할의 변화를 수반하기 때문에 직업 손실의 인식된 리스크의 증가, 업무부하 증가, 자율성의 손실은 직원의 기술과 일하려는 의지에 부정적 영향을 미친다.
- 직원은 명확한 규칙의 설정을 기대하고 어떻게 협력이 규제될 수 있는 지에 대해 매우 구체적 아이디어를 언급한다.

● 현장서비스 인력의 특성
■ 개인적 특성
- 어떤 직원은 호기심이 많고 새로운 형태의 협력을 시도하는 데 개방적이다.
- 다른 직원은 로봇 협력에 대해 더 주저하고 덜 열정적이다.
- 어떤 직원은 스스로 완벽하게 업무를 완료하는 것을 선호하기 때문에 어떤 형태의 지원을 거부한다.
■ 기술 준비성: 직원의 기술 준비성은 기술 적용의 장애물을 낮추는 데 유용한 것으 로 고려된다. 만약 현장인력이 이미 다른 상황에서 기술과 경험을 갖고 있다면 전 문적 서비스 상황에서 로봇과 일하려는 의지를 증가시킬 수 있다.
■ 로봇에 대한 편향: 이것은 일반적으로 인간들이 서비스 로봇의 실행과 협력에 관해 혼합된 감정을 갖는 것을 의미한다.
- 일반적으로 로봇에 대한 긍정적이고 부정적인 경험과 기대를 동시에 갖는다.

- 인간 동료와 협력과 그들의 다른 특징들은 지식 공유와 협력 가능성과 같은 여러 장점으로 이어지지만 만약 인간 동료가 대체된다면 이 기회가 사라질 것으로 생각한다. 그럼에도 불구하고 그들은 협력적 서비스 로봇이 생산성을 증가시키고 직원을 지원할 것으로 생각한다.

② 협력적 서비스 로봇에 대한 현장 서비스 직원 인식과 평가
● 로봇이 좋은 동료로서 간주될 때 현장서비스 로봇에 대한 긍정적 평가
  - 로봇의 회복력과 증가된 신뢰성
  - 다른 업무 흐름의 효율성
  - 업무를 위임하는 능력
  - 사회적 관계 구축
● 로봇이 나쁜 동료로서 간주될 때 현장서비스 로봇에 대한 부정적 평가
  - 로봇의 신뢰성에 대한 의심(예: 로봇 다운 시)
  - 인간 동료의 결여로 인한 고립
  - 위협(실업 등)
  - 데이터 보안
● 협력적 서비스 로봇에 대한 이차적 평가-서비스 직원의 대응
  - 통제와 자율성 사이의 상충

4.2. 고객 재방문에 기초한 서비스 로봇 수용 요인

(1) 고객 재방문의 중요성

현재의 서비스 산업 내 수많은 대안 제공품에 직면하여 서비스 제공자들은 우선 소비자들이 초기 구매를 하도록 권장하고 두 번째 단계에서 기존 고객들이 그들의 이전 경험에 기초하여 재방문하거나 재구매하도록 격려한다. 레스토랑과 같은 매우 경쟁적인 환대 서비스에서 재방문은 중요한 충성지표이다. 서비스 로봇 문헌은 최근에 재방문 의도(예: 재방문 의지와 구매 의지)에 대한 로봇 서비스의 인간 유사성과 서비스 로봇에 대한 고객만족의 영향을 자주 논의하였다.

(2) 의인화

서비스 로봇의 적용에 결정적 영향을 미치는 첫번째 요인은 의인화(anthropomophism)이다. 그리스 단어 Anthropos(인간)과 morphe(모양 혹은 형태)에 기원하는 의인화는 휴머노이

드 로봇의 주요 특징을 반영한다. 그것은 원래 비인간 개체가 인간의 모양 혹은 형태를 갖는 현상을 언급한다. 사회심리학은 의인화에 대한 관점을 서비스 로봇에 대한 연구의 토대를 제공하며 인간을 닮은 특징, 동기, 의도, 혹은 감정으로 비인간 에이전트의 실제 혹은 상상된 행동을 충족시키는 경향을 다룬다.

현재의 서비스 연구는 로봇의 의인화에 관련한 인간 심리의 중요성을 인식하고 있으나 로봇의 의인화가 고객의 사용 의도를 촉진하거나 제한하는지에 대한 질문은 여전히 남아 있고 다음의 두 가지 관점이 존재한다.

① 우호적 관점

한 연구흐름은 비지능적인 제품(예: 서비스 로봇)을 의인화하는 것이 인간 의도와 감정으로 하여금 업무 성과에서 지능과 역량에 연결시키기 때문에 소비자 선호를 증가시키는 유용한 전략이라고 주장한다. 이 관점을 취하는 것은 기술-고객-현장직원의 서비스 삼각형에서 의인화된 로봇의 사용에 우호적인 입장을 취한다.

② 비우호적 관점

두 번째 연구흐름은 의인화의 증가가 인간 정체성에 대해 기분나쁜 모방 혹은 위협감과 인간 부적합의 감정과 같은 불편함을 경험하는 소비자로 결과될 수 있다는 역설적인 효과를 강조한다. 이 관점은 고객이 매우 인간과 닮은 로봇을 오싹하고 기괴하다고 생각할 수 있기 때문에 고객의 로봇에 대한 친밀감은 인간 유사성에 따라 연속적으로 증가하지 않는다는 언캐니밸리(uncanny valley)의 개념과 일맥상통한다. 높은 의인화 수준과 품질은 또한 실망스러울 수 있는 로봇의 능력에 대해 과도하게 낙관적인 기대로 이어질 수도 있다.

(2) 사회적 실재(social presence)

가상현실 연구에서 실재는 다음의 세 가지로 구분된다고 한다.

- 개인적 실재
  자신이 가상 세계에 있다고 느끼는 수준
- 환경적 실재
  환경이 자신이 거기에 있다는 것을 아는 것처럼 보이는 수준
- 사회적 실재
  누군가 혹은 컴퓨터가 만든 존재와 같은 무엇인가가 자신이 여기에 있다고 믿는 수준
  여기서, 사회적 실재는 사회적으로 디자인하는 궁극적 목적인 상호작용적 로봇

(interactive robots)이기 때문에 인간-로봇 상호작용에 가장 큰 영향을 미친다.

사회적 실재를 강조하는 것은 커뮤니케이션에서 사회적 상호작용과 음성 혹은 비음성 신호를 위한 에이전트의 역량에 달려 있다. 따라서, 사회적 실재가 다른 지능에 접근한다는 의미에 주로 기초하기 때문에 물리적으로 존재(예: 조각상)하는 것은 사회적으로 존재하는 것(예: 존재)으로서 인식하는 데 충분하지 않다.

(3) 효용주의적 및 쾌락적 가치

의인화와 사회적 실재는 효용주의적 혹은 쾌락적 가치에서 결과되는 것으로 기대된다. 동기부여이론(motivation theory)은 고객이 자신의 니즈를 만족시키기 위해 행동한다고 제안한다. 동기부여 이론에 기원하는 자기결정이론(self-determination theory)은 외생적(효용적/도구적)과 내생적(쾌락적) 동기부여를 구분하면서 인간 행동을 위한 주관적 기반을 제공한다. 현재의 연구는 반복 애용 혹은 서비스 접점에서 로봇의 경험적 가치 차원들에 대한 효용적 및 쾌락적 가치의 효과를 논의한다.

레스토랑에서 고객들이 인식하는 가치는 단순히 효용(효용주의)에만 기초하지 않고 대부분 만족(쾌락적)에 기반한다는 것이 공통적으로 알려졌다. 효용과 쾌락적 가치의 구분은 또한 서비스 로봇에 대한 최근의 연구에서도 발견된다. 노인들에 대한 상황에서 입증된 것처럼 사회적으로 지원하는 로봇들은 쾌락적 가치(예: 즐거움)뿐만 아니라 효용적 가치(예: 효과성) 모두에 긍정적으로 영향을 미친다.

(4) 현장직원의 상호작용 품질

서비스 로봇, 고객, 현장직원으로 구성된 서비스 삼각형 관점을 받아들이는 것은 현장직원의 상호작용 품질이 서비스 접점 동안에 어떤 역할을 한다는 것을 암시한다. 상호작용은 고객 반응에 강한 영향을 발휘하는 서비스 접점 동안의 가치 창출의 핵심으로서 간주된다. 마케팅과 조직행동의 학자들은 서비스 기업들의 고객과 현장직원 사이의 개인적 상호작용에 높은 관심을 두었다. 서비스 접점은 전체 서비스 조직의 소비자 평가에 초점 포인트가 되었고 서비스 기업이 개별 소비자들을 돕기 위해 그 서비스의 전달을 고객화하는 뛰어난 기회를 암시하였다. 이 고객화 기회는 서비스 기업의 경쟁적 우위의 잠재적 원천이고 이것은 소비자들에 의한 우호적인 서비스 품질 평가로 이어질 수 있다.

현장직원의 성과 품질은 특히 감정적 노동의 요구를 기반으로 서비스가 어떻게 전달되는지에 관련된다. 가령, 서비스 직원은 고객과 상호작용하고 신뢰를 구축하는 방식으로 행동하고 적시성과 신뢰성을 보여주며, 개인적 관심을 제공할 때 긍정적 감정을 표현하는 것으로 기대된다. 로봇과 인간 직원은 협력하여 서비스를 전달할 수 있다. 서비스 상황에서 로봇과 현장직원 사이의 상호작용 품질은 고객 서비스 성과에 다르게 영향을 미치는 것으로 기대된다.

4.3. 기타 연구

기타 서비스 로봇의 적용에 영향을 미치는 요인들은 아래의 <표 5.1>과 같이 정리된다.

표 5.1 서비스 로봇의 적용 요인

저자	서비스 로봇 적용 요인	상황
Tyssyadiah & Park(2018)	의인화, 인식된 지능, 인식된 안전	호텔
Lu et al. (2019)	-성과 유효성, 내재적 동기, 촉진조건, 감정은 적용에 긍정적 영향 -인간 외모는 인간 정체성에 대한 인식된 위협으로 인해 역효과 -레스토랑과 소매점에서 의인화는 소비자의 로봇 사용 의지에 부정적 영향	환대산업
Ivanov & Webster (2019)	-환대에서 로봇을 사용하는 최선의 의지지표는 로봇에 대한 개인의 일반적 태도 -기타 정보 제공, 가사활동, 예약/지불/문서처리	환대/여행 산업
De Kervenoael et al.(2020)	-기술수용 변수와 서비스 품질 차원: 인식된 유용성, 인식된 사용 용이성, 서비스 보장, 개인적 관여, 유형물 -인간과 로봇의 상호작용: 감정이입, 정보공유	환대산업
Belanche et al.(2020)	-귀인(attribution)이 로봇에 대한 친밀성과 서비스 로봇을 사용하고 추천하는 고객 행동 사이의 관계를 중개 -고객의 서비스 로봇에 대한 친밀성은 서비스 향상 귀인에 긍정적으로 영향(다시 고객의 행동 의지에 긍정적으로 영향) -친밀성은 비용절감 귀인에 부정적으로 영향(다시 행동 의지에 부정적으로 영향)	레스토랑
Lin et al. (2020)	-인공적으로 지능이 있는 장치를 사용하는 의지는 사회적 영향, 쾌락적 동기, 의인화, 성과, 노력 기대(effort expectancy), 인공지능 장치에 대한 감정에 의해 영향 -의인화는 노력 기대에 긍정적으로 영향 -결과는 호텔 유형에 의존(제한된 서비스 제공 호텔 대 풀 서비스 호텔)	호텔

저자	서비스 로봇 적용 요인	상황
Khanijahani et al.(2022)	−환자특성: 사회심리적 요인(사회적 영향, 인식된 성과, 인식된 리스크 등), 배경 특징(관련 지식, 성, 교육수준 등), 의료 특징 (구체적 임상옆, 질병 심각성, 치료 경험 등) −조직특성: 구조적 요인(조직규모, 숙련인력의 결여, 예산제약, 조직 상황 등), 문화적 요인(의사결정에 전문가의 참여 수준, 제도적 신뢰, AI에 대한 조직의 태도 등) −전문가 특성: 사회심리적 요인(사용용이성, 인식된 유용성 등 전문가의 의지와 태도), 경험적 요인(IT 사용경험, AI 지식, 사용 빈도, 사용자 그룹 멤버십 등), 배경 특징(나이 등)	헬스케어

⑤ 도입전략의 도전사항

AI의 니즈와 잠재적 활용이 증가할지라도 그 성공적인 실행은 중요한 어려움을 포함한다. 이를 정리하면 다음과 같은 구체적 AI 도전사항으로 항목화할 수 있다.

(1) 관리적 도전

AI 기반의 스마트 네트워크, 네트워크 연결성, 모니터링을 개발하는 데 적합한 인프라 개발이 필수적이다. 일반적으로, AI 시스템은 인간−컴퓨터 상호작용을 향상시키고 정보의 흐름을 촉진하는 더욱 발전된 접근법을 필요로 한다. 따라서, 인프라, 숙련된 인력, 데이터 알고리듬의 결여는 대부분의 조직에서 AI의 적용을 방해한다.

(2) 경제적 도전

중소규모의 조직은 투자요인으로 인해 AI 발전을 누리는데 더 많은 노력을 기울여야 한다. 또한, IDC(International Data Corporation)의 검토에 의하면 단지 30%의 조직만이 AI 실행의 90% 성취율을 보고하였음을 보여준다. 따라서, 성공률은 높은 투자에 대한 다른 중요한 장애물이다.

(3) 기술적 도전

컴퓨팅 요구사항이 증가할 뿐만 아니라 처리에 이용가능한 정보의 양도 증가한다. AI, 머신러닝, 딥러닝 접근법은 높은 수준의 분석속도를 제공하는 고급 프로세서(processor)를 필요로 한다. 따라서, 첨단의 구조와 아키텍처를 둘러싼 도전을 다루는 것은 성공적 실행에 필수이다.

(4) 데이터 도전

AI 활용은 데이터 구조와 표준의 현재 위치에 의해 방해받을 수 있다. 새롭고 효율적인 기술이 대량의 데이터를 다루고, 검사하고, 저장하는데 요구된다. 시스템에 충분한 표준정보가 존재하지 않을 때 성공적인 AI 프레임워크를 갖는 것이 어렵다. 따라서, 데이터와 데이터 무결성이 중요하다.

(5) 윤리 및 안전 도전

인간과 달리 AI에 의해 작동되는 시스템은 상황의 미묘함을 포착하여 그들로부터 적절한 의미를 도출하기 어려울 수 있다. 그 프로그램이 처리하는 투입물과 산출물을 이해할 수 없다면 그들은 예측할 수 없는 실수에 취약하게 된다. 따라서, 이 장벽은 활용에 영향을 미칠 수 있는 해커공격과 사이버 리스크로 이어진다. 표준 규제, 윤리적 가이드라인, 정책은 정보시스템의 잘못된 사용을 막기 위해 의무적이 되고 있다.

(6) 법적 및 정치적 이슈

부정확한 알고리듬, 실수, 카피라이트 이슈는 법적 도전으로 이어진다. 많은 공공부문과 정부 내 실행 이슈가 고려될 필요가 있다. 정부당국과 관리자는 AI 기술을 적용하기 위해 정치적 정책도전과 보안위협을 고려해야 한다.

(7) 기타

또한, AI의 완전한 잠재력을 발휘하기 위해 관련 데이터의 이용가능성, 평가 접근법, 투명성, 윤리와 같은 실무적인 이슈를 고려하는 것이 필요하다.

참고문헌

Belanche, D., Casaló, L.V., Flavián, C. & Jeroen Schepers, J. (2020), "Service robot implementation: A theoretical framework and research agenda", The Service Industries Journal, 40(3－4), 203－225.

Davis, F.D. (1989), "Perceived usefulness, perceived ease of use, and user acceptance of information technology", MIS Quarterly, 13(3), 319-340.

de Kervenoael, R., Hasan, R., Schwob, A. & Goh, E. (2020), "Leveraging human－robot interaction in hospitality services: Incorporating the role of perceived value, empathy, and information sharing into visitors' intentions to use social robots", Tourism Management, 78, https://doi.org/10.1016/j.tourman.2019.104042.

Gursoy, D., Chi, O.H., Lu, L. & Nunkoo, R. (2019), "Consumers acceptance of artifi－cially intelligent device use in service delivery", International Journal of Information Management. 49(5), 157－169.

Ivanov, S. & Webster, C. (2019), "Perceived appropriateness and intention to use service robots in tourism. In: Pesonen, J. & Neidhardt, J. (eds), Information and Communication Technologies in Tourism, Springer, Cham. https://do－i.org/10.1007/978－3－030－05940－8_19.

Khanijahani, A., Iezadi, S., Dudley, S., Goettler, M., Kroetsch, P. & Wise, J. (2022), "Organizational, professional, and patient characteristics associated with artificial intelligence adoption in healthcare: A systematic review", Health Policy and Technology, 11(1), https://doi.org/10.1016/j.hlpt.2022.100602.

Lin, H., Chi, O.H. & Gursoy, D. (2020), "Antecedents of customers' acceptance of artificially intelligent robotic device use in hospitality services", Journal of Hospitality Marketing & Management, 29(5), 530－549.

Lu, L,, Cai, R. & Gursoy, D. (2019), "Developing and validating a service robot integration willingness scale", International Journal of Hospitality Management, 80, 36－51,

Tussyadiah, I.P. & Park, S. (2018), "Consumer evaluation of hotel service robots", In: Stangl, B. & Pesonen, J. (eds), Information and Communication Technologies in

Tourism 2018. Springer, Cham. https://doi.org/10.1007/978−3−319−72923−7_24.

Venkatesh, V., Morris, M.G., Davis, G.B., Davis, F.D. (2003), "User acceptance of information technology: toward a unified view", MIS Quarterly, 27(3), 425-478.

Wirtz, J., Patterson, P.G., Kunz, W.H., Gruber, T., Lu, V.N., Paluch, S. & Martins, A. (2018), "Brave new world: Service robots in the frontline", Journal of Service Management, 29(5), 907−931.

Xiao, L. & Kumar, V. (2021), "Robotics for customer service: a useful complement or an ultimate substitute?", Journal of Service Research, 24(1), 9-29.

AI에 기반한
서비스 접점 관리

6장

AI에 기반한 서비스 접점 관리

1 기술을 포함한 서비스 삼각형

(1) 서비스 피라미드(service pyramid)

서비스 조직, 현장직원, 고객은 서비스 삼각형(service triad)을 구성하는 서비스 교환의 핵심 주체이다. 최근의 기술 발전은 서비스 조직 현장의 본질에 심오하게 영향을 미친다. 웨어러블, 음식통제 디지털 어시스턴트, 휴머노이드 로봇과 같은 다양한 연결된 스마트 개체(object)를 통한 AI의 빠른 확산은 서비스가 두 핵심 관여 주체들(고객과 현장직원)에 의해 전달되고 경험된 방식을 근본적으로 바꾸는 중이다. 서비스 접점이 고객과 현장직원 사이의 사람의 게임(game of people)이 되도록 사용되는 반면에 이 새로운 현장서비스 기술(frontline service technology)인 AI의 투입은 고객－현장직원의 상호작용을 전환시키며, 지금 편재해 있다.

Parasuraman(2000)은 <그림 6.1>과 같이 고객, 현장직원, 서비스 조직을 함께 모델화하는 서비스 피라미드의 핵심 차원으로서 도입한 서비스 전달에서 기술의 역할을 공식화하였다.

그림 6.1 서비스 피라미드

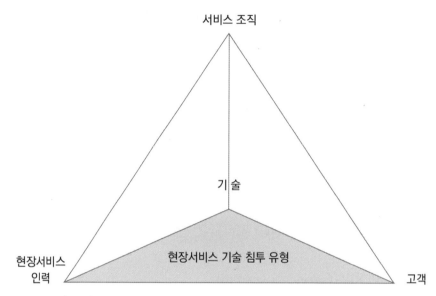

자료원: Parasuraman(2000)

이 개념이 폭넓게 현장서비스 기술 연구로 이어졌지만 주로 ATM과 셀프 체크아웃과 같은 비스마트 기술에 초점을 둔 단점을 갖는다. 그러나, 증가하는 기술의 스마트 특성과 연결된 개체의 등장은 다른 주체들과 기술의 관계에 대한 확장된 사고를 필요로 한다. 스마트 기술과 연결된 개체는 일상적인 기술이 가능하게 하는 접점(예: 음성기반 인터페이스와 로봇이 빠르게 셀프 서비스 응용에 표준이 되는 중)을 전환시킬 뿐만 아니라 완전히 새로운 접점을 형성(예: 현장직원과 고객이 진부하게 되는 기계 대 기계(M2M: machine—to—machine) 서비스 접점)하기도 한다.

(2) 인간과 AI 사이의 상호작용

인간과 AI 사이의 관계는 <그림 6.2>와 같이 인간과 AI의 여러 결합에 관여하는 네 가지 다른 상호작용을 갖는 매트릭스의 관점에서 기술될 수 있다.

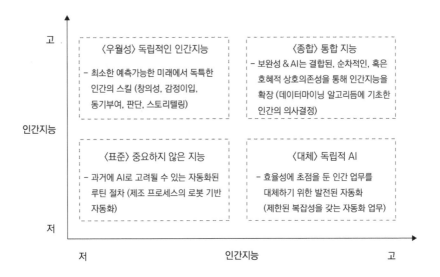

그림 6.2 인간과 AI의 상호작용 분류

자료원: Lichtenthaler(2018)

① **표준**

낮은 수준의 인간 혹은 인공지능 중 하나를 필요로 하는 표준 절차를 통해서 각각 낮은 수준의 자동화 장치에 의해 자주 사용된다. 예를 들어, 자동차 산업에서 제조 프로세스의 로봇기반의 자동화가 10년 전에 이미 시작하였다.

② **대체**

AI는 인간 지능의 대체를 허용한다. 이 유형의 발전은 AI에 대한 최근의 논의에서 엄청난 주목을 받았다. 한 예는 어떤 고객 상호작용에서 챗봇의 사용와 같이 보험 산업에서 쉽게 정의된 스킬 수준과 제한된 복잡성을 갖는 직업의 자동화의 증가이다. 이 활동의 초점은 인간 노동자를 AI로 대체함으로써 효율성을 향상시키고 비용을 낮추는데 있다.

③ **우월성**

인간의 지능이 지배하고 최소한 가까운 미래에서는 계속 그렇게 될 것이다. 창의성, 감정이입, 판단, 스토리텔링, 동기부여와 같은 독특한 인간만의 스킬들은 쉽게 아직 AI를 통해 모방될 수 없다. 어떤 질문을 할 것인지를 아는 것과 아직 존재하지 않는 것을 상상하는 것과 같이 AI가 창의성과 발명을 제공하는 인간 역량을 모방하는 것은 여전히 매우 어려울 것이다.

④ 종합

AI는 인간 지능을 확장하기 위해 사용된다. 가령, Conatix에 의해 개발된 부분적으로 자동화된 비즈니스 지능 시스템은 이전에 비구조화된 외부 데이터와 정보를 발견하고 구조화하는 머신러닝 기술에 의존한다. 그 알고리듬은 효과적 비즈니스 지능 통찰을 전달하기 위해 목표를 업데이트하고 재배치하는 인간 연구자들과 긴밀한 상호작용을 하면서 일을 수행한다.

(3) 종합의 중요성

종합 영역에서 인간과 인공지능은 일종의 통합된 지능을 창출하면서 함께 일한다. 그 보완성의 편익은 결합된(pooled), 순차적(sequential), 호혜적인(reciprocal) 상호의존성을 통해 접근될 수 있다.

● 결합된 상호의존성
   여기서 인간과 인공지능은 부분의 합 이상의 결과를 함께 만든다. 가령, 투자 의사결정은 인간의 분석과 AI 기반의 데이터마이닝 작업의 결론 모두에 의존함으로써 향상될 수 있다.
● 순차적 상호의존성
   여기서 한 유형의 지능 성과는 다른 유형의 활동을 위한 기반이 된다. 가령, 챗봇은 고객으로부터 일반적 질문에 대응하는 데 사용될 수 있다. 여기서, 다시 그들의 관심이 AI의 역량을 넘어 설 때 콜센터의 인간 직원에게 전달된다.
● 호혜적 상호의존성
   이것은 순환적이다. 가령, 전략적 계획수립 프로세스는 AI의 분석결과 다시 인간의 분석에 의해 미세한 결론으로 수정하고 이것은 다시 AI 데이터마이닝의 여러 분석에 사용될 수 있다.

인간-기계 상호작용과 팀워크는 AI와 인간 모두에게 다른 수준의 자율성과 상호의존성을 가능하게 할 것이고 인간-기계 협력에 의해 작동되는 새로운 솔루션을 가능하게 만든다.
종합의 중요성을 보여주는 방사선 분야의 사례가 있다. 지금까지의 전문가들은 AI가 인간 방사선 전문의를 완전히 대체하지 않을 것이라고 주장한다. 오히려, 방사선 전문의들이 실제로 하는 직업 프로파일이 변해 미래에는 그들의 일을 지원하기 위해 AI와 협력하고 훈련할 필요가 있을 것이다. 이 협력은 방사선 서비스의 전반적인 성과를 향상시킬 것이다. 방사선 전문의가 전문가 평가와 다른 의사와 잠재적 치료에 대한 논의의 기회를 제공하는 반면에 AI는 일상적 업무를 수행할 것이고 의사결정을 지원하기 위한 데이터를 제공할 것이다.

이런 식으로 AI는 인간 지능을 대체하지 않고 가치를 추가할 가능성이 높다. 물론, 그 가치의 수준은 현재 예측이 어려울 수 있지만 실제로, 많은 분야에서 중요한 발전은 인간의 사고와 성과를 향상시키기 위해 AI를 사용하는 협력적 상호작용을 필요로 하고 있다.

(4) 사례

레스토랑과 같은 환대 서비스에서 기술, 고객, 현장직원으로 구성된 서비스 삼각형은 더욱 일반적이 되고 있다. 현장직원이 고객과 대화하고 음식을 서비스함으로써 고객과 사회적 상호작용을 포함하는 발전된 현장업무를 수행하는 서비스 로봇에 의해 더욱더 지원을 받을 수 있다. 인도에서 2017년에 레스토랑이 음식을 서비스하기 위해 로봇을 사용하는 첫 번째 사례가 존재했다. 더욱 최근에 고객이 로봇 웨이터에게 주문을 하고 하루에 200접시 이상을 서비스하고 요리할 수 있는 40개 이상의 로봇을 활용하는 첫 번째 로봇 레스토랑 콤플렉스가 중국에서 문을 열었다. 미국에서, 20명의 로보틱스 엔지니어들이 인간 쉐프가 로봇으로 대체될 수 있는 Boston 시내의 레스토랑을 찾기 위해 미쉘린의 평가를 받은 쉐프와 파트너 관계를 맺었다. 2020/2021년 COVID−19 중에 인간 대 인간 접촉을 최소화하는 필요성은 로봇에게 확장된 플랫폼을 제공하였다. 네덜란드에서 아시아 스타일의 즉석 식사 제공 레스토랑인 Dadawan은 고객에게 서비스할 때 인간 현장직원이 안전한 거리를 유지하도록 쟁반을 나르는 서비스 로봇을 도입하였다(<그림 6.3> 참조). 우리나라의 규모가 큰 식당에도 이미 서비스 로봇이 음식을 나르고 있는 중이다.

그림 6.3 Boston의 로봇 쉐프와 네덜란드 Dadawan 레스토랑

환대 서비스의 경쟁적 본질은 서비스 제공자들이 고객 경험을 전략적 의사결정의 핵심에 위치시키도록 요구한다. 인간과 기술적 인터페이스의 혼합이 비용효율적 방식에 가치를 두는 고객 경험을 실현하는 솔루션일 수 있다는 것을 암시하기 때문에 서비스 수월성과 생산성을 결합하기 위해 이러한 방법이 자주 사용된다.

Lariviere et al.(2017)은 상호관련된 기술(기업 혹은 고객 소유 중 하나), 인간 주체(직원과 고객들), 물리적/디지털 환경, 기업/고객 프로세스로 구성된 서비스 시스템으로부터 결과되는 어떤 고객-기업 상호작용으로서 정의되는 서비스 접점 2.0의 개념을 도입하였다. 이 새로운 관점은 고객-직원-기술의 서비스 삼각형을 이해할 필요가 있음을 강조한다. 서비스 로봇의 경우에, 현장직원은 서비스 로봇에 의해 대체되거나 확장될 수 있다.

② AI 유형별 고객 관여 및 접점

AI를 사용하는 전략적 의사결정을 하는데 있어 각 AI(기계적, 사고적, 감정적)가 고객을 관여시키는 서비스에 독특한 편익을 제공할 수 있다는 것을 서비스 제공자들은 인식할 필요가 있다. 서비스에서 AI의 역할을 형성하는 네 가지 주요 요인들이 존재한다. 그것은 서비스 업무의 특징, 서비스 오퍼링, 서비스 전략, 서비스 프로세스이다. <표 6.1>은 이 네 가지 요인을 따라 서비스의 특성을 설명한다.

표 6.1 서비스의 본질에 따른 AI(인공지능) 혹은 HI(인간지능)의 사용

서비스의 본질	AI/HI의 수준		
	기계적 AI/HI	사고적 AI/HI	감정적 AI/HI
서비스 업무	기계적 업무가 대부분 기계적 AI에 의해 수행되어야 함. 기계적 HI는 자주 대체됨	사고적 업무가 사고적 AI와 HI에 의해 수행되어야 함. 사고적 HI는 확장됨	감정적 업무가 대부분 HI에 의해 수행되어야 함. 감정적 HI는 낮은 수준의 AI에 의해 확장될 수 있음
서비스 오퍼링	거래적 서비스	효용적 서비스	쾌락적 서비스
서비스 전략	비용 리더십	품질 리더십	관계 리더십
서비스 프로세스	서비스 전달	서비스 창출	서비스 상호작용

2.1. 서비스 업무의 특성

업무(task)는 직업(job)에 포함된 활동들을 의미한다. AI에서 그들은 수행될 필요가 있는 서비스 기능들이다. AI 적용은 HI(인간 직원의 지능)을 반드시 대체하지 않는다. 오히려 그들은 특정 서비스 업무를 수행하도록 디자인된다. 결국, 어떤 업무들은 인간에 의해 수행되고 다른 업무들은 AI에 의해 수행되며, 이것은 AI와 HI가 하나의 팀으로서 일한다는 것을 의미한다. 그럼에도 불구하고, 서비스 직업에 포함된 서비스 업무들이 AI에 의해 더 많이 수행될수록 인간 직원은 덜 요구될 것이고 남은 인간 직원들은 AI에 의해 수행되지 않는 업무에 더 초점을 둘 것이다.

(1) 기계적 AI/HI

더 낮은 지능 수준을 필요로 하는 업무(혹은 서비스 기능)가 일반적으로 먼저 대체되어야 한다. 즉, 기계적/일상적/반복적 업무가 대부분 기계적 AI에 의해 수행되어야 한다. 현재의 AI 수준을 고려하면 많은 기계적 HI 업무는 대부분 AI에 의해 대체되어야 한다. 제조부문에서 이 유형의 업무의 특성은 더욱 단순하다. 그러한 업무들은 잘 규정된 상황에서 대부분 기계적이고 변동이 없기 때문에 흔히 제조 로봇에 의해 쉽게 수행될 수 있다. 서비스에서 이 유형의 업무에 변동이 존재한다. 어떤 것은 ATM에 의해 수행된 현금 인출과 같이 제조처럼 기계적인 반면에 어떤 것은 일상적이고 단순하나 기계적 AI에 의해 쉽게 수행될 수 없는 레스토랑의 테이블 대기 서비스와 같은 상황을 필요로 하거나 변동을 포함한다.

(2) 사고적 AI/HI

사고적 업무는 사고적 AI와 HI 모두에 의해 수행되어야 한다. 이것은 확장(사고적 AI에 의해 확장된 고숙련 서비스 직원)이 발생할 가능성이 높은 업무 유형이다. 가령, 관리자들은 그들의 의사결정을 지원하기 위해 비즈니스 애널리틱스를 사용할 수 있고 의사들은 그들의 진단을 돕기 위해 헬스케어 적용으로부터 혜택을 볼 수 있다. 서비스 업무가 더욱 분석적일수록 사고적 AI의 분석적 하위유형은 제한된 인간 개입으로 업무를 더 많이 다룰 수 있을 것이다. 반면에 서비스 업무가 더욱 직관적일수록 AI는 인간의 개입없이 업무를 성공적으로 다룰 수 없을 것이다. 사고적 AI의 직관적 하위유형에서 향후의 발전은 가까운 미래에 이 결과를 바꿀 것이다. 그 시점에서 사고적 AI 적용이 직관적 수준으로 발전하면서 대부분의 사고적 업무가 기계에 의해 수행될 수 있다.

(3) 감정적 AI/HI

감정적 업무는 오늘날 대부분 HI에 의해 수행되어야 한다. 감정적 HI는 낮은 수준의 AI 적용(예: 기계적과 사고적 AI)에 의해 확장될 수도 있다. 가령, 낮은 수준의 적용에서 챗봇과 같은 기계적인 감정적 AI는 표준화되었고 일상적인 고객 서비스를 다루기 위해 폭넓게 적용되어 왔다. 분석적 역량을 소유한 Siri, Alexa, 다른 유사한 음성인식 개인적 비서들은 인간의 음성을 사용하여 소비자들을 위해 정보를 탐색하고 고객 질문에 대응하는 데 사용된다.

2.2. 서비스 오퍼링의 특성

서비스 오퍼링의 특성은 효용적-쾌락적 연속선과 거래적-관계적 연속선 상에서 변동할 수 있고 세 가지 AI들은 이 서비스 오퍼링의 특성을 충족시키는 다양한 방법으로 결합될 수 있다.

(1) 효용적 서비스

효용적 목적을 향하는 서비스 제공품은 사고적 AI를 더 많이 사용해야 한다. 효용주의적 서비스는 주로 수단적(instrumental), 기능적(functional), 무감각적(non-sensory) 편익을 고객에게 제공한다. 그들은 첨단기술로서 고려되고 사고적 AI에 자연스럽게 적합될 수 있다. 가령, 클라우드 데이터 서비스(예: 아마존)와 재무 분석(예: IBM Watson)은 사고적 AI에 의해 수행될 수 있다.

(2) 쾌락적 서비스

반대로, 쾌락적 목적을 지향하는 서비스 제공품들은 감정적 AI를 더 사용해야 한다. 쾌락적 서비스는 고객에게 주로 즐거움, 놀이, 기쁨과 같은 편익을 제공한다. 그들은 하이터치로 고려될 수 있고 감정적 AI로부터 혜택을 볼 수 있다. 가령, 컴퓨터 게임은 플레이어들을 몰입상태로 관여시키기 위해 감정 감지 AI를 사용할 수 있고 스마트홈(예: 고객의 니즈에 맞게 가정을 적응시키도록 온도, 환경을 원격 통제하고 명령할 수 있도록 다양한 스마트 도구로 연결되는 집)은 집을 소유자에게 감정적 편함을 제공하는 아늑한 가정(feeling home)으로 더 변환시키기 위해 감정적 AI를 사용할 수 있다.

(3) 거래적 서비스

서비스 오퍼링의 특성은 또한 거래적-관계적 수준에서 변동할 수 있다. 거래적 서비스는 고객 관계로부터 이득을 거의 보지 않고 AI에 의한 대체로부터 더 많은 혜택을 볼 것이다. 가령, 패스트푸드 레스토랑은 고객의 가치명제를 훼손하지 않고 서비스하기 위해 더욱 많은 기계적 AI를 사용할 수 있다. 반면에, 고급 레스토랑은 기계적 AI를 덜 사용해야 한다. 반대로, 관계적 서비스는 더 높은 고객생애가치가 기대될 수 있기 때문에 고객과 굳건한 관계를 가짐으로서 편익을 볼 수 있다. 따라서, 서비스 제공자는 감정적 AI를 더 많이 사용하도록 노력해야 한다.

요약하면, 효용주의적 서비스는 사고적 AI를 더 많이 사용해야 하는 반면에 쾌락적 서비스는 감정적 AI를 더 많이 사용해야 한다. 또한, 거래적 서비스는 기계적 AI를 더 사용해야 하는 반면에 관계적 서비스는 감정적 AI를 더 사용해야 한다. 이를 종합하면 효용적－쾌락적과 거래적－관계적 연속선은 네 가지 가능한 AI/HI 포트폴리오를 제안한다. <그림 6.4>는 서비스 특성에 기초하여 AI의 결합적 사용을 묘사한다.

그림 6.4 서비스 특성에 기초한 AI의 결합 사용

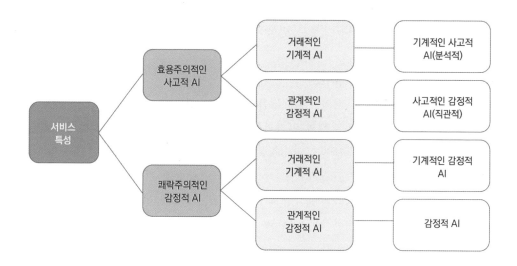

(1) 효용주의적인 거래적 서비스

이 유형의 서비스는 사고적 AI이나 대부분 기계적 분석을 수행하는 분석적 AI를 더 사용해야 한다. 분석적 AI는 논리적, 분석적 규칙기반의 학습을 수행한다. 학습의 본질은 기계적이나, 빅데이터로부터 규칙기반 학습과 애널리틱스 기반 개인화로 인해 사고적 수준으로 역량이 접근한다. 분석적 AI가 데이터와 컴퓨터 기반 학습을 위해 더욱 지배적이 됨에 따라 분석적 HI는 점점 대체될 것이다.

(2) 효용주의적인 관계적 서비스

이 유형의 서비스는 직관적 AI와 HI 모두를 사용해야 한다. 직관적 AI는 감정적 AI와 더 가까운 사고적 AI의 더욱 발전된 하위 유형이다. 그것은 제한된 합리성과 상식적 사고를 할 수 있는 사고적 AI이다. 현재의 AI는 인간 의미 기반 사고의 모든 역량을 아직 달성하지 못하였다. 따라서, AI와 HI 모두는 이 유형의 서비스에 포함되어야 한다. 이 AI의 사용을 위해 고객 관계는 고객 선호에 대한 심오한 이해에 기반하여 구축되는 반면에 고객과 감정적 연결을 반드시 포함하지는 않는다.

(3) 쾌락주의적인 거래적 서비스

이 유형의 서비스는 기계적인 감정적 AI를 더 사용해야 하고 HI를 덜 사용해야 한다. 기계적인 감정적 AI는 어떤 감정적 역량을 갖는 기계적인 AI이다. 그러한 AI는 제한된 감정적 데이터로부터 학습하고 적응하고 어떤 관계화(relationalization)를 추구할 수 있다. 고객 서비스를 제공하는 많은 대화 봇(conversational bot)이 이 수준에 있고 이 서비스의 특성은 의사소통과 감정을 필요로 하나 대부분 반복적이다.

(4) 쾌락주의적인 관계적 서비스

이 유형의 서비스는 감정적 AI와 HI 모두를 사용해야 한다(예: 높은 감정적 지능을 갖는 숙련된 인간 직원). 그러한 AI는 고객과 연결과 관계를 구축하기 위해 감정적 데이터로부터 학습하고 적응한다. 가령, AI 동반자인 Replika는 고객과 감정적으로 개인화된 일상의 대화를 제공한다. 생성형 기계학습(generative machine learning) 방법에 기반한 자연어 처리 대화 시스템과 내재된 사회적 배려(embedded social caretaking)는 그러한 AI의 예이다. 현재의 AI 수준을 고려하면 이 유형의 서비스는 대부분 HI에 의해 제공되어야 한다.

2.3. 서비스 제공자의 전략적 강조

서비스에 대한 세 가지 시장 리더십 전략인 비용 리더십(예: 운영적 수월성)을 강조하는 서비스 제공자는 기계적 AI를 더 사용하고, 품질 리더십(예: 서비스 성과)는 사고적 AI를 더 사용해야 하며, 관계적 리더십(예: 고객 친밀성)은 결국 감정적 AI를 더 사용해야 한다.

(1) 비용 리더십

이것은 비용을 줄이기 위해 서비스 프로세스를 자동화함으로써 운영적 수월성을 강조한다. 서비스 프로세스들이 더 표준화될수록 더 많은 프로세스 자동화가 기계적 AI에 의해 달성될 수 있다. 가령, McDonald는 고객에게 주문된 음식을 전달하기 위해 로봇을 사용하고 기업들은 고객 서비스를 전달하기 위해 가상 봇(bot)을 사용하며, Amazon은 제품을 전달하기 위해 드론(drone)을 사용하려고 시도한다.

(2) 품질 리더십

이것은 고객 경험을 높이기 위한 프리미엄 품질을 달성하는 것을 강조한다. 규모의 경제를 달성하기 위해 희생시킬 수 없는 더 높은 수준의 품질 기대에 대한 고객의 이질성이 존재하기 때문에 그러한 경쟁 전략은 빅데이터를 늘 포함하지 않을 수도 있다. 서비스 개인화를 위한 다양성을 최대화하는 사고적 AI가 개별 고객의 니즈와 요구사항을 다루기 위해 사용될 수 있다. 가령, 여행자를 위한 여행 계획은 휴식을 취할 수 있는 여행 혹은 도시의 대부분을 관광할 수 있는 여행과 같이 각 여행객의 독특한 선호를 고려할 수 있다. 그러한 계획은 단지 항공권을 구매하고 호텔을 예약하기보다 더욱 복잡해지기 때문에 생각이 비슷한 여행자들의 선호를 분석할 수 있는 분석적 AI와 추천된 여행계획을 제시할 수 있는 직관적 AI가 적절하다.

(3) 관계 리더십

이것은 고객만족을 위해 고객 친밀성을 강조한다. 높은 생애가치를 갖는 고객들에 대해 서비스 제공자들은 결국 지속적인 기반으로 고객을 관여시키기 위해 감정적 AI를 활용할 수 있다. 이 전략은 또한 개인화를 포함하고 차별자로서 감정을 사용하는데 초점을 둔다. 가령, 항공사는 관계 리더십을 달성할 수 있으나 현장 직원과 승무원에 의해 감정적 보살핌과 높은 인간적 접촉 서비스를 부가적으로 제공하여 품질 리더십을 달성하는 고품질 지상 서비스와 항공기 시설 모두를 제공한다. 후자의 높은 인간적 접촉 서비스는 고객 감정을 분석, 인식, 이해하고 개별 고객 기반에서 감정적으로 적절한 방식으로 고객에 대응하고 서비스함으로써 감정적 AI로부터 편익을 기대할 수 있다.

2.4. 서비스 프로세스 단계

서비스 프로세스는 어떻게 서비스가 고객에게 제공되거나 전달되는지를 의미한다. 서비스 프로세스 관점은 서비스 결과가 고객과 서비스 제공자 사이의 양자적 상호작용 프로세스에 의존한다는 것에 기초한다. 그것은 가치가 고객과 서비스 제공자들을 공동 및 상호작용적으로 관여시켜 지속적으로 창출된다는 것을 의미한다. 결과적으로, 고객은 제공자가 전달하는 품질을 경험하고 그 품질에 대한 평가를 한다(객관적으로 전달되는 것이 아님). 이것을 위해 서비스 프로세스가 서비스 혁신을 위해 어떻게 하위 프로세스로 분해될 수 있는지에 대한 서비스 청사진을 고려할 필요가 있다.

흔히 서비스 프로세스는 세 가지 단계인 전달, 창출, 상호작용으로 분해되고 그들을 기계적부터 사고적, 감정적 AI 수준에 기초하여 순서화시킨다. 그들은 물리적 재화 제조와 같이 생산부터 전딜까지의 순시를 빈드시 띠르지 않는다. 대신, 각 프로세스 단계는 다른 프로세스 단계를 발생시킨다.

<표 6.2>는 각 프로세스 단계에서 지배적 AI, 수행하는 주요 서비스 업무, 각각의 AI 적용 사례들을 보여준다. 각 접점 혹은 프로세스 단계에서 AI의 결합이 적용될 수 있다. 가령, 서비스 제공자는 거래를 완료하고 서비스를 전달하기 위해 기계적 AI를 사용(예: Amazon Prime Air의 배달 드론), 시장 전망을 위한 사고적 AI의 사용(예: Gap의 패션 추세를 예측하기 위한 AI의 사용), 고객 서비스를 제공하기 위해 감정적 AI를 사용(예: 고객 서비스를 위한 챗봇)할 수 있다. 서비스 프로세스를 세 단계로 분해하는 것은 어떤 AI가 각 단계에 대해 가장 적합한지를 설명하는 데 그 목적이 있다. 모든 서비스가 단계들 사이에 명확한 경계를 갖는 것은 아니다. 예를 들어, 미용실 서비스에서 전달, 창출, 상호작용은 동시에 발생한다. 보험에서 어떤 종류의 보험이 제공되는지를 이해하는 서비스 창출과 전달은 클레임이 존재할 때 발생하고 상호작용은 보험사와 고객 사이의 관계이다. 즉, 세 가지 단계의 둘 이상이 결합하는 서비스가 존재할 수 있다(예: 공동생산).

표 6.2 AI가 가능하게 만드는 서비스 프로세스

서비스 프로세스	지배적 AI	서비스 업무	AI 적용
서비스 전달	기계적 AI가 자동화	-해상운송 -전달 -결제	-서비스 프로세스 자동화 -로봇의 셀프서비스 -고객의 일상생활에 AI 지원(기업의 고객 서비스 에이전트로서가 아니라)
서비스 창출	사고적 AI가 예측	-신시장 규명 -신서비스 개발 -서비스 개인화	-예측적 애널리틱스 -컴퓨팅 창의성 -데이터마이닝
서비스 상호작용	감정적 AI가 관여	-고객을 관여 -서비스를 적응적	-음성감정인식 -감정분석(문자로부터 감정 인식)

서비스 프로세스	지배적 AI	서비스 업무	AI 적용
		으로 개인화 −고객과 상호작용 −고객 서비스	−딥러닝 −엔드투엔드(end−to−end) 학습 −동태적 최적화

　다음부터는 세 가지 AI들이 어떻게 전달, 창출, 상호작용의 서비스 하위 프로세스에 일치될 수 있는지를 설명하고 서비스 프로세스를 따라 고객을 관여시키기 위해 AI를 사용하는 전략적 방안을 논의한다.

(1) 서비스 전달을 위한 기계적 AI

　이 프로세스 단계에서 서비스 제공자들이 질문할 필요가 있는 핵심 질문은 '서비스를 효율적으로 전달하는 방법은?'이다. 해상운송, 전달, 결제와 같은 서비스 전달 업무는 다른 두 프로세스 단계에 포함된 업무들보다 더욱 일상적이고 반복적이고 그 목표는 서비스 생산성을 최대화하는 것에 있다. AI의 사용은 서비스 제공자에게 전달 효율성, 고객에게 편의를 향상시킬 수 있다.

　이것은 기계적 AI가 지배하는 단계이다. 기계적 AI는 일관성, 신뢰성, 효율성의 장점을 지닌다. 따라서, 서비스 제공자는 서비스 전달하기 위해 이 기계적 AI의 장점들을 활용할 수 있다. 서비스 전달을 위한 두 가지 중요한 활용은 ① 서비스 프로세스를 자동화, ② 고객에게 서비스 제공을 자동화하는 데 있다.

　자동화된 전달(예: Amazon의 드론 배달)과 같이 서비스 프로세스를 자동화하는 것은 고객이 중단되지 않는 서비스 프로세스를 경험할 수 있는 것처럼 서비스 프로세스를 효율적으로 만들고자 하는 의도가 있다. 이것은 고객이 기계적 AI와 직접적으로 상호작용하지만 서비스 제공자가 프로세스를 자동화하기 위해 고객과 직접 접촉하지 않는 후방형(backend) 자동화에 해당한다. Amazon의 원클릭 구매는 고객이 쇼핑카트를 채우고 선적 정보와 신용카드 정보를 제공하는 등과 같은 여러 단계를 거쳐야 하지 않고 원 클릭으로 구매하는 것을 허용하는 사례이다. Amazon은 <그림 6.5>와 같이 Amazon Prime Air의 드론과 Amazon Go와 같이 고객에게 제공품(재화와 서비스)을 전달하기 위해 다양한 기계적 AI 적용에 많이 투자하고 실험하고 있다. 모바일 현금 이체, 디지털 지갑, 가상은행과 같이 많은 AI 적용이 또한 결제 프로세스를 효율화하기 위해 사용되어 왔다. AI 창업기업인 Elementum의 지능형 자동화(intelligent automation)는 더욱 효율적 프로세스와 서비스를 달성하기 위해 자동화 기술의 최고 수준에서 AI를 전개한다. Elementum은 고객에게 잠재적 문제에 대한 초기 경고를 하고 경쟁자들이 그 문제를 알기 전에 관리할 수 있는 공급자 관리 프로세스를 자동화한다. IoT 상에서 AI를 적용하는 AIoT는 기계적 AI의 다른 사례이다.

그림 6.5 Amazon의 Prime Air 드론과 Amazon Go

고객에 대한 서비스 제공을 자동화하는 것은 셀프서비스로서 서비스를 전달하는 의미를 갖는다. Pepper와 Roomba와 같은 로봇의 셀프 서비스와 Alexa와 같은 AI 비서는 서비스를 자동으로 전달하기 위해 지능형 도구를 사용한다. 이것은 고객이 기계적 AI와 직접 상호작용하는 전방형(frontend) 자동화이다.

(2) 서비스 창출을 위한 사고적 AI

서비스 창출 단계에서 다루어야 하는 핵심 질문은 개별 고객을 위한 가치있는 서비스를 창출하는 방법이다. 서비스 창출은 '어떤 서비스를 창출하는가?', '어떤 고객이 가치있는 것으로 그 서비스를 고려하는가?'라는 두 가지 관련 질문을 포함한다. 여기서, 주요 서비스 업무는 신규 시장을 규명하기, 신서비스를 개발하기, 서비스를 개인화하기를 포함한다.

이 단계에서 지배적 AI는 사고적 AI이다. AI 적용의 관점에서 개인화된 서비스를 창출하기 위해 예측적 애널리틱스가 고객 선호를 예측하기 위해 사용될 수 있고 컴퓨팅 창의성이 신서비스를 개발하기 위해 사용될 수 있으며, 데이터마이닝(혹은 어떤 다른 유형의 패턴마이닝)이 생각이 비슷한 고객을 규명하기 위해 사용될 수 있다. 딥러닝은 많은 데이터로부터 학습을 통해 고객 세분화와 다른 고객 그룹에 대해 각기 차별적인 촉진 캠페인을 제공할 수 있다. 게다가, 딥러닝은 내부와 외부 데이터로부터의 연속적 학습으로 인해 산업의 추세 예측을 도울 수 있다.

고객 선호를 예측하기 위한 Amazon의 예상된 해상운송과 Gap의 신속한 패션 추세를 예측하기 위한 데이터 분석이 예측적 애널리틱스의 예이다. 빅데이터 애널리틱스를 갖는 자동차용 지능시스템(in-car system)과 같이 그러한 분석적 AI의 사용은 데이터/정보/지식집약적인 서비스를 창출한다.

개인화된 서비스 창출에서 사고적 AI는 데이터로부터 체계적 패턴에 기초하여 서비스를 예측(예: 패션 추세 예측)하고 창출(고객/시장 전망)하는 데 사용될 수 있다. 가령, Harley-Davidson은 여러 고객들에게 즉각적으로 마케팅 전략을 조정하기 위해 AI가 주도하는 마케팅 도구인 Albert를 사용한다. Albert는 높은 가치의 고객이 누구인지와 어떤 유형의 마케팅 캠페인이 그들에게 가장 성공적인지를 규명하기 위해 기존 고객 데이터를 분석한다.

(3) 서비스 상호작용을 위한 감정적 AI

이 단계에서 다루어야 하는 핵심 질문은 고객과 '어떻게 무엇을 소통하는가?'이다. 이 단계에 포함된 지배적 AI는 고객을 관여시키고 서비스를 적응적으로 개인화하며, 고객 서비스를 제공하는 서비스 업무를 수행하는 감정적 AI이다. 여기서, AI 적용은 이 업무들을 수행하기 위해 적응적으로 고객 감정을 감지, 이해, 대응할 필요가 있다.

감정적 AI는 고객에게 사회/감정/관계 기반의 서비스를 전달하기 때문에 고객에게 감정적 지원과 감정적 만족을 제공하기 위해 사용될 수 있다(예: 고객 상호작용, 고객 서비스, 고객 경험). 감정적 AI는 경험과 이해에 기초하여 감정이입적으로 학습하고 적응하기 때문에 고객에게 감정적 지원과 감정적 만족을 제공할 수 있다.

감정적 AI는 두 가지 하위 프로세스로 구분될 수 있는 서비스 상호작용에 중요하다. 그것은 마케팅 커뮤니케이션 단계와 판매후 고객 서비스 단계이다. 마케팅 커뮤니케이션 단계에서 서비스 제공자는 경쟁자들로부터 자신을 차별화하기 위해 고객과 감정적으로 연결될 필요가 있다. 대고객 서비스를 하는 서비스 제공자는 흔히 격앙된 고객(예: 고객 불평)과 감정적으로 직면한다. Capital One의 자연어 챗봇인 Eno는 AI가 실제로 고객과 상호작용하는데 감정이입적으로 작동된다. 고객은 그들의 계정을 리뷰하고 신용카드 청구를 하며, 일반적인 질문을 하기 위해 언제든 Eno에게 문자를 보낼 수 있다. Capital One은 그들의 고객이 봇과 대화하고 있다는 것을 아는 중에도 챗봇과 관계를 구축하는 경향이 있다고 주장한다. 그럼에도 불구하고, 대부분의 서비스 제공자들은 고객 불평을 다루는 데 매우 효과적이지 않은 고객 서비스를 제공하기 위해 문자 기반의 챗봇에 현재 의존한다.

감정이입적으로 행동하고 반응할 수 있음으로서 AI는 상호작용을 향상시키고 신뢰를 심화시킬 수 있다. 향상된 상호작용을 위해 AI는 초개인화(hyper-personalization)와 실시간 정보의 분류/편집/유통(curation)에 기반하여 고객에게 우월한 경험을 전달할 수 있다. 이를 통해 고객의 전반적 만족 향상 외에도 또한 더 많은 고객 획득과 보유율을 발생시킬 수 있다. 신뢰의 강화를 위해 AI는 비정상을 더욱 효과적으로 예방하고 감지할 수 있다. 그것은 또한 거짓 긍정(false positive)을 상당히 줄이는 능력을 제공한다.

3 서비스 직원의 기술 대체에 초점을 둔 서비스 유형

교환에 참여하는 현장 직원과 고객은 인간 혹은 인간을 대체하는 AI일 수 있기 때문에 고객과 직원의 양자 관계에 기초하여 AI와 인간이라는 두 가지 주체들을 나타내고 그 결합에 의해 <그림 6.6>과 같이 각 사분면을 정의할 수 있다. 이 2(현장직원: 인간 대 AI) × 2(고객: 인간 대 AI) 프레임워크는 네 가지 다른 접점 유형을 만든다.

그림 6.6 양자적 서비스 접점 프레임워크

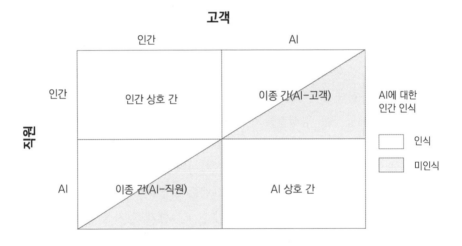

자료원: Robinsona et al.(2020)

3.1. 인간 상호 간(고객 대 현장직원) 서비스 접점

(1) 개념

인간 상호 간(혹은 인간 대 인간) 사분위는 현장직원과 고객이 모두 인간인 서비스 접점을 묘사한다. 많은 서비스 교환이 전통적인 고객-현장직원의 상호작용을 필요로 한다는 점을 고려하면 의심할 여지없이 인간 상호 간 서비스 접점은 계속 중요한 역할을 할 것이다. 그러나, AI 기술이 계속 진화하고 AI가 양자교환에서 현장직원과 고객의 역할을 맡기 때문에 이종간 혹은 AI 상호 간 접점과 인간 상호 간 서비스 접점을 비교하는 많은 질문이 등장할 수 있다.

AI가 많은 서비스 접점에서 중요한 역할을 하기 때문에 고객들이 현장직원의 관심과 보증을 보여주는 언어 및 비언어적 표현에 의존하는 높은 정서, 거래 리스크, 개인화, 장기기간 혹은 친숙한 상호작용으로 특징된 교환은 현장직원 혹은 고객의 역할을 AI로 대체하는 것이 어려울 수 있다. 그 한 예는 전문서비스(예: 의료, 회계, 법률 서비스)와 같이 고객들이 현장직원의 지식과 전문성에 의존하고 확실하게 서비스의 측면을 평가할 수 없는 서비스이다(물론, 전문서비스의 AI화도 상황에 따라 급증 추세로 갈 수 있다).

(2) 특징
① 복잡한 서비스에서 감정이입 강조
고객에게 감정과 돌봄을 전달하는 데 실패하면 고객만족이 줄어드는 서비스에서 AI는 부적절한 현장직원 대체일 수 있다. 게다가, 서비스 실패로 인해 감정이 복받친 서비스 접점 혹은 서비스의 본질에서 감정이 동반될 수밖에 없는 서비스 접점(예: 의료 검사, 장례 서비스, 결혼 계획)이 고객의 감정이입과 이해의 필요를 만족시키기 위해 진정한 긍정적 혹은 부정적 감정을 보이는 인간 현장직원을 필요로 한다. 이 점을 고려하면 인간 현장직원은 불편함과 모욕받거나 공격당한 감정을 느낄 수 있는 고객에게 존경과 감사를 반영할 수 있다. 여기서, 소비자들은 진실이 결여되어 있고 인공적으로 AI에 의해 전달된 무감각을 느낄 수밖에 없어 이 상황에서 AI 주체의 활용은 효율성 이익에도 불구하고 이상적일 수 없다.

② 상호작용이라는 사회적 요소에 대한 관심
어떤 고객들은 서비스 그 자체보다는 서비스 접점의 사회적 요소들에 더욱 관심을 가질 수 있기 때문에 AI가 부적절한 현장직원 혹은 고객의 대체로 간주될 수 있다. 현장직원과 공동의 관계를 기대하고 그것에 동기부여된 고객들은 모호성을 줄이고, 편안함을 느끼고, 신뢰를 구축하고, 관계를 개발하기 위해 감정적 표현을 환영하고 비언어적인 신호를 찾으려고 한다. 비록 AI 기술이 신뢰성과 정확성(예: 업무 관련 측면)에서 인간보다 뛰어난 성과를 보일지라도 그 기술은 풍부한 커뮤니케이션과 감정이 결여될 수 있다. 인간 상호 간 상호작용의 뛰어난 장점의 결여는 서비스 접점 동안 신뢰와 편안한 감정에 대한 고객의 인식에 반대의 결과를 낳을 수 있다.

③ 현장직원과 고객의 유사성 공유

인간 현장직원은 배경, 물리적 외모, 취미 등에서 고객과 많은 유사성을 공유할 수 있다. 다시 말하면 고객은 구매 의사결정에 관여하고, 제품 조언을 추구하고, 브랜드 인식을 형성하고, 상업적 관계를 발전시킬 때 현장직원과 관계할 수 있다. 흥미롭게도, 고객이 제품 혹은 서비스를 사용할 때 어떻게 등장하거나 느끼는 지에 대한 닻(anchor)으로서 서비스 직원에 의존하는 고객의 사례가 존재한다. 가령, 치과의사의 치아의 외관이 그의 전문성과 사회적 스킬에 대한 고객의 인식을 형성하는 데 중요하다. 또한, 럭셔리 점포에서 현장직원과 고객들은 그들의 의상뿐만 아니라 그들의 바디랭귀지(body language), 감정, 말투에서 유사점을 찾는다. 이 결과들은 AI가 현장직원처럼 행동하는 접점과 비교하여 인간 상호 간 접점이 고객이 고객으로서 유사한 서비스를 소비하는 직원과 관련된 서비스에서 더욱 효과적일 것이라고 제안한다.

④ 소비를 통한 정체성과 자아표현

소비는 자아정의적(self-defining)이고 자아표현적(self-expressive) 행동일 수 있다. 사람들은 흔히 자아관련적(self-relevant)인 제품과 브랜드를 선택하고 정체성을 교류한다. 소비는 누군가의 소유를 통해 전달된 이미지와 스타일을 바탕으로 바람직한 자신을 만드는 데 기여한다. 그 이유로 소비자들은 자신을 물리적 대상과 장소와 관련시킴으로서 그들의 정체성을 유형적으로 만들거나 자아제시(self-present)한다. 이렇게 소비자들은 바람직한 자신을 얻기 위한 노력을 통해 자신의 자아정의와 자아표현을 향상시키기 위해 소비 활동에 관여한다.

고객의 정체성과 관련된 중요한 정보는 그들이 탐색행동에 관여(예를 들어 webrooming: 물품을 오프라인에서 구매하기 전에 가격 등을 온라인으로 살펴보는 것)할 때 드러날 수 있다. 이제 AI가 고객의 바람직한 자신을 궁극적으로 규정하기 위해 행동과 패턴을 모니터하도록 프로그램될 수 있다고 믿는 것은 이제 비현실적이 아니다. 하지만, 고객은 그들의 옷장, 구매 이력, 선호 스타일이라는 컨텐츠와 같이 그들에 대한 자세한 정보를 아는 AI 현장직원과 상호작용하기 보다는 인간 현장직원과 거래적 관계를 더욱 선호할 수 있다.

(3) 향후 관심

현장직원이 또한 고객과 상호작용으로부터 편익을 본다는 것은 이미 잘 구축된 명제이다. 현장직원이 오랫동안 감정노동에 참여하는 것은 어려운 문제이고 감정적 소진, 인지 부하, 직무 탈진으로부터 고통받기 때문에 현장직원과 기업에 부정적 결과로 귀결된다. 이와 관련하여 친밀한 고객 대 직원 관계가 서비스 성과의 하락에 더욱 잘 견딘다는 것을 보여주는 주장이 많다. 고객을 AI로 대체하는 것은 서비스 교환에서 현장직원에 대해 해로운 영향을 미칠 수 있다. 게다가, 현장-고객의 관계는 흔히 기업의 매출에 중요하고 고객에게도 중요하다. 그러한 관계에서 공유된 상호작용의 이력으로 인해 어떤 현장직원을 다른 인간 현장직원으로 대체하는 것이 어려울 수 있다. 그 이유로 현장직원을 AI로 대체하는 어떤 시도는 기업에게 부정적으로 영향을 미칠 수 있다.

3.2. 이종 간 서비스 접점: AI-고객

(1) 개념

AI의 다수는 기업 혹은 정부의 소유이기 때문에 현장직원 대 고객의 대체로 나타날 가능성이 높다. 즉, 현재 기술의 발전이 고객이 현장직원과 교환에 관여하기 위해 AI 어시스턴트를 활용하는 수준까지 가고 있기 때문에 고객들 또한 일상적 서비스 접점에서 AI에 의해 대체될 수 있다. 생태학에서 용어를 빌려 인간과 AI와 같은 두 종 사이의 상호작용은 이종 간으로 특징될 수 있다.

오늘날 서비스 접점에서 AI의 존재를 다루는 많은 연구들은 AI 대체 혹은 현장직원의 확장의 영향에 집중된다. 초기에는 스마트 기계들이 업무의 유형에 상관없이 인간 노동을 대체하는 것이 가능할 것이라고 예측하였다. 최근에 AI의 정량적, 계산적, 분석적 역량은 복잡한 업무에서 인간을 압도하고 있다. 현재, AI는 업무 수준에서 자주 현장직원을 대체하고만 있으나 결국 AI 현장직원은 직관적 및 감정적 업무까지 수행하는 것이 가능할 것이다.

그러나, 현장직원이 인간이고 고객이 AI인 상황은 아직 많이 논의되지 않은 흥미로운 주제이다. 예를 들어, 고객 대신에 행동하도록 디자인된 매우 공공적인 AI 어시스턴트(예: Google Duplex)는 육신을 떠난 AI가 놀랍게도 인간과 유사하기 때문에 많은 관심을 받았다. AI 고객과 이종 간 접점은 전통적인 인간 상호 간 접점과 비교하여 현장직원이 인식하고 서비스 역할을 수행하는 방식에 영향을 미칠 수 있으며, 이종 간 접점의 영향이 긍정적이면서도 부정적일 수 있을 것이다.

(2) 특징

① 현장직원 감정노동의 경감

현장직원에 의해 수행된 대부분의 업무는 육체노동이 아니라 오히려 감정노동으로서 정의된다. 감정노동은 누군가의 감정을 규제하는 과정이고 또한 조직 목표를 달성하기 위한 그 감정의 표현이다. 일반적으로 감정노동의 두 가지 인식된 유형이 존재한다.

● 표면행위(surface acting)

표면행위는 경영 지침에 따라 현장직원이 태도 혹은 행복과 같은 감정을 가짜로 만들어야 할 때 발생한다. 흔히 이것은 직원 행동을 브랜드 이미지와 동조시키기 위해 행해지고 기업에게 긍정적 성과로 결과된다. 그러나, 현장직원에게 불리한 측면이 있다. 이전 연구는 표면행위가 직원 관여를 감소시키고 직원 이직을 증가시킨다는 것을 입증하였다.

● 내면행위(deep acting)

반대로 내면행위를 할 때 실제로 고객이 경험하고 있는 감정과 관련시킴으로써 직원은 고객과 감정이입을 하는 시도를 한다. 비록 내면행위가 직원의 부정적 성과와 덜 관련될지라도 그것은 여전히 감정적 자원을 필요로 한다.

그러나, 기계와 상호작용할 때 사회적 규범은 감정노동에 인간의 관여를 규정하지 않는다. 사회적 규범은 인간 간 현장 서비스 접점을 포함하여 인간들 사이의 상호작용을 알려주기 위해 진화하였다. 그 이유로 고객이 비인간일 때 현장직원이 감정노동에 관여해야 하는 의무를 갖지 않아도 되는 것으로 느낄 수 있다. 가령, 미용실 혹은 레스토랑의 예약을 받는 현장직원은 어떤 AI 고객과 약속을 잡을 때 표면 혹은 내면행위에 관여하도록 애쓰지 않을 것으로 보인다. 따라서, 고객 대신에 행동하는 AI 디지털 어시스턴트와 상호작용하는 것은 현장직원에게 감정노동에서 잠깐 벗어나 쉴 수 있는 기회를 제공할 수 있다.

② 인지부조화 감정 유발

반대로, 감정노동에서 잠깐의 휴식은 보이는 것처럼 쉬운 것이 아닐 수 있다. 결국, AI 디지털 어시스턴트는 흔히 인간의 매너리즘(mannerism)을 보여준다. 컴퓨터와 다른 인공적 주체들에 개인이 영혼없이 사회적 규칙을 반복적으로 적용할 가능성이 높아진다. 현장직원이 AI 고객과 접촉할 때 그것을 바꾸는 것이 어렵다는 것을 발견한 현장직원은 그들이 인간과 비슷한 고객과 상호작용한다는 점으로 인해 심리적 불편함을 경험할 수 있다. 이와 관련하여 인간과 비슷한 AI를 인간 이하로서 다루는 것은 불편함 혹은 부조화의 감정을 낳을 수 있다.

③ 현장직원의 거래 통제의 중요성

기업들은 어떻게 그들의 현장직원이 AI 고객과 상호작용하는지에 대한 어떤 통제를 하게 될 것이다. 현재 Google Duplex는 AI 고객으로부터 전화를 수용하거나 거절하는 능력을 기업에게 제공한다. 즉, 기업들은 이 디지털 어시스턴트가 직원과 어떻게 상호작용하는

지를 통제할 수 있는 인터페이스를 갖는다. 이와 관련하여, 어떻게 AI 고객이 그들을 다루는지를 현장직원이 통제하도록 하는 것은 AI 고객이 존재할 때 이종 간 접점에 긍정적으로 영향을 미칠 것이다. 비록 직원들이 전화에 응답할 때 그들의 이름을 제공하지 않을지라도(예: 전화주셔서 감사합니다.) AI는 목소리로 사람을 인식하도록 훈련받을 수 있고 현장직원의 선호에 기초하여 그 목소리, 톤, 대화 패턴을 적응시킬 수 있다. AI 어시스턴트가 물리적 형태를 취하는 초현대적인 시나리오와 관련하여, 이미 얼굴 특징만에 기초하여 1,000개의 다른 사람을 인식할 수 있는 수준의 로봇이 존재한다. 현장직원이 AI 고객들이 어떻게 그들에게 말하는지를 고객화하도록 하는 것과 관련된 긍정적 영향이 존재할 수 있다.

④ 현장직원의 자존감 감소

이종 간 접점은 현장직원에 의해서 직원의 포지션에 대한 비판으로서 해석될 수 있다. 사회적 규범은 동일한 사회적 위치의 사람들과 상호작용하기 위해 어시스턴트를 보내는 것을 금지할 것이다. 그 이유로, 어떤 고객이 현장직원과 관여하기 위해 AI를 고용할 때 그것은 모욕으로서 인식될 수 있다. 그러나, 이 효과는 현장직원이 자신의 AI 디지털 어시스턴트를 사용하는 수준에 의해 조절될 수 있다. 만약 현장직원이 유사한 상호작용에서 AI를 사용한다면 그들은 AI 디지털 어시스턴트의 고객 사용을 부정적으로 덜 해석할 것이다. 그러나, 개인들이 자신의 나쁜 행동을 외부 요인(예: 나는 너무 바빠)으로 돌리고 다른 사람의 나쁜 행동을 내부 요인(예: 그들은 멍청이다)으로 돌리는 근본적인 귀인 실수를 고려해야 한다.

(3) 향후 관심

아마도, 현장직원이 사람들과 일하는 것을 즐기기 때문에 그들은 많은 서비스 산업의 일자리에 관심이 많다. 가령, 그들은 사람들과 어울리기 좋아하는 사람(people person)으로 자신을 규정하거나 다른 사람들과 상호작용함으로써 효용을 창출할 수 있다. 다른 인간들과 연결하는 기회는 또한 서비스 직원들 사이에 직무만족을 이끄는 요인으로서 작동한다. 또한, 본원적으로 이종 간 접점의 결여는 인간 상호 간 접점에서 생기는 사회적 편익이다. 가령, 감사는 현장직원이 특히 가치있는 것으로 발견한 성과이다. 그러나, AI 고객으로부터 '감사합니다' 혹은 '고마움'의 신호는 거의 의미가 없을 것이다. 따라서, 이러한 문제를 해결하는 AI를 프로그램하거 이에 대한 대응방안을 사전에 준비하지 않으면 이 서비스 접점은 조심스럽게 다루어져야 할 것이다.

3.3. 이종 간 서비스 접점: AI − 현장직원

(1) 개념

위에 기술된 AI 고객과 인간 직원의 이종 간 접점이 상대적으로 새로운 현상인 반면에 고객이 인간이고 현장직원이 AI인 이종 간 접점은 현재 여러 산업에서 일상적으로 발생하고 있다. AI 현장직원과 이종 간 접점들은 관련된 기업 수익의 증가를 고려하면 계속 성장할 것 같다. MIT Technology Review는 90%의 기업이 고객경험을 향상시키고 수익을 증가시키기 위해 AI를 사용하고 있고 모든 고객 질문의 충격적인 50%가 자동화된 채널을 통해 해결된다고 보고하였다. 소매업체들에 의해 출시된 주문을 예상할 수 있고 배송상태를 보고하는 가상의 어시스턴트처럼 고객과 자동화된 챗봇은 AI 현장직원과 이종 간 접점의 한 예이다. 환대산업 또한 AI 현장직원을 활용하는 중이다. 가령, 하나의 대중적인 가상의 콘시어지(virtual concierge)가 그들의 모바일 장치(예: 체크인과 숙박일에 대한 문자)를 통해 호텔 손님에 관여하고 있고 향상된 고객 만족점수와 호텔 프론트 데스크에 더 낮은 서비스 콜로 이어질 수 있다.

(2) 특징

① 고객의 부정적 커뮤니케이션 확대

음성, 챗, 문자를 통한 AI 현장직원과 상호작용하는 고객은 그에 따라 자신의 행동을 적용하는 것으로 알려진다. 예를 들어, 사람들이 인간 대신에 AI 현장직원과 말하는 것을 인식했을 때 그들의 커뮤니케이션 스타일을 변화시킨다는 것이다. 더욱 구체적으로, AI 현장직원과 상호작용하는 사람들은 인간 현장직원과 상호작용하는 사람들에 비해 제한된 단어를 사용해 더 많은 문장으로 표현하고 더 짧은 문장을 사용한다. 또한, 고객들은 AI 현장직원과 예의없이 상호작용하고 그들과 불경스러운 말을 사용할 수 있다고 지적한다. 이것은 AI 현장직원 교환 파트너와 이종 간 접점 중과 후에 고객들이 부정적 정서(예: 죄, 창피, 불편)를 느낄 수 있는지에 관한 질문을 제기한다.

② 고객의 불편한 감정 증가

일반적으로, AI와 상호작용하는 것은 불편함 감정을 초래할 수 있다고 제안한다. 구체적으로 인간용어로 대화할 수 있는 지능적 에이전트와 상호작용하는 고객은 AI의 초기에 기대된 인간 행동과 보여진 실제의 불완전한 행동 사이의 불일치(언캐니밸리 효과로서 인간과 비슷해 보이는 로봇을 보면 생기는 불안감, 혐오감, 및 두려움)를 인식할 수 있다.

(3) 향후 관심

기술에 대한 고객 태도와 AI를 인류에 대한 위협으로서 인식하는 그들의 수준이 AI 현장직원과 상호작용할 때 불편함의 수준에 중요한 영향을 미칠 수 있다. 사람이 현실적(예: 인간 안정, 복지, 자원에 대한 위협으로서 로봇)이고 정체성(예: 인간의 독특성과 차별성을 해치는 로봇) 모두를 경험하는 만큼 자율로봇이 강한 부정적 감정을 초래할 수 있다. 그러한 감정은 내집단(in-group) 대 외집단(ouot-group) 차이에서 기원하는 것으로 이론화되고 있고 AI는 인간의 내집단을 위협하는 외집단의 일부분으로서 고려된다.

3.4. 모조 서비스 접점

모조는 원래의 것을 복사하고 구분할 수 없는 특징을 갖는 것으로서 설명되고 허구의, 모방, 진실되지 못한의 의미를 갖는다. 그 이유로 모조는 흔히 사기의 영향에 초점을 둔다. 육체에서 분리된 AI 소리를 잘 들리는 음성 특징(예: 음~)을 통해서 인간의 소리로 만들거나 '완전하게 불완전한' 문자를 쓰기 위해 AI를 프로그램하려는 시도가 있다. 이것을 고려하면, AI 주체(예: 고객 혹은 현장직원)가 인간과 너무 닮아 인간과 구분할 수 없고 서비스 교환의 상대방이 인간이 아니라 AI라는 것을 깨닫지 못하는 이종 간 접점은 기만적이고 모조된 서비스 접점이다.

기술이 발전함에 따라 점차 AI 어시스턴트는 인간과 구분할 수 없게 되고 서비스 접점 교환 파트너에게 비인간으로서 공개되지 않는다. 이 사기 요소와 인간 교환 파트너에 의한 인식의 결여는 AI 주체가 비인간으로서 공개되지 않으며 인간과 구분할 수 없는 이종 간 접점의 영향(주로, 불신)에 대한 관심을 제기한다. AI에 의해 만들어진 인간 음성 혹은 형태를 감지할 수 없다는 것은 기만의 리스크를 증가시켜 해로운 효과를 창출할 것이다.

3.5. AI 상호간 서비스 접점

(1) 개념

일반 고객은 매년 서비스 직원과 평균 65번 대화한다고 한다. 그것은 연간 2천700억 이상의 서비스 용 전화를 추가하고 기업에게 평균 전화 당 $1의 비용을 초래한다. 고객 경험을 향상시키려 고객 서비스 전화를 다루는 것과 관련된 이 큰 비용은 기업들이 접촉센터를 AI가 가능케 하는 에이전트와 통합하도록 유도한다. AI는 고객 케어센터의 미래로서 기대되며, 이 동일한 AI 에이전트들이 또한 고객을 위한 개인적 어이스턴트로서 서비스하도록 설계되고 있다는 점을 고려하면 이것은 흥미로운 잠재적 접점 시나리오로 이어진다.

AI 대 AI 접점 사분면 내에 해당하는 현재의 서비스 접점은 고객과 기업 사이의 관계에 강한 영향을 미칠 것이다. 'AI 상호 간'으로서 이름 붙여진 이 접점은 AI 에이전트들이 기업과 고객 대신에 서로와 소통하는 교차점으로서 정의된다.

(2) 특징
① 기계 상호간의 원격 소통으로 인간역할 대체

AI 상호 간 접점에서 기계는 다른 기계들과 원격으로 소통한다. 이 소통은 인간에게는 대부분 접근이 불가능하다. 가령, 이 유형의 기계 대 기계 소통은 모바일폰이 컴퓨터와 동기화하는 모든 순간에 발생한다. 따라서, AI 고객이 AI 현장직원과 소통하는 것을 상상하는 것은 비현실적 시나리오가 아니다. 실제로, 기계 대 기계 커뮤니케이션은 자율감지와 자율진단 기능을 할 수 있는 시스템들로서 정의된 스마트 서비스 시스템에서 발생하고 웨어러블 모니터링 장치의 형태로 나타나는 의료서비스 교환에서 환자와 의사를 대체한다.

② 인적관여의 소멸

스마트 서비스는 실시간 데이터를 수집하고 분석하고 구매 혹은 다른 거래를 시작하기 위해 AI를 활용한다. 가령, 센서, 통제 장치, 연결성을 도입한 소비자 가전(예: 냉장고)은 고객 니즈를 기대할 수 있고 제품 만기일을 통제할 수 있으며, 소매업체의 AI로 주문할 수 있다. 유사하게, 센서가 있는 가정은 전기회사에 데이터를 수집하고 보고할 수 있다. 그 기업의 AI는 다시 전기비용을 줄이기 위한 제안을 할 수 있고 AI 고객에게 정보를 제공할 수 있다. 의료 상황 내서 서비스 교환은 또한 환자 데이터를 수집하고 분석하는 의사의 AI에게 웨어러블(예: 몸에 부착하는 당뇨진단 패치)을 통해 환자에 대한 의료 정보를 보고하는 AI에 의해 변환되어 왔다. 요약하면, 스마트 장치와 웨어러블 기술은 고객과 기업이 인적관여 없이 소통하는 AI 상호 간 접점의 예이다.

(3) 향후 관심

AI는 구매 이전과 구매 후 단계 중에 고객 대체로서 적용할 수 있다. AI 고객은 고객 니즈를 기대할 수 있고 최선의 대안을 찾는 것에 관여하며, 고객 의사결정 기준을 개발할 수 있다. 또한, AI 접점은 서비스 실패와 오해에 대해 어떻게 고객이 반응하는지에 대한 관심을 불러 일으킨다. 서비스 실패가 발생할 때 고객은 즉각 원인을 찾는 경향이 있다. AI 상호 간 서비스 접점에서 이 탐색은 불가능하거나 지극히 어려울 수 있어 부정적인 감정 반응과 상당한 고객 불만으로 결과된다. 비록 AI 솔루션이 큰 가치를 창출할지라도 기업이 충성과 브랜드 경험에 관한 어려움에 직면할 수 있음을 이해하는 것도 중요하다.

4 기술기반 서비스 접점의 공공보건 사례

4.1. 공공보건에서 기술기반 서비스 접점

AI 기술기반 서비스 접점은 긴급 공공보건 시에 하나의 선택이 될 수 있다. 고객들은 감염병 위기에서 위협 및 대응평가(threat and coping appraisal)를 수행한다. AI 기술기반 서비스 접점은 회피와 대응이라는 두 방식으로 보건 문제를 해결한다. 첫째, 기술 장애물로서 AI는 신체적 및 심리적 거리를 증가시킬 수 있고 스트레스와 두려움을 초래하는 관심을 돌릴 수 있다. 또한, 혁신적 기술로서 AI는 개인적 통제감과 기대된 유효성을 통해 고객의 대응 평가를 향상시킬 수 있다. 서비스 접촉의 관점에서 AI의 개체와 매개 역할은 직접적인 인간 접촉을 피하고 COVID-19의 확산을 막아 고객의 위협 평가를 감소시킨다. 직원이 포함될 때 AI에 의한 촉진과 확장은 불필요한 접촉의 기간을 줄이고 안정을 위한 대응방안을 제공하며, 대면 접촉을 더욱 안전하게 만든다. 또한, AI의 원격 기능은 위로, 방역, 체온 모니터링과 같은 업무를 수행함으로써 서비스 접점 후에 리스크를 줄일 수 있다. 이러한 논의들은 <표 6.3>과 같이 요약된다.

표 6.3 COVID-19에 대한 대응으로서 기술기반 서비스 접점

COVID-19 팬데믹이 초래하는 위협	AI 기술기반 서비스 접점	결과
높은 확산율, 고령이고 면역력이 낮은 사람들이 더욱 취약, 차별적 회복율, 사회적 고립, 경제적 손실	의료 돌봄, 물류, 업무 지속성과 사회경제적 기능의 유지	질병 예방, 위험 감소, 비용 효과성, 신속하고 향상된 서비스, 지속된 사회적 상호작용
물리적/정신적/사회적/음식의 안전	데이터 분석, 텍스트마이닝, 머신러닝, 자연어처리, 사물인터넷을 활용한 건강진단, 지능적 모니터링, 지능적 예측	관리비용 절감, 낮아진 치명율, 감염병 확산의 예방
외로움/분노/두려움/스트레스 등의 정신 건강 문제, 직관적 의사결정, 심리적 스트레스, 분노 소비	안전감, 경제적 편익, 가상적 상호작용, 정보적, 통찰적 제품 정보의 촉진	심리적 불만의 억제, 신뢰, 지속가능한 소비
인식된 리스크	긍정성	행복, 미래 의도, 감정적 복지

COVID-19 팬데믹이 초래하는 위협	AI 기술기반 서비스 접점	결과
개인의 인식과 감정	통제감정	감정적 복지
자기방어 행동, 안전하고 건강한 소비	인식된 업무-기술 적합성, 성과 기대, 사회적 영향과 확신; 성과와 노력, 기대	신뢰, 재구매 의도, 만족
안전제일, 여행제한, 경제침체	사회적 거리두기, 감염병의 예측과 경보시스템, 개인화된 고객 서비스, 복잡해지는 서비스 상호작용, 개인화된 추천 시스템, 디지털 지능과 비대면 서비스	서비스 품질, 만족, 효율적 운영, 비용절감, 외로움, 디지털 격차, 디지털 불평등, 여행비의 증가 등

서비스 품질은 또 다른 관심사안이다. 인간 직원과 비교하여 AI는 인간성의 결여, 비사교성, 심리적 손실로 결과될 수 있는 반면에 그들은 일상의 효율성을 향상시키고 경험에 새로움을 추가할 수 있다. 따라서, 고객과 접촉이 없거나 고객이 낮은 접촉을 수용할 때 AI 기술의 신뢰성과 그들의 특징에 따라 다양한 기술의 사용은 고객화된 서비스에 중요하고 고객에게 심리적 거리를 단축시킨다. COVID-19 이후에 고객의 위협 평가는 자연스럽게 감소할 것이다. 그러나, 오래 지속되는 심리적 영향 때문에 낮은 접촉을 유지하고 AI의 조장과 확장을 통해 고객의 대응 능력을 향상시키는 것이 여전히 가치를 갖는다.

4.2. AI 기술기반 서비스 접점의 선행요인과 성과

AI 기술기반 서비스 접점의 선행요인과 결과는 다음과 같이 정리될 수 있다. 여기서, 팬데믹 위기의 선행요인은 기술기반 서비스 접점에 영향을 미치고 이 서비스 접점은 다시 일차와 이차수준 성과에 영향을 미친다. 마지막으로, 기술기반 서비스 접점과 성과 사이의 관계는 COVID-19 관련 요인에 의해 그 관계가 강화되거나 약화될 수 있다.

(1) 팬데믹 위기의 선행요인
① 고객기반 요인
- 동기부여
- 개성
- 기술적 준비
- 리스크 인식

② 기업기반 요인
- 서비스스케이프(servicescape)[1]
- 심리적 분위기
- 혁신전략
- 사회적 명성

③ 상황기반 요인
- 경쟁압력
- 기술적 인프라
- 정치적 이데올로기
- 사회적 규범

(2) AI 기술기반 서비스 접점
- 환경에 대한 노출
- 제품과 서비스 특징
- 서비스 형태/수준
- 노출
- 주관적 규범

(3) COVID 관련 요인
- 혼잡
- 차별
- 리스크 수준
- 건강서비스 이용가능성

(4) 일차수준 성과(고객 경험 가치)
① 기능적 가치
- 편리함, 접근성, 표준화, 정확성, 적시성

---

1 서비스(service)와 스케이프(scape)가 결합된 용어로서 서비스 기업의 인위적인 물리적 환경을 의미한다.

② 인지적 가치

 - 예측가능성, 안전, 혁신, 존재, 관심, 신뢰성

③ 감정적 가치

 - 편안함, 휴식, 즐거움, 새로움

④ 사회적 가치

 - 존경, 개인간 관계

(5) 이차수준 성과(고객 의도)

 - 신뢰, 적응성, 만족, 재구매 의도, 추천

긴급 공공보건에 대해 위에 정리한 특징들은 팬데믹 요인을 고려한 후에 AI 기술기반 서비스 접점의 공통 특징을 보여주고 있다. 이것은 고객, 직원, AI의 특징 혹은 요소들을 포함하고 환경에 대한 노출, 제품과 서비스 특징, 서비스 기술의 형태/수준, 주관적 규범, 인식적 및 행동적 통제로 반영된다.

이 요소들은 보건 응급 상황에서 고객기반, 기업기반, 상황기반 요인들에 의해 영향받을 수 있다. 서비스 접점에 대한 긴급 공공보건의 영향은 고객 인지적 평가와 행동에 따라 다양하게 나타난다. 팬데믹으로 인해 고객들이 건강을 강조하지만 쾌락적으로 동기부여는 덜 이루어진다. 또한, 그들은 걱정과 외로움에 관련된 커뮤니케이션에는 열성적인 반면에 감염 리스크를 줄이기 위해 밀접한 접촉을 피한다. 긴급 공공보건 상황 시 서비스 제공자와 상호작용하는 고객들은 동반하는 리스크를 평가하고 기술 준비성이 AI 기술의 적용에 영향을 미친다. 또한 서비스 접점에서 AI의 적용은 서비스 기업의 혁신 전략에 의존한다. 기업에 의해 창출된 물리적 서비스스케이프, 심리적 분위기, 사회적 명성은 또한 세 당사자의 역할과 행동에 영향을 미친다. 경쟁압력은 AI와 서비스 상호작용을 추진하는 다른 요인이다. 가령, 환대 기업과 다른 플랫폼들(예: 의료보호와 e-commerce)은 공동으로 어려움을 극복하고 고객에게 더 종합적인 서비스를 제공하기 위해 시작하였고 이것은 AI 접촉 시스템을 필요로 한다. 더 폭넓은 수준에서 기술적 인프라(예: 빅데이터), 정치적 이데올로기, 사회적 규범(예: 모니터링에 대한 태도)는 AI 기술기반 서비스 접점의 형태를 형성하는 핵심 요인이다. 이 요인들은 효과를 만들기 위해 서로와 상호작용한다. 예를 들어, 기업과 관련된 요인들은 고객 요인들을 규제할 수 있고 서비스 접점에 대한 영향을 조정할 수 있는 반면에 고객 가치, 리스크 선호, 사회적 명성은 상호작용의 결과에 전체적으로 영향을 미친다.

AI와 서비스 접점의 성과는 두 수준으로 항목화된다. AI 기술기반 서비스 접점의 특징은 혼잡, 차별, 리스크 수준, 건강 서비스의 이용가능성과 같은 팬데믹의 요인들과 상호작용할 수 있고 기능적, 인지적, 감정적, 사회적 가치를 포함하여 고객 경험 가치와 같은 첫 번째 수준의 성과에 영향을 미친다. 나아가 가치 인식은 신뢰, 적응성, 만족, 재구매, 추천과 같이 기업에게 가치를 제공하는 두 번째 수준의 성과로 이어진다.

참고문헌

Larivière, B., Bowen, D., Andreassen, T.W., Kunz, W., Sirianni, N.J., Voss, C., Wünderlich, N.V. & De Keyser, A. (2017), ""Service Encounter 2.0": An inves─tigation into the roles of technology, employees and customers", Journal of Business Research, 79, 238─246.

Lichtenthaler, U. (2018), "Substitute or synthesis: The interplay between human and artificial Intelligence", Research Technology Management, 61(5), 12─14.

Parasuraman, A. (2000), "Technology readiness index (Tri): A multiple─item scale to measure readiness to embrace new technologies", Journal of Service Research, 2(4), 307-320.

Zhang, P. & Li, N. (2004), "An assessment of human-computer interaction research in management information systems: Topics and methods", Computers in Human Behavior, 20(2), 125─147.

현장서비스에서
AI 유형

7장

현장서비스에서 AI 유형

1 현장 서비스에서 기술 침투

1.1. 기존의 현장서비스 기술 투입 유형

기존 연구는 다양한 현장서비스 기술 투입의 구성을 분류하는 것을 추구하였다.

(1) Dabholkar(1994)

초기 분류로서 그녀의 분류는 서비스가 전달되는 세 가지 방식을 사용하여 기술기반 서비스(technology-based service)를 항목화하였다.

- 누가

  예: 기술을 사용하는 현장직원 혹은 기술 그 자체
- 어디서

  예: 서비스 사이트 혹은 고객의 가정/직장에서
- 어떻게

  예: 서비스 제공자와 고객 사이의 물리적 인접 혹은 거리

(2) Meuter et al.(2000)

이들은 셀프 서비스 기술을 확대하였고 그 목적(예: 고객 서비스, 거래, 셀프 헬프)과 기술적 인터페이스(예: 인터랙티브 전화, 인터넷, 키오스크, 비디오/CD)에 기초하여 여러 SST 유형을 구분하였다.

(3) Cunningham et al.(2008)

그들은 SST와 유사하게 제한하여 분류하였고 다음의 수준에 따라 다양한 SST 옵션을 항목화하였다.

- 분리가능성
  예: 고객이 SST와 그 성과 사이의 구분을 할 수 있는 수준
- 고객화
  예: SST가 개별 고객에게 적응될 수 있는 수준

(4) Froehle & Roth(2004)

현재까지 가장 폭넓은 분류를 제공하였고 얼마나 기술이 대면(face-to-face)과 대화면(face-to-screen) 접점 모두에게 중요한지를 고려하였다. 구체적으로 그들은 다섯 개의 개념적 서비스 접점 유형을 도입하였다.

- 기술이 없는 고객 접촉
- 기술이 지원하는 고객 접촉
  예: 현장서비스 직원의 지원을 위한 기술
- 기술이 촉진하는 고객 접촉
  예: 현장서비스 직원과 고객의 지원을 위한 기술
- 기술이 중개하는 고객 접촉
  예: 현장서비스 직원과 고객을 연결하는 기술
- 기술이 발생시키는 고객 접촉
  예: 셀프서비스 기술

(5) Bolton & Saxena-Iyer(2009)

이들은 다음의 두 가지 수준에 기초하여 서비스 접점을 분류하였다.

- 고객 참여의 수준
  예: 높음 대 낮음
- 서비스가 기술이 가능케 하는 수준
  예: 높음 대 낮음

(6) Schumann et al.(2012)

그들은 기술이 접근가능한 위치에 따라 제공자 혹은 고객이 될 수 있는 SST, 원격 서비스, 인터랙티브 서비스를 구분하면서 기술 매개 서비스(technology-mediated service)의 유형을 개발하였다.

이 각 분류가 나름대로 유용한 정보를 제공하지만 그들은 최근의 기술적 발전을 크게 간과하였고 결과적으로 현장서비스 기술 침투의 새로운 방식을 고려하지 못하였다. 게다가, 이전의 많은 분류는 SST가 주도하는 접점(SST-driven encounter)에 지나친 강조를 두면서 한 특정 유형의 현장서비스 기술의 침투에만 초점을 두었다.

1.2. AI기반 서비스

서비스 접점이라는 용어는 기업과 고객 사이의 교환을 설명하나 아직 이 개념화는 교환에 참여하는 주체들(예: 인간 혹은 AI)의 진화하는 기술적 본질에 대한 충분한 통찰을 현재 제공하지 않는다. 서비스 접점은 사회적 접점(social encounter)으로 불려져 왔고 인적 상호작용(human interaction) 혹은 인간 고객과 인간 직원 사이의 양자적 교환으로 정의되었다. 접점이 AI 주체들을 포함하도록 진화함에 따라, 연구들은 전통적인 인간 대 인간 서비스 접점을 평가하는 것을 넘어 AI 대 인간과 AI 대 AI의 교환을 포함하는 것으로 확장하고 현장직원과 고객 사이의 접점 유형을 정의하는 진화된 프레임워크가 요구된다.

(1) 공동 가치창출을 위한 AI기반 서비스

서비스 접점은 전통적으로 서비스 거래자들 사이에 사람 대 사람 상호작용을 설명한 사회적 교환의 형태이다. 이 양면의 서비스 접점 관점은 고객과 직원의 역할을 강조하였으나 서비스 시설, 분위기, 환경과 같은 서비스 상호작용을 형성하는 비인간적 요인들을 무시하였다. 후에, 서비스 조직을 포함하는 더욱 종합적인 삼면의 서비스 접점이 폭넓게 수용되었다. 서비스 접점에서 기술의 역할은 서비스 제공자와 같은 조직에 의해 간접적으로 반영되었다. AI 기술은 그들이 자동화된 사회적 실재로서 간주될 수 있는 정도로 의인화와 지능의 관점에서 다른 비인간적 요인들과는 다르다. 따라서, AI와 고객 혹은 직원들 사이의 상호작용이 존재한다. 이 상호작용의 특징은 조사될 가치가 있다.

서비스 접점들은 AI의 적용과 함께 변한다. 빅데이터의 시대에 AI는 서비스 기업들이 경쟁적으로 남기 위해 노력할 때 서비스 프로세스에 재빨리 침투하였다. 결과적으로, 증가하는 양의 업무가 자동화되고 지능화되었다. 또한, 고객들은 AI로 인해 서비스에서 증가하는 역할을 하고 서비스 가치 공동창출에 관여한다. 서비스 지배 로직에 따르면, 교환의 필수적 기반으로서 서비스는 편익을 위한 전문적 지식과 스킬의 응용이다. AI는 필요한 정보와 지식을 제공하고 지식 응용을 사용자 우호적으로 만들면서 서비스 교환을 촉진한다. 또한, 서비스 기업들이 가치를 전달할 수 없으나 단지 가치를 창출하기 위해 고객들과 일치되어야 하는 역량의 응용을 위한 자원을 제공하기 때문에 고객과 즉시 연결하는 장점을 갖는 AI 응용은 가치 창출을 위한 효과적 자원이다. 게다가, AI 기술은 단지 서비스 가치 창출을 위한 자원이 아니고 그들은 주체로서 서비스 접점을 재형성한다. 서비스지배논리(SDL: service-dominant logic)[2]는 주체들을 이중(제조업체 혹은 소비자)로서 간주하지 않으나 자원 통합과 상호작용으로 가치를 창출하는 네트워크 시스템으로 이루어진 폭넓은 참가자들로서 간주한다. 따라서, AI 기술 기반 서비스 접점은 SDL과 서비스 가치 공동창출에 적응가능한 추세이다.

AI 침투된 서비스 접점의 성공적 관리는 서비스 프로세스에서 참가자들의 역할을 명확하게 정의하고 다양한 상호작용의 특성을 이해하는데 의존한다. 전통적으로, 서비스에서 기술의 다른 수준 혹은 역할은 기술이 지원한(technology-assisted), 기술이 촉진한(technology-facilitated), 기술이 매개한(technology-mediated), 기술이 생성한(technology-generated) 서비스 접점을 포함하여 다른 서비스 접점 유형으로 이어진다(Froehle & Roth, 2004). 반대로, AI는 전통적 기술보다 더욱 복잡하고 상호작용적이고 따라서 구체적 조사가 요구된다. 인간과 AI 사이의 상호작용은 서비스 접점으로 통합되어 왔고 그것의 품질은 고객, 직원, 지능적 기술에 의존한다. AI는 인간-로봇 상호작용에서 안내(guide), 촉진(facilitator), 대체(substitute), 향상(enhancer)의 역할을 할 수 있다(Larivi`ere et al., 2017). 다양한 고객의 역할 규정과 함께, 직원과 AI, AI 기술기반의 서비스 접점은 항목화될 수 있고 고객 경험과 행동에 대한 그들의 영향은 구체적으로 탐구될 수 있다.

(2) 팬데믹에 대응하는 비즈니스 솔루션 발굴을 위한 AI 기반 서비스

AI를 갖는 서비스 접점들은 팬데믹 동안 더 많은 대중성을 얻었다. COVID-19와 싸우기 위해, 이 기술들이 새로운 비즈니스 환경에 장점을 갖기 때문에 서비스 관리자들은 AI를 실행하였다. 첫째, 기술 캐리어가 바이러스의 호스트가 아니고 반복적으로 감염되지 않을 수 있기 때문에 기계적 기능을 갖는 AI는 바이러스 확산을 피하기 위해 인간들 사이에 대면 상호작용을 줄이기 위해 대상을 이전하고 자재를 처리하는 데 사용되었다. 가령, 서

---

2 모든 거래는 서비스를 근간으로 이루어지고 제품은 서비스의 일부를 구성하는 매개체이기 때문에 제품 및 서비스 제공자가 무형자원을 활용하여 고객과 가치를 공동창출하게 된다는 관점에 기초한다.

비스 로봇은 호텔과 레스토랑에서 음식, 음료, 기타 품목을 전달하고 여행 서비스의 손님을 가이드하기 위해 적용되었다. 또한, 쓸기, 청소하기, 소독하기, 음식 준비와 같은 어떤 업무는 공공분야의 노출을 줄이기 위해 로봇에 할당되었다. 둘째, AI 기술은 다른 서비스 접촉의 방식인 데이터와 정보를 다루는 데 적용되었다. 다양한 로봇들이 상담 서비스를 제공하고 바이러스와 싸움에 기여하고 서비스 품질을 향상시키는 저장된 고객 정보를 제공하였다. 셋째, 지능형 기술은 COVID-19으로 인한 심리적 증후군을 경감시키는 데 사용되었다. 시작인데도 불구하고, 라운지, 게스트룸, 검역소에 있는 서비스 로봇, 챗봇, 가상 어시스턴트들은 글로벌 위기 동안 고객의 정신 건강을 부분적으로 지원하였다.

(3) AI 기술기반 서비스의 유형

접점과 AI의 역할에 기초하여 AI-supplemented, AI-generated, AI-mediated, and AI-facilitated service encounters라는 기술기반 서비스의 네 가지 유형이 규정된다.

그림 7.1 AI 기술기반 서비스의 네 가지 유형

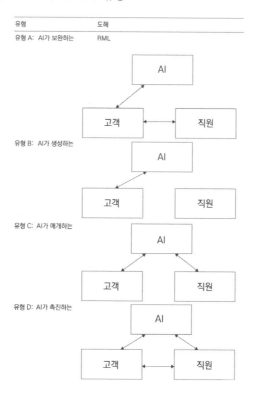

자료원: Froehle & Roth(2004)

① AI가 보완하는 서비스(유형 A)

이 유형의 서비스 접점은 일반적으로 서비스 거래의 초기 단계에서 발생한다. 이 유형에서, 고객들은 AI와 직원에 의해 분리되어, 직접적으로, 독립적으로 서비스되고 AI의 역할은 가이드와 네트워크 촉진을 제공하는 것이다. 가령, 호텔 손님은 직원들이 테이블에서 서비스 하는 동안에 음식을 주문하기 위해 AI가 통합한 호텔 휴대폰 앱을 사용한다. AI와 통합된 커뮤니케이션 기술을 통해, 더 작은 인적 접촉으로 정보 탐색, 상담, 교환 프로세스가 더 짧게 이루어지고 고객들은 서비스와 일치하는 더 정확하고 개인화된 요구를 형성한다. 빅데이터와 머신러닝 기술로서 스마트폰과 웨어러블 장치는 서비스 제공자들과 접촉하는데 고객에게 유연성(적시와 적절한 공간)을 허용하고 고객의 탐색, 브라우징, 구매 이력으로부터 나온 데이터에 기초하여 지능적인 추천을 제공한다. 강한 시각화를 갖는 어떤 기술들은 또한 고객의 몰입할 수 있는 참여와 학습을 촉진할 수 있다. 이 유형은 고객의 대기시간을 줄이고 또한 사회적 접촉을 줄일 수 있다. 가령, 어떤 호텔은 그들의 고객이 스스로를 재산의 환경과 시설에 시각적으로 친숙할 수 잇는 VR을 제공한다. 그리고 나서 고객은 그들의 방을 선택하고 재빨리 체크인할 수 있고 현장직원과 논의와 사회적 노출 리스크를 줄일 수 있다.

소셜 미디어 스마트 추천은 유형 A에서 AI의 응용 중 하나이다. AI를 사용하는 소셜 미디어 플랫폼에서 서비스 접점은 여행자 경험 공유와 추천을 통해 발생한다. 지능형 추천은 다양한 개체들을 연결하고 고객의 정보에 따라 자동적으로 고객의 니즈를 서비스와 일치시키는 통합된 AI에 의존한다. 이 관점에서, AI와 함께 하는 소셜 미디어는 고객들에게 많은 외부 정보를 제공하고 그들의 가치 공동창출을 지원하며, 이것은 결과적으로 직원과의 접점에 의해 확인된다. 즉, 지능형 추천과 직원은 여행객들에게 건설적이고 실제적인 형태로 완벽한 서비스를 제공함으로써 서로를 보완한다. 여기서, 지능형 추천은 여행객들이 서비스에 더 친숙하도록 만들고 밀접한 개인적 접촉을 위한 시간을 줄이도록 만들고 이것은 전 세계적인 건강 재난 동안에 중요하다. AI 보완 매개를 갖는 서비스 상호작용은 유용한 정보를 제공하고, 고객의 감정을 자극하고(예: 진기함, 이타주의), 고객의 인식론적인 가치에 대한 인식을 향상시키고, 고객만족, 충성, 추천으로 이어진다.

VR은 직원에 의한 보완적 서비스 접점에 사용된 중요한 다른 AI 응용이다. VR은 그들이 몰두할 수 있는 모방된 세계를 창출함으로써 여행객들의 서비스 경험을 대단히 향상시킨다. 인지적합이론(cognitive fit theory)에 따르면, 만약 서비스가 그들의 지적 상상과 일치한다면 여행객들은 서비스에 높은 평판을 제공할 것이다. 지능형 VR을 갖는 서비스 접점은 고객의 서비스 기대와 서비스 성과 사이의 갭을 줄일 수 있고, 여행 서비스 접근성을 증가시키고, 여행객들에게 진기한 경험을 추구할 수 있다. 게다가, 이 몰입된 서비스 접점은 여행객들의 감정을 쉽게 자극할 수 있고 이것은 AI－고객－직원 상호작용과 고객의 인식과 행동을 연결시킨다.

② AI가 생성하는 서비스(유형 B)

유형 B는 AI 기술이 너무 강력해서 직원들이 결여된 동안에 그들이 서비스 설비에서 고객을 독립적으로 서비스할 때 발생한다. 이 유형에서, AI는 인간 노동과 의사결정을 대체하고 빠르고 개인화된 방식으로 직접 고객과 상호작용한다. 한편, AI 기술은 고객 업무에 반응적이고 일상적 사안을 재빨리 다룬다. 따라서, 그들은 더욱 편리하고 사용자 친화적이다. 유형 B의 이 기술들은 환대와 여행서비스에서 주로 셀프 서비스 장치, 스마트 홈 시스템, 챗봇을 포함한다. 이것은 지능의 세 가지 유형인 기계적, 분석적, 직관적 지능으로 항목화될 수 있다.

첫째, 셀프 체크인과 지능적 고객 서비스와 같은 셀프 서비스 기술은 상대적으로 단순하고 표준적인 업무를 완료하기 위해 적용된다. AI와 결합되어, 셀프 서비스는 불필요한 접촉을 줄이고 시간을 절약한다. 자율주행차에 의해 고객들은 호텔에 편리하게 접근하고 떠날 수 있다. 프론트 데스크에서, 고객들은 인식 시스템으로 재빨리 셀프 체크인(self－check－in)을 수행할 수 있다. 지능형 고객 서비스는 고객이 필요할 때마다 고객에게 도움을 제공한다. 이 서비스 접점들에서 AI 기술은 상호작용의 매개체로서 즉각적인 서비스 환경을 창출한다. 동시에, 고객들은 고객의 상호작용에 대한 인식을 반영하면서 탐색자(seekers), 판단자(judges), 동기부여된 노동자(motivated workers), 의무 노동자(obligatory workers), 지원 제공자(assistance providers)로서 행동한다. 그들이 고객 경험과 만족에 영향을 미치기 때문에 기술의 신뢰성이 보장되어야 한다.

둘째, 스마트 홈과 지능형 모니터링 시스템은 고객에게 머신러닝에 기반한 세심하고 안전한 서비스를 제공한다. 빅데이터에 의존하는 사물인터넷은 손님방(예: 온도와 밝기)과 레스토랑(예: 좌석과 환경)에 대한 고객의 습관과 선호를 저장할 수 있고 그 결과 고객이 호텔에 도착할 때 AI는 고객의 선호와 맞는 최고의 서비스 유형을 자동으로 결정할 수 있다. AI로 인한 증가된 유연성과 고객화는 서비스 품질을 향상시킬 수 있고 고객만족과 충성에 긍정적으로 영향을 미친다. 또한, AI를 갖는 센서는 노인과 아픈 고객들의 신체적 건강 상태를 모니터할 수 있고 이것은 문제 진단과 빠르고, 정확한 대응의 관점에서 고객 요구를 충족시키고 COVID－19 위기에서 안전감을 향상시킨다.

셋째, 기본적인 의사소통 역량과 개인화된 적응성을 갖는 AR과 챗봇과 같은 AI 기반의 기술은 고객들과 상호작용할 수 있다. 이 기술은 보통 음성, 얼굴, 움직임 인식 시스템을 포함한다. 모바일과 웨어러블 장치를 갖는 AR은 고객의 실제 세계와 디지털 정보를 끊임없이 연결하고, 긍정적인 서비스 경험으로 이어지면서 고객 참여와 서비스 환경과 그들의 관계를 향상시킨다. 그 혁신성과 사용자 친숙성에도 불구하고 AR은 데이터 과부하를 초래할 수 있고 부정적인 고객 경험으로 결과된다. 음성인식을 갖는 챗봇은 고객의 질문에 답하는데 초점을 둔다. 서비스 접점에서 챗봇의 적용은 고객 경험에 진기함을 가져다 줄 뿐만 아니라 재빨리 그들이 필요로 하는 서비스를 목표로 할 수 있다. 또한, 챗봇에 의해 제공된 유연하고 지능적인 서비스 분위기는 현장 서비스 관리를 향상시킬 수 있다.

요약하면 AI 창출 서비스 접점은 고객에게 효율적이고 편리한 서비스를 제공하고, 줄서는 것과 같은 불필요한 인간 상호작용을 줄이고, 진기한 경험을 창출하고, 더 높은 유연성과 고객 만족을 초래한다. 그러나, 직원과 비교하여 AI 창출 서비스 접점은 인간 접촉이 결여될 수 있다.

③ AI가 매개하는 서비스(유형 C)

유형 C는 기술에 의해 매개된 원격 서비스 접점을 설명한다. 이 유형에서, AI는 서비스 접점에서 중개자 역할을 하고 직원의 능력을 확장한다. 그것은 서비스의 시간과 공간 장애물을 뛰어넘고 고객과 서비스 제공자의 비용을 줄인다. 가령, 고객들은 소셜미디어 온라인 서비스를 통해 호텔에 예약할 수 있다. 전통적인 대면 유형과 비교하여, 매개로서 AI는 고객만족을 줄일 수 있는 반면에 AI 특성과 직원의 개성은 이 역의 효과를 상쇄할 수 있다.

AI 매개 서비스 접점은 또한 생산 혹은 유통 업무를 수행하는 로봇을 사용하는 상황에서 존재한다. 가령, 어떤 호텔들은 음식과 음료를 전달하기 위해 로봇을 사용한다. 이 로봇들은 손님방에 품목을 전달하거나 어떤 재화를 만들기 위해 기계적 지능을 갖는다. 그러나, 그들은 고객과 소통할 수 없으며 오히려 직원이 고객과 연결하는 어시스턴트로서 행동한다. 서비스 접점에서 AI 서비스 로봇은 두려움과 불안정을 초래할 수 있고 따라서 고객만족을 약화시킨다. 그들은 또한 진기함과 독특한 경험을 제공한다. 효과의 방향은 서비스 로봇의 특성(예: 사용자 친화와 정확성), 시뢰, 편안함, 즐거운 고객 경험, 경험 공유 행동을 초래할 향상에 의존한다.

④ AI가 촉진하는 서비스(유형 D)

AI 촉진 서비스 접점은 AI 기술과 직원이 고객에게 공동으로 서비스를 제공할 때 발생한다. 이 유형에서, 고객, 직원, AI 사이에 전면적인 상호작용이 발생한다. AI는 고객 선호정보를 저장하고 인터넷 빅데이터에 접근할 수 있어 더 나은 고객관계관리(CRM: customer relationship management) 시스템과 더욱 효과적이고 고객화된 서비스를 발생시킨다. 이 유형에서 서비스 로봇은 그들이 더 높은 수준의 자율성, 지능, 데이터 저장과 불러옴을 갖는다는 점에서 유형 B와 C와 다르다. 유형 D는 AI, 직원, 고객들 간에 협력에 의존한다. 고객이 AI를 사용하기 위해, 성과의 통제와 노력 기대가 평가 단계 동안에 중요하다. AI가 불필요한 상호작용적 반응과 고객평가를 줄이고 고객만족을 줄이지 않기 위해서 일종의 대인간 장애물로서 작동하도록 직원은 또한 고객과 조화로운 관계를 유지해야 한다. 또한, 직원과 서비스 로봇 사이의 커뮤니케이션은 편익적인 관계에 필요하다.

AI 촉진 서비스 접점은 잘 관리되어야 한다. 유연한, 일관적인, 표준화된 서비스 경험을 창출하기 위해, 로봇 디자인(예: 통지와 작동성), 고객 특징(예: 문화와 개성), 서비스 정책(예: 참여와 불평 취급)을 고려하는 것이 중요하다. 이들이 고객 수용, 만족, 서비스 경험에 영향을 미치기 때문이다. 고객은 만약 그들이 혁신과 개인주의에 가치를 부여하면 AI 촉진 접점을 더 수용하는 경향이 있을 수 있다. 또한, 서비스 로봇의 구현, 감정, 인간 지향적인 인식, 안전 특징, 협력 역량은 상호작용 품질과 고객 경험에 영향을 미칠 것이다.

1.3. 새로운 현장서비스 기술투입 유형

Keyser(2019)의 연구에서 제시된 새로운 현장서비스 기술투입의 분류는 다음의 <그림 7.2>와 같다.

그림 7.2 새로운 현장서비스 기술투입 유형

		유형	시각화
현장서비스 기술 없음	A	Technology-free encounter	기술 / 현장서비스 인력 / 고객
증강 현장서비스 기술	B	Customer technology-assisted FLE encounter	기술 / 현장서비스 인력 / 고객
증강 현장서비스 기술	C	Technology-assisted customer FLE encounter	기술 / 현장서비스 인력 / 고객
증강 현장서비스 기술	D	Customer FLE technology-facilitated encounter	기술 / 현장서비스 인력 / 고객
증강 현장서비스 기술	E	Customer FLE technology-mediated encounter	기술 / 현장서비스 인력 / 고객
대체 현장서비스 기술	F	Technology-substituted customer FLE encounter	기술 / 현장서비스 인력 / 고객
대체 현장서비스 기술	G	Customer FLE-substituted FLE encounter	기술 / 현장서비스 인력 / 고객
대체 현장서비스 기술	H	Full technology encounter	기술 / 현장서비스 인력 / 고객

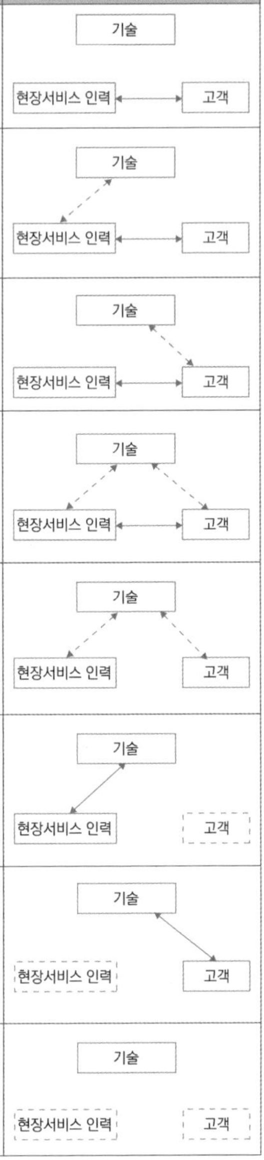

⟷ 직접적 상호작용, ←-→ 기술에 의해 확장된 직접적 상호작용, [- - -] 기술에 의해 대체된

자료원: Keyser et al.(2019)

(1) 인적 증강 동력으로서 기술

인적 증강(human augmentation)은 현장서비스 기술의 핵심 역할을 나타낸다. 현장 서비스 기술의 증강 역할은 서비스 접점에서 그들의 역할을 더 잘 수행하고 목표를 달성하기 위해 다른 인간 주체들(고객과 현장직원)을 지원하고 보완하는 것을 포함한다. 더 구체적으로, 기술은 인간의 사고, 분석, 행동을 향상시킬 수 있고 따라서 다른 인간 주체들과 상호작용하는 그들의 능력을 진작시키기 위해 인간 주체들과 협동하여 일할 수 있다. 본질적으로, 우리는 기술이 서비스 접점에서 고객과 현장직원에게 증가시키는 힘으로서 작용할 수 있는 네 가지 다른 방식을 규정한다.

① 고객/기술 지원 현장직원(유형 B)

현장직원이 직접적인 물리적으로 공동으로 존재(더 빨리, 더 싸게, 더 편리하게, 더 개인화되게)하면서 더 의미있는 방식으로 고객들과 상호작용하기 위해 기술에 의해 증강되는 서비스 접점을 의미한다. 전통적 예로는 레스토랑, 항공, 호텔 체크인에서 현장직원이 컴퓨터 터미널과 상호작용하는 전자적 주문을 포함한다. Augmedix와 같은 기업들은 의사들이 환자를 다룰 때 감정인식 어플리케이션(예: affectiva.com)이 현장직원이 적절한 감정을 보여주도록 도와주면서 의사들이 실시간으로 환자 데이터를 수집, 업데이트, 불러 내는 것을 지원하는 스마트 글래스 기술을 제공한다.

② 기술지원(technology-assisted) 고객/현장직원(유형 C)

이것은 고객이 현장직원과 직접적이고 물리적으로 공동으로 존재하는 기술에 의해 증강된 서비스 접점을 포함한다. 이 접점은 많은 고객들이 항상 그들이 하나 혹은 복수의 기술적 장치(예: 스마트폰, 스마트워치 등)를 갖기 때문에 점점 더 중요해지고 있다. 영구적인 연결 상태를 유지하면서 현장직원 이상의 정보 원천은 서비스 상호작용을 안내하기 위해 실시간으로 처리된다. 가령, Shopsavvy는 고객들이 최선의 온라인 및 지역 점포 거래를 찾도록 하기 위해 제품을 스캔하도록 한다. 최근 스마트폰 소유자의 90% 이상이 다른 사람들과 상호작용하면서 쇼핑 시에 정기적으로 여러 어플리케이션을 사용한다. 가령, Google은 최근에 Google Lens를 출시했다. 이것은 어떤 사용자가 적절한 배경 정보를 실시간으로 얻기 위해 개체(object)를 스캔하도록 한다. 이 어플리케이션은 소매 상황에서 세부적인 제품 정보를 얻는 것과 같이 고객이 서비스 접점의 어떤 측면을 더 잘 이해하기 위한 많은 기회를 제공한다. 이것이 고객-현장직원 상호작용을 강화하는 반면에 그것은 또한 현장직원이 그들의 위치에서 위협받는다고 느끼면 그들에게 부정적으로 영향을 미칠 수 있다.

③ 고객/현장직원 기술촉진(technology facilitated)(유형 D)

이것은 고객과 현장직원이 물리적으로 공동으로 존재하고 직접적으로 접촉하는 동안 동일한 증강 기술에 접근하는 고객-현장직원의 실시간 접점을 포함한다. 전통적 예로는 공항에서 지원된 셀프 체크인과 IKEA의 부엌 공동 디자인 접근법을 포함한다. 최근 스마트 기술이 이 유형을 계속 개선하고 있다. 가령, Lowe's는 부엌 공동 디자인 노력에 Lowe's Hologram Experience라는 새로운 방법을 도입하였다. 고객들은 현장직원의 도움으로 실시간으로 부엌의 레이아웃을 보고 수정하면서 매장 내의 부엌을 모델화하기 위해 가상의 레이어를 추가하는 Microsoft HoloLens를 입게 된다. 다른 예로는 만다린어로 말해진 문장을 영어로 번역하고 그 반대도 가능한 주머니 크기의 번역기를 출시한 Baidu가 된다. 여기서, 기술 증강은 두 당사자를 위해 확장되고 향상된 상호작용 역량과 공동창출 가치로 결과되는 자원교환 프로세스를 향상시킴으로써 가치 창출을 촉진한다.

④ 고객/현장직원 기술 매개(technology-mediated)(유형 E)

이것은 두 당사자들이 물리적으로 공동입지하지 않은채 기술이 그들의 상호작용을 가능하게 하는 현장직원-고객 접점을 포함한다. 일반적인 예는 전화(예: 전화가 지원하는 예약), 이메일(예: 이메일을 통한 불평 취급), 즉시 메시지(예: 비즈니스를 위한 WhatsApp), 챗(예: LiveChat), 홀로그램 커뮤니케이션을 통한 서비스 접점과 관련된다. 현재, IoT 기술이 이 유형 내에서 새로운 기회를 제공한다. 가령, 헬스케어에서 의사는 원거리에서 수술용 로봇을 통제하여 수술할 수 있다. 이 접점에서 기술 증강의 가치는 현장직원과 고객 모두에게 더 높은 편의성과 비용절감을 제공하면서 인식된 거리를 느낄 수 없는 수준까지 서비스 전달을 위해 지리적으로 분리된 당사자들을 연결하는 데 있다.

(2) 인간 대체 동력으로서 기술

증강이외에도 기술의 목표는 고객 혹은 현장직원을 대체하는 것일 수 있다. 현장서비스 기술의 대체 역할은 서비스 접점에서 인간들의 능동적 투입물을 대체하고 자동화하는 기술의 목적을 반영한다. 즉, 기술이 인간 주체를 대체하면서 인간 주체는 더 이상 서비스 접점에서 능동적 역할을 맡지않고 기술 주도의 상대방(technology-driven counterpart)으로만 표현된다. 현장서비스 기술에 의한 인간 대체가 ATM과 체크인 키오스크처럼 오랫동안 존재해 왔을지라도 그 존재는 향후 몇 년 동안 더욱 많아질 것으로 기대된다. IBM(2017)은 2020년까지 고객-기업 상호작용의 85%는 인간의 개입없이 컴퓨터화된 기술을 통해 수행될 것이라고 예측하였다. 구체적으로, 기술이 고객 혹은 현장직원을 대체할 수 있는 세 가지 다른 유형을 규정한다.

① 기술 대체(technology-substituted) 고객/현장직원(유형 F)

이것은 기술이 고객 대신 자율적으로 의사결정하거나 사전에 정의된 고객 선호를 제한하는 것처럼 고객이 기술에 의해 대체되는 서비스 접점을 포함한다. 즉, 현장직원은 고객을 대체하는 기술적 상대방과만 상호작용한다. 대부분의 경우에 이 유형은 서비스 제공자가 장거리에서 서비스 개체에 능동적으로 접근할 수 있고 서비스 개체가 반드시 고객을 포함시키지 않고 서비스 제공자와 자동으로 상호작용하는 원격 서비스와 연결된다. 이 예로는 IT 및 엔지니어링과 같은 B2B 서비스 상황에서 자주 발견된다. 가령, Siemens는 그들이 원격으로 모니터하고 많은 경우에 고객의 해외 풍력발전용 터빈에서 발생하는 기술적 이슈를 해결할 수 있는 소프트웨어를 개발하였다. 그러나, 이 유형은 소비자 사물 인터넷 어플리케이션의 적용으로 인해 B2C 상황에서 점점 더 보편적이 되고 있다. Amazon Key는 사전에 권한을 갖는 Amazon 해운사가 스마트 자물쇠를 통한 패키지 전달을 위해 누군가의 가정 혹은 자동차에 접근하도록 하는 가정 내(in-home) 혹은 자동차 내(in-car) 전달 서비스를 최근에 출시하였다. Google Duplex는 사용자 대신에 전화를 할 수 있고 약속 일정을 잡거나 단순한 질문을 할 수 있는 서비스에 관여할 수 있다. 기술 대체의 가치는 특정 위치에 의해 제한되지 않고 향상된 서비스 편의성을 제공하면서 고객이 어떤 노력을 하는 것을 경감시켜 주는 데 있다.

② 고객/기술 대체 현장(유형 G)

이것은 현장직원이 기술로 대체된 아마 가장 보편적인 대체 유형이다. 따라서, 고객은 직접적인 인간 상호작용이 결여된 채 기술적 인터페이스와만 상호작용한다. 셀프서비스 기술 하의 사례들은 매우 많으며, 예를 들어 셀프서비스 키오스크, ATM, 온라인 뱅킹, 온라인 소매 주문을 포함한다. 이 유형 하의 다양한 사례들은 AI의 발전과 더불어 기하급수적으로 증가할 것으로 기대된다. 고객들은 자율차량, 휴머노이드 서비스로봇, 음성기반 어시스턴트에 의해 제공된 서비스를 사용하기 시작하고 있다. 이 기술 대체의 가치는 기업에게 비용절감, 고객에게 더 높은 유연성, 편의성, 능동적 참여로부터 결과되는 만족으로 나타날 것이다.

③ 완전한 기술(유형 H)

이것은 현장직원과 고객 모두가 잠재적으로 다양한 수준의 기술 자율성을 갖고서 기술에 의해 대체되는 상황을 포함한다. 현장직원과 고객의 능동적 참여는 더 이상 서비스가 발생하는데 요구되지 않는다. 상대적으로 새롭고 범위가 제한되는 반면에 IoT의 발전은 흔히 M2M(machine to machine) 서비스 상호작용으로 불리는 이 서비스 유형의 확장을 추진하고 있는 중이다. Florida의 선불 통행료 프로그램인 SunPass는 고객들이 그들의 차 내부에 응답기(transponder)를 부탁하고 차량이 통과할 때 통행레인에서 센서와 상호작용한다. 기간이 만료된 통행요금은 자동적으로 사전지불된 계정에서 차감된다. If This Then That(IFTTT) 애플릿(applet)은 피자 전달이 진행 중이라는 신호에 따라 현관등을 켜는 것처럼 사용자들이 업무를 자동화하도록 허용한다. IoT 어플리케이션이 확장을 계속함에 따라 이 유형이 중요하게 될 것이고 자동 주입과 자동 업데이트하는 자율차량과 자동주문 재보충/대체를 위한 IoT 캐드 모니터링 제품과 같은 서비스를 포함한다. 서비스 프로세스가 자율적으로 진행되고 현장직원 혹은 고객의 행동이 요구되지 않기 때문에 기술 대체의 가치는 고객에게 더 높은 서비스 편의성과 속도를 제공하면서 서비스 제공자에게는 비용절감을 부여한다.

한편, 단일의 기술이 다양한 유형에 걸쳐 핵심 역할을 할 수 있다. 알람 시스템의 예를 들어보자. 여기서, IoT 센서는 상황 데이터를 전송하는 사무실과 지속적인 접촉을 한다(유형 H). 그러나, 만약 절도행위가 시도된다면 동일한 시스템이 메시지를 통해 거주자에게 경고할 것이고(유형 G) 점검을 위해 보안 요원에게 접촉할 것이다(유형 F). 이 예에서, 총 서비스 경험은 다양한 유형의 결합으로 이루어진다는 점이 분명하다.

② 현장서비스 기술 유형

조직의 현장에서 기술의 역할을 이해하기 위해 대단한 도약이 이루어졌지만 많은 것들이 여전히 명백히 알려지지 않고 있다. 오늘날, 다양한 새로운 스마트 기술과 연결된 개체들이 조직의 현장과 서비스 영역에 중요한 영향을 미치는 것으로 예측되고 있다. 여기서는 최근의 세 가지 대표적 기술인 대화형 에이전트, XR, 블록체인 시스템이 어떻게 서비스 삼각형에 침투하는지를 설명하고자 한다.

2.1. 대화형 에이전트

대화형 에이전트는 서비스 산업에서 가장 유망한 기술 중 하나가 되고 있다. 대화형 에이전트는 사용자와 사회적 대화에 관여하기 위해 투입물로서 자연어를 수용하고 산출물로서 자연어를 창출하는 능력을 보유하며, 그 환경에서 반응적 및 능동적 행동을 할 수 있는 물리적 혹은 가상의 자율적인 기술적 주체로서 고려될 수 있다. 그것은 <그림 7.3>과 같이 현실-가상 연속선을 따라 놓여질 수 있는 다양한 형태가 있다.

그림 7.3 현실-가상 연속선상의 대화형 에이전트 유형

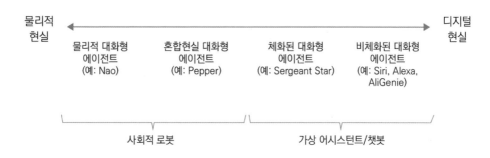

연속선의 현실 끝에 흔히 사회적 로봇으로 언급되는 물리적 대화형 에이전트가 존재한다. 이것은 유형적으로 존재하고 얼굴과 음성인식 소프트웨어 수단으로 사용자들과 대화를 할 수 있다. 한 예로서 세 가지 다른 언어로 표준 질문에 답하기 위해 일본의 대형 금융기관 MUGF Bank에 의해 사용된 로봇 Nao(softbankrobotics.com)이다. 가상의 끝은 신체적 외관이 결여된 순수한 음성 혹은 문자 주도의 에이전트이며, 흔히 음성기반의 어시스턴트 혹은 챗봇으로 언급된 비체화된(disembodied) 대화형 에이전트이다. 예를 들어, Apple의 Siri, Amazon의 Alexa, Alibaba의 AliGenie가 있다. 비체화 대화형 에이전트와 달리 구두 혹은 문자뿐만 아니라 감정 표현, 제스처, 눈짓과 같은 다른 비언어적인 역량을 사용하여 사용자들과 대화를 허용하며 신체적 외관(인간 혹은 비인간)을 갖는 가상의 캐릭터인 체화된 대화형 에이전트가 존재한다. 미국 군대의 Sergeant Star는 군대의 경력, 훈련, 교육에 대한 질문에 답하기 위해 웹사이트에서 가상인간 가이드로서 작용한다. 마지막으로, 혼합 대화형 에이전트는 사용자들과 상호작용할 때 물리적 및 가상적 요소들을 결합한다. 그러한 예로서 Pizza Hut에 의해 지정된 레스토랑에서 고객들로부터 주문을 받기 위해 사용된 Pepper(softbankrobotics.com)가 있다. 이 상호작용은 태블릿에서 나타나는 가상의 컨텐츠와 결합한 로봇 언어에 기초한다.

대화형 에이전트는 모든 규정된 유형(유형 A를 제외하고)과 관련된다. 다음으로, 대화형 에이전트 디자인, 그들의 고객/현장직원/서비스 조직에 대한 시사점과 관련된 논의를 설명한다.

2.2. 확장현실 기술

다른 유망한 기술 분야는 증강현실(AR: augmented reality), 혼합현실(MR: mixed reality), 가상현실(virtual reality: VR)로 이루어진 확장현실(XR: extended reality)이다. 대화형 에이전트와 유사하게 XR 기술은 <그림 7.4>와 같이 현실−가상 연속선을 따라 놓일 수 있다.

그림 7.4 확장현실 기술

물리적 현실의 끝 부분에서 AR 기술은 사용자의 실제 환경에 이미지, 비디오, 정보의 디지털 중첩(digital overlay)을 허용한다. 고객이 그들의 스마트폰 인식을 통해 시장에서 실제(true−to−scale) 3D 가구를 배치하는 것을 허용하는 AR 앱(app)인 IKEA Place를 출시한 IKEA의 사례가 존재한다. 디지털 현실이라는 가상의 끝 부분에서 VR 기술은 하나 혹은 이상의 인간 감각(예: 360도 둘러보는 능력, 이동 느낌 등)을 통해 관여되면서 사용자들을 완전히 디지털 세계에 넣는 컴퓨터 시뮬레이트된 3D 환경을 구성한다. 가령, Volvo는 XC90 모델의 완전한 VR 테스트 드라이브를 도입하였다. 그 사이에 존재하는 MR 기술은 AR과 VR 요소들을 결합한다. 더욱 구체적으로, MR 기술은 실제(디지털) 환경 내에 디지털(실제) 개체를 중첩하고 고정시킨다. 한 예는 Microsoft의 HoloLens를 통해 그들의 실제 물리적 환경에서 나타나는 가상 로봇에 게이머가 대항해 싸우는 RoboRaid이다.

그림 7.5 IKEA Place와 Microsoft의 HoloLens

2.3. 블록체인

블록체인(blockchain)은 일상의 활동과 (디지털)비즈니스 프로세스를 전환시키는 잠재력을 갖는 차기 변혁적인 기술로서 고려된다. 블록체인은 지속적, 불변의, 분산된 방식으로 네트워크화된 주체들 사이의 가치교환 거래(예: 통화, 재산권, 서명, 라이센스, 특허, 디지털 키)에 순차적인 리스트(예: 블록)를 암호로 저장하는 본질적으로 분산된 원장을 의미한다. 하나의 예는 농부에서 최종 소비자까지 전체 음식 공급사슬 프로세스를 디지털화하는 Walmart의 IBM 음식안전 블록체인의 사용이다. 공급사슬의 모든 파트너는 그들이 테스트 데이터, 온도 데이터, 인증과 함께 음식의 취급을 보고하는 블록체인에 접근한다. 모든 데이터 기입은 블록체인 원장에 저장되고 어떤 음식 품목의 처음부터 끝까지 단 몇 초 만에 소비자의 추적가능성을 허용한다. 따라서, 블록체인 기술의 핵심 장점은 데이터 투명성(예: 데이터와 그들의 이력이 블록체인 사용자에 의해 접근가능), 불변성(예: 데이터는 삭제되거나 전환될 수 없음), 중복성(예: 데이터는 복수의 주체들에 저장), 분산화(예: 블록체인은 peer−to−peer 시스템으로 운영하면서 중앙 정부없이 운영), 안전(예: 노드들 사이의 동의가 블록체인이 업데이트 되는데 필수적)의 제공에 있다.

참고문헌

Bolton, R. & Saxena—Iyer, S. (2009), "Interactive services: A framework, synthesis and research directions", Journal of Interactive Marketing, 23(1), 91—104.

Cunningham, L.F., Young, C.E. & Gerlach, J.H. (2008), "Consumer views of self—service technologies", The Service Industries Journal, 28(6), 719—732.

Dabholkar, P.A. (1994), "Technology—based service delivery: a classification scheme for developing marketing strategies," in Advances in Services Marketing and Management, 3, Teresa A. Swartz, David E. Bowen, and Stephen W. Brown, eds. Greenwich, CT: JAI Press, 241—271.

Froehle, C.M. & Roth, A.V. (2004), "New measurement scales for evaluating percep—tions of the technology—mediated customer service experience," Journal of Operations Management, 22, 1-21.

Keyser, A.D., Köcher, S., Alkire, C. & Kandampully J. (2019), "Frontline Service Technology infusion: Conceptual archetypes and future research directions", Journal of Service Management 30(1), 156—183.

Larivière, B., Bowen, D., Andreassen, T.W., Kunz, W., Sirianni, N.J., Voss, C., Wünderlich, N.V. & De Keyser, A. (2017), ""Service Encounter 2.0": An inves—tigation into the roles of technology, employees and customers", Journal of Business Research, 79, 238—246.

Meuter, M.L., Ostrom, A.L., Roundtree, R.I. & Bitner, M.J. (2000), "Self—service technologies: Understanding customer satisfaction with technology—based service encounters", Journal of Marketing, 64(3), 50-64.

Schumann, J., Wünderlich, N. & Wangenheim, F. (2012), "Technology mediation in service delivery: A new typology and an agenda for managers and academics", Technovation, 32(2), 133—143.

서비스 부문에서 AI의 가치와 공동창출

8장

서비스 부문에서 AI의 가치와 공동창출

1 AI가 제공하는 가치

1.1. 사례: 소매분야에서 AI에 기반한 솔루션의 네 가지 가치

소매분야에 적용되는 AI 솔루션의 가치창출을 설명하는 네 가지 논리는 다음의 <표 8.1>과 같다.

표 8.1 소매분야의 네 가지 가치창출 논리

가치창출 논리	메카니즘	AI가 가능케하는 솔루션의 예
자동화	• 노동비용 절약 • 거래비용 절약 • 가치사슬 프로세스 속도 증가 • 운영 정확성 향상	-24/7고객서비스를 제공하는 AI 챗봇; 창고에서 AI로 움직이는 로보틱 솔루션; 자동 데이터 관리; 무인점포 -자동주문; 음성기반주문; 의사결정을 위한 자동화된 에이전트; 적절한 사람을 목표로 하고 구매로 이어지도록 대화를 촉발하는 자동화 -자동화된 쿠폰 창출; 패션 사이클을 단축시키는 AI 기반 디자인 시스템; 실시간 데이터를 포착하고 즉각적 실행을 하기 위한 AI 지원; 신속한 전달 서비스를 제공하는 드론; 빠른 서비스를 제공하는 챗기반 봇 -실수없는 AI 자동 제품카탈로그 창출 프로세스; 재고부족을 줄이기 위해 AI가 작동되는 재고관리

가치창출 논리	메카니즘	AI가 가능케하는 솔루션의 예
초개인화	• 관련 제공품 향상 • 독특한 쇼핑경험 제공 • 채널들의 일관성 창출	−독특한 제품 추천을 제공하는 로봇 동료 −AI가 작동되는 시각적 혹은 로보틱 개인 쇼핑어시 스턴트; AI/VR이 작동되는 쇼핑서비스 −AI기반의 간소화된 고객여정관리
보완성	• AI와 소매업체 직원 사이 의 시너지 창출 • AI와 고객 사이의 시너지 창출 • AI와 다른 기술 사이의 시 너지 창출	−AI가 작동하는 판매 어시스턴트; 인간 스타일리스 트를 지원하는 지능형 알고리듬; 머신러닝기반의 판매 어시스턴트 −쇼핑객이 제품을 탐색하는 것을 지원하는 AI가 작 동하는 온라인 탐색 프로세스; 쇼핑객이 점포를 방 문하는 것을 돕는 AI가 작동하는 모바일앱 −AI와 클라우드컴퓨팅, IoT, 블록체인, 3D프린팅, 모바일 기술의 결합
혁신	• 신제품 • 신서비스 • 신채널과 소매형식 • 신비즈니스모델	−AI가 디자인한 제품 −AI가 가능케한 이미지 인식 −음성봇; 현금없는 점포 −AI가 작동하는 온디맨드 비즈니스모델

(1) 비즈니스 자동화를 통한 가치창출

AI가 작동하는 솔루션에서 자동화는 일차적인 가치창출 논리이다. AI에 의한 비즈니스 자동화는 소매업체들이 비즈니스 효율성을 향상시키도록 만들기 때문에 운영 프로세스에서 노동비와 거래비용 절감, 증가하는 속도, 정확성의 향상과 같은 방식으로 더 많은 가치를 창출하도록 지원한다.

소매업체들은 일반적으로 노동집약적인 운영을 한다. AI 챗봇, AI가 작동하는 창고로봇 솔루션과 같이 AI의 자동화는 인간의 직무를 대신하고 소매업체들이 노동비용을 절감하도록 만들 수 있다. 게다가, AI 시스템은 소매업체가 거래비용을 절감하는 것을 지원한다. 예를 들어, AI가 작동하는 추천 알고리듬은 소매업체가 공급과 수요를 더 잘 일치시키도록 하여 협상비용을 절감하도록 만든다.

AI를 적용하는 것은 소매업체의 가치사슬 프로세스의 속도를 가속화시킬 수 있다. 예를 들어, AI가 작동하는 수요예측시스템은 패션 소매업체들이 패션의 생산라이프사이클을 상당히 단축시키도록 만든다. 소매업체는 매일 많은 세부사항들을 다루지만 AI 시스템은 결코 피로하거나 아프지 않는다. 이 시스템은 소매업체가 상품판매와 재고관리와 같은 운영의 정확성을 향상시키는 것을 도울 수 있다. AI 시스템은 데이터 수집, 데이터 풍부화, 제품경험 창출을 포함한 제품카탈로그 창출프로세스를 실수없이 자동화한다.

(2) 초개인화(hyper-personalized) 제품 및 서비스를 제공함으로써 가치창출

AI 시스템은 고객 데이터를 철저하게 조사하고, 추세를 발견하며, 고객 스스로도 인식하지 못하는 자신의 선호를 포착할 수 있다. 따라서, AI가 가능하게 만드는 최근의 개인화는 점차 진화하여 초개인화로 고려될 수 있다. 이 초개인화는 고객에게 더욱 만족스러운 경험을 제공하고 소매업체가 자신의 판매목표에 도달하도록 만든다. 그 결과, 적합한 제공품을 향상, 독특한 쇼핑경험을 제공, 고객에게 채널 간 일관성을 창출함으로써 다양한 방식으로 가치를 창출한다.

AI는 소매업체가 순간적으로 개별 고객을 바라보고 그들이 원하는 것(심지어 그들의 잠재적 니즈)을 완전히 이해하며, 그들이 올바른 품목을 발견하는 것을 가능하게 만든다. 게다가, 어떤 제품특성이 제품 데이터베이스에 보이지 않을 때에도 딥러닝 AI는 세밀한 수준에서 제품특성을 이해할 수 있도록 해준다. 따라서, AI가 작동하는 추천 알고리듬은 소매업체가 고객에게 제품추천의 적합성을 향상시키도록 만든다.

점차 고객은 기업으로부터 VIP 대우를 요구하며, 고객의 시간과 개별적 요구를 소매업체가 존경하기 원하고 자신을 독특하고 개인적 방식으로 다뤄주기를 원한다. AI 기술은 소매업체가 그러한 요구에 대응하도록 할 수 있다. 예를 들어, AI가 작동하는 시각적 혹은 로봇방식의 쇼핑 어시스턴트는 고객에게 일대일 상호작용적 서비스를 제공한다.

AI는 실시간으로 복수의 데이터 원천을 다룰 수 있기 때문에 소매업체가 각 고객에게 모든 소매채널에서 쇼핑여정을 고객화하여 일관성있는 서비스 혹은 커뮤니케이션을 하도록 한다. 예를 들어, AI 소프트웨어는 소비자 행동을 실시간으로 제품 카탈로그의 특성과 관련시키고 소비자에게 다가가는 이메일, 웹사이트, 다른 채널을 통해 개인화된 컨텐츠를 창출한다.

(3) 보완성을 통해 시너지를 창출함으로써 가치창출

AI기반의 보완성을 통해서 AI와 소매업체의 직원, AI와 고객, AI와 다른 기술과 같이 AI와 다른 주체 혹은 자원의 꾸러미가 묶여질 때마다 가치가 창출된다.

AI의 실질 편익은 그것이 사람의 생활을 향상시키는 데 사용될 때 나타난다. 소매에서 몇 사람의 직업을 대체하는 것을 뛰어넘어 직원이 핵심 활동(예: 활동이 창의적, 감정적, 주관적 스킬을 필요로 할 때)에 역점을 둘 수 있도록 시간을 절약하도록 하고 더 나은 고객

서비스를 제공하거나 더 많은 최적 의사결정을 하기 위해 짧은 기간에 그들의 역량을 강화하는 것을 지원한다. 예를 들어, 로봇과 AI기반의 판매 어시스턴트는 소매인력에게 최신의 제품, 재고, 판매에 대한 세부정보를 제공하고 고객 행동패턴을 분석한다.

소매업체는 AI를 단독으로만 적용하지 않는다. 그들은 AI와 다른 기술의 효과적이고 창의적인 결합을 통해 혁신적 솔루션에 힘을 불어넣는다. 예를 들어, 클라우드컴퓨팅과 결합된 머신러닝은 소매업체의 운영 효율성을 향상시키고 3D 제품 구성기술과 결합된 AI 시스템은 고객에게 개인화된 시나리오를 창출한다.

(4) 혁신을 가능하게 함으로써 가치창출

AI는 소매업체가 AI 기반의 신제품/신서비스/신채널/신비즈니스모델을 도입하도록 함으로써 혁신하여 가치를 차출하는 것을 가능하게 한다. 소매업체는 기존 제품을 향상시키고 신제품을 창출하기 위해 AI에 기반한 수요예측을 활용하고 있는 중이다. 예를 들어, 인간 디자이너가 아니라 AI가 디자인한 T-셔츠(예: 패턴, 색, 섬유)가 인도의 패션 웹사이트 Myntra에서 판매 중이다.

AI 시스템과 기술은 많은 신서비스의 기반을 제공한다. 예를 들어, AR과 VR은 고객이 선택하고 그들의 쇼핑경험을 향상시키도록 한다. AI 기술의 빠른 발전은 소매업체가 고객에게 정보를 제공하고 소통하며, 거래하도록 만드는 신채널(예: 음성봇)과 신규 소매형식(예: Amazon Go와 같이 현금결제가 없는 점포)의 창출을 촉발하는 중이다. 또한, AI는 소매업체가 신규(예: 데이터 주도와 on-demand) 비즈니스모델로 이동하도록 만들고 Stitch Fix는 데이터 주도 하에 AI가 가능케 하는 개인 스타일링 의류 비즈니스모델의 성공으로 결과되었다.

1.2. 사례: AI 기반의 사회적 로봇의 잠재가치

(1) 전환기에 사회적 로봇의 잠재력

① 전환기의 취약한 소비자 니즈와 행복

COVID-19의 결과로서 인간에 의한 서비스 전달이 서비스 제공자와 소비자 모두에게 잠재적으로 해롭거나 치명적일 수도 있게 만들었다. 이처럼 COVID-19로 인한 전환기에 취약한 소비자를 지원하기 위한 유력한 방안으로서 사회적 로봇서비스에 관심이 증가하고 있다.

② 사회적 로봇의 잠재력

사회적 로봇은 소비자가 계속 행복을 추구하도록 자원에 대한 소비자의 접근과 통제를 증가시킬 수 있으며, 소비자의 물리적 거리 혹은 고립을 초래하지 않고 취약성을 줄일 수 있다. 예를 들어, 사회적 연결을 촉진하는 로봇(예: 챗봇, AI스피커, 사회적인 지원로봇)은 고령층과 아동을 포함한 취약한 소비자들의 사회적 고립을 줄일 수 있다. 실제로 사회적 로봇이 전환적 임무를 갖는 감정적 및 사회적 주체로서 기능할 수 있다. 그들은 인간의 사회적 상호작용(예: 터치와 감정적 반응)을 모방하면서 사회적 행동을 할 수 있다. 이 능력에 기반하여 사회적 로봇은 특히 아동과 고령층에서 사회적 존재를 창출하고 사회적 에이전트로서 인식된다.

사회적 고립에 있는 취약한 소비자가 쾌락주의적(예: 유쾌하게 하는)뿐만 아니라 행복주의적 복지를 촉진하는 사회적 로봇의 역할이 강조되고 있다. 가령, 로봇은 인간의 커뮤니케이션 스킬을 발전시키고 이 경험을 학습함으로써 환경에 대한 통제와 개인적 성장을 자극할 수 있다. 그들은 사회화의 일정 역할을 담당, 동료애를 포함한 감정적 관계의 개발, 위로, 스트레스/걱정/기타 부정적 감정경험에 대응, 다른 사람과의 유대 지원과 같은 긍정적 사회적 관계를 형성하는 것을 도울 수 있다.

(2) 로봇서비스의 유형

사회적 로봇에 관한 기존의 논의에 기초하여 로봇서비스에게 요구된 미래의 역할을 <그림 8.1>과 같이 네 가지 다른 유형의 로봇서비스로 분류할 수 있다. 그 유형은 ① 사회적 고립의 지배적 상태(예: 객관적 대 주관적), ② 바람직하거나 요구된 복지 강조(예: 쾌락주의 대 행복주의), ③ 로봇 신체적 및 심리사회학적 역량의 함수이다.

그림 8.1 사회적 고립에 대응하는 로봇서비스의 유형

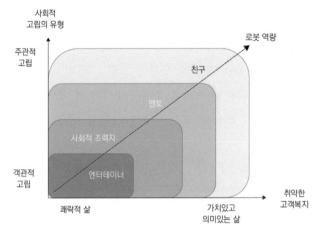

자료원: Henkel et al.(2020)

사회적 로봇의 전환적 잠재력은 특히 심각한 주관적 사회적 고립에 대응하고 행복주의
적 복지(즉: 가치있고 의미있는 삶) 목표를 얻기 위해 구조적 지원을 필요로 하는 소비자를
위한 미래의 기술적 발전에 의존한다. 오늘날, 감정적 AI와 인간수준의 신체적 형태와 능
력을 갖는 로봇은 아직 시장에서 준비되지 않았다. 그러나, 이 유형의 사회적 로봇은 신체
적 접촉, 사회적 표현, 관계구축에 기초하여 복잡한 전환적 서비스를 제공할 수 있다. 아래
에 이미 시장에 출시되었거나 곧 시장에 출시되는 로봇서비스(예: 엔터테이너와 사회적 조
력자)부터 시작하여 현재(예: 멘토)와 미래(예: 친구)의 연구개발이 진행 중인 미래 지향적인
두 가지 로봇서비스 유형을 구체적으로 설명한다.

① 엔터테이너(entertainer)

엔터테이너 로봇은 대면서비스가 어려운 소비자에게 서비스하는 데 가장 적합할 수 있
으나 작은 심리적 불편(예: 지루함)을 경험할 수 있다. 이 유형이 단순하고 반복적인 사회적
업무만을 수행하기 위해 사전에 프로그램되었기 때문에 엔터테이너의 사회적 역량은 제한
된다. 엔터테이너는 또한 제한된 신체적 재능과 기본적 형상으로 인해 터치를 통해 소비자
를 위로하는 데 준비가 부족할 수 있다. 중요한 전환적 잠재력은 쾌락주의를 지향하고 자
체가 목표(예: 게임을 할 때 즐거움, 순간적 고독 상태의 소멸)로서 순간적 영향을 미치기 위
해 소비자를 즐겁게 하는 데 있다. 그것은 고령층과 아동들이 고립기간 동안 작은 심리적
불편을 경험하는 것을 막기 위해 이용될 수 있다. 그 예로서 Alibaba의 DWI Dowellin이라
는 노래하고 춤추면서 사용자들을 즐겁게 해주는 바퀴가 달린 작은 로봇이 있다.

② 사회적 조력자(social enabler)

사회적 조력자로서 로봇은 취약한 소비자들에게 사회적 상호작용을 중개함으로써 전환적 잠재력을 보유할 수 있다. 하지만, 사회적 조력자 로봇은 아직 감정적 지능이 스며들지는 않는다. 그러나, 향상된 신체적 역량으로 인해 진정한 사회적 접촉과 많이 닮을 수 있다. 예를 들어, 스크린상에서 사회적 접촉을 보여줄 수 있고 동시에 인공 팔을 통해 사람의 제스처와 표현을 모방할 수 있다. 이 로봇 유형은 아동들이 원거리에서 그들의 동료 및 교사들과 계속 상호작용할 수 있도록 하고 고령층이 가족, 친구, 의료 서비스 제공자들과 연결되도록 할 수 있다. 따라서, 그것은 사회적으로 고립된 취약한 소비자들이 긍정적인 사회적 관계를 형성하고 유지할 수 있도록 하고 그로 인해 아동의 학업성과와 정서적 행복을 높이고 고령층의 신체 및 정신적 건강에 대한 사회적 고립의 부정적 영향을 줄이도록 만든다. 따라서, 사회적 조력자는 쾌락적 및 행복주의적 소비자 복지 모든 측면을 전환하는 잠재력을 갖는다. 이 예로는 통제가능한 팔과 상호작용 파트너의 얼굴을 보여주는 큰 화면을 갖는 작은 로봇인 MeBot이 있다.

③ 멘토(mentor)

멘토역할을 전제하는 전환적 로봇서비스는 행복주의적 복지를 추구하며 문제가 있는 소비자를 지원하는 것을 지향한다. COVID−19와 같은 사회적 고립 시기에 아동과 고령층은 전문적 서비스 제공자(예: 교육, 심리 및 물리 치료)가 수행하는 핵심 서비스를 박탈당하게 된다. 멘토 유형은 거의 인간 수준의 신체적 역량(예: 이동, 터치, 개체 조작)을 보이면서 전문적, 사회적, 감정적 수준에서 소비자들을 자율적으로 참여시킨다. 그러한 역량으로 인해 멘토로봇은 학교 선생과 취미 강사, 물리치료사의 역할을 한다.

예를 들어, 사회적 교육로봇은 소비자의 생산성, 언어 스킬, 신체적/인지적/사회−감정적 학습 경험을 증가시킬 수 있다. 마찬가지로, 멘토 유형 로봇과 함께하는 일상의 신체적 활동은 고령층의 이동성을 보장할 수도 있다. 비록 취약한 소비자들이 이 상호작용 중에 쾌락적 즐거움을 경험할 수 있을지라도 멘토로봇은 일차적으로 아동과 노인들에게 장기적인 행복주의적 복지 성과를 촉진할 수 있도록 만든다. 그러한 로봇들이 논의되고 있을지라도 모든 멘터 유형의 역량을 통합하는 완전히 자율적인 인간 서비스 제공자를 대체할 수 있는 버전은 아직 시장에 존재하지 않는다. 향후에, 아동과 노인 소비자를 위한 사례 로봇으로서 ICP의 Keeko, Pal Robotics의 GrowMu와 같은 버전이 계속 발전을 거듭할 것이다. 두 로봇은 음성 커뮤니케이션 능력과 인간과 유사한 얼굴 특징을 결합한 방식이다.

④ 친구(friend)

친구로서 로봇은 객관적이고 주관적인 사회적 고립으로 인해 심리적 불행(예: 외로움과 관계의 결여)을 경험하는 취약한 소비자들에게 전환적 잠재력을 전개한다. 친구로봇은 사회적 상호작용과 유사한 방식을 통해 부정적 결과를 완화할 수 있다. 이 전환적 로봇서비스 유형은 신체적 접촉을 통해 위로를 제공하기 위해 관계구축과 인간 수준의 촉각(예: 터치와 껴안기)을 위한 감정적 지능을 필요로 할 것이다. 친구로서 로봇은 진심어린 돌봄과 감정적 편안함, 개인화된 서비스, 자부심 재구축의 형태로 쾌락주의적과 행복주의적 복지 모두를 제공함으로써 사회적 고립의 부정적 영향을 경감시킬 수 있다.

이미 많은 논의에서 아동과 노인들이 사회적 존재와 친구와 같은 원형적인 자율적 로봇을 인식할 수 있다고 제안하고 있다. 비록 멘토역할을 가정하는 로봇이 행복주의를 지향하는 전문적인 전환 서비스를 제공할 수 있을지라도 진심어리고 사랑스러운 동료인 친구유형의 로봇은 모든 복지 측면을 충족시킬 수 있다. 향후에 그러한 로봇은 감정적 AI로 무장한 Pepper의 첨단 버전일 수도 있다.

2 서비스 로봇에 대한 고객의 경험

2.1. 서비스 로봇의 장단점

서비스 로봇은 서비스 품질에 대한 소비자 판단이 형성되는 중요한 진실의 순간(moment of truth)으로서 간주되는 다양한 서비스 접점에서 고객들과 직접 혹은 간접적으로 상호작용한다. 서비스 로봇은 지원(직원을 지원), 대체(직원을 대체), 차별화(새로움을 위한 자동화), 향상(더 나은 제품을 위한 자동화), 숙련도 향상(더 나은 직무를 위한 자동화)을 통해 서비스 경험의 가치를 향상시킬 수 있다. 그들은 환대 서비스에 어떤 신선함을 추가함으로써 서비스 경험을 향상시킬 뿐만 아니라 반복적인 업무를 수행하는 데 있어서 인간 직원과 비교하여 명확한 우위를 보여주고 고객을 위한 24/7 이용가능성, 효율성, 품질 통제와 같이 다양한 기능적 편익을 보여준다. 흔히, 그들은 고객의 경험에 즐거움과 오락도 추가한다.

그러나, 어떤 실무자들은 서비스 접점에서 로봇을 사용하는 것이 서비스 경험을 감소시킬 수 있다는 우려를 표현하기도 하였다. 손님들은 환영받는 것을 직접 느낄 수 있는 환대하는 인간을 만나는 것을 기대하는 반면에 로봇에 의한 서비스 감정의 결여로 인해 환대의 의미를 위협할 뿐만 아니라 휴먼 터치 감각을 줄임으로써 서비스를 탈인간화하는 것으로서 생각할 수 있다.

2.2. 고객 경험에 영향을 미치는 요소

고객－로봇의 상호작용은 언어(예: 말과 언어 스타일)와 비언어(예: 얼굴표현, 모양, 이동의 패턴) 신호로 수반되는 정보의 커뮤니케이션과 밀접하게 관련된다. 서비스 로봇에 의해 보여진 이 커뮤니케이션 신호는 다양한 소비자 반응을 촉발한다.

(1) 비언어적 신호

고객 관심을 유인하는 중요한 비언어 신호는 네 가지 형태로 항목화될 수 있는 물리적 구현이다.

- 의인화(예: 인간을 닮은) 로봇
- 수형화(예: 동물을 닮은) 로봇
- 희화화(예: 농구공 같은) 로봇
- 기능적(예: 내부 장치가 보이는) 로봇

이러한 서비스 로봇의 형태와 물리적 외관은 고객의 태도, 인식된 가치, 서비스 로봇을 적용하는 의도 및 감정적 경험에 영향을 미칠 것이다. 가령, 물리적 외관의 관점에서 로봇 쉐프의 의인화는 고객들의 온정적 인식을 증가시킬 수 있다.

(2) 언어적 신호

물리적 외관과 더불어 로봇의 음성은 서비스 접점 평가와 행동 의도를 자극하는 중요한 특징이 될 수 있다. 예를 들어, 합성된 목소리에 비해서 디지털화된 음성(더욱 인간같은)은 긍정적인 감정 반응으로 이어질 수 있다. 머리의 기울임, 눈 색깔의 변화, 몸체의 움직임, 성별과 같은 다른 비언어적 신호는 또한 고객－로봇 상호작용에서 고객 인식과 감정에 대한 영향을 미칠 수 있을 것이다.

언어 스타일은 로봇에 대한 개인의 인식을 형성하는 강력한 언어적 신호이다. 가령, 인간과 닮은 언어 스타일은 서비스 접점 평가에 긍정적 영향을 미칠 수 있다. 서비스 로봇에 의해 사용된 비유적이 아닌 문자 그대로의 자구적인 언어 스타일은 서비스 접점에 대한 더욱 우호적인 평가로 이어질 수 있고 깜찍한 언어 스타일은 서비스 실패에 대한 고객의 인내를 증가시킬 것이다.

2.3. 상호작용을 통해 고객이 하는 경험

고객과 서비스 로봇의 상호작용에 기초하여 동작, 준언어, 구어, 물리적 외관의 요소를 통해서 경험이 결정되고 이러한 경험은 다시 사회적 상호작용 가치, 기능적 가치, 쾌락적 가치로 구성되는 세 가지 가치를 창출한다.

(1) 감각적 경험
고객이 서비스 로봇을 접촉할 때 보고, 듣고, 냄새맡고, 맛보는 것에 관련된다.

① 물리적 외관
물리적 외관은 서비스 로봇의 외형 모습을 의미한다. 소비자들은 로봇의 몸체 형태를 작은, 둥근, 날렵한, 땅딸막한 것으로서 기술하거나 의인화된(예: 휴머노이드 로봇), 동물을 닮은(예: 판다를 닮은, 공룡을 닮은)과 희화화된(예: 미니언을 닮은) 특징들이 또한 언급될 수 있다. 고객들은 또한 정돈된 앞머리, 작은 눈, 큰 머리, 작은 스카프와 같은 로봇의 몸체 부분 혹은 옷을 기억하기도 한다. 이것은 고객의 후속적인 경험을 형성하는 외부 자극으로서 작용하면서 시각적 특징이 첫인상을 형성하게 된다.

고객은 물리적 외형을 로봇의 특성에 대한 판단을 하기 위한 중요한 요인으로서 사용한다. 미(beauty)에 대한 판단의 일치는 첫인상을 지배적으로 결정하고 물리적 매력은 더 많은 긍정적 인상을 얻는 경향이 있다. 사회적 서비스스케이프의 중요한 요소로서, 물리적 외형은 고객의 감정과 인지에 영향을 미친다.

② 구두언어
구두언어는 정보를 소통하기 위한 소리를 통해 표현된 단어를 의미한다. 많은 소비자들은 그들이 로봇으로부터 들은 것을 직접 인용하거나 다른 말로 바꾸어 표현하면서 로봇이 말한 것을 공유할 것이다. 즐겁고 유머스러운 언어는 로봇 중에서 인기가 있을 것이다. 대부분의 구두적 컨텐츠는 웃음, 즐거움, 매력을 초래할 수 있고 상호작용과 타인의 인정을 촉진할 수 있는 유머감각을 표현해야 한다. 유머와 물리적 매력이 서비스 전달에서 결합될 때 긍정적인 고객 서비스 평가가 증가할 수밖에 없을 것이다.

말로 표현된 컨텐츠는 다른 인지적, 감정적, 의욕적인 경험과 관련된다. 따라서, 로봇이 말하는 것을 들은 후에 소비자들은 가령 인식된 깜찍함, 즐거움, 진기함을 느끼게 된다. 로봇은 개인을 구분하지 않고 손님을 칭찬할 수 있고 칭찬받은 사람은 늘 행복한 경향이 있다. 손님에게 아부하는 것은 흔히 손님을 즐겁게 하고 구매행동을 촉진하기 위해 서비스 제공자에 의한 전략으로서 사용된다. 일반적으로 아부받는 개인은 아첨꾼에게 신뢰를 부여하는 경향이 있다. 서비스 제공자에 의한 아부의 사용은 고객만족을 증가시킬 수 있다. 따라서, 로봇의 구두 언어에서 고객에 대한 칭찬의 표현은 관계를 구축하고 고객만족을 증가시키며 기계와 인간 사이의 거리를 단축시킬 수 있다.

③ 동작

동작은 손 혹은 얼굴과 같이 몸의 전체 혹은 일부의 동태적 변화를 나타낸다. 그중에서 가장 중요한 것은 몸의 움직임이다. 고객은 로봇이 춤추고, 회전하고, 빛을 깜빡이고, 제스처와 행동을 변화시킬 수 있다는 것을 관찰할 수 있을 뿐만 아니라 얼굴 표현과 눈맞춤의 변화와 같은 안면의 변화도 동작 경험에 포함된다.

로봇의 동작은 살아 있어 동작을 구현하는 의인화의 핵심 차원이다. 인간-로봇 커뮤니케이션에서 로봇의 변화, 제스처, 자세는 고객에게 중요한 의미로 받아들여질 것이다. 인간의 뇌는 변화에 관심을 주기 때문에 심지어 눈맞춤은 핵심 커뮤니케이션 스킬로서 작용할 수 있다. 흥미롭게도 아기와 같은 어설픈 동작의 연결로 인해 로봇을 매력적이지만 바보같은 것으로 여기는 고객에 의해 친밀감을 갖는 것으로 인식될 수 있는 반면에 인간보다 더 빠른 속도를 보이는 과도하게 기계적인 로봇의 특징은 오히려 고객에게 불안감을 초래할 수 있다.

④ 준언어(paralanguage)

준언어는 억양, 어조, 음감, 말하는 속도와 같은 말투의 비구두적 측면이다. 로봇의 목소리와 어조는 고객에게 긍정적 감정을 제공하는 어린 아이의 목소리, 갓난 아이 목소리, 달콤한 목소리와 같은 것으로 전달될 수 있다. 그러나, 로봇의 준언어는 또한 부정적 인상을 창출하기도 한다. 어떤 고객은 로봇의 디지털 목소리를 부자연스러운, 이상한, 인공적인, 무서운, 불편한 것으로 경험할 수 있을 뿐만 아니라 일부 고객은 그 음성이 시끄럽다고 느낄 수 있다. 비록 인간들이 아기와 같은 특징을 선호할지라도 고객들은 어린아이와 같은 음성을 갖는 로봇을 인간처럼 느껴 18세 이하의 어린 아이에 의해 서비스 되고 있다는 불편한 감정을 가질 수도 있다.

(2) 인지적 경험

인지적 경험은 인지적 평가 프로세스를 포함하는 소비자들의 인지와 사고를 의미한다.

① 효용

효용은 고객에게 서비스하는 업무 시 서비스 로봇의 인식된 유용성과 도움의 수준을 의미한다. 소비자는 서비스 로봇의 구체적 서비스 행동(예: 룸 전달, 접시 서비스, 길 안내)과 로봇의 기능성(예: 여러 언어를 말하는 능력)의 실제 효용에 강한 초점을 둔다. 고객은 또한 그들의 인지적 이해를 표현하기 위해 편리, 실무적, 효율적과 같은 어떤 추상적 설명을 사용하기도 한다.

어떤 고객들은 서비스 로봇의 효용을 경험하지 못하고 그것이 무용지물이고 단지 속임수라고 생각할 수도 있다. 효용의 결과는 TAM에서 인식된 유용성과 일치하고 서비스 로봇 수용 모델(sRAM)에서 기능적 요소를 반영한다. 사용자에 의해 인식된 유용성이 높을수록 사용에 대한 태도와 행동적 의도가 더 긍정적일 것이다.

② 깜찍함

깜찍함은 서비스 로봇이 귀엽고 사랑스럽다고 고객이 인식하는 수준을 의미한다. 이것은 현장 서비스를 제공하는 로봇의 매력적인 특징으로 자주 언급된다. 깜찍하다는 인식은 주로 로봇의 아이같은 목소리, 사랑스러운 외관, 유머스러운 표현과 같은 특징으로부터 도출되고 때때로 로봇의 서투른 이동에 의해 자극되기도 한다.

위에 논의된 특징들은 서비스 로봇의 깜찍함 자본(cuteness capital)을 형성하고 이것은 고객의 서비스 실패에 대한 인내를 증가시키고 그들의 추천의도를 지원한다. 깜찍함은 인간이 귀여운 대상에 물리적으로 접근하려는 강한 의지를 갖기 때문에 고객 수용을 얻는 강력한 도구이다. 따라서, 깜찍함이라는 신호를 디자인하는 것은 로봇을 위한 혁신의 확산을 촉진하는 스마트한 전략이 될 수 있다. 기존의 논의에 따르면 둥글고, 부드럽고, 크기가 작고, 크고 둥근 머리, 큰 눈, 어린아이 같은 음성과 같은 사회적 특징이 깜찍함과 관련된다.

③ 자율성

고객 인식에 기초하는 자율성은 서비스 로봇이 직접적인 인간의 개입없이 스스로 업무를 수행하기 위해 감지하고 행동할 수 있는 수준을 의미한다. 이것의 대부분은 행동의 자유와 관련된다. 고객은 서비스 로봇이 손님방에 물품(예: 음식과 음료)을 가져가기, 엘리베이터를 잡기와 같이 업무를 독립적으로 마무리할 수 있고 직원의 개입없이 장애물을 회피할 수 있기를 기대한다.

몇몇 고객들은 또한 주변 환경을 규명하고 판단할 수 있는 서비스 로봇의 감지 자율성을 강조한다. 이 자율성이 고객으로 하여금 로봇이 스스로 일을 하는 능력을 가질 뿐만 아니라 느낄 수 있다는 것을 추론하도록 만들기 때문에 자율성은 AI 로봇의 중요한 특징이다. AI 로봇과 기계적 로봇 사이의 차이 중 하나는 자율성이다. AI 로봇이 점점 더 지능적일 될 때 자율성은 소비자 경험에서 더 폭넓게 인식될 것이다.

④ 멋있음

소비자들이 로봇이 최첨단에 있다고 인식할 때 느끼는 멋있음은 서비스 로봇의 긍정적 특징에 해당된다. 어떤 고객들은 로봇의 첨단 발전과 지능으로 인해 멋있다라는 감정을 표현하기도 한다.

소비자들은 로봇이 기술발전과 현대화를 나타낸다고 믿고 호텔의 서비스 수준을 향상시키기 위한 AI 로봇을 칭찬한다. 어떤 소비자는 자신을 구식이고 첨단에서 벗어났다고 비꿈으로써 멋있음에 대한 그들의 인식을 표현하기도 한다. 그럼에도 불구하고 인식된 멋있음은 고객만족과 사용의도에 긍정적으로 영향을 미칠 것이다.

⑤ 상호작용성

상호작용성은 서비스 로봇이 커뮤니케이션을 촉진하고 대응할 수 있다고 인식되는 수준이다. 이 커뮤니케이션은 잡담, 고객과 사진 촬영, 그들에게 다가가 먼저 고객에게 인사하기와 같은 구두 혹은 비구두적 상호작용일 수 있다.

상호작용은 고객 경험의 중심에 있다. 고객의 상호작용성에 대한 니즈는 긍정적 경험을 창출하는 데 있어서 사회적 요소의 중요성을 반영한다. 사회적 로봇은 커뮤니케이션 프로세스에서 긍정적인 애정 상태를 더 유인할 것이다.

⑥ 공손

공손은 서비스 로봇이 공손한, 존경스러운, 생각이 깊은, 친근함으로 인식되는 수준을 의미한다. 어떤 고객은 로봇의 조심스러움과 정중함을 칭찬하고 다른 사람은 로봇이 인간의 친절과 온화함이 결여되었다고 불평하기도 한다. 소비자들은 서비스 로봇의 행동과 구어적인 표현을 바탕으로 이 공손을 인식한다.

공손은 인간 인력의 서비스 품질을 평가하는 데 중요한 요인으로 고려된다. 서비스 로봇과 함께 하는 고객의 인지적 경험의 일부분으로서 공손의 결과는 computers−are−social−actors (CASA)을 반영한다. 이것은 사용자들이 컴퓨터를 평가하는 데 사회적 규범(예: 정중함)을 사용해야 한다는 것을 반영한다. 흥미롭게도, 이 평가는 로봇과 인간 직원의 사회적 행동에 관해 각기 다른 기대를 가질 수 있다는 것이다. 한 예로 일반적으로 고객은 사회적 규칙을 위반한 로봇을 용서하는 경향이 있다.

공손 혹은 정중은 중요한 서비스 품질 표준으로서 고려된다. 정중(politeness)은 개인들 간의 관계를 부드럽게 하는 사회적 연대이다. 개인들은 또한 정중함과 같은 사회적 규칙과 기대를 기계에 적용한다. 어떤 사람들은 정중함의 수준은 로봇에 대한 고객 평가와 상호작용에 영향을 미칠 수 있다고 한다. 그러나, 인간-로봇 상호작용에서 정중함의 영향은 복잡하고 소비자들에 따라 다르게 인식하게 되어 정중한 상호작용은 소비자 프로파일, 위치, 외부 환경과 같은 상황에 의존한다. 덜 공손한 로봇은 때때로 무례하고, 고객을 화나게 만드는 것으로 인식된다. 그러나, 유사한 행동이 어떤 고객들에게는 부정적 감정으로 다가갈 수도 있다.

(3) 감정적 경험
① 즐거움

즐거움은 고객들이 서비스 로봇과 상호작용하는 것을 즐거운 것으로 인식하는 수준을 의미한다. 많은 고객들은 서비스 로봇과의 경험을 즐거운 것으로 특징짓는다. 어떤 고객들은 로봇을 볼 때 기분이 좋아짐을 느끼고 누군가는 로봇과 직접적으로 상호작용한 후에 행복함을 느낄 수도 있다. 이 때문에 매력적인 외관, 깜찍한 목소리, 유머스러운 언어, 친근한 서비스, 칭찬은 매우 효과적일 수 있다.

TAM에서 인식된 유용성과 용이성과 더불어 즐거움이 사용자 수용에 영향을 미치는 핵심 변수라고 주장한다. 긍정적 감정으로서 즐거움은 또한 고객만족을 증가시키고 신기술을 사용하는 것에 대한 긍정적 태도를 초래할 수 있다.

② 새로움

새로움은 서비스 로봇과 접촉할 때 새로운 것과 다른 것을 경험하는 고객의 감정을 의미한다. 새로움은 서비스 로봇과 접촉하거나 그것에 의해 서비스 받을 때의 놀라움과 예상치 못하는 것에서 발생한다. 서비스 로봇의 새로움은 고객이 새로움을 추구하는 의도를 촉발한다. 어떤 고객들은 그들 서비스 로봇을 경험하는 첫 번째 기회가 소비의 이유가 된다고 한다.

새로움은 여행 경험에 근본적이고 고객-로봇 상호작용으로부터 나오는 새로움은 고객의 기억할만한 경험의 필수적 요소를 구성한다. 대부분의 새로운 경험은 기대하지 않은 놀라움에 기인한다. 이것은 기대하지 않은 이득이 기대된 이득보다 더 많은 즐거움을 가져오기 때문에 바람직한 현상이다. 어떤 고객은 새로움 추구가 고객 선택의 동기를 반영하면서 호기심으로 인해 서비스 로봇을 가진 호텔 혹은 레스토랑을 선택하기도 한다.

③ 만족

만족은 또한 로봇 서비스 경험의 중요한 부분을 나타낸다. 고객은 좋은, 별 5개 칭찬, 만족스러운, 칭찬받을 만한과 같은 단어를 사용함으로써 만족한 감정을 공유한다. 서비스 로봇에 대한 만족을 표현함과 더불어 고객들은 로봇에 의해 제공된 서비스로 인해 호텔, 레스토랑, 공항 심지어 관광지를 칭찬하기도 한다.

많은 만족된 고객들은 로봇의 새로움을 언급한다. 이것은 만족과 고객 기대 사이의 관계에 의해 설명될 수 있다. 로봇이 여전히 환대와 여행산업에서 새롭기 때문에 로봇에 의해 제공된 서비스를 경험하는 것은 소비자 기대를 초과할 수 있고 고객만족으로 이어진다. 높은 만족이 흔히 구전, 긍정적 브랜드 이미지, 고객충성으로 이어지기 때문에 만족은 우호적 성과이다.

④ 부정적 감정

기타 여러 부정적 감정이 존재한다. 그것으로는 불만족, 분노, 실망, 당황과 더불어 공포스러운, 나를 무섭게 하는, 기이한, 테러 공포 등의 감정이 나올 수 있다. 그 공포는 주로 예기치못함, 로봇이 인간 문명을 정복할 것이라는 걱정, 로봇의 목소리로부터 결과된다. 어떤 고객은 특히 밤에 두려움을 느끼기도 한다. 대부분의 현재 논의는 소비자의 부정적 감정을 언캐니밸리(uncanny valley)[1]로 설명하고 있다.

또한 소비자에 의해 경험된 부정적 감정은 예상치 못함에 기인하기도 한다. 흥미롭게도 예상치 못함 혹은 놀라움이 긍정적 혹은 부정적 감정 중 하나에 의해 뒤따를 수 있음을 설명한다. 놀라움은 방해 메카니즘으로서 간주될 수 있고 이것은 불편한 경험으로 이어지는 지속적인 사고와 활동을 중단한다.

(4) 의도적 경험

이 항목은 AI 서비스 로봇에 접근하거나 저항하려고 노력하는 소비자들의 행동적 및 의도적 경험을 포함한다.

① 접근 혹은 저항

접근(approach)은 서비스 로봇을 수용하는 의지인 반면에 저항(resistance)은 인간 서비스

---

1 불쾌한 골짜기 이론으로서 휴머노이드 로봇의 '인간과의 유사도(수평축)'와 '사람들이 느끼는 호감도/친밀도(수직축)'에 대한 그래프를 그릴 때 약 70%대 구간에서 호감도가 급락하다가 100%에 가까워질 때 다시 급상승하는 설명하기 어렵게 기이한 골짜기 모양의 궤적이 그려진다는 로봇공학자 모리 마사히로의 이론으로서 어설프게 인간과 흡사한 휴머노이드에 느끼는 사람들의 불쾌감을 설명한다.

를 선호하기 때문에 서비스 로봇을 회피하는 의지를 나타낸다. 접근의 관점에서 그것은 경험, 포옹, 소유, 집에 가져가기를 원하는 것을 포함하는 의도적 및 행동적 수준 모두를 반영한다. 이 접근을 통해 서비스 로봇은 고객의 구매의지를 촉발할 수 있다.

행동 수준에서 접근은 로봇과 즐기는 것과 따라다니면서 잡담하는 것과 같은 상호작용에 적극적으로 관여하는 것과 관련한다. 서비스 로봇은 또한 고객의 실제 구매행동을 자극한다. 어떤 고객이 로봇을 보기 위해 여러 번 구매하기 때문에 자극된 구매행동은 서비스 로봇에 업무부하를 추가할 수 있다는 것을 인식할 필요가 있다. 일반적으로 접근 행동은 긍정적이고 고객 관여의 개발을 허용한다.

저항 행동/의도에 따라서 고객은 동일한 장소를 재방문하지 않을 수 있다. 고객의 저항 행동은 혁신 확산에서 일반적 현상이다.

(5) 다른 경험

기타 경험으로는 미래 고용에 대한 걱정, 안전감, AI 로봇에 대한 미래의 기대, 로봇 쉐프에 의해 만들어진 음식의 맛들을 포함한다.

3 AI에 의한 가치 공동창출

3.1. 가치 공동창출의 개념

가치 공동창출은 가치와 경험이 더 이상 고객에게 단순히 전달될 수 없음을 간접적으로 의미한다. 오히려 서비스 제공자는 가치명제를 단지 제시할 수 있을 뿐이다. 일단 고객이 그러한 명제를 받아들이고 성공적으로 그들의 유·무형자원과 통합하면 가치는 협력적이고 상호작용적으로 공동창출된다. AI가 주도하는 서비스 접점에서 서비스 제공자는 인간의 언어로부터 의미를 읽고, 이해하고, 도출하기 위해 사용자 인터페이스, 지식기반, 자연어처리 해석기와 같은 수많은 모듈과 챗봇의 이용가능성을 포함하는 가치명제를 창출할 수 있다. 유형 및 무형 자원(예: 스킬, 시간, 모바일 폰과 인터넷에 접근)의 통합을 통해 챗봇과 협력(예: 상호작용)하고 결과적으로 가치창출을 결정하는 것을 추구하는 사람은 바로 고객이다. 예를 들어, 호텔에서 예약 담당자와 대면 상호작용에 참여하는 대신에 고객은 고객의 위치 혹은 언어와 상관없이 하루 언제든지 질문에 답할 수 있는 AI가 작동되는 챗봇과 접촉할 수 있다. 고객과 서비스 제공자 사이의 즉각적인 동태적 관여에 기반한 개인화되고 상황에 맞는 그러한 경험은 실시간 가치 공동창출의 한 사례이다.

서비스 제공자와 고객의 가치 공동창출(value co-creation)은 상호가 의존적인 관계에 관여할 때 발생한다. 이와 관련된 이론적 프레임워크로는 서비스지배논리(SDL: service dominance logic)로 설명된다. 공동창출 프랙티스는 폭넓게 공유된 목적, 공통 환경에서 각 당사자의 협력적 행동에 지속된 관여에 의해 강화된다. 또한, 사용자 커뮤니티와 같은 3자가 공동창출의 지원에 적절한 역할을 할 수 있다. 서비스 기반 관점에서 기술 서비스 제공자들은 지속적으로 고객과 함께 가치를 공동창출하기 위한 기회를 찾을 필요가 있다.

기업들은 디지털 혁명으로 제공된 기회를 활용하기 위해 그들의 전략, 미션, 핵심역량을 재빨리 변화시키고 있다. 디지털 기술은 제공자와 고객이 그들의 상호의존적인 비즈니스 관계의 불확실성을 공유하는 공동창출 자산의 전형적인 예이다. 예를 들어, 제공자는 산업 네트워크 내에서 고객 및 다른 이해관계자들과 가치를 공동창출하고 사회적 자본을 증가시키기 위해 클라우드 플랫폼, 무형자산(예: 소프트웨어 혹은 암묵적 지식)과 같은 물리적 공동창출 자산을 개발할 수 있다. 이 자산은 고객/사용자 여정 및 경험의 재설계와 단계에 크게 영향을 미친다. 예를 들어, 서비스 제공자는 고객의 구매여정 동안에 고객 선택을 지향하기 위해 모바일 어플리케이션을 통해 파트너가 소유하는 접점을 활용할 수 있다.

3.2. AI와 가치 공동창출 사례

AI라는 기계는 고객경험을 위해 정밀하게 재단된 구체적 행동을 계획하고 실시간으로 프로세스를 모니터할 수 있다(예: 태블릿 혹은 스마트폰을 통해). 그러나, 이 기계는 감정에 의해 영향받지 않고 인간이 하는 동일한 실수를 반복하지 않는다. 반응적 기계는 기억 혹은 심지어 과거 경험에 의존하지 않고 의사결정한다. 이 유형의 AI는 보는 것에 직접적으로 반응한다. 따라서, 이 기계는 그들이 프로그램된 것 이외의 어떤 것을 할 수 없다. 반대로, 제한된 기억을 갖는 다른 유형의 AI 기계는 그들의 의사결정 프로세스에서 과거에 부분적으로 의존할 수 있다.

AI는 가격책정, 경영, 구매자 행동, 판매와 같은 몇 가지 비즈니스 활동과 프로세스에서 중요한 기술적 인프라이다. AI는 고객, 최종 사용자, 다른 비즈니스 이해관계자에 대한 데이터를 구체적이고 이질적인 시장지식으로 전환하는 기회를 제공한다. 가치 공동창출 관점에서 기술 서비스 제공자에 의한 AI와 로봇의 적용과 실행에 많은 관심을 준다.

많은 산업에서, 조직은 디지털 혁명의 장점을 얻기 위해 전략을 다시 정립하고 있다. 최근 몇 년간 AI는 물류 계획, 주식시장, 로봇, 법률, 과학연구, 심지어 장난감 산업과 같은 여러 산업영역에 새롭게 진입하였다. 소매에서 고객의 비용 프로세스에 대한 데이터와 정보를 분석하고 처리함으로써 AI는 제품추천 엔진에 정보를 알려주고 점포 내 품목의 물리적 위치에 대한 신뢰할만한 정보를 제공하였다. AI는 은행부문에서 신용카드의 불법적 사용과 관련된 사기의 예방, 자동차산업에서 자율주행차가 길에서 다른 차들의 속도와 방향을 감지하고 분석하는 데 사용되고 있다.

오늘날, 빅데이터, 디지털 기술, AI는 헬스케어 상황에서도 새로운 경쟁환경을 혁신하고 창출하고 있다. 최근에, UN 산하의 WHO(World Health Organization)와 ITU(International Telecommunication Union)는 'focus group on Artificial Intelligence for Health(FG-AI4H)'을 만들고 국제적, 독립적, 표준평가 프레임워크로서 작용할 수 있는 건강 AI 모델을 위한 벤치마킹 프로세스를 개발하는 중이다. 헬스케어에서 AI 기술은 진단을 향상시키고 인간의 실수를 줄일 뿐만 아니라 다른 이해관계자(예: 환자, 의사, 정책입안자, 결제회사) 그룹에게 가치를 창출하는 데 사용된다. 예를 들어, 최근은 COVID-19의 팬데믹 발병은 전체 정부가 헬스케어에 대한 그들의 접근법을 다시 생각하고 AI를 통해 문제를 해결하도록 요청 중이다. 예를 들어, 중국에서 Alibaba, Baidu, Huawei, Tencent와 같은 기업들은 헬스케어 위기를 해결하기 위한 그들의 AI 기반의 솔루션을 이용가능하도록 만들고 있다. 기술서비스의 제공자로서 그들은 헬스케어 기구와 중앙정부가 발병을 규명/추적/예측, 바이러스 진단, 헬스케어 요청을 처리, 드론을 통한 의료보급품 배송, 음식과 보급품을 위생처리/배송하는 로봇을 전개, 약과 새로운 백신을 개발, 규정 불이행 혹은 감염자를 발견, 챗봇을 통한 무료 온라인 건강 자문을 제공하는 것을 지원하고 있다.

3.3. AI에 의한 가치 공동창출 접근법

디지털 기술은 산업이 가치를 공동창출하기 위해 어떻게 비즈니스 네트워크를 재배치하는지를 심오하게 혁신한다. 이를 효과적으로 달성하기 위해 다음의 두 가지를 창출하려고 노력해야 한다.

① 상호작용 플랫폼을 통해 상호작용적 가치창출을 극대화

상호작용 플랫폼은 상호작용 시스템-환경의 다양성을 허용하며 인공물, 프로세스, 인터페이스, 사람들의 이질적 관계로 구성된 주체의 집합을 의미한다. 즉, 현재의 디지털 패러다임에서 가치 공동창출은 여러 산업 이해관계자들을 수반하는 매우 폭넓은 다수준 상호작용의 집합을 관리할 때만 발생할 수 있다.

② 가치 공동창출을 위해 기업에 필요한 핵심 스킬과 역량을 구축

디지털 변환 시대에서 기업은 고객과 가치 공동창출의 두 가지 핵심 메카니즘을 가능하게 하는 구체적(지능적, 연결적, 분석적) 역량을 개발하도록 요구받는다.

● 지각적 메카니즘

제공자들이 지속적으로 고객의 참여를 조사하고 고객중심적 서비스 전달을 규명, 평가, 구축하도록 허용(예를 들어, 전체 성과를 향상시키기 보다는 프로세스와 자원의 사용 비효율성을 줄임으로서)한다.

● 반응적 메카니즘

얼마나 빨리 그리고 능동적으로 고객의 변화하고 새롭게 나타나는 니즈에 반응하는지를 명확히 하는 메카니즘이다(예를 들어, 클라우드에서 가상화된 애널리틱스와 기능을 실행함으로써).

4 기술중심의 서비스 접점에서 가치의 손실

자율 서비스를 위해 고객이 기술과 상호작용할 때 그들은 서비스 생산에서 중요한 역할을 담당한다. 이 '파트타임 직원'과 '가치의 공동창출자'로서 불리기도 하는 고객은 어떤 문제를 해결하고 필요한 서비스를 전달하는 데 완전히 관여하게 된다. 그러나, AI가 작동되는 서비스 접점에서 항상 가치 공동창출만 발생하는 것은 아니다. 오히려 가치의 공동파괴를 더 걱정할 필요가 있다.

4.1. 가치 공동파괴의 개념

AI 기술은 조직의 현장에서 서비스 제공자와 고객 사이의 가치의 공동창출을 지원하기 위해 서비스 상황에서 도입된다. 그러나, 공동창출은 현장의 상호작용으로 나타나는 유일한 결과가 아니고 공동파괴라는 현상이 발생할 수도 있다. 서비스 제공자와 고객 사이의 공동창출을 위한 협력 프로세스의 전제는 그것이 본원적으로 두 주체들 사이의 상호작용이 가치 공동창출(예: 긍정적 정서)로 결과되는 경향이 있다는 것을 암시하기 때문에 비판을 받았다. 그러나, 최근의 논의는 서비스 제공자와 고객 사이의 상호작용이 또한 부정적 결과로 결과될 수 있다는 가능성에 관심을 두기도 하였다. 즉, 두 주체 중 최소한 하나가

다른 주체와 상호작용함으로부터 가치의 감소를 경험한다는 것이다. 이 부정적 결과는 공동파괴(co-destruction)로서 불려지고 시스템의 행복(서비스 시스템의 본질을 고려하면 개인적 혹은 조직적일 수 있는) 중 최소한 하나의 감소로 결과되는 서비스 시스템 사이의 상호작용 프로세스로서 정의된다. 더욱 구체적으로, 가치 공동파괴는 상호작용에 포함된 어떤 혹은 모든 주체들에 의해 경험될 수 있고 의도적 혹은 우연적으로 발생할 수 있다. 가치 공동파괴는 어떤 주체(예: 고객)가 다른 주체(예: 서비스 제공자)의 어떤 자원에 다른 자원을 통합할 때 어떤 하나 혹은 이 두 주체들의 행복이 감소한다는 것을 암시한다. 이 행복의 감소는 실제 혹은 인식된 자원통합에 관한 주체들의 기대 사이의 차이에서 나온다.

　기존의 논의는 행복의 감소 또는 '기대하지 않은 자원 손실'이라는 용어하에 공동파괴로 이어지는 요인을 정리한다. 예를 들어, 고객은 AI 에이전트와 마찰을 일으키지 않을 것이라고 기대하면서 Alexa, Google Home, Siri와 상호작용할 수 있다. 하지만, 어떤 경우에 고객은 복잡의 감소(통제의 손실로 인한 좌절)를 경험하고 자원(시간)을 얻은 것 이상을 잃음으로서 가치 공동파괴를 경험하기도 한다. 비록 고객과 서비스 제공자가 모두 자원 손실을 초래할 수 있을지라도 기존의 논의는 그 가치 명제를 이행하는 데 서비스 제공자의 실패로부터 나오는 자원 손실에 대해 우선적으로 초점을 두었다. 이와 관련하여 기존의 논의는 정보의 결여, 실수, 무관심, 기술적 실패를 포함하여 자원손실과 공동파괴의 선행요인으로서 작용할 수 있는 많은 요인을 규명하였다.

4.2. 자원 손실 유형

　최근 연구는 가치 공동파괴의 영향 요인인 자원 손실, 자원 결핍, 비통합을 구분하고 있다.

(1) 자원 손실

　고객이 서비스 제공자와 상호작용할 때 흔히 잃게 되는 많은 자원(경제적, 사회적, 정보적, 감정적, 일시적, 관계적 자원, 역할 명확성과 같이 고객의 역할과 관련된 자원)이 존재한다. 예를 들어, 공동창출로부터 결과되는 부정적 측면으로는 역할 갈등과 모호성이 있고 이들은 긴장으로 이어질 수 있다. 또한, 능동적 고객참여는 역할 스트레스, 역할 갈등, 역할 과부하, 역할 모호성을 포함한 역할 스트레스로 이어질 수 있고 그러한 스트레스는 업무 범위와 수혜적 참여에 기초하여 증가한다.

(2) 자원 결핍

　자원 결핍은 하나 이상의 주체들이 상호작용 시에 사용하기 위해 필요한 무형 자원(예:

지식)을 보유하지 않을 때 발생한다. 결과적으로, 자원 결핍은 다른 자원들이 상호작용 시 어떻게 활용되는지에 복합적인 영향을 미칠 수 있다. 만약 고객이 특별한 자원(예: 신뢰)이 부족하면 서비스 제공자에 의한 다른 자원(예: 정보)의 전달에 대해 부정적 영향이 나타날 수 있다.

(3) 자원 비통합

접점에 포함된 주체들은 또한 상호작용 시 다른 주체들의 자원 혹은 자신의 자원을 의도적으로 혹은 무심결에 잘못 통합할 수 있다. 어떤 주체들이 다른 주체들의 관점에서 적절하거나 기대된 방식으로 그들의 유무형의 자원을 통합하지 못하게 되면 자원이 잘못 통합된다. 이 관점과 일치하여, 자원의 잘못된 통합은 다음과 같이 분류하기도 한다.

- 자원의 기만적인 통합
  자원통합의 고의적인 은폐
- 자원을 통합하는 방법에 대한 오해
  올바르게 자원을 통합하는 방법을 이해하는 데 실패
- 자원의 부주의한 통합
  자원의 통합에서 의도적인 무관심
- 자원을 통합하는 의지 부족
  자원의 의도적인 보류 혹은 철회

자원 비통합이 여러 방식으로 나타낼 수 있기 때문에 자원 손실의 다른 선행요인을 밝히는 것은 공동파괴의 초기 경고사인을 얻을 수 있게 만든다.

공동파괴의 부정적 영향이 상당해서 실패한 상호작용에 포함된 고객이 후속 상호작용에 다시 협력하는 것을 거절할 수 있다. 고객은 또한 소셜 미디어에서 부정적 구전을 통해 서비스 제공자와 실패한 상호작용에 관한 그들의 감정을 공공연히 표현할 수 있고 이것은 서비스 제공자의 이미지와 명성에 해를 끼칠 수 있다.

4.3. 선행요인

Castillo et al.(2021)에 의하면 AI 서비스(예: 챗봇) 상황에서 공동파괴는 다섯 개의 선행요인으로부터 등장한다.

(1) 진실성 이슈

이 이슈는 서비스 제공자가 의도적으로 숨거나 챗봇의 정체성을 숨긴다는 것을 고객이 인식할 때와 같이 상호작용 동안에 챗봇의 감춰진 존재로부터 나온다. 챗봇의 정체성이 명백하지 않을 때 사람은 그들의 챗봇 혹은 인간 에이전트와 상호작용할지를 결정하는 많은 실마리에 의존한다. 이 실마리는 질문에 즉각적인 응답을 받기, 완전한 구두점과 철자를 알아채기, 반복적으로 다른 질문에 대해 동일한 답을 얻기를 포함한다. 고객은 자신이 인간 에이전트와 상호작용한다고 믿었으나 실제로 챗봇과 상호작용한다는 것을 알았을 때 속여졌다고 믿는다.

이 불확실성은 고객이 상호작용에서 이행해야 하는 역할을 이해하는 수준을 의미하는 개념인 고객의 역할 명확성에 영향을 미친다. 고객은 그들의 의사소통 스타일을 변화시켜야 하는지, 핵심어와 같은 방식으로 입력해야 하는지, 혹은 다른 방식으로 입력해야 하는지, 퉁명스럽거나 친근해야 하는지, 그들의 이슈가 중요하다는 것을 보여주기 위해 적용하는 입장이 무엇인지를 알지 못한다. 고객과 서비스 제공자는 진실성 이슈로 인해 발생하는 역할 명확성의 결여에 동등하게 책임을 갖는다.

(2) 인지 도전

고객은 챗봇의 사용으로 많은 인지적 도전을 인식한다. 챗봇이 어떤 이슈를 이해하기 위해 과한 질문을 물어보거나 고객질문에 동일한 답을 계속 제공할 때처럼 챗봇은 채팅(chatting) 프로세스가 빈약할 때 이해하지 못한다. 챗봇이 질문 혹은 문제를 잘못 이해하고 관련없는 응답을 제공할 때와 같이 부정확한 해석의 경우에도 인지적 도전이 관찰되기도 한다.

이해하지 못하는 것은 고객에게 좌절과 분노의 감정을 낳는다. 비록 고객은 챗봇이 그들의 문제 혹은 이슈를 완전히 해결할 것으로 기대하지 않을지라도 최소한 그들의 질문 상황을 이해하고 적절한 안내를 제공할 수 있을 것으로는 기대한다. 이것이 사실이 아니라면 예를 들어, 챗이 교착상태로 결과되면 고객은 상호작용의 통제를 잃었다고 느끼기 때문에 불안해 하고 화가난다. 만약 고객이 상호작용 이전에 이미 화가 나고 좌절을 경험하고 있었다면 그들의 분노와 좌절은 챗봇의 인식의 결여가 발생하는 경우에 더욱 증가할 것이다.

(3) 감정적 이슈

고객은 챗봇이 어느 전도 감정을 보일 것으로 기대한다. 고객지원 상황에서 고객은 챗봇을 인간직원의 대체로 인식하기 때문에 상호작용 시 공감과 개인화의 요소를 기대한다.

단지 내가 타이핑하는 것을 이해하기 보다는 챗봇이 내가 느끼는 것을 이해하고 같이 느끼기를 원한다. 그러나, 고객의 기술적 수준과 상관없이 챗봇은 고객의 감정적 상태에 쉽게 적응하고 고객의 분노감, 좌절, 스트레스, 우려를 확산시킬 수 없다.

결과적으로, 챗봇과 상호작용에서 감정적 이해가 없다고 고객이 결정할 때 그들은 관계적 자원 손실을 경험한다. 고객은 일반적으로 서비스 제공자와 깊은 유대관계를 발전시키는 방식으로 인간 에이전트와 정기적인 상호작용을 인식한다. 이것은 고객의 반복적 상호작용을 인지할 수 있는 특정 직원과의 관계를 구축하는 것도 포함한다. 그러나, AI를 통해서 고객이 가치를 인정받지 못하도록 느끼게 만들고 서비스 제공자와 거리유지의 감정을 만들기 때문에 챗봇에 의한 상호작용은 냉담한 것으로 표현된다.

(4) 기능성 이슈

고객은 챗봇의 기능성이 제한되는 것으로 인식한다. AI에 의해 작동됨에도 불구하고 챗봇은 챗팅 동안에 단지 제한된 지원만을 제공할 수 있다. 예를 들어, 고객은 챗봇이 단순하고 간단한 질문에 응답할 때에만 인간의 적절한 대체로서 인식한다. 그러나, 그들의 범위가 일반적으로 협소하기 때문에 더욱 복잡한 질문을 해결하는 데 그들에게 의존할 수 없다. 챗봇의 제한된 기능성은 또한 고객이 감정 혹은 선호를 표현하는 데 선호될 수 있는 그림과 이모티콘(emoji)과 같은 비문자 형태의 입력을 처리할 수 없는 데서도 발견될 수 있다.

챗봇이 제한적이라고 기대함에도 불구하고, 고객은 그러한 기능적 제한의 결과로서 중요한 자원 손실을 기대하지 않는다. 그러나, 고객이 질문을 반복하거나 인간 에이전트와 대화를 전체적으로 다시 시작할 때 중요한 시간자원의 손실을 경험할 수 있다.

(5) 통합 갈등

통합 갈등은 자원 손실의 다른 선행요인이다. 이 갈등은 챗봇과 인간에 의해 작동되는 다른 고객지원 채널 사이의 연결이 되지 않는 것으로부터 발생한다. 예를 들어, 대화의 초기 단계에서 챗봇에 의해 수집된 정보가 인간 에이전트에게 전송되지 않거나 챗봇이 복잡하거나 중단된 대화를 자동으로 인간에게 이전하지 않을 때 발생할 수 있다.

통합갈등은 단지 일시적이고 감정적 자원손실(시간낭비와 좌절)로 결과되지 않는다. 그러나, 갈등은 또한 고객이 정보적 손실을 경험하는 것으로 초래한다. 고객은 챗봇 대화가 저장되지 않는다고 인식한다. 결과적으로 그들은 특정 문제 혹은 이슈에 관련한 참고 프레임을 잃게 된다고 느낀다. 그러한 경우에 고객은 자신이 누구에게 말했고 무엇에 대해 말했는지와 관련된 세부사항에 대해 추적을 요구할 수 없게 된다.

4.4. 손실에 대한 고객의 대응전략

자원 손실은 여러 수준에서 고객 감정과 후속 행동에 영향을 미친다. 온화한 반응은 전화 혹은 이메일과 같은 다른 채널 혹은 챗봇을 재사용하는 것을 거절하며, 인간에 의한 지원을 즉각 요청하는 것을 포함한다. 하지만, 깊은 감정적 자원 손실을 경험한 고객은 더 매몰찬 반응으로 이어진다. 일반적 반응은 서비스 제공자의 서비스를 단절하거나 경쟁 서비스로 이전을 포함한다. 가장 매몰찬 반응은 소셜 미디어에 부정적 구전을 전파하는 경우이다. 비록 부정적 구전이 다른 반응만큼 일반적이지는 않을지라도 그것은 고객의 질문을 이해하는 데 실패하거나 반복하는 것과 같이 챗봇의 연속적인 부정적 서비스에 의해 촉발된다.

자원손실은 심지어 고의로 피해를 보거나 서비스 제공자에게 앙갚음함으로써 상황을 통제하려는 고객의 욕구를 활성화시킨다. 이 행동은 대응전략을 암시한다. 고객이 자신의 행복을 돌리려는 시도로 특정의 부정적 행동을 선택한다는 것이다. 고객이 AI가 작동하는 서비스 상호작용에서 자신의 행복을 복구하려고 시도할 때 회피와 대치라는 대응행동이 명백하게 나타난다. 인간적 지원을 요청하는 시도와 챗봇을 재사용하는 것을 거절하는 것이 '회피 대응전략'의 한 예이다. 여기서 고객은 신기술로부터 자신을 거리를 두려고 시도한다. 반면에 서비스 종료, 경쟁자에게 전환, 부정적 구전에 관여하는 것은 '대치 대응전략'이다.

참고문헌

Castillo, D., Canhoto, A.I. & Said, E. (2021), "The dark side of AI−powered service interactions: Exploring the process of co−destruction from the customer per−spective", The Service Industries Journal, 41(13−14), 900−925.

Henkel, A.P., Čaić, M., Blaurock, M. & Okan, M. (2020), "Robotic transformative service research: Deploying social robots for consumer well−being during COVID −19 and beyond", Journal of Service Management, 31(6), 1131−1148.

서비스 부문
AI 역량과 품질

9장

서비스 부문 AI 역량과 품질

1 성공적 실행을 위한 AI 역량

1.1. AI 역량의 개념

앞서 AI 프로젝트의 성공적 전개를 고려할 때 몇 가지 장애물이 고려되었다. 예를 들어, 기술적 역량의 결여는 AI로부터 가치를 도출하는 가장 큰 장애물 중 하나로서 데이터 요구사항을 이해하지 못하거나 그 데이터를 저장하고 전달하는 데 필요한 기술적 인프라가 결여되었을 경우에 AI의 성공적 실행에 장애가 된다. 또한, 기존의 프로세스 및 시스템과 AI 프로젝트를 통합하는 데 따르는 어려움이 극복되어야 한다.

비록, AI의 적용 및 실행을 지원하는 데 필요한 AI 특유의 기술이 매우 빨리 발전할지라도 기술 이외에 양성할 필요가 있는 조직적 자원에 초점을 두는 것도 매우 중요하다. 이 보완적 조직자원은 기업 특유의 그리고 모방하기 어려운 AI 역량을 구축하는 데 필수적이기 때문이다.

AI 역량은 AI 특유의 자원을 선택, 조율, 활용하는 기업의 능력으로서 정의할 수 있다. 예를 들어, AI 투자로부터 비즈니스 가치를 실현하기 위해 필요한 보완적 조직 자원의 직접적인 예는 리더십, AI 기술에 대한 이해, AI가 작동하는 방식에 대한 이해이다. 이외에도 부서 간 조정의 배양, 스킬과 관점이 혼합된 교차기능팀의 개발, 분석 전문성의 보유, 조직의 우선순위로 AI 설정 등이 많은 사람에 의해 강조된 바 있다.

1.2. AI 역량 프레임워크

 자원기반이론(resource-based theory)에 토대하여 AI 역량을 구성하는 8가지 자원을 제시한다. 이 자원들은 기업에 의해 직접 소유되거나 서비스 협약을 통해 외부에서 획득될 수 있다. 자원기반이론의 이론적 프레임은 자원을 통제하는 중요성을 강조하기 때문에 그러한 유형의 자원 소유권을 허용한다. 여기서, 규정된 자원은 <그림 9.1>과 같이 유형적, 인간적, 무형적이라는 세 가지 항목으로 그룹화된다. 유형적 자원은 데이터, 기술, 기본 자원으로 구성되는 반면에 인적 자원은 비즈니스와 기술적 스킬, 비즈니스 스킬로 구성되며, 무형적 자원은 부서간 조정, 조직적 변화 역량, 리스크 성향을 포함한다.

그림 9.1 AI 역량 프레임워크

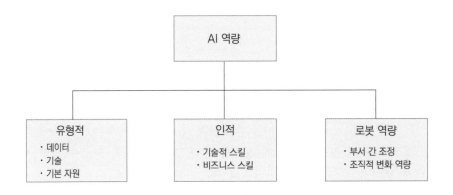

(1) 유형적 자원

① 데이터

 조직이 전통적으로 비즈니스 의사결정을 지원하기 위해 구조화된 데이터에 초점을 둔 반면에 오늘날의 조직은 여러 형식의 다양한 원천에서 나오는 독특한 데이터를 포착한다. 실제로, 데이터가 AI 알고리듬을 훈련시키는데 사용되기 때문에 고품질 데이터의 이용가능성이 중요해진다.

 AI에 선도적인 조직은 모든 조직 계층에서 데이터를 기업의 자산으로 간주할 것이다. AI와 빅데이터의 융합은 가장 중요한 발전 중 하나이고 어떻게 기업이 그들의 데이터 자원으로부터 비즈니스 가치를 추출하는지를 결정한다. 가치를 전달할 수 있는 AI 어플리케이션을 개발하는 데 그러한 알고리듬으로 공급되는 데이터의 품질은 매우 중요하다. AI 시스템이 대량의 훈련 데이터셋을 필요로 하고 어플리케이션이 인간이 하는 방식과 유사한 방식으로 그 이용가능한 정보로부터 학습하기 때문에 대량의 고품질 데이터에 대한 높은 요구는 너무나 당연한 것이다.

품질 이슈와 더불어, 많은 AI 어플리케이션은 지도된 방식으로 개발되고 이것은 데이터의 적절한 라벨링에 상당한 초점을 둔다. 여기서, 라벨링과 훈련 시 왜곡된 데이터가 잠재적으로 편향된 AI 어플리케이션으로 결과될 수 있다. 이것은 실무자들이 그들의 데이터 셋을 AI 어플리케이션으로 활용하는 데 있어서 심각한 문제가 될 수 있다. 데이터 자원은 정제될 경우에만 경쟁우위의 원천이 되는 새로운 원유(oil)로서 의미를 갖게 된다.

조직이 접근할 수 있는 데이터는 폭넓게 내부와 외부 데이터라는 두 가지 유형으로 항목화될 수 있다.

- 내부 데이터

  이 데이터는 회계, 판매, 인적자원관리, 생산/운영과 같은 조직의 내부 운영에 의해 창출된 모든 것을 포함한다. 전통적으로, 내부 데이터는 조직이 의사결정에 기반을 두기 위해 활용하는 전체 데이터의 많은 부분을 나타낸다.

- 외부 데이터

  이 데이터는 기업의 운영에 직접 관련되지 않으나 조직이 운영하는 경쟁환경에 대한 새롭고 심오한 통찰을 제공할 수 있는 것을 반영한다.

조직에 전례없는 기회를 제공하면서 대량의 외부와 내부 데이터를 유입하는 것은 불량 데이터의 여과, 데이터의 크기를 관리할 수 있고 의미있는 집합으로 축소하는 것과 같은 큰 도전을 경험하게 한다. 그러나, 과도하게 요약된 데이터가 어떤 핵심 통찰, 관계, 패턴을 불명확하게 만들 듯이 정제를 통한 데이터 축소 시에 어느 정도의 균형이 존재할 필요가 있고 그 올바른 수준을 결정할 필요가 있다. 따라서, AI를 가능하게 하는 데이터를 활용하는데 관심있는 기업은 내부와 외부 데이터의 원천을 통합해야 하고, 동시에 조직의 경계를 넘어 그 데이터를 정제, 처리, 유통하는 관리를 효과적으로 수행해야 한다.

② 기술

AI 어플리케이션을 구축하기 위한 '대규모의', '비구조화된', '고속의', '복잡한' 데이터 원천을 활용하는 데 중요한 도전 중 하나는 기저의 기술적 인프라와 관련한다. 그러한 진기한 데이터 형태는 획득, 통찰 발생부터 AI 어플리케이션을 훈련시키는 모든 단계에 걸쳐 데이터를 저장, 처리, 이전, 보호하는 급진적으로 새로운 기술을 요청한다. AI를 위한 데이터 저장 요구는 어플리케이션과 원천에 따라 많이 다양하다. 유연한 데이터 저장과 달리 AI 기술은 또한 신속하게 데이터를 처리하고 복잡한 알고리듬을 수행할 수 있는 기술에 조직이 투자하도록 압력을 가한다. 공통적 접근법은 요구된 처리 파워를 다루기 위해 GPU 집약적 클러스터와 병렬컴퓨팅 기법의 사용을 포함한다. 많은 조직은 또한 복잡한 AI 방법이 단순한 API(application programming interface) 콜을 통해 적용되도록 AI 인프라와 관련된 큰 비용을 다루는 것을 가능하게 하는 클라우드 기반의 솔루션을 적용하는 중이다.

최근의 McKinsey 보고서는 기술적 인프라의 결여가 조직에서 AI를 적용하는 데 주요 장애물 중 하나라고 강조한다(Chui & Malhotra, 2018). AI 기술이 다양한 수준에서 인프라 투자를 필요로 하기 때문에 이것은 많은 조직 특히 여유자원이 부족한 조직에서 주요 장애물로 입증되고 있다. 예를 들어, 딥러닝 시스템은 자신을 재훈련시키는 능력과 더불어 업데이트된 데이터의 지속적 공급을 필요로 한다. 이것은 획득에서부터 추론뿐만 아니라 저장과 이전에서 고대역 네트워크를 통한 처리 파워까지 전체 파이프라인에 걸쳐 이루어진 인프라 투자로 반드시 전환된다. 기술적 인프라는 또한 사용된 AI 기법의 유형에 심하게 의존한다. 예를 들어, 컴퓨터비전 어플리케이션은 이미지 분할, 개체 감지, 패턴 감지, 특성 매칭의 처리 복잡성을 구체적으로 다루기 위해 설계된 고속유동, 광대역 네트워크, 하드웨어로 이미지를 포착할 수 있는 내장된 카메라를 갖는 장치를 필요로 한다.

③ 기본 자원

AI를 지원하기 위해 데이터와 기술적 인프라에 대한 투자와 별개로 기대한 성과를 낳기 위해 조직은 시간과 재무적 자원을 제공할 필요가 있다. 대부분의 조직이 현재는 AI를 실험하고 있는 단계에 있기 때문에 대부분의 적용 계획은 출시되고 가치를 산출하기 전에 기술이 성숙하는 데 필요한 어느 정도의 시간을 가질 필요가 있을 것이다. 시간과 더불어 조직이 투자해야 하는 중요한 자원은 AI 어플리케이션을 개발하는 것을 가능하게 하는 적절한 재무자원을 제공하는 것이다. 2017년 McKinsey의 보고서에 의하면 대다수 응답자들은 AI 계획에 그들의 디지털 기술 지출의 1/10 미만만 투자하고 있다고 보고하였다(Chui & Malhotra, 2018). 그러나, 그러한 계획을 위한 내부 예산이 기술 및 관리직원들로 하여금 AI 어플리케이션을 개발하는 데 업무시간의 일부분을 활용하고 필요한 기술적 인프라를 갖는데 필요하기 때문에 AI 프로젝트에 재무자원을 배분하는 것은 필수적이다. 실제로, 개념입증(proof-of-concept) 파일롯 실험적용은 AI 계획에서 베스트 프랙티스로서 간주된다. 여기서, 조직은 다른 기술과 방법을 테스트할 수 있다. 예를 들어, 다국적 제약기업인 Pfizer는 현재 60개 이상의 AI 프로젝트를 갖고 있지만 이 많은 프로젝트들은 단지 파일럿 단계에 머물러 있다(Fleming, 2018). 이를 종합하면, 투자와 시간이 AI 역량을 창출하는 데 필요한 기초 자원들이라는 것은 분명하다.

(2) 인적자원

조직의 인적자본은 흔히 직원의 지식, 스킬, 경험, 리더십 품질, 비전, 의사소통, 협력 역량, 문제해결 능력을 평가함으로써 측정된다. 디지털 역량에 대한 과거의 논의는 인적자원의 중요한 주춧돌로써 기술적 및 비즈니스 스킬을 규명하고 있다.

① 기술적 스킬

기술적 AI 스킬은 AI 계획을 지원하기 위한 인프라를 관리하면서 AI 알고리듬의 실행과 실현을 다루기 위해 필요한 것들뿐만 아니라 목표에 맞는 AI 어플리케이션을 도입하고 보장하는 것을 의미한다. 알고리듬 개발자들은 최신의 AI 연구를 활용하고 그것을 하드웨어와 소프트웨어를 통해 실행될 수 있는 수학적 공식을 통해 반복가능한 프로세스로 변환시키는 데 필요하다. AI의 기술적 측면에서 많은 경력은 통계학, 확률, 예측, 적분, 선형대수, 베이지안 알고리듬, 논리에 강한 배경을 필요로 한다. 또한, 프로그래밍, 논리, 데이터 구조, 언어 처리, 인지적 학습이론에 좋은 배경은 기술적 AI 스킬의 필수로서 강조되어 왔다. 최근의 MIT Sloan Management Review 아티클은 AI 시대에 기술적 프로파일로서 등장할 세 가지 핵심 역할을 다음과 같이 제시하였다(Wilson et al., 2017).

- 훈련자(trainer)

  훈련자는 AI 시스템이 어떻게 수행하는지를 가르치는 것과 관련된다. 예를 들어, 서비스 챗봇이 인간 커뮤니케이션의 복잡성과 미묘함을 규정하는 것을 지원하는 업무를 포함한다.

- 설명자(explainer)

  설명자는 일반 비기술적 대중에게 AI 시스템의 내부 업무에 관한 명확성을 제공함으로써 기술자와 비즈니스 관리자 사이의 갭을 메운다.

- 유지자(sustainer)

  유지자는 AI 시스템이 기대된 바대로 운영되고 어떤 예기치 않은 결과가 적절히 다루어지는 것을 보장한다.

이 각각의 세 가지 역할은 현대 조직에게 중요한 구체적인 직무 기능의 리스트를 포함한다. 이 스킬이 현재 시장에서는 부족하지만 시간이 지나면서 이 자원이 기업에게 일반 상품이 되도록 더 높은 교육과 온라인 훈련 과정이 등장하기 때문에 그들은 점차 더욱 일반적이 될 것이다.

② 비즈니스 스킬

조직 상황에서 AI 기술을 적용하고 활용하는데 가장 일반적으로 인용된 장벽 중 하나는 그러한 기술을 어떻게 그리고 어디에 적용할지에 관한 관리자의 지식의 결여이다. 실제로, 최근의 MIT Sloan Management Review에서 논문(Ransbotham et al., 2018)은 AI 계획을 위한 리더십 지원의 결여가 AI를 적용하는 데 상위 방애물 중 하나로서 순위가 매겨졌음을 보여준다. AI 투자를 위한 비즈니스 가치를 실현하는 것은 대규모 변화를 추진하는 리더들의 실질적 이해와 헌신을 필요로 한다. 또한, 관리자들은 AI의 잠재적 활용 영역과 AI가 가능하게 하는 활동들로 이동하는 방법을 이해할 필요가 있다. 세 명 중 한 명의 관리자는 AI 기술이 어떻게 작동하는지 이해하지 못한다(Davenport & Ronanki, 2018). 따라서, 관리자가 AI 기술의 유형과 잠재적 활용에 친숙해지는 것이 필수불가결하다. 다른 중요한 측면은 AI 전개를 시작하고 계획하는 관리자의 능력이다. 변화에 대해 조직 내에 존재하는 강한 관성과 AI가 현재 직원이 보유한 많은 직무를 대체할 수 있는 위협을 고려할 때 이것이 특히 중요하다. 따라서, 관리자가 AI의 적용을 지연시키고 비즈니스 가치를 막을 수 있는 마찰과 잠재적 관성을 최소화하기 위해 기술 직원과 라인기능 인력 사이에 좋게 일하는 관계를 개발하는 것이 중요하다.

(3) 무형자원

자원기반이론에서 규명된 조직 자원의 세 가지 주요 유형에서 무형자원은 다른 기업에 의해 대체되기 어렵고 불확실하고 변동이 심한 시장에서 중요한 것으로 강조된다. 다른 두 자원 항목과 달리 무형자원은 조직 내에서 훨씬 더 모호하고 규정하기 힘들다. 그럼에도 불구하고 자원기반이론의 VRIN(가치있고(valuable), 희소하고(rare), 모방이 불가능하고(inimitable), 대체할 수 없는(non-substitutable)) 상태를 충족시키는 자원의 유형이 존재한다. 이것은 두 자원이 매우 이질적이고 독특하기 때문에 다른 기업들에게 동질적이지 않다는 것을 의미한다. 무형자원의 이질성과 비모방성은 그들이 조직을 특징짓는 조직적 역사, 사람, 프로세스, 상태의 독특한 혼합을 통해 개발된다. 실증적 IS 연구의 오랜 역사뿐만 아니라 AI 성공의 동인에 대한 보고서는 그 기술로부터 비즈니스 편익을 달성하는데 무형자원의 중요성을 강조한다. AI의 상황에서 그 자원은 부서간 조정, 조직적 변화 역량, 리스크 성향이다.

① 부서간 조정

조직 내 다른 부서 간에 업무를 조정하고 상호 비전을 공유하는 능력은 학제 간 프로젝트에서 성공의 시금석으로 간주된다. 부서 간 조정은 오랫동안 조직에서 혁신과 창의성의 핵심 가능요인으로서 주목받았고 높은 수준의 공유된 가치, 상호 목표헌신, 협력적 행동의 상태로서 정의되어왔다. 이 관점에 기초하였을 때 중요한 것은 부서 사이의 단순한 거래라기 보다는 부서 사이의 연속적인 관계이다. 동일한 맥락에서 AI와 비즈니스 가치에서 최근의 연구는 AI 기술의 가치를 촉발하기 위해 조직은 팀워크 문화, 집합적 목표, 공유된 자원을 배양해야 한다고 한다.

AI는 스킬을 혼합한 교차기능팀에 의해 개발될 때 가장 큰 영향력을 발휘한다. 그렇게 함으로써 AI 계획이 단지 고립된 비즈니스 이슈가 아니라 폭넓은 조직적 우선순위를 다루는 것을 보장할 것이다. 다른 부서들 간에 직원들의 공유된 언어와 공통의 이해 요구가 발생할 때 기존의 것을 적응시키거나 새로운 AI 어플리케이션을 전개하는 데 시간이 단축되는 결과로 나타나기 때문에 부서 간 조정을 향상시키는 것은 AI 어플리케이션을 전개하는 데 조직을 더욱 민첩하고 적응적으로 만든다. 기능적 사일로(silo)는 엔드투엔드 솔루션(end–to–end solution)이 개발되는 것을 제약하기 때문에 AI 투자로부터 비즈니스 가치를 도출하는데 가장 중요한 방해물 중 하나로서 강조된다.

② 조직 변화역량

조직적 변화역량은 오래된 프로세스에서 새로운 프로세스로 이전한다는 사실로 인해 발생할 수 있는 잠재적 문제에 초점을 둔다. 조직의 변화와 관련된 마찰과 관성을 최소화하는 역량을 개발하는 것은 디지털 변화역량과 전반적 비즈니스 가치의 핵심 자원으로서 간주된다. 조직적 변화역량은 조직의 현재 상태를 깨부수고 새로운 프랙티스/새로운 가치/새로운 구조를 도입하는 능력을 수반한다. AI 어플리케이션은 전통적으로 인간이 실행한 업무를 대체하거나 기존의 프로세스를 확장함으로써 조직이 어떻게 그들의 핵심 활동을 수행하는지에 상당한 변화를 초래한다. 조직 내 여러 수준에서 그러한 변화를 위한 계획을 수립하고 관리할 수 있는 것은 AI 투자로부터 가치를 실현하는 중요한 구성요소로 제안된다.

Harvard Business Reveiw의 논문에 의하면 AI가 비즈니스를 제공하는 방법에 대한 중요한 발견 중 하나는 변화에 대한 독특한 장애물을 극복하는 능력을 포함한다(Fountaine et al., 2019). 각 조직은 변화를 지연하거나 심지어 막는 독특한 저해요인들을 보여줄 것이다. 따라서, 관리자는 조직 수준에서 변화를 예상, 계획, 실행하는 역량을 배양하는 것이 중요하다. AI 투자를 활용하는 데 가장 중요한 장애물은 기존의 IT와 비즈니스 문화를 변화시키는 것이다. 이 논문의 결과로서 응답자의 40% 이상이 AI 접근법의 문화적 저항이라는 도전에 직면해 있다는 결과가 있다. 저항의 힘을 극복할 수 없는 조직은 AI 투자로부터 가치를 도출할 수 없을 것이다.

③ 리스크 성향

AI와 같은 새로운 벤처에 더욱 리스크 지향적인 접근법을 적용하는 조직이 경쟁자 혹은 신규 진입자가 하기 전보다 훨씬 많은 편익을 달성한다. 이 위험수용에 대한 전략적 지향은 다른 용어(예: 리스크 성향, 기업가 지향)를 통해 경영에서 강조되어 왔고 경쟁 상황을 전환하기 위해 선행적이고 공격적인 계획을 반영하는 전략 유형(예: prospector)과 관련된다. 기존의 논의는 그러한 위험수용과 선제적 입장을 적용하는 것을 강조하고 이것은 일반적으로 더 높은 수준의 혁신 산출물과 시장 리더십과 연관된다고 한다. AI 적용에 관련하여 리스크 성향을 포용하는 조직은 AI에 대한 그들의 헌신을 심화시키고 그들의 포지션을 구축하여 다른 경쟁자들이 추격하는 것을 더 어렵게 만든다. AI는 가장 흥미로운 부가가치와 미래의 비즈니스의 경쟁 부분 중 하나이기 때문에 위험 수용자는 AI를 경쟁자들이 하기 전에 활용해야 하는 기회로서 인식한다. 조직은 위험회피적인 전략적 지향으로부터 출발한 후 민첩한, 실험적, 적응적이 되어야 한다. 주요 아이디어가 기꺼이 표준 프랙티스에서 벗어나고 새롭고 더욱 야망적인 목표를 설정하는 기업은 더욱 보수적 접근법을 적용하는 기업과 비교하여 강한 AI 역량을 형성할 것이다. 결과적으로 위험한 프로젝트에 대한 높은 성향을 갖는 조직은 AI를 수용하는 최초진입자의 우위를 획득할 것이다.

2 AI와 관련한 서비스 품질

AI의 도입과 실행 시에 반드시 고려해야 하는 요소 중 하나로서 서비스 품질이 존재한다. 본 교재는 다양한 서비스 품질 측정 연구를 이곳에서 소개한다.

2.1. AI 챗봇의 서비스 품질

AI 챗봇 서비스는 새로운 유형의 서비스 제공자일 뿐만 아니라 혁신적 서비스 방법으로 간주된다. AI 챗봇은 배후에 실제 인간 고객서비스를 갖는 전통적인 온라인 가상 아바타(avatar)와 다르다. 또한, AI 챗봇 서비스는 정보시스템에 기초한 셀프서비스기술과도 다르다. AI 챗봇은 의인적이나 정보저장, 분석파워, 학습능력과 같은 어떤 지능측면에서 인간을 능가하지만 감정적 지능의 차원에서 인간보다는 일시적으로 열등하다. AI 챗봇은 자신만의 독특한 본원적 특징, 서비스 방법, 서비스 산출물 내용을 갖는다. AI 챗봇, 인간 고객서비스, 셀프서비스기술 사이의 서비스 품질의 차이는 <표 9.1>에 정리된다.

표 9.1 **AI 챗봇, 인간의 고객서비스, 셀프서비스기술 사이의 서비스 품질 차이**

비교 유형	서비스 품질의 차이		서비스 품질의 차이	
	AI 챗봇	인간의 고객서비스	AI 챗봇	셀프서비스기술
서비스 방법과 향상	−자기학습을 통해 서비스 품질 향상 −학습원천은 대량의 빅데이터	−주로 훈련을 통해 서비스 품질 향상 −학습원천과 투입물은 제한	−상호작용 프로세스가 유연 −AI 챗봇은 인간과 같은 방식으로 고객을 안내	−사용자는 셀프서비스기술을 사용하는 법을 학습할 필요 −셀프서비스기술 프로세스와 규칙에 순응할 필요
서비스 산출물	−동질적 산출물 −서비스 품질은 일관적이고 안정적	−이질적 산출물 −서비스 품질은 불안정하여 서비스 제공자의 상태와 감정에 의존	−AI 챗봇은 실수를 허용(즉, 사용자의 운영에 어떤 실수가 있더라도 프로세스가 실행)	−만약 셀프서비스기술이 부정확하게 사용되면 그 기능이 실행 불가능
서비스 기능	−빅데이터분석에서 도출된 개인화되고 정교한 추천을 달성 −어느 정도의 개인화된 상호작용 달성	−어느 정도의 정교한 추천을 달성 −높은 수준의 개인화된 상호작용을 달성	−인간의 고객서비스와 같이 AI챗봇은 고객이 잘못된 운영을 수행할 때 고객을 안내 가능	−서비스 실패 후 자동으로 회복이 어려움
서비스 프로세스에서 감정	−감정을 모의실험하고 고객과 얕게 정서적으로 상호작용 가능	−감정을 만들고 고객과 감정적으로 깊게 상호작용 가능	−업무지향적 실무가치와 쾌락적 가치를 보유	−업무지향적 실무가치에 초점

자료원: Chen et al.(2022)

<표 9.1>은 AI 챗봇은 셀프서비스기술과 비교해 더욱 유연하다고 제안한다. 인간의 고객서비스와 비교해 AI 챗봇의 어떤 역량(예: 자기학습, 정교한 개인화된 추천, 항상 온라인 상태, 언제든 고객의 요구사항에 대응할 준비)은 인간을 능가하고 더 안정적인데 비해 AI 챗봇의 어떤 역량(예: 고객과 깊은 감정적 상호작용을 갖을 수 없는 능력)이 인간만큼 뛰어나지 않을 뿐만 아니라 해결이 어려운 어떤 문제는 여전히 인간의 고객서비스를 필요로 한다. 조직은 AI 챗봇으로부터 편익을 얻고 AI 챗봇 서비스를 촉진하도록 동기를 갖는다. 지금

AI 챗봇은 전자상거래에서 폭넓게 사용되어 왔고 흔히 소비자가 조직에 접촉하는 '첫 번째 직원'이다. 많은 고객은 구매를 하기 전에 우선 AI 챗봇과 상호작용해야 한다. 단지 고객이 AI 챗봇이 풀 수 없는 문제에 직면할 때에만 인간의 고객서비스로 이전한다. 따라서, AI 챗봇의 품질은 고객의 첫인상과 조직에 대한 만족에 영향을 미칠 것이다.

이러한 관점에서 Chen et al.(2022)은 여러 국가의 설문조사를 토대로 <표 9.2>와 같은 AI 챗봇 서비스 품질 차원을 제시하였다.

표 9.2 AI 챗봇 서비스 품질

구성개념	주요 의미
의미론적 이해	질문의 이해, 감정적 표현의 이해
밀접한 인간–AI 협력	접근성, 이전 용이성, 기억력
인간을 닮음	인간을 닮은 사회적 실마리, 인간을 닮은 개성, 인간을 닮은 감정
지속적 개선	자율학습, 시스템 업데이트
개인화	고객 규명, 개인화된 대응, 개인화된 추천
문화 적응	문화적 장애물, 문화 이해
효율성	항상 이용가능, 대응성, 프로세스 단순화

자료원: Chen et al.(2022)

2.2. AI 서비스에이전트의 품질

고속 컴퓨팅, 빅데이터의 사용, 첨단 알고리듬이라는 AI의 세 가지 구성요소는 일상적인 의사결정과 문제해결 프로세스를 위한 기존의 IT 활용에서 AI를 차별화시킨다. 이러한 대량의 데이터셋을 처리하는 AI 서비스에이전트를 통해서 서비스 기업의 다양한 기능분야별 담당자들은 시간을 절약하고 정확한 의사결정에 도달한다. 현재, AI는 현재 '설명적 및 진단적' 접근법에서 '규범적 및 예측적' 접근법으로 신속하게 발전하고 있다.

챗봇과 가상 어시스턴트는 다음의 <표 9.3>과 같이 차이를 구분할 수 있다.

표 9.3 챗봇과 가상 어시스턴트의 차이

	챗봇	가상 어시스턴트
공통 기능성과 활용	−챗봇은 고객 상호작용을 촉진하기 위해 비즈니스에서 전형적으로 사용된 규칙기반 AI 적용	−가상 어시스턴트는 이메일과 SMS와 같은 개인적 소통관리, 회의일정 수립 혹은 음악듣기, 알람설정과 같은 일반 업무 수행과 같이 업무 및 개인적 일과 관

	챗봇	가상 어시스턴트
	−챗봇은 비록 음성과 이미지를 지원하는 챗봇이 존재할지라도 고객과 전형적 상호작용이 음성언어, 문자기반 대화형 인터페이스를 통한 구조화된 대화 혹은 담소를 위한 형태인 전통적 에이전트로서 알려짐 −전형적으로 소비자는 특정 질문을 던지고 챗봇은 사전에 정의된 실황 반응을 제공 −기업은 고객서비스와 주문고객화, 일정수립(예: 제품 전달 혹은 여행예약), 환불과 같은 지원의 다양한 역할에 소비자를 관여시키기 위해 챗봇을 사용	련한 다양한 업무를 위해 사용자에게 개인적 지원으로서 작용하는 생산성관리 소프트웨어 에이전트임 −가상 어시스턴트는 암시된 의미, 사용자 감정, 속어, 방언을 포함하여 일상적 음성언어를 이해하도록 설계 −가상 어시스턴트는 사용자와 이전의 상호작용으로부터 학습하여 시간이 지나면서 상호작용을 고객화하고 맥락을 이해하는 능력을 향상시킴
활용 채널	웹사이트, 지원포탈, 메시지 채널, 모바일 어플리케이션	모바일폰, 랩탑 컴퓨터, 스마트 스피커, 상호작용 장치
공통 예	IBM의 Watson 어시스턴트, SalesForce의 Eistein	Apple의 Siri, Amazon의 Alexa, Microsoft의 Cortana

자료원: Noor et al.(2022)

한편, Noor et al.(2022)에 의하면 AI 서비스에이전트의 서비스 품질 차원은 기존의 서비스품질 연구들의 차원들을 이용하여 <표 9.4>와 같이 다음의 여섯 가지 차원으로 다시 정리되었다.

표 9.4 AI 서비스에이전트에서 서비스 품질 차원

차원	정의
효율성	AISA 사용 용이성과 속도
안전	프라이버시 침해, 사기, 개인정보의 누출로부터 AISA의 인식된 안전
이용가능성	AISA가 언제 어디서든 사용하도록 준비된 수준
즐거움	AISA를 사용하는 것이 결과성과에 상관없이 즐겁다고 인식되는 수준
접촉	인간적 지원에 대한 접근이 AISA를 통해 이용가능
의인화	AISA가 인간을 닮은 특성, 동기, 의도, 감정을 보임

자료원: Noor et al.(2022)

2.3. 스마트레스토랑 품질

Wong et al.(2022)은 AI를 도입한 스마트 레스토랑의 스마트서비스품질을 다음의 <표 9.5>와 같이 제시하였다.

표 9.5 스마트레스토랑의 스마트서비스품질

항목	하위하목	정의
S-서비스스케이프	물리적 서비스스케이프	식당 디자인, 공간 배치, 시설과 장비, 환경과 주위상황의 청결을 포함한 물리적 서비스 특징
	사회적 서비스스케이프	환경의 사회적 주체(손님, 직원, 로봇 등)의 외모, 특징, 행동뿐만 아니라 그 주체들의 유사성과 혼잡정도를 포함한 상황의 비핵심서비스관련 사회적 요소
	서비스-제품 서비스스케이프	음식의 신선함, 진열, 배합, 향
S-신뢰성	신뢰성	정시에 신뢰할 수 있는 식사 서비스를 제공
	정확성	식사 서비스가 정확하게 준비되고 제시되고 전달
	일관성	서비스 성과가 시간이 지나도 일관적
S-대응성	대응적 서비스	즉각적 서비스를 통해 손님을 지원하는 열정
S-보장성	서비스역량	훈련받은 현장 직원 혹은 지능적 로봇의 기술적 지식과 능력
	서비스 에티켓	서비스하는 직원과 로봇의 소통 스킬과 태도
S-감정이입	서비스 감정	서비스 품질의 감정적 동기를 향상시키기 위한 오아시스를 제시하기 위해 개인적으로 주의를 기울이는 관심
스마트가 유발한 회복	떠남	일상적 위치에서 진기한 상황으로 탈출
	매력	경험에 수월한 몰입
	양립성	자아와 환경적 자극 사이의 적합성
서비스 디자인	스마트 관리	AI 시스템에 의존하는 서비스 관리
	스마트 서비스	디지털화되고 자동화된 프로세스를 통해 AI와 로봇에 의해 촉진된 식사 서비스

자료원: Wong et al.(2022)

2.4. AI 서비스의 품질평가 차원

Baek et al. (2021)은 AI 서비스와 관련된 문헌의 핵심 주제어에 기초하여 AI 기술을 활용하는 창업기업에 적용가능한 AI 기반의 제품/서비스를 위한 품질평가모형을 <표 9.6>과 같이 개발하였다.

표 9.6 AI 기술을 활용하는 창업기업의 품질평가 모형

주요 차원	품질평가 항목
개인적 최적화	− AI서비스가 지속적으로 개별 고객을 모니터 − AI 서비스가 고객의 특징을 정확하게 인식하고 분석 − AI 서비스가 고객에게 적합한 개인적 최적화 서비스를 제공
전문성	− AI 서비스가 가능한한 가장 효과적 방식으로 효율적으로 대응 − AI 서비스가 대부분의 최신 정보를 반영 − AI 서비스가 인간보다 더 높은 수준의 품질을 제공
다양성	− AI 서비스가 다양한 고객 요구사항을 명확하게 인식 − AI 서비스가 고객이 필요로 하는 다양한 서비스를 연결 − AI 서비스가 복잡한 서비스를 취급
편리성	− AI 서비스가 자율적으로 환경을 인식하고 수행 − AI 서비스가 편리 − AI 서비스가 사용자 친화적인 인터페이스를 제공 − AI 서비스가 고객에게 감정적 만족을 제공 − AI 서비스가 관련비용을 줄임으로서 효율성을 증가
시간과 공간	− AI 서비스가 늘 이용가능 − AI 서비스가 어디서든 서비스됨
실시간	− AI 서비스가 고객 요구사항에 신속하게 대응 − AI 서비스가 고객과 양방향으로 중단없이 상호작용 − AI 서비스가 실시간으로 서비스를 제공
신뢰성	− AI 서비스가 고객의 개인적 정보를 안전하게 관리 − AI 서비스가 실수없이 완벽하게 수행 − AI 서비스가 안정적 − AI 서비스가 고객의 프라이버시를 존경 − AI 서비스가 문제 발생시 적절하게 대응

자료원: Baek et al.(2021)

참고문헌

Baek, C.H., Kim, S.−Y., Lim, S.U. & Xiong, J. (2021), "Quality evaluation model of artificial intelligence service for startups", International Journal of Entrepreneurial Behavior & Research, https://doi.org/10.1108/IJEBR−03−2021−0223.

Chen, Q., Gong, Y., Lu, Y. & Tang, J. (2022), "Classifying and measuring the service quality of AI chatbot in frontline service", Journal of Business Research, 145, 552−568.

Chui, M. & Malhotra, S. (2018), Ai Adoption Advances, But Foundational Barriers Remain, Mckinsey and Company.

Davenport, T.H. & Ronanki, R. (2018), "Artificial intelligence for the real world", Harvard Business Review, 96(1), 108-116.

Fleming, N. (2018), "How artificial intelligence is changing drug discovery", Nature, 557(7706), S55−S57.

Fountaine, T., McCarthy, B. & Saleh, T. (2019), "Building the AI−powered organ−ization", Harvard Business Review, July−August, 63-73.

Noor, N., Rao Hill, S. & Troshani, I. (2022), "Developing a service quality scale for artificial intelligence service agents", European Journal of Marketing, 56(5), 1301−1336.

Ransbotham, S., Gerbert, P., Reeves, M., Kiron, D. & Spira, M. (2018), "Artificial in−telligence in business gets real", MIT Sloan Management Review and The Boston Consulting Group, September.

Wilson, H.J., Daugherty, P. & Bianzino, N. (2017), "The jobs that artificial intelligence will create", MIT Sloan Management Review, 58(4), 14−16.

Wong, I., Huang, J., Lin, Z. & Jiao, H. (2022), "Smart dining, smart restaurant, and smart service quality (SSQ)", International Journal of Contemporary Hospitality Management. 10.1108/IJCHM−10−2021−1207.

서비스 부문 AI의
가치창출과 시사점

10장

10 장

서비스 부문 AI의 가치창출과 시사점

1 AI의 세 가지 효과

스스로 서비스하는 AI 기술과 상호작용함으로써 고객은 '서비스 공동생산자(co-producer)', '파트타임 직원(partial employee)', '가치 공동창출자(co-creator)'가 될 수 있다. 서비스 접점에 적극적인 고객참여는 서비스 제공자에 대해 고객니즈를 이해하고 대응하는 능력의 향상으로 결과되고 고객에게는 편리함과 비용절감을 제공할 수 있다.

AI는 크게 자동화, 정보화, 변환의 세 가지 효과를 구분할 수 있고 각각의 대표적인 편익은 다음과 같다.

(1) 자동화 효과

① 사기 감지(특히, 금융부문), 위협 지능과 정보시스템을 자동화, IT 기능의 자동화, 판매 프로세스 최적화

② 운영, 유지, 공급사슬 운영의 효율성을 증가

③ 의사결정 품질관리와 추천 자동화

(2) 정보화 효과

① 고객의 편익 제고

② 품목 추천 프로세스(특히, 소매에서)

③ 변화하는 시장 상황에 신속하고 자동적인 적응 향상

④ 공급/물류/운송자산 관리

(3) 변환적 효과

① 고객 경험을 최적화시키고 향상

② 새로운 특징을 갖는 제품과 서비스 향상

③ 새로운 비즈니스 모델 창출

④ 더 나은 예측과 계획역량을 갖고 공급과 니즈 사이의 관계 최적화

물론, 그 최종적인 성과는 재무성과(비용절감, 시장가치, 수익, 노동절감, 현금흐름 등), 마케팅성과(고객만족, 신제품/서비스 향상, 고객화 등), 관리성과(통제, 조정, 계획 등) 등으로 구현될 것이다.

2 가치사슬별 성과

AI라는 첨단 서비스 기술이 가치창출에 기여하는 부분을 Kristensson(2019)은 <그림 10.1>과 같이 가치사슬 단계별로 정리하였다.

그림 10.1 가치사슬 단계별 가치 창출을 촉진하는 미래의 서비스 기술

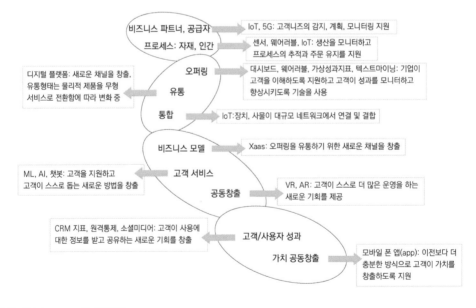

자료원: Kristensson, P. (2019)

(1) 첫 번째 사슬

첫 번째 사슬은 비즈니스 파트너, 공급자들과 같은 다른 주체들의 관여에서 시작한다. 이것은 미래의 서비스 기술이 투입물의 니즈를 감지할 수 있는 수준과 관련한다. 미래의 니즈를 감지하는 새로운 서비스 기술은 적시의 전달을 촉진하거나 주로 산업 상황에서 발견되는 많은 유형의 운영을 원활히 할 수 있다. 예를 들어, 산업부문의 IoT 관점에서 신기술은 갑작스러운 공급 감소를 감지하고 새로운 주문을 자동으로 처리하며, 5G 네트워크 연결을 통해 원격으로 그 프로세스를 통제할 수 있다. 그 기술을 통해 고객니즈 파악, 계획 수립, 모니터링을 지원할 수 있고 관리와 조직의 의사결정을 지원할 수 있는 여러 유형의 웨어러블과 센서를 다룰 수 있으며, 클라우드기반의 소프트웨어 인프라는 빅데이터를 측정, 수집, 저장하는 데 사용될 수 있다. 종합하면, 기술은 고객과 기업이 주문을 유지하고 운영 프로세스를 추적하는 것을 도울 수 있다.

(2) 두 번째 사슬

이 사슬단계에서는 서비스 제공품(offering)이 초점이 된다. 미래의 서비스 기술은 고객이 제공품을 사용하는 시기와 장소 및 총 사용시간을 파악할 수 있다. 소위 서비스 전달의 운영시간과 정지시간이 모니터될 수 있고 고객이 제공품을 사용하는 데 어떻게 더욱 숙달되는지를 파악할 수 있다. 예를 들어, 고객가치 공동창출 시에 시각화되는 데이터 대쉬보드(dash-board)와 텍스트마이닝을 통해서 기업이 고객행태를 더 잘 이해하는 기회를 제공할 수 있다. 유통과 관련하여 이전에 유형이었던 것을 무형으로 만드는 새로운 플랫폼과 빅데이터 접근성과 같은 기술은 물리적 재화를 무형의 서비스로 전환시킬 수 있다. 이제 음악산업은 고객이 소매점포에서 한번의 거래로 물리적 재화(예: 테이프 혹은 CD 등)를 구매하지 않고 가입하는 스트리밍 서비스(streamed service)로 전환하였다. 이런 식으로 새로운 서비스기술은 새로운 채널과 유통형태를 창출하는 기회를 만들었다. 나아가, 통합을 통해 신기술이 미래의 혁신을 연결해 주는 중요한 특성이 가능해지고 있다. 이런 식으로 고객에 편익을 제공하는 자원의 통합을 관리하는 것을 미래의 서비스 기술이 촉진할 수 있다. 새로운 IoT는 정보를 전송하고 서로를 감지할 수 있으며, 이것은 산업 4.0에서 말하는 기계들이 서로 상호작용할 수 있는 중요한 특징 중 하나이다.

(3) 세 번째 사슬

새로운 비즈니스 모델과 관련하여 미래의 서비스 기술은 기업이 수익을 어떻게 창출하고 동시에 고객이 무엇인가(원활한 구매 프로세스)를 할 수 있도록 원활하게 만드는 기회를 창출한다. Xaas(Anything−as−a−service)와 같은 새로운 서비스 비즈니스 모델은 고객이 물리적 제품을 대규모로 한번 거래하기 보다 서비스에 가입하거나 고용하는 방식을 취한다. 전통적 가치사슬은 조직 내에서 발생하는 활동에 초점을 둔다. 그러나, 이것은 고객을 무시하는 결과가 되기 때문에 이 가치사슬은 고객가치와 관련된 활동들로 확장되어야 한다. 결과적으로 그 초점은 미래의 서비스기술이 고객서비스를 지원하고 소통하고 상호작용하는 새로운 방법을 제공하는지와 관련된다. 챗봇, 머신러닝, AI와 같은 미래의 서비스기술은 단순한 제공품에서 벗어나 확장된 가치를 제공하기 위해 고객과 상호작용하고 고객을 훈련시키는 것을 포함한다. 여기서, 기술은 기업이 고객을 지원할 뿐만 아니라 고객 스스로를 지원하는 새로운 방법을 창출한다. 공동창출의 관점에서 미래의 서비스기술은 고객이 스스로 더 많은 운영을 담당하는 많은 새로운 기회를 제공할 것이다. 가치 공동창출 활동이 고객 스스로 수행될 수 있을 때 고객화의 기회가 증가할 것이다. 예를 들어, 가상현실과 증강현실과 같은 기술혁신은 고객이 새로운 서비스를 시험해보고 훈련하는 기회를 제공한다.

(4) 네 번째 사슬

미래의 서비스기술은 고객성과 향상을 제공하는데 사용될 수 있다. 기술은 고객이 서비스 사용에 대한 정보를 받고 공유하는 기회를 창출한다. CRM, 원격통제 장치, 소셜미디어에 의한 지식공유, 데이터 대시보드와 같은 기술은 사용자들이 향상되고 더욱 스마트하게 되며, 지출을 줄이도록 만든다. 즉, 이 기술로 인해서 소비자들은 스스로가 전문가가 되기 때문에 스스로가 더 많은 운영에 참여할 수 있도록 만들어 준다. 또한 모바일폰 앱을 통해 고객은 가치를 공동창출하는 데 이전보다 더 충분히 참여하게 된다.

③ AI의 기업가치에 대한 영향

어떻게 AI가 경쟁성과로 이어질 수 있는지는 모든 비즈니스 경영진에게 관심의 대상이다. 이 질문에 답하기 위해 프로세스(1차)와 기업수준(2차)에서 AI의 영향이 논의될 필요가 있다. 즉, 어떻게 AI가 비즈니스 프로세스를 변화시키는가와 어떻게 이것이 경쟁성과로 이어지는가?

3.1. 직접적 영향

AI 사용의 일차 영향은 조직의 프로세스 수준에서 초래하는 변화와 관련된다. 여기서, 핵심성과지표는 효율성, 효과성, 역량, 생산성, 품질, 수익성, 경쟁력, 가치와 관련되고 이들은 조직의 산출물을 모니터하기 위해 사용된다. 프로세스 수준에서 AI의 영향을 평가하기 위해 세 가지 다른 효과가 논의된다.

(1) 증가된 운영 생산성과 프로세스 효율성

AI의 활용은 데이터를 처리하는 속도를 증가시키고 병목을 줄이고 전반적 운영 효율성을 향상시킨다. 조직에서 업무를 자동화하거나 인간 지능을 확장하기 위해 AI를 사용하는 것은 효율성 지표를 증가시킴으로써 비즈니스 프로세스 성과를 향상시킬 수 있다. AI를 통한 업무의 자동화는 인간의 일을 기계로 대체하는 것을 포함한다. 업무를 자동화함으로써 조직은 반복적인 일상업무를 하는 직원을 줄일 수 있고 이것은 그들이 조직에 더 많은 가치를 부가하는 다른 지식집약적 활동에 초점을 두도록 할 수 있고 따라서 그들의 생산성을 증가시킨다. 게다가, 기계는 특히 제조산업과 공급사슬 운영에서 업무를 인간보다 더 빨리 그리고 더 정확하게 수행할 수 있고 조직의 처리량을 증가시킨다. 게다가, AI 사용은 일련의 업무를 자동화함으로써 어떤 핵심 비즈니스 프로세스를 완료하는 데 필요한 시간을 줄이고 실수율과 지연시간을 향상시킬 수 있다. 예를 들어, 바코드와 번호판의 시각적 인식을 자동화하기 위해 자동차 제조업체에서 AI를 사용하는 것은 인간 노동자들에 의해 수행될 때와 비교하여 효율성을 향상시킨다. 기계에 의한 인간 일의 대체는 또한 인간 직원에 의한 실수를 경감시키고 투명성을 증가시키는 것을 포함한다. 결과적으로, 그 결과의 품질은 향상되는 것으로 제안된다.

조직에서 AI의 실행은 자동화에 가져오는 비용과 시간 절감, 더 나은 제품과 서비스로 인해 증가된 수익을 통해 운영 효율성을 향상시킨다. 최근에 Brynjolfsson et al.(2021)은 AI 기반의 예측적 애널리틱스를 적용하는 것은 미국 제조산업에서 AI 적용자와 비적용자를 비교할 때 생산성을 평균 3%까지 증가시키는 것으로 이어진다고 하였다.

(2) 더욱 현명한 의사결정

AI와 빅데이터 실행은 제품과 서비스를 향상시키는 것을 돕기 때문에 더 나은 기업 성과로 연결된다. 그들은 또한 가격, 채널관리, 제품-서비스 디자인, 개발에 대한 더 나은 마케팅 의사결정으로 이어진다. AI는 또한 기업 성과의 향상으로 이어지는 의사결정을 지원하기 위해 고객, 사용자, 시장에 대한 정보를 기업이 통합하는 것을 지원하는 지식경영

가능인자이다. 따라서, AI 기반 디지털 기술의 적용은 향상된 의사결정, 더 높아진 생산성, 더 나은 (인적)자원 사용으로 인해 더 높아진 효과성을 가져오는 잠재력을 갖는다.

AI의 가장 두드러진 일차 효과 중 하나는 그것이 대량의 데이터에서 숨겨진 통찰과 패턴을 풀 수 있다는 것이다. 조직 내와 조직 간에 데이터를 수집, 가공, 확산시킴으로써 AI는 이전에 알려지지 않은 정보를 제시하고 통찰 중심의 의사결정을 하는 것을 지원할 수 있다. 심지어 두 기업들이 동일한 내부와 외부 지식에 접근할지라도, 한 기업이 다른 기업이 결여된 목표 경쟁적 움직임을 위한 기반으로서 특정 통찰을 가능하게 하는 우월한 지능을 갖는다면 그들은 다른 경쟁적 포지션을 얻을 수 있다. 이것은 조직이 경쟁자가 갖고 있지 않은 통찰을 얻기 위해 AI를 활용할 수 있는 방식을 배양해야 한다는 것을 제안한다. AI에 의해 풀려진 숨겨진 가치는 더 현명한 의사결정을 하거나 심지어 부분적으로 업무를 자동화하는 데 사용될 수 있다.

AI는 이용가능한 대규모의 데이터를 다루는 효율적 방식을 제공함으로써 관리자들이 그들의 인지적 한계를 극복하도록 도울 수 있다. 의사결정자가 더욱 구체적인 지식에 접근할 때 의사결정이 취해지는 품질과 속도는 증가할 것이다. 따라서, AI는 더 신속하고 더 나은 의사결정을 가능하게 한다. AI의 정보적 효과를 활용할 수 있는 조직은 시장 동태성을 재빨리 감지하고 대응하는 데 더 잘 포지션된다. 이 대응성의 역량은 또한 조직적 민첩성으로 알려져 있고 감지, 현명한 의사결정, 대응으로 구성된다. AI 특히 딥러닝은 이 각 활동에서 능동적 역할을 할 수 있다. 구체적으로, AI 응용은 인간이 놓칠 수 있는 패턴과 기저 신호를 체계적이고 효과적으로 규명하도록 몰아가고 이 신호에 빠르고 정확하게 대응하도록 훈련된다.

(3) 비즈니스 프로세스 변환

혁신적이고 흔히 파괴적인 기술로서 AI는 조직이 비즈니스 프로세스를 혁신하고 변환시키는 것을 가능하게 한다. 모든 비즈니스 프로세스의 목표는 투입물을 가치있는 산출물로 변환시키는 것이고 신기술이 급진적 변환을 통해 이 프로세스를 향상시키도록 기대된다. AI가 현재의 운영이 실행되는 방법을 급진적으로 바꾸는 의도로서 비즈니스 프로세스의 재설계를 가능하게 할 수 있기 때문에 AI는 예외가 없다.

이 프로세스를 통해 AI는 또한 기존의 조직구조를 리엔지니어링하고 재설계하는 동인이다. 그것은 어떻게 인적자원이 사용되고, 비즈니스 프로세스와 조직구조에서 변화를 촉진하는지에 영향을 미친다. AI의 실행은 관리자, 직원, AI가 함께 일하도록 새로운 스킬과 역량들을 가져온다. 결과적으로, 직업은 재설계될 필요가 있고 새로운 직업이 등장할 수 있다. AI를 사용함으로써 조직은 자원을 재분배할 수 있고 장기적으로 이것은 조직의 조직 차트를 재설계하는 잠재력을 갖는다. 즉, 비즈니스 프로세스에 대한 AI의 변환적 영향은 직접적이거나 간접적일 수 있다.

(4) 혁신과 다각화

AI는 비즈니스 세계에서 혁명적이고 게임 변화적인 기술 집합으로서 칭찬받았다. AI가 조직에서 창의성을 촉발할 수 있는지에 대한 긍정적 논의가 많이 존재했다. 그러한 주장의 이유는 많은 육체적 업무를 자동화함으로써 인간은 창의적 활동에 관여하기 위해 그들의 손에 더 많은 여가를 가질 것이라는 것이다. 또한, 어떤 AI의 활용을 통해 인간 역량이 확장될 수 있다는 것이다. 이것은 확장된 지능(augmented intelligence)이라고 한다. 주요 사고는 특정 AI 기법이 그들의 투입 정보를 향상시킴으로써 엔지니어링, 디자인, 예술과 같은 창의적 업무에서 전문가를 지원하고 그렇지 않다면 개발하기 어려운 제안을 제공하기 위해 대규모 데이터 셋을 사용할 수 있다는 것이다. 그러한 AI 활용의 한 예는 <그림 10.2>와 같이 2020년 초에 AI의 도움으로 디자인된 일련의 새로운 의자를 도입한 Philippe Starck의 최신 디자인에서 발견될 수 있다. Autodesk에 의해 제공된 전문적 소프트웨어를 통해 그들의 Fusion 360 소프트웨어 패키지에서 디자이너는 수년 동안 고정된 편향을 극복할 수 있고 새로운 창의적 개념을 고안할 수 있었다.

그림 10.2 Philippe Starck의 AI로 디자인한 의자

기업의 혁신활동에 대한 AI의 영향에 대한 다양한 연구결과가 존재한다. 그 연구들은 기술이 소비자에게 향상된 제품 – 서비스를 통해 기존 부문에서 기업의 포지션을 향상시킬 수 있기 때문에 AI와 점진적 혁신 사이의 긍정적 관계를 보여주고 있다. 게다가 기술, 데

이터, 스킬과 관련한 동태적 역량을 보유한 기업들은 급진적 혁신을 위해 AI를 사용한다. 다른 디지털 기술곽 비교하여 빅데이터, 로봇과 결합한 AI는 급진적 혁신을 가능하게 하는 가장 높은 잠재력과 연관된다. 반면에, 일반적인 디지털 기술(이메일, 화상회의)은 감소된 상호작용이 창의성을 방해하기 때문에 혁신에 대해 부정적 영향을 미치기도 한다.

(5) 업무 품질과 직원관여의 향상

AI는 잘구조화된, 반복적인, 지루한 업무의 자동화를 가능하게 하고 이것은 인간에 의해 수행된 일과 비교하여 더 작은 실수로 더 빠르게 실행할 수 있게 만들고 전반적인 노동의 품질과 일관성을 향상시킨다. 게다가, AI는 고객 서비스 챗봇과 같이 인간-기계 상호작용을 가능하게 하고 이것은 인간 직원만큼 효과적이고 생산적일 수 있다. 결과적으로, AI는 직원이 덜 구조화되나 더욱 창의적인 업무에 관여하는데 자유롭게 하고 이것은 직원관여로 연결된다.

3.2. 간접적 영향

AI의 이차 영향은 운영에서 AI 사용의 기업수준의 영향과 관련된다. 이 영향들은 네 가지 항목으로 구분될 수 있다.

(1) 운영 성과

AI는 신제품과 서비스의 도입과 기존 제품과 서비스의 품질을 향상시키 것을 통해 몇 가지 방식으로 운영성과에 영향을 미칠 수 있따.

① 신제품과 서비스의 도입

AI의 편익을 수확하는 한 방식은 기업이 새로운 제공품으로 시장에 진입하는 기회를 규명하는 것이다. AI는 신제품과 서비스를 도입하기 위한 기회를 보여줄 수 있는 패턴을 발견하기 위해 광대한 양의 데이터를 통해 탐색할 수 있다. 예를 들어, 고객 선호의 변화를 발견함으로써 조직은 미개척된 수익적인 세그먼트를 갖는 시장에 진입하는 기회를 발견할 수 있다. AI는 신제품과 서비스의 설계를 용이하게 한다. 이 점에서, AI기반의 기능성을 내재한 제품과 서비스를 창출하는 많은 가능성이 존재한다. 예를 들어, 조직은 추천 시스템, 챗봇, 지능형 에이전트와 같은 응용으로 고객 서비스를 향상시키기 위해 전통적 제품 주위의 새로운 서비스를 도입하기 위해 AI를 사용할 수 있다. 다음으로, 신제품과 서비스의 도입은 비즈니스 모델 혁신을 촉진할 수 있다. 게다가, 특히 창의성을 향상시킬 수 있는 디자인 지원에 관점에서 AI기반의 추천이 제품 개발자가 신제품을 설계하는 것을 지원할 수 있다. 다시 비즈니스 모델 혁신은 기업이 그들의 시장 포지션을 보존하는 것을 도울 수 있다.

② 제품과 서비스의 품질 향상

AI는 이미 기존의 제품과 서비스의 품질을 향상시킬 수 있다. 대부분의 기업 임원들은 AI를 도입하는 1차 목표는 기존 제품을 더 잘 만드는 것일 것이다. AI가 제품과 서비스의 품질을 향상시킬 수 있는 수많은 방법이 존재한다. 예를 들어, Netflix는 AI를 그들의 스트리밍 서비스의 화상 품질을 향상시키기 위해 사용한다. Spotify는 AI를 개인화된 노래 추천 제공과 같은 몇 가지 방식으로 제품을 향상시키기 위해 사용한다. 제품과 서비스의 개인화는 요즘에 더욱 대중적이 되고 있다. 고객 데이터를 분석하기 위해 AI를 사용함으로써 조직은 각 고객에게 개인화된 경험을 제공할 수 있고 고객이 제품 혹은 서비스가 향상된 품질을 갖는 것을 인식하도록 유도할 수 있다.

③ 고객화된 제품과 서비스

다른 디지털 기술과 함께 AI는 물리적과 가상의 인프라를 연결하는 능력덕분에 초개인화의 가능인자이다. 예를 들어, 제조업체는 원격접근으로 생산 인프라와 자원을 점점 더 공유한다. 그들은 기계운영을 구성, 통제, 모니터할 수 있고 생산라인은 자동으로 전환된다(즉, 유연생산). 구매자는 그들의 필요한 규격에 따라 스마트 제품과 서비스를 구성하기 위해 원격 접근을 갖고 VR 기술의 사용을 통해 프로토타입을 만들 수 있다. 구매와 판매에서 챗봇은 RFI 프로세스와 판매 거래에서 개인화되고 실시간의 커뮤니케이션을 허용하고 자동화된 협상 시스템과 가격책정 시스템은 공급자 특유의 정보를 고려하기 위해 머신러닝 방법을 사용한다.

(2) 재무 혹은 회계 성과

지난 몇 년 동안 AI는 다양한 부문에서 비즈니스 성장을 촉발하며 핵심 조직 활동에 점점 더 많이 내재되고 있다. AI 솔루션을 실행하느 조직은 증가된 수익과 비용절감과 같은 재무 및 회계 성과를 실현하였다. AI 적용과 사용에 구조화된 접근법과 새로운 기술을 둘러싼 조직역량을 개발한 기업은 성과이익을 실현하였다. 그럼에도 불구하고, AI에 대한 높은 투자비용 대비 실현된 재무 및 회계 이익에 대한 논쟁이 벌어지고 있다. 이를 해결하는 한 방법은 적절한 AI도입 전략과 실행 프로세스일 것이다. 나아가, 향후에는 AI 도입 후 투자수익, 수익성, 총이익과 같은 재무 성과 측정치에 대한 영향도 분석할 필요가 있다.

또한 기업간 거래에서 효율성 이익을 확보할 수 있다. B2B 구매 프로세스를 거쳐 클라우드 기반의 AI 솔루션을 내재하는 것은 구매자－판매자 상호작용과 거래가 자동화되고 원격으로 수행될 수 있따는 것을 의미한다. 이것은 전반적인 낮은 거래비용으로 이어지고 B2B 교환에서 모든 주체들에게 편익을 제공한다. 또한 RFI 혹은 RFP 문서의 문자분석과 같은 지루하고 복잡한 업무가 AI에게 아웃소싱될 수 있는 구매와 판매 기능에서 시간과 노력 절감이 존재한다. 공급사슬에서, 예측적 애널리틱스는 더욱 정교한 예측과 수요예측, 줄어든 초과 재고 수준을 통해 공급의 효율성 향상, 더 낮아진 제품 반환율, 지연의 최소를 허용한다.

(3) 시장기반 성과

① 마케팅 유효성

마케팅 목적을 위해 AI를 사용하는 조직은 몇 가지 편익을 경험하는 것으로 제안된다. AI가 마케팅 성과로 이어지는 전형적 방식은 다르고 고객화된 마케팅 전략으로 세그먼트를 목표화하기 위해 그들의 니즈에 기반하여 고객을 세그먼트화하는 것이다. AI는 기존 고객 데이터로부터 처리하고 학습함으로써 고객 세그먼트를 향상시키고 전체적으로 새로운 방식으로 고객의 선호와 라이프스타일에 대해 조직이 학습하는 것을 가능하게 할 수 있다. 이 역량은 조직이 더 세세한 수준에서 고객을 분류할 수 있기 때문에 더욱 정교한 세그먼트화를 가능하게 한다. 결과적으로, 조직은 그들의 마케팅을 더 잘 목표화할 수 있고 그것은 경험을 개인화함으로써 일대일 마케팅을 전달하는 가능성을 개척한다. 따라서, AI는 올바른 마케팅 전략으로 올바른 고객을 목표화함으로써 마케팅 유효성과 정확성을 향상시킨다. 또한, 고객행동이 변화함에 따라 AI 시스템으로부터 세그먼트화 제안은 재생되고 조직은 효과적으로 그들의 마케팅 전략을 적용할 수 있다.

② 고객만족

고객만족은 고객이 기업의 제공품으로 어떻게 만족되는지와 관련되고 그것은 고객의 충성과 보유에 직접적으로 영향을 미친다. AI를 사용함으로써 기업은 고객의 행동에 대해 더 많이 학습하고 다시 이것을 어떤 부정적 경험을 선행적으로 예방하기 위한 향상된 이해를 사용할 수 있다. 고객관계관리에 AI를 적용함으로써 기업은 잠재적 및 기존의 고객과 관계를 향상시킬 수 있다. 그렇게 함으로써, 기업은 개인화된 서비스 혹은 제공품을 제공하기와 같이 고객 감소를 줄이는 제공품을 제공할 수 있다. 예를 들어, 고객과 상호작용에서 AI를 사용함으로써 고객이 더 많은 정보를 갖고 AI에 의해 안내된 더 나은 고객화된 솔루션을 발견할 수 있기 때문에 고객만족은 증가할 수 있다. 그러나, AI의 사용은 또한 고객 불만족으로 이어질 수 있다. 예를 들어, AI에 의해 작동하는 챗봇으로 상호작용하는 고객은 경험이 좌절되고 비효과적임을 발견할 수 있다. 따라서, AI 시스템의 디자인에서 고객과 직접적 상호작용을 갖고 그들의 경험과 인식이 고려되는 것이 중요하다.

③ 향상된 공급자와 관계

AI의 적용은 잠재적 및 기존 공급자 및 파트너들과 기업의 관계 전략을 향상시킬 수 있다. 빅데이터 역량과 매칭 시스템은 구매기업에게 잠재적 공급자 기반을 확장시키고 더 나은 조달 기회를 규명하도록 돕는다. 공급자 관계 관리시스템에서 AI 방법은 공급자 성과와 공급자 만족을 모니터하고 평가하는 데 사용된다. 이것은 기업의 공급자 지향에 대한 초점을 향상시키고 공급자 개발을 유인하여 공급자가 구매기업의 니즈에 더 잘 서비스하도록 준비하게 만든다. 마지막으로, 대화형 에이전트의 사용은 또한 증가된 공급자 관여로 연결된다.

(4) 지속가능성 성과

AI의 파괴적 잠재력은 비즈니스 모델 혁신을 지속가능성으로 추진할 수 있다. 지속가능한 비즈니스 모델은 어떻게 조직이 기업과 사회의 지속가능한 발전에 기여하는 방식으로 가치를 창출, 전달, 포착하는지를 설명한다. 즉, 기업은 동시에 환경적 및 사회적 사안들에 초점을 두는 동시에 그들의 비즈니스를 수행해야 한다. AI는 파괴적이고 장기 방식으로 개인과 사회에 영향을 미치는 잠재력을 갖는다.

① 환경적

AI는 에너지 비용을 최소화하고 에너저 소비를 줄이며, 다시 부정적 환경적 영향을 줄임으로서 환경적 지속가능성에 영향을 미칠 수 있다. 또한, AI 도구의 사용은 조직이 공해와 쓰레기를 줄이는 것을 도울 수 있다. AI 적용은 조직이 리사이클링, 배출의 절감, 재료의 재사용을 촉진하는 전략을 추구하는 것을 가능하게 함으로써 순환적 경제전략을 지원하는 데 영향을 미칠 수 있다. 예를 들어, 인터넷 검색과 소셜 미디어 정보는 환경을 의식하는 소비자들의 심리적 및 행동 패턴을 밝힐 수 있고 그 고객들을 목표화된 광고로 생태적 제품으로 융합시킬 수 있으며, Amazon 추천 시스템은 지속가능한 대안과 생태학적 제품을 촉진하기 위해 프로그램되었다.

② 사회적

사회적 책임을 고려함으로써 조직은 그들의 시장지분을 증가시키고 명성을 향상시킬 수 있고 이것은 다시 그들의 경쟁우위에 영향을 미칠 수 있다. AI의 적용은 그들의 사회적 책임을 이행하는 데 조직에게 많은 새로운 도전을 시작한다. 그 예로는 프라이버시와 차별에 관한 도전이다. AI 시스템의 근본적 가능요인이 데이터라는 것을 상기하자. 조직은 그들의 고객과 직원에 대한 데이터의 프라이버시를 보장할 필요가 있다. 또한, 그들은 AI의 사용이 차별적 행동 혹은 결과로 결과되지 않는다는 것을 보장해야 한다. AI가 데이터에 기반하기 때문에 만약 기저 데이터가 편의적이거나 차별적이라면 그 결과도 편의적이거나 차별적일 수 있다. AI 시스템은 그들이 처리하는 투입물 혹은 산출물 어떤 것도 이해하지 않는다. 그들은 미래를 예측하기 위해 이전의 데이터에서 패턴을 해석함으로써 학습한다. 따라서, 결과는 기저 데이터에서 발견된 성차별과 인종주의와 같이 의심스러운 패턴을 반영할 수도 있다. 예를 들어, 채용 프로세스에서 만약 AI 시스템이 기존의 채용 프로세스를 탐구하고 이 프로세스가 다양성(예: 성별과 인종)이 결여되었다면 그 시스템의 결과는 이 근본적인 차별을 계속 포함할 것이다. 반면에 AI 시스템이 객관적이라면 그들은 채용과 고객세그먼트와 같은 프로세스에서 인간의 편향을 줄일 수 있다. 또한, 직원의 안전과 업무 조건이 AI의 도입으로 향상될 수 있다. 위험이 존재할 수 있는 제조에서 AI 로봇을 사용함으로써 직원을 위한 안전 조건이 증가할 수 있다. 게다가, 반복적인 일상업무를 자동화하는 것은 직원이 그들의 역량을 나머지에 사용하는 것을 초래하고 더욱 의미있고 창의적인 직무로 이어질 것이다. 이 변화는 어떻게 직원이 그들의 업무 환경을 인식하는지에 영향을 미칠 수 있다.

③ 노동 시장에서 새로운 기회

직업 창출과 소멸에 대한 AI와 자동화된 예측의 영향에 대한 적극적인 논의가 존재한다. 의심의 여지없이 AI는 인간보다 많은 업무를 실수없이 더 신속하게 수행할 수 있다. 노동집약적 산업에서 AI는 가난과 고립의 증가로 이어질 수 있다. 반면에 AI는 새로운 기회를 제공한다. 자동화된 예측의 향상 덕분에 AI는 조직이 직면한 불확실성을 줄이고 그 결과 의사결정자들은 새롭고 이전에 불가능했던 혹은 너무 비용이 많이 들었던 시나리오를 다룰 수 있다. 따라서, AI 덕분에 새로운 의사결정이 요구되고 새로운 업무가 창출된다. 게다가, AI는 숙련된 인력을 위한 거대한 수요를 창출하였고 이것은 AI를 실행하는 조직이 직면하는 주요 도전 중 하나이다.

④ 향상된 건강과 복지

또한, 향상된 건강과 복지도 고려할 수 있다. AI가 전반적인 삶의 질, 건강, 복지를 향상시키는 높은 잠재력을 갖는다. 헬스케어 조직에서 AI와 빅데이터 애널리틱스는 향상된 돌봄 품질, 더 높은 환자 만족, 더 낮은 재입원율과 연관된다. 의료에서 AI의 적용은 수용가능한 개인화된 건강과 e-건강 서비스 혹은 외로움과 능동적 고령화를 지원하는 사회적 로봇을 포함한다. 그러나, 헬스케어에서 AI의 공공적 수용은 여전히 제한되고 고객들은 AI에 의해 제공된 의료 조언에 저항할 수도 있다. 따라서, 헬스케어 제공자는 고객의 회의주의와 신뢰 장애물을 극복해야 한다.

3.3. 이해관계자별 가치창출

특히 정보기술이 비즈니스에 핵심이 아닌 산업에서 비록 AI의 실제 전개가 낮을지라도, 대부분의 조직은 특히 마케팅, 공급사슬관리와 제조에서 전개되는 AI로부터 측정가능한 편익을 보고하고 있다. 따라서, AI는 특히 상업적 상황에 놓여 있는 기업에게 가치를 창출하는 것으로 보인다. 그러나, 2020년 World Economic Forum의 Davos 성명에 따르면, 기업의 목적은 모든 이해관계자들을 공유되고 지속된 가치창출에 관여시키는 것이다. 그러한 가치를 창출하는 데 기업은 주주뿐만 아니라 모든 이해관계자(직원, 고객, 공급자, 지역 커뮤니티, 전체 사회)에게 서비스해야 한다. 이것은 3P(people, profit, planet)로서 알려진 사회적, 경제적, 환경에 대한 잘 알려진 세 가지 최종 목표와 일치한다. 따라서, AI는 비즈니스와 사회 모두에게 편익을 제공하는 잠재력을 갖고 결과적으로 다중 이해관계자 관점이 가치창출 프로세스에 중요하게 반영되어야 한다.

그러나, 누가 이해관계자들이고 어떻게 그들에게 가치가 정의될 수 있는가? 간단히 요약하면 '주주 가치'는 일반적으로 투자수익율(return on investment)로 이어지는 수익증가와 비용절감과 같은 재무적 동인들에 집중된다. '고객 가치'는 어떤 제품 혹은 서비스가 고객에게 가치있다는 것에 대한 인식이다. 어떻게 고객이 제품 혹은 서비스를 인식하는가라는 고객 경험은 유형 및 무형의 가치를 반영한다. '직원 가치'는 기업 목표의 일부분으로서 직원의 복지, 발전, 관여에 대한 것이다. 직원 가치 명제는 구체적 업무문화에서 직원의 직무만족과 직원의 성과 사이의 균형을 창출하는 것과 관련된다. 전통적인 공급자-구매자 관계는 극적으로 변화하여 지금은 파트너링과 네트워킹을 통해 공동 가치창출에 초점을 두고 있다. '사회적 가치'의 개념은 수혜자에게 사회적 변화를 가져오거나 사회경제적 가치를 창출하며, 제도적, 개인적, 커뮤니티, 국가, 국제적 수준에서 삶에 영향을 미치는 것에 대한 것이다. 이것은 기업의 사회적 책임(CSR: corporate social responsibility)과 일치한다.

(1) 주주가치의 창출
수익발생 AI 기회를 발견하기 위해 네 가지 AI 제품 패턴을 규명할 필요가 있다.

① 협력적 필터링

예를 들어, Netflix의 컨텐츠 추천이 있다.

② 컴퓨터비전

예: 스마트 장치를 해제하기 위한 안면인식이 있다.

③ 자연어처리

예: 번역, 음성분석, 사기 클레임 규명 등이 있다.

④ next－in－sequence 예측 혹은 차선책

모바일 장치에서 단어 자동완성, 관심을 표명하기 전에 어떤 제품을 구매하도록 고객에게 촉구한다.

또한, 예방적 보수, 공급사슬관리, 노동력 최적화와 같이 비용절감 목적으로 주주를 위한 많은 AI 응용이 존재한다. 따라서 AI로 주주가치창출은 상업적 이익과 재무 가치에 집중되는 것으로 보인다.

(2) 고객가치 창출

이것은 보다 안전한 재무 거래, 감소된 스팸(spam) 이메일, 더욱 정교한 일기예측, 더욱 정교한 의료진단 이미지와 같은 많은 AI 응용에서 간접적으로 가정된다. 또한 제품과 가격비교 사이트, 번역도구, 내비게이션 앱 등과 같은 무료로 이용가능한 소프트웨어로부터 직접적인 고객가치를 창출하는 많은 AI 응용이 존재한다. 그러나, 공짜점심과 같은 것은 없고 결과적으로 이 모든 무료 도구와 응용은 서비스를 수익화하기 위해 어느 정도 기술 제공자와 다른 사람들의 이익과 연결된다. 그리고 이것은 누구를 위한 가치창출이 많은 AI 응용에서 흐릿한 주제가 되는 곳이다.

(3) 직원가치의 향상

직원가치를 향상시키는 AI 도구와 응용은 일반적으로 직원 생산성과 연관된다. 예를 들어, 스마트 지식관리 도구와 내부 가상 어시스턴트는 직원이 더 짧은 시간에 적합한 정보를 발견하도록 도와주고, 증강현실 도구는 직원이 이슈를 시각화하고 솔루션을 발견하도록 지원하며, 게임화된 학습 도구는 학습곡선을 향상시키는 것을 도와준다. 조직은 또한 채용 목적을 위해 AI를 사용하나 가령 알고리듬이 편의된 추천(대부분 조직 자신의 채용 이력을 반영하는 경우)으로 이어질 때 많은 윤리적 이슈를 제기한다. 또한, AI와 로봇이 노동력에서 인간을 대체하는 시기에 대한 지속적인 논쟁이 존재한다. 미국의 경우에 모든 직업의 6%가 최소한 30%의 기술적으로 자동화될 수 있는 활동들을 갖는다고 한다(MGI, 2017). 만약 그렇다면, 직원을 위한 가치창출 프로세스는 또한 출발점으로서 상업적 이익과 재무적 가치에 의존하는 것으로 보인다.

(4) 공급자와 구매자 가치창출

AI 도구와 응용은 공급자와 구매자 사이의 관계를 변화시키는 중이고 대부분 기업의 구매자와 간접적으로 주주에게 가치를 이전시키는 중이다. 예를 들어, 공급사슬관리 알고리듬은 최적의 공급자 대안을 예측함으로써 조달의 유효성뿐만 아니라 재고 수준을 최적화한다. 그러나, AI는 공급자와 구매자가 동등하게 영향받는 두 가지 최근의 파괴적 비즈니스 모델에서 더 강하게 구매자와 공급자 관계에 영향을 미친다. 첫째, 플랫폼 경제(platform economy)에서 Amazon Web Services와 같이 공급자는 고객에게 직접 접근하기 위해 온라인 서비스 플랫폼을 사용하여 전통적 중개를 우회통과할 수 있다. Google과 Facebook은 검색과 소셜 미디어를 제공하는 디지털 플랫폼이나 그들은 또한 다른 플랫폼이 구축되는 인프라를 제공한다. 둘째, 공유경제(sharing economy)는 서비스 가능인자, 서비스 제공자, 고객을 포함하는 삼자 비즈니스 모델에 기초한다. Uber와 Airbnb는 다른 산업에서 다양한 시장과 가치창출 프로세스를 파고한 공유경제 비즈니스 모델의 좋은 예이다. 따라서, AI의 도움을 받은 새로운 비즈니스 모델은 파괴적으로 보이나 그들은 또한 공급자와 구매자 관계에서 공동 가치창출 프로세스를 촉진하는 것으로 보인다.

(5) 사회적 가치 창출

AI의 사회적 가치와 사회적 영향에 대해 Stephen Hawking은 강력한 AI의 등장은 인류에게 지금까지 일어난 최고 아니면 최악의 것 중 하나일 것이다라고 말하였다. 우리는 어떤 것이 일어날지 아직 알지 못한다. 실제로, AI의 기회와 결과에 대한 지속적 논쟁이 존재한다. 예를 들어, 어떻게 AI가 우리가 결정하는 방식을 변화시킬 것인가? 직업과 일에 대한 기술의 영향은 무엇일 것인가? 환경 이슈에 대한 AI의 영향은 무엇인가? 윤리적 및 사회적 의미는 무엇인가? 이 어떤 질문을 다루기 위해, 2019년 United Nations의 서밋(summit)은 17가지의 지속가능한 발전목표(가난, 굶주림, 건강과 복지, 고품질 교육, 양성평등, 깨끗한 물과 위생, 청정 에너지, 품위있는 업무와 경제 성장, 산업/혁신/인프라, 줄어든 불평등, 지속가능한 도시와 커뮤니티, 책임있는 소비와 생산, 기후행동, 해양생태계, 육상생태계, 평화/정의/강한 제도, 파트너십)까지 다양한 주제에 대한 AI의 영향에 초점을 두었다. 분명히 사회에 대한 AI와 그 잠재적 가치는 여전히 진행 중이고 더 폭넓은 논쟁과 추가 연구를 필요로 하는 주제로 보인다.

AI의 사회적 가치는 다양한 이해관계자에 의한 AI 적용으로부터 파생된 결합된 가치로 서 정의한다. AI는 (1) 이 기술이 이해관계자에게 가져오는 편익과 향상과 (2) 그것으로부 터 발생하는 비용과 우려 사이의 상충으로서 이해될 수 있다. 일반적으로 조직에 의해 창 출된 가치는 전체적으로 가치를 포착하기 어렵기 때문에 전체로서 사회로 확산될 수 있는 가치를 인식하는 것이 필요하다. 따라서, AI의 사회적 가치는 어떤 조직의 많은 이해관계 자에 대한 AI의 전반적인 예상 영향을 강조할 필요가 있다.

① AI의 편익

AI의 사회적 가치는 이 기술이 여러 이해관계자들에게 가져오는 편익과 향상뿐만 아니 라 이 기술과 관련된 비용과 우려를 고려한다. 편익을 보면 AI의 두 가지 측면이 고려된 다. 즉, AI는 인간보다 더 빨리 업무를 수행하고 더 작은 실수를 하며, 이것은 효율성 이익 으로 이어진다. 또한 AI의 광대한 양의 데이터를 분석하는 능력은 더 낮고 적시의 예측과 향상된 의사결정(예: 더 높은 효과성)으로 이어진다. 따라서, AI는 자동화와 예측적 애널리 틱스를 가능하게 하고 이것은 기업의 이해관계자에게 강력한 영향을 미친다.

② AI 리스크

AI의 사회적 가치는 기술과 관련된 비용과 리스크를 설명해야 한다. 첫째, 기술은 공공 보조금을 포함하여 기업에게 실행하는데 비용이 많이 들고 중요한 재무적 투자를 필요로 한다. 둘째, 조직 내 AI의 확산은 필수적인 조직 변화, 조정비용, 데이터 취약성(사이버 보 안), 숙련된 인력의 부족에 의해 방해된다.

또한 AI의 기본이 되는 알고리듬의 공정성에 대한 우려가 존재한다. 따라서, 개발자와 조직은 투입 데이터의 훈련의 품질을 모니터, 공정하고 적절한 알고리듬을 창출, 잠재적 편향의 결과를 평가해야 한다. 게다가, AI 알고리듬은 설명될 필요가 있다. 이것은 의사결 정자가 검사하도록 투명하고 이해가능해야 한다. 비록 원칙적으로 알고리듬적인 의사결정 이 AI 시스템이 효율적이고 윤리적으로 올바르게 수행하기 위해 자율적일 수 있다는 것을 암시할지라도, 시스템이 보다 안정적인 결과를 도출할 수 있도록 훈련과 테스트 또는 조정 을 수행하는 사람이 존재해야 한다.

기업은 또한, 더 엄격한 AI 규제에 따르는 비용을 예상해야 한다. 예를 들어, AI의 사용 에 관한 최소한의 법적 요구사항을 따라야 하면서도, 바람직하지 않은 AI 리스크를 완화하 고 더 엄격한 행동강령에 자발적으로 헌신하기 위해 기업의 추가적인 자율규제를 해야 한 다. 더 높은 표준의 신호는 향상된 브랜드 이미지로 이어지나 비준수는 손상된 신뢰와 소비자 철수를 암시할 수도 있다.

마지막으로, 고객 프라이버시 우려, 알고리듬의 편향, AI 저항이라는 심리적이고 감정적인 동인, 인간－기계 상호작용과 같은 AI의 발전과 개인에 대한 부정적 결과에 대한 논의가 중요하다.

③ AI의 사회적 가치는 증가할 것으로 기대

AI의 사회적 가치는 시간에 따라 증가할 것으로 기대된다. 우선, 자보투자가 AI 확산의 주요 장애물로 남아있을지라도 정보기술 비용은 점차 감소하고 컴퓨팅 파워의 전체적인 향상을 목격하고 있다. 둘째, AI의 사용에 대한 예상된 법과 규제의 엄격화는 한편으로 기업에게 재무비용을 증가시키나 다른 한편으로는 사용자와 크게는 사회에 AI 리스크와 우려를 줄일 것이다. 종합하면, 우리는 다수의 기업들이 이미 능동적으로 AI 리스크를 줄이기 위해 자율규제하는 중이고 AI의 사용에 대한 자발적 행동강령에 대한 브랜드 평판 편익이 존재하기 때문에 리스크와 우려가 더 줄어들 것이라고 생각할 수 있다. 셋째, 시간이 지남에 따라 AI 알고리듬은 그들의 학습역량으로 인해 더 낫고 더 효율적이 되고 이것은 AI 가치를 증가시킨다. 게다가, AI 확산의 주요 장애물인 AI 스킬 격차는 학술기관의 헌신된 프로그램의 등장을 고려하면 느리게 줄어들 것이다. 마지막으로, AI가 산업과 사회에서 더 보편적이 되기 때문에 더 많은 이해관계자들이 편익을 수확할 것이고 따라서 AI의 사회적 가치는 증가할 것이다.

④ 서비스 부문 AI의 시사점

4.1. 비즈니스에 대한 시사점

흥미로운 비즈니스 시사점을 드러내는 조직의 프로세스와 관리에 대한 AI의 영향이 중요하다. 이 주제는 주로 데이터 중심의 의사결정, 프로세스 마이닝(process mining), 자동화 프랙티스를 설명한다. AI는 이미 수십 년 동안에 의사결정지원시스템(decision support system)의 실행으로 활용되었고 원데이터를 사용가능한 정보로 전환시킴으로서 지식을 창출하는데 가치있음을 입증하였다. AI는 다음의 용도로 조직에 긍정적으로 영향을 미칠 수 있다.

① 관리 자동화
② 로봇 프로세스 자동화를 통해 재무와 관료주의적 활동

③ 의사결정에서 관리자 지원

④ 챗봇과 같이 인간을 닮은 에이전트의 사용을 통해 직원 혹은 고객의 감정적 참여의 증가

다른 AI 활용의 비즈니스 시사점은 전문가 시스템(expert system)을 예를 들 수 있는 능력이다. 이것은 인간의 추론을 모방하고 특정 결론에 도달하기 위해 사용된 기준을 설명할 수 있다. 이 주제 내에서 프로세스 마이닝의 역할이 증가하고 있다. 예를 들어, 로그(log) 데이터의 분석을 통해 비즈니스 프로세스의 유효성을 향상시키기 위해 유용한 추세, 패턴, 기회를 추론하기 위해 AI를 사용하는 능력을 의미한다.

4.2. 인간에 대한 시사점

AI는 시간과 비용 관점에서 뛰어난 활동 효과성과 효율성과 인간의 업무에 대한 타당한 동맹으로서 자신을 제공하는 것을 수행하는 활동의 품질을 보장하면서 업무현장에서 인적자원관리의 디지털화를 지원할 수 있다. 추가적인 기회가 서비스 업무의 비즈니스 프로세스를 자동화하기 위해 빅데이터 분석에 AI를 적용하는 데 규명될 수 있다. 기술과 비즈니스 환경의 연속적인 진화는 지식을 창출하고 내부 스킬을 개발하는 도전에 직면해야 하는 관리자에게 연속적인 도전을 부과한다. AI는 어떤 프로젝트의 비용 감소와 개인의 생산성의 증가를 보장함으로써 비즈니스 가능요인으로서 폭넓게 인식되어 왔다. 또한, AI는 경영 의사결정, 인간의 판단 지원, 전략/계획/실행/활동에서 의사결정 프로세스에서 동맹이 되었다. 미션 활동으로서 이 데이터 사이언스와 AI의 구축은 데이터 과학자, 데이터 분석자, 애널리틱스 개발자, 빅데이터 시스템 엔지니어와 같은 새로운 전문적 데이터 초점 역할을 얻음으로서 기업이 조직을 다시 생각하도록 강요하였다. 주로 프라이버시의 진화하는 정의와 기업이 데이터 경계를 밀어넣고 개인의 삶에 침투하는 수준에서 할 수 있는 의사결정에 초점을 두면서 다양한 윤리적 도전이 발생하였다.

4.3. 산업에 대한 시사점

산업 시사점에서 AI의 역할은 관리자들이 여전히 조직적, 문화적, 기술 가능요인을 규명하고 제공하는데 고군분투하고 있기 때문에 여전히 완전히 이해되고 폭넓게 기업에 적용되지 않았다. 이 주제 내에서 서비스 부문에서 AI의 산업적 응용의 기회와 특히 심장내과, 신경학과 방사선학과 같은 의료 사이언스와 제약의 화학산업, 정치와 같은 사회과학, 마케팅, 재무에서 보고하고 있다.

게다가, AI는 공급사슬에서 조직의 구매 프로세스와 공급 모델, 가격전략의 정의, 제품 개발과 일정수립, B2B 커머스에서 기회를 가능하게 한다. 나아가, AI 적용은 현대의 IoT 장치로부터 데이터 수집, AI 알고리듬으로부터 도출되는 결과의 전송, AI를 물리적 개체로 가져감으로써 산업적 적용을 지원하는데 매우 편익을 볼 수 있다. 실제로, 최대의 공헌은 산업의 IoT에 의해 보여진다. 여기서, IoT는 비용과 시감 절검, 더 나은 품질, 증가된 생산성으로 결과되는 생산 프로세스에 내재된다. 게다가, AI와 결합될 때 IIoT(industrial IoT)는 실시간 계획 분석과 수정을 가능하게 하는데 효과적임이 입증되었다.

4.4. 사회에 대한 시사점

AI는 소비자의 사회적 행동을 이해하기 위한 마케팅 연구를 지원할 수 있다. 반면에, 퍼지논리 기법, 인공신경망, AI 기반의 방법은 마케팅 전략의 개발을 수반하는 불확실한 사건들의 관리를 지원한다. 주요 공헌은 최종 소비자의 사회적 행동에 대한 분석으로부터 결과에 대한 심오한 이해덕분에 마케팅 활동의 가치를 확장하는 것을 지향하는 데 있다. AI는 또한 최적화에서 사용되는 설명적 모델을 얻음으로써 소비자 선택에 대한 이해를 지원할 수 있다. 새로운 기술에 의해 가능해진 소비자에 대한 뛰어난 인접성은 비즈니스와 그 소비자 사이의 관계를 더 깊고 더욱 강건하게 만들었다. 게다가, 데이터는 구매를 하는 데 성향 수준의 AI 기반 추론의 수단에 의한 개인화된 제공을 가능하게 하여 핵심 역할을 한다.

5 서비스 부문 AI의 그늘

이미 언급한 바와 같이 AI의 장점은 매우 많다. 그러나, 모든 기술이 항상 장점만 존재하는 것은 아니다. 가치가 협력적으로 공동창출되는 것과 유사한 방식으로 상호작용 프로세스 중에 가치가 공동으로 파괴될 수도 있다. 만약 기술이 기대하지 않은 방식으로 적용하거나 잘못된 데이터가 현장직원/고객에 영향을 미치면 AI의 자율성은 전체가 아닌 하위 최적성과의 신호일 수 있다. 고객이 상호작용에 더 높은 수준의 노력과 시간을 투자하기 때문에 공동창출된 서비스가 기대에 미치지 못하면 고객은 오히려 귀찮아 하고 좌절될 수도 있다.

다시, B2C와 B2B 상황별 어두운 면을 정리하면 다음과 같다.

5.1. B2C 상황

(1) 프라이버시 우려

AI가 심오한 고객통찰을 파악할 수 있는 상황에서 고객은 프라이버시 우려를 할 수밖에 없다. 예를 들어, 음성 어시스턴트(예: Alexa)는 AI를 사용하여 고객의 음성표현을 분석할 수 있고 고객과의 관계가 종료될 시기를 예측(예: 불만의 목소리를 찾아내어)할 수 있다. 그러나, 그 데이터가 유출되면 고객은 강한 프라이버시 우려를 가질 것이다.

(2) 편향 우려

AI의 사용은 편향(bias)의 우려를 높인다. AI 솔루션이 도출되는 과정이 명확하게 설명되지 않고 블랙박스처럼 느껴질수록 더 낮은 수준의 신뢰를 보여줄 수밖에 없을 것이고 그 결과로 낮은수준의 AI 적용과 참여를 낳을 것이다.

(3) AI에 대한 우려

신뢰의 결여는 AI가 감정이 결여될 수 있고 고객의 독특한 선호, 상황, 정체성을 적절하게 설명하지 못한다는 우려를 제기한다. 개인별 독특함을 무시하게 되면 고객은 AI보다는 인간의 추천을 더 선호할 수 있다. 또한, 고객에게 신뢰는 관계개발에 결정적이다. 신뢰의 결여는 편의와 데이터 프라이버시에 대한 우려로 이어지고 나아가 AI가 인간과 매우 다르다는 인식은 신뢰의 결여를 낳을 수 있어 이것은 부정적 성과의 악순환으로 이어진다.

5.2. B2B 상황

(1) 비대칭적 파워

제공자와 고객 사이의 AI 역량의 차이는 서비스의 교환에서 한 주체(주로, 제공자)의 상대적 파워 강화로 이어질 수 있다. 그 이유는 서비스 제공자가 더 많은 고객통찰을 추출할 수 있기 때문이다.

(2) 조작의 두려움

이러한 파워 비대칭의 결과로 여러 교환활동에 대한 제약이라는 조작의 두려움(주로, 고객에 의해)이 발생할 수 있다.

참고문헌

Brynjolfsson, E., Jin, W. & McElheran, K. (2021), "The power of prediction: Predictive analytics, workplace complements, and business performance". Business Economics, 56, 217-239.

Kristensson, P. (2019), "Future service technologies and value creation", Journal of Services Marketing, 33(4), 502−506.

AI와 비즈니스 기능1
– 운영, 물류, 공급사슬관리, 마케팅

11장

AI와 비즈니스 기능 1
– 운영, 물류, 공급사슬관리, 마케팅

① 비즈니스에서 AI 활용

1.1. 추세

이미 여러번 언급한 바와 같이 AI는 복잡하고 구조화 및 비구조화된 환경에서 대량의 데이터를 사용하여 예측하거나 문제를 해결하는 기계의 역량이다. 고속 연산, 빅데이터의 활용, 첨단 알고리듬이라는 AI의 세 가지 구성요소는 일상적인 의사결정과 문제해결을 위한 기존의 IT 적용과는 분명히 다르다. 서비스 기업의 다양한 비즈니스 기능분야별 담당자들은 이러한 대량의 데이터셋을 처리하는 AI를 통해서 업무 시간을 절약하고 정확한 의사결정에 도달할 수 있게 된다.

나아가, AI는 현재 '설명적 및 진단적' 접근법에서 '규범적 및 예측적' 접근법으로 신속하게 발전하고 있다. 산업 4.0 혹은 4차 정보혁명은 비즈니스와 사회에 큰 인기를 얻고 있다. 이전의 산업혁명과 산업 4.0을 구분짓는 한 특징은 바로 AI이다. AI는 우리가 살아가는 방식, 소비하는 방식, 경쟁하고 가치를 창출하는 방식을 변화시키고 있다.

현대의 기업은 소비자를 더 잘 이해하고자 노력하는 중이다. 그들은 소비자의 신념과 행동의 변화에 단순히 적응하는 것을 넘어 오히려 선도적으로 영향을 미치기 위해서 소비자에 대한 적시의 심도있는 통찰력을 얻고 활용해야 한다. 오늘날 인터넷을 포함한 여러 원천들로부터 수집한 다양하고 광대한 양의 데이터로 인해서 AI를 활용해 소비자 행동과 추세에 대한 가치있는 정보를 추출하고 분석하는 것이 훨씬 더 수월해지고 있다. 예를 들어, AI 기술은 소셜미디어 마이닝, 실시간 가격 최적화, 감정 분석, 고객이탈 분석, 인재선발 및 획득으로 이어지고 있으며, 상품화, 공급사슬관리, 금융사기 감지, 회계정보 평가로까지 그 영역을 확장하고 있다.

1.2. 한계

그럼에도 불구하고 인간은 아직 AI를 쉽게 받아들이지 않고 거절하는 경향도 있다. 이것은 내부적인 우려와 외부적인 우려로 구분하여 살펴볼 수 있다.

(1) 내부적인 우려

인간은 객관적 혹은 수치적 업무와 같은 어떤 상황에서만 인간의 판단보다는 알고리듬에 의한 조언을 선호하는 경향이 있다. 실제로 많은 관리자는 AI의 높은 잠재력에도 불구하고 의사결정에서 AI를 전적으로 활용하는 것(예: 자동화된 의사결정)에 우려를 보이고 있다. 예를 들어, 어떤 마케팅 담당자는 기계가 의사결정을 제대로 설명하지 못하기 때문에 AI에 의한 추천을 신뢰하지 않는 경향이 있다. 데이터는 알려지지 않은 편의(bias)를 보일 수 있고 어떤 AI 모델이 일상과의 매우 작은 차이로 인해 실패할 수도 있다. 나아가, 비즈니스 상황에서 설명될 수 있는 것처럼 AI의 광범위하고 불균형적인 활용은 AI로 인해 덜 인정받고 이해되고 있다고 느끼는 하위 관리자(즉, 실무자) 사이의 긴장을 발생시킨다. 결과적으로, AI에 대한 그러한 반응은 로봇에 의한 직무 대체의 두려움으로 나타날 수 있다.

(2) 외부적인 우려

외부적 우려는 주로 고객, 공급자, 기타 이해관계자와의 상호작용과 연관된다. 예를 들어, 마케팅이 개인적 관계를 통해 고객의 독특한 가치창출 경험을 구축하는 것을 추구하기 때문에 자동화와 AI 기술이 고객 경험을 희석시키기보다 확장할 수 있는지에 대한 지속적인 논쟁이 있어 왔다. 그러한 기술이 고객을 객관화하는 본질적인 위험을 내포하기 때문에 고객-직원 관계에 피해를 줄 수 있다는 것이다. 예를 들어, 서비스 상황은 인간 상호작용의 중요성을 강조하기 때문에 인간이 만든 어떤 것은 일반적으로 고객과 직원을 더욱 즐겁게 하는 있는 것으로 평가된다. 하지만, 만약 직원이 어떤 제품(예: 서비스 로봇)과 강하게 동일시되고 자동화가 직원이 스킬을 보여주는 것을 방해한다면(예: 경험많은 금융 투자가에게 로봇의 조언 혹은 로봇 의사) 소비자는 이들에 저항할 수 있다. 이것은 AI와 자동화가 기업이 가장 가치있는 고객을 잃도록 만들 수 있는 리스크를 발생시킨다.

② AI와 운영, 물류 및 공급사슬관리

2.1. 특징

운영관리는 제품 디자인, 제품 제조, 전략계획, 전달 서비스, 물류, 고객화, 아웃소싱 등과 같은 많은 활동을 포함하며, 이를 한 기업이 아닌 전체 비즈니스 사슬로 확장하는 공급사슬관리에서 이들은 복잡한 업무임에 틀림없다. 또한, 물류(logistics)는 공급사슬관리의 중요한 구성요소로서 효과적 주문 이행으로 생산성을 극대화하기 위해 재화 혹은 원자재, 부품, 재고의 조달, 이동, 저장이라는 관리 프로세스를 포함한다.

기업에 의한 빅데이터와 첨단 애널리틱스 접근법의 폭넓은 적용으로 오늘날의 물류와 공급사슬은 전환적 단계에 있고 디지털 혁명과 함께하는 산업 4.0은 현대 비즈니스 모델의 청사진을 글로벌하게 바꾸고 있는 중이다. 오늘날 AI에 기반한 기술은 주로 스마트 제조 (smart factory) 개념하에서 운영관리의 전통적 프로세스 모델을 변화시켜 시장에서 더욱 경쟁적인 디지털 비즈니스모델을 창출한다. 디지털 시대에 AI는 새로운 전기(electricity)와 같고 데이터는 새로운 원유(oil)와 같다고 흔히 비유된다. 예를 들어, 매우 효율적인 업무흐름을 위한 업무흐름의 재설계를 요구하고 거래와 조달 프로세스를 재 디자인하기 위해 일종의 지능형 시스템인 협력적인 다중에이전트시스템(collaborative multi-agent system)이 활용될 수 있다.

게다가 재고관리는 운영, 물류와 공급사슬관리의 중요한 부분이고 제품수요의 변동성은 운영 및 공급사슬관리에서 중요한 불확실성의 원천 중 하나이다. 이 이슈를 다루기 위해 제품추천에 대한 재고수준의 영향을 분석하는 알고리듬이 구축될 필요가 있다. 그것은 기업이 특정 소비자들로부터 특정 품목의 수요를 관리하는 것을 가능하게 한다. 또한, AI는 공급사슬에서 어떤 인간의 개입없이도 수요 예측, 조달 및 지불 프로세스, 주문 프로세스, 운송관리에 관련된 데이터에서 자동적 패턴인식을 용이하게 할 수 있다. 그 시각적 패턴인식은 또한 제품 검사에서 효율성을 유지하고 예측적 유지보수를 허용한다. 종합하면, AI는 공급사슬 네트워크의 성공을 결정하고 전체 물류와 공급사슬관리 성과를 향상시키기 위한 가장 중요한 추진동력이 될 수 있다.

한편, 운영 및 공급사슬관리 분야에서 AI의 주요 성과는 다음과 같다.

① 경쟁우위 창출
- 머신러닝과 신경망에 기초하여 공급사슬리스크 관리를 평가하는 모델을 개발
- AI에 의해 가능해진 선도지표를 갖는 시계열모델을 결합하는 수요 예측이 가능

- 운영의 지속을 예측하는 모델을 개발하여 유휴시간을 줄이면서 장비의 유지 및 보수 비용을 최소화
- 적절한 제조 프로세스를 선택하는 정보를 사용하는 자동화된 방법을 개발 가능
- 실제 매출이 발생하기 전에 백오더(back-order) 제품을 예측하는데 사용될 수 있는 모델
- 효율적 재고관리와 적시의 제품공급을 제공하기 위해 전체 공급사슬관점에서 거래적 관계 내 공급자, 제조업체, 고객, 기타 회사를 연결하는 SCM 솔루션을 제안
- 사물인터넷 적용과 빅데이터 애널리틱스의 기초하에 실시간으로 대량의 데이터를 분석하고 처리하는 것을 가능하게 하는 디지털 트윈(digital twin) 아키텍처가 구성

② 채찍효과의 감소
- 통합된 예측의 사용은 공급사슬에서 채찍효과를 축소
- 더 나은 제조 의사결정에 기반한 솔루션을 제공
- AI에 의해 촉진된 예측과 최적화 기법은 조직의 회복성을 향상시키고 리스크를 축소

③ 공급사슬에 가치 부가
- AI에 기반한 수요예측은 전통적인 예측방법들과 비교하여 더욱 정교하고 실제 데이터에 근접
- AI는 공급사슬 리스크를 감지하고 완화하는 것을 지원
- AI 프로그램의 예측적 분석은 공급사슬관리가 프로세스 상에서 잠재적 실수와 실패를 축소
- AI를 사용하여 조직의 내부 프로세스를 향상
- AI를 적용하는 기업은 요구된 유연성과 민첩성을 달성하며, 비용에서 더욱 경쟁적(예를 들어, 의료 공급사슬, 자동차산업 등에서 서비스운영, 이해관계자 사이의 협력, 고객 서비스, JIT 프로세스, 제품주문과 선적, 자원의 최적화, 수요예측의 향상이 가능)
- 물류에서도 챗봇과 지능형 키오스크의 실행은 물류 고객서비스에서 고객서비스와 물류에 대한 불만의 균형을 최적으로 유지하도록 지원

2.2. 주요 AI 역할

2.2.1. 운영 및 제조 분야

운영에서 AI의 역할은 주로 제조업체에 초점이 맞추어질 수 있다. 물론, 이러한 운영은 서비스의 특징을 고려한 후 소매, 운송, 네트워크 등의 여러 서비스 분야에도 유사하게 적용될 수 있다.

(1) 지능형 자동화

AI 기반의 자동화된 도구는 작업자와 제품 안전을 향상시킬 수 있는 향상된 창고관리뿐만 아니라 더 스마트한 준비를 제공할 수 있다. AI는 제조업체에게 인식된 심각성을 평가하고 현장에 대한 잠재적 위협에 대해 경고할 수 있다. 이처럼 복잡하고 반복적, 시간소모적, 실수가 발생하기 쉬운 수동적 업무와 관련한 프로세스를 자동화하기 위해 로봇 프로세스 자동화를 AI와 결합하는 것을 인지 및 지능형 자동화(cognition and intelligent automation)라고 한다. 이 지능형 자동화는 유연한 자동화 방법을 제공하고 인간 노동자의 행동을 모방함으로써 학습하는 유연한 로봇을 의미하는 협동 로봇(collaborative robot) 혹은 코봇(cobot)의 지원을 받는다. 결과적으로, 기존의 로보틱스는 제조현장에서 직원과 함께 일할 수 있는 프로그램 가능한 협동 봇(collaborative bot)으로 전환하고 있는 중이다(<그림 11.1> 참조).

그림 11.1 피자를 만드는 코봇

(2) 예측적 전망

예측(prediction)과 전망(forecasting)은 다르다. 예측 애널리틱스는 머신러닝의 산물로서 더 나은 의사결정을 내리기 위해 개인들의 미래 행위를 예측하고자 경험(데이터)으로부터 배우는 기술(technology)로서 컴퓨터 과학과 통계학에 근거를 두고 있다. 이에 비해, 전망은 거시적 차원에서 집합적 예측을 하는 것을 의미한다.

오늘날 계속 변화하는 경제 상황에서 기업이 경쟁력을 유지하기 위해서는 미래 수요의 엄청난 변동을 제안할 수 있는 시장 패턴뿐만 아니라 공급업체 용량의 사소한 변화에도 경계를 늦추지 않아야 한다. 변화하는 시장 조건을 예상함으로써 기업이 선행적 혹은 대응적 전략을 적용하여 외부 상황의 변화에 매우 회복탄력적이 될 뿐만 아니라 시간과 자원의 적절한 분배를 가능하게 한다. 예를 들어, 소매점포에서 짧은 제품수명과 진부화가 발생하는 재화에 대한 매출 예측에 적용된 AI 방법은 고전적인 통계 기법을 능가하고 그 결과로 운영에서 재고의 균형을 달성하며, 공급을 향상시키고 수익을 증가시킨다. 이처럼 시간을 절약, 비용을 절감, 효율성을 증가시키기 위해 생산부터 물류까지 제조 프로세스를 분석하는 것을 제조 애널리틱스(manufacturing analytics)라고 한다.

(3) 실시간 모니터링

제조 및 운영에서 AI의 장점 중 하나는 생산에서 어떤 비효율성이 존재하는 위치와 병목(bottleneck)을 초래하는 것이 무엇인지에 대한 더욱 정교한 설명을 제공할 수 있는 실시간 모니터링이다. 조정을 필요로 하는 정확한 프로세스를 규명하는 잠재력은 조직이 그 문제를 재빨리 해결하도록 돕고 시간과 비용의 절감으로 나타난다. 클라우드 제조, 실시간 모니터링 방법은 현재의 기계 상태를 인식한 후 데이터 분석을 통해 상황기반 실시간 추적을 가능하게 하여 시스템 고장을 최소화시킴으로써 자원의 증가된 효율성으로 이어질 수 있다. 이 정보는 다시 기계 대 기계 커뮤니케이션 프로토콜과 클라우드 서비스 데이터 검색 방법에 의해 재사용될 수 있다. 이처럼 프로세스를 채굴(mining)하고 실제 프로세스를 구체적으로 이해하기 위해 AI 알고리듬을 활용하는 것은 프로세스 마이닝(process mining)의 영역에 해당한다.

(4) 품질 검사

BMW와 Canon과 같은 조직은 발전된 이미지 비교 기술을 활용하여 제품 디자인에서 비일관성과 비정상을 구분하고 인간의 눈으로 감지하지 못하는 결함을 포착할 수 있는 AI 솔루션을 활용하였다. Bosch는 <그림 11.2>와 같이 그들의 제조 프로세스에 AI를 내재하여 사이클 타임을 향상시켰고 결함유형 감지, 시각적 검사, 품질검사를 자동화하여 과거 2년간 10% 이상 제조설비의 이산화탄소 방출을 줄였고 제품의 검사시간이 45%만큼 절감되었다. 일반적으로, 적절한 AI 시스템은 결함을 갖는 구성요소를 검출하지 못할 가능성이 0%이고 결함 미감지율이 0.5% 이하인 반면에 주로 인간이 검사하는 예전 시스템의 오류율은 착시와 시력의 부정확과 같은 다양한 이유로 20-30%로 알려지고 있다.

그림 11.2 Bosch의 AI에 기반한 광학검사

(5) 재고관리

AI는 대량의 데이터를 다루는 능력으로 인해 재고관리에서 매우 유용하게 활용될 수 있다. 이 시스템은 광대한 데이터 셋을 쉽게 이해하고 해석할 수 있으며, 공급과 수요의 예측에 대한 전문적 서비스를 제공하고 지능적 알고리듬과 계절적 수요예측을 통해 소비자의 다른 취향을 예측하고 평가할 수 있다. 결국, 가치사슬 상의 영향요인을 찾아 재고를 줄이고 재고회전율을 극대화하며 재고와 공급사슬 최적화를 최고의 수준으로 올리기 위해 머신러닝을 활용할 수 있다.

(6) 예방 점검

예방 점검이 필요한 이유 중 하나는 기계부품의 교체를 필요로 하는 시기를 적절히 예측할 수 있기 때문이다. 과거의 자료에 기초하여 머신러닝은 조직이 기계나 설비가 지연되는 문제를 제거하는 데 필요한 단계를 취하도록 지원하며, 그 발생할 수 있는 잠재적 문제를 감지하는 알고리즘을 만들 수 있다. 예방적 및 예측적 점검에서 통계적 방법이 의사결정에 오랫동안 활용되었으나 이제는 많은 변수를 갖는 분야에서 신경망과 같은 머신러닝 방법이 분류를 위해 사용될 수 있다.

2.2.2. 구매분야

(1) 구매 프로세스의 자동화와 최적화

구매부서가 AI를 사용하는 가장 일반적 방식은 프로세스를 자동화하고 최적화하는 것이다. 이 기법은 구매자/공급자/내부 고객/세그먼트/지역/프로젝트/산업 프로그램에 의한 지출 분석, 니즈의 규명부터 제품 혹은 서비스를 조달/협상/계약/응대까지 구매 프로세스의 단계를 최적화, 계약관리와 모니터링, 핵심 성과지표를 분석, 품질통제와 부적합 감소를 포함한다.

자동화는 구매 프로세스를 통제하기 더 쉽게 만들고 실시간으로 모니터함으로써 지연과 실수를 회피하고 더 나은 결과를 얻음으로써 구매 프로세스를 최적화한다. AI는 더 낮은 비용과 비교할 수 없는 신뢰성으로 인간이 하는 것보다 비교불가능하게 더 많은 양의 데이터를 처리할 수 있다. 즉각적인 돈과 시간의 절감과 더불어 구매를 디지털화하고 지능형 기술을 실행하는 것은 장기적인 정성적 가치를 창출할 것이다.

프로세스 최적화는 자동화와 통제에 제한되지 않는다. 이 프로세스에 포함된 다른 파트너들과 좋은 관계를 개발하는 것이 중요하다. 이것을 달성하기 위해 구매자들은 인간 혹은 다른 챗봇과 대화를 나누고 협상할 수 있는 지능적이고 자율적인 가상 에이전트인 챗봇을 사용할 수 있다. 챗봇은 그들의 실제 혹은 가상의 접촉의 니즈와 반응을 분석하고 그들에게 정보와 서비스를 제공하도록 구성된다. 챗봇은 선택된 공급자와 접촉, 모기업에 활동에 대한 정보를 제공, 기본 정보를 수집, 상업적 관계 혹은 파트너십을 위한 잠재력을 테스트할 수 있다. 챗봇은 공급자 조달의 정보요구(RFI: Request for Information) 단계에서 책임을 맡을 수 있고 요구사항의 100%를 완수하고 심지어 선택되지 않은 기업들과 긍정적 관계를 유지하기 위해 더 많은 기업과 접촉할 수 있는 장점을 가질 수 있다.

(2) 매칭 시스템을 이용한 공급자 선택

글로벌하게 여러 부품 및 원자재를 공급받고 있고 구매자는 IT를 사용하지 않고서는 전 세계 수천 공급자의 모든 공급 제안을 고려하고 비교할 수 없다. 그러나 가치는 공급자가 제안한 사항의 작고 미묘한 차이에 존재하고 이를 짧은 시간에 파악하고 분석하기 위해서는 AI가 필요하다. 입찰자 요청을 관리하기 위해 개발된 매칭 시스템은 내부 니즈에 가장 적합한 공급자를 발견하기 위해 수천의 가중된 변수를 고려하는 알고리듬에 기반한다. 데이트 웹사이트에서 영감을 받은 이 시스템은 구매자와 공급자라는 각 두 당사자들에 대해 가장 적합하고 만족스러운 매치를 발견하려고 시도한다. 만약 그들이 첫눈에 사람에 빠진다면 그것은 많은 객관적 기준에 기반할 것이기 때문에 그들은 '오래 지속되고', '균형된', '협력적'인, '덜 기회적인' 관계를 개발할 수 있다.

(3) 예측적 구매와 의사결정 지원

구매부서는 흔히 불완전한, 접근불가능한, 신뢰할 수 없는, 혹은 단순히 사용되지 않은 많은 양의 데이터를 만든다. 하지만, AI라는 기술적 진보는 점차적으로 강력한 알고리듬을 사용하여 이 어려움을 극복하고 빅데이터를 분석하는 것을 가능하게 한다. 이제 구매자가 지능적 정보시스템을 사용하지 않고 이 모든 데이터를 검토하고 가장 중요하고 유용한 것을 선택하는 것은 불가능하다. 지능적 컨텐츠 추출 도구는 손으로 작성된 것을 포함하여 다양한 형식을 갖는 많은 유형의 문서를 읽을 수 있고 구매자의 목적과 일치하도록 정의된 알고리듬 구성에 기반하여 적절한 정보를 추출할 수 있다.

(4) 공급자 관계관리

규모, 위치, 조직, 기업 문화의 관점에서 숫자와 다양성의 동시 증가로 인해서 공급자 포트폴리오는 점점 더 복잡해지고 관리하기 어렵게 되고 있다. 빅데이터를 분석함으로써 구매자는 공급자 성과를 모니터하고 그들이 특정 기준과 관련해 향상시키는 것을 도울 수 있다(즉, 공급자 개발). 이 기준은 더 이상 비용, 품질, 납기일정에 제한되지 않고 지속가능한 발전, 관계품질, 혁신, ESG로까지 확장한다.

(5) 협력적 프로젝트 관리와 개방형 혁신

개방형 혁신(open innovation)의 개념처럼 단일의 가치사슬 내 플레이어들 사이의 협력은 중요하게 되고 있고 기업의 확장으로서 공급자를 통합하는 것은 전략적 우선순위에 해당한다. 그러나, 혁신적 프로젝트에 기여하는 다수의 다양한 주체들의 의사결정과 행동을 조율하는 업무는 매우 복잡하고 어렵다. 그러나, AI는 초점기업, 공급자, 전략적 파트너 사이에 참여와 신뢰를 촉진할 뿐만 아니라 다른 공급자들의 전문성을 연합하고 그들이 함께 일하도록 고무하고 스킬과 지식이 프로젝트 달성에 기여할 수 있는 기준 고객과 다른 조직의 추천을 효과적으로 가능하게 만든다. AI는 다른 기술을 사용하여 구매자가 다른 부서, 기업, 문화, 세대로 이루어진 내부와 외부 주체들로 이루어진 다양한 다기능 팀을 조율하는 것을 가능하게 만들고 그들이 야망적인 목표를 조화롭게 달성하기 위해 함께 일하는 것을 지원한다.

2.2.3. 물류와 공급사슬관리 분야

(1) 물류 분야

① 예측 물류

예측 물류는 광대한 데이터에 기반한 학습 애널리틱스에 기초한다. 이것은 로지스틱스 전문가가 주문 이전에 고객의 수요를 예측함으로써 생산성과 품질을 향상시키도록 지원한다. 배송시간이 길어지는 문제는 예측 물류의 일차 영향요인이다. 고객은 여전히 신속한 배송을 갖는 온라인 쇼핑을 선호한다. 공급사슬 상에 포함된 모든 당사자들은 수요를 예측하고 수요가 급증하기 전에 선제적으로 투자하도록 함으로써 예측적 물류로부터 편익을 본다. AI 도구는 인프라의 관리에 대한 예측에 밀접하게 연결된 안전 특성과 잠재적 리스크를 예측한다. 자동차와 운송 시스템은 차량과 시설을 수리하기 위해 AI 기술을 활용한다. 이 경우에 예측적 유지보수는 스마트 머신과 차량으로부터 얻은 센서 데이터에 기초한다.

② 자율학습시스템

운송 네트워크 내 물류 상황에 모든 데이터를 함께 모으는 물류부문에서 머신러닝의 사용히 점차 확대되고 있다. 머신러닝의 강점은 운송자의 수요 예측, 공급사슬에서 예측 패턴, 계절적 수요 등의 정확성을 향상시키기 위해 다른 시스템과 데이터 셋을 통한 정보의 통합이다. 더 많은 데이터가 모아질 때 데이터 패턴의 규명, 분석, 세부 보고서 혹은 행태를 파악하는 자율학습 물류시스템은 그 알고리듬을 향상시킨다. 이 방법을 통해 공급자들이 비용절감, 분류, 경로설정, 추적 프로세스를 지원함으로써 운송업자가 더 신속하고 나은 결정을 하도록 만든다. 지능형 창고는 자율학습시스템의 새로운 첨단분야이다. 이 시스템은 배송과 고객과 같은 주체들에게 데이터를 연결하고 분석하며, 반복적으로 추세와 사건을 감지한다.

③ 창고관리

성공적인 창고는 물류사슬의 한 필수 부분이고 자동화는 합리적인 기간에 창고의 제품을 효과적으로 보충한다. AI 시스템은 복잡한 절차를 단순화하고 일을 가속화함으로써 많은 창고문제를 인간보다 더 신속하고 효과적으로 다룰 수 있다. 또한, AI에 의해 작동되는 자동화 프로젝트는 가치있는 시간을 절약할 뿐만 아니라 창고작업의 니즈와 비용을 크게 줄일 것이다(<그림 11.3> 참조).

그림 11.3 Amazon의 창고관리용 로봇

(2) 공급사슬 분야

① 공급사슬전략의 수립

디지털 변환의 전환기에 공급사슬이 선형의 수직적 구매자-공급자 구조(다계층)에서 센서(sensor)와 사물인터넷 장치로 작동된 초연결된 다층 네트워크로 진화하고 있다. 원재료 조달, 제품 제조, 최종고객에게 배송까지 자산의 흐름을 관리하는 체계적 접근법인 공급사슬관리는 공급 네트워크에서 파트너들의 비즈니스 목표에 영향을 미친다. COVID-19 팬데믹으로 인한 광범위한 공급사슬 붕괴는 공급사슬 유연성과 회복의 중요성을 입증하였다. 나아가, 기술적 파괴, 혼란스러운 수요 불확실성, 변동하는 소비자 행동, 기후변화와 전염병(예: COVID-19)과 같은 외부 리스크는 원재료와 서비스의 효율적 공급에 중요한 영향을 미친다. 따라서, 그러한 역량을 구축하는 것은 전체 공급사슬 프로세스에서 증가된 가시성을 필요로 하고 이것은 다양한 공급사슬 네트워크 수준에서 데이터의 실시간 동기화로 달성될 수 있다. 또한, 제조업체와 기타 이해관계자들에게 회복적이고 스마트한 공급사슬을 개발하는 것은 필수적이나 도전적인 업무가 되고 있다. 빅데이터분석, IoT, 블록체인 등과 같은 신기술의 등장은 스마트 공급사슬을 개발하는 것을 가능하게 만든다.

② 스마트 공급사슬

스마트 공급사슬은 지능적인 연결 시스템을 형성하는 목적으로 공급사슬 내 여러 주체들의 프로세스를 연결하기 위해 새로운 ICT 및 AI와 같은 첨단 기술을 사용하는 것이다. 신기술(push)과 지속적으로 변화하는 시장에 적응하는 니즈(pull)에 의해 주도되어 산업 4.0은 스마트 제조를 위한 새로운 플랫폼을 제공하고 제조업체를 고객에게 가깝게 이동시킨다.

전체 가치창출 네트워크에 걸친 수평적 통합은 산업 4.0의 한 특징이다. 이 전체 가치창출 네트워크는 전형적으로 공급사슬과 일치한다. 따라서, 공급사슬관리는 산업 4.0 하에 스마트 제조의 성과에 영향을 미치는 중요한 요인이다. 공급사슬이 제조를 위한 투입물의 이용가능성, 복수의 생산기능의 상호작용, 고객에게 최종재화 전달의 효율성, 네트워크의 대응성에 영향을 미치기 때문에 스마트 제조는 지원을 위한 스마트하거나 훨씬 더 스마트한 공급사슬을 필요로 한다.

스마트 공급사슬의 개념은 공급사슬, 기술, 응용, 특징의 여러 단계/동인들의 관점에서 언급된다.

● 공급사슬의 스마트 동인
   스마트 로지스틱스와 운송, 스마트 창고와 같은 요인을 포함한다.

- 데이터 스트림/디지털 측면

  실시간 데이터 흐름과 역사적 데이터 저장고를 분석하기 위해 다른 애널리틱스 모델을 사용한다.

- 기술적 측면

  사물인터넷과 빅데이터와 같은 현대 기술을 공급사슬로 통합하는 것은 스마트 공급사슬관리로 이어진다.

- 특징

  스마트 공급사슬관리의 몇가지 특징이 제안된다. 예를 들어, 지능적, 자동화, 통합적, 혁신적, 상호연결적, 도구적, 자율 최적화, 적응적이다.

ICT와 AI의 발전과 통합으로 인해서 공급사슬은 궁극적으로 다른 비즈니스/시스템/산업의 디지털화와 지능화를 촉진하고 실현하기 위해 단일의 파트너/흐름 지능에서 복수의 파트너 혹은 전체 공급 네트워크 지능으로 발전한다.

③ 공급사슬의 실행

공급사슬관리는 어떤 공급사슬 내에서 최종제품으로 원재료를 변환시키고 그것을 고객에게 전달하는 것과 관련된 실행의 다섯 가지 주요 단계들이 존재한다. SCOR(supply chain operations reference) 모델은 이 다섯 단계를 강조하다. 그것은 계획(plan), 조달(source), 제조(make), 전달(deliver), 반환(return)이다. 처음 두 단계는 어디서, 언제, 얼마나 많은 원재료가 요구되는지와 어떤 공급자로부터 공급이 개시되는지를 결정하는 것을 지향하는 모든 활동을 포함한다. 제조단계는 최종제품 혹은 반제품으로 이 원재료의 처리가 발생하며 전달 단계는 제품이 어떻게 도매업체 혹은 소매업체와 같은 다른 사슬 멤버들에게 전송될지에 관련되는 곳이다. 마지막으로, 반환단계는 재사용, 리사이클링, 적절하게 처분되기 위해 공급사슬로 다시 돌아가는 것을 필요로 하는 제품의 생애 최종 단계이다.

이 공급사슬 운영의 범위를 고려하면서 SCOR 모델의 중심에 AI라는 주제를 위치시킬 수 있다. AI는 공급사슬 내 여러 단계에서 실행되고 여전히 공급사슬의 상류 혹은 하류 중 하나에 영향을 미치는 큰 잠재력을 갖는다. 의심의 여지없이 AI의 개입은 개인의 삶과 전체로서 사회에 직접적인 영향을 미친다. 예를 들어, AI 기술의 적용은 KiwiBot(미국 레스토랑)이 음식을 전달하기 위해 도시환경의 구조에 들어맞는 작은 로봇 차량을 디자인하는 데 행태적 신경망을 사용하는 것을 가능하게 한다. 그 기업은 KiwiBot이 더 빠르고 저렴할 뿐만 아니라 사람의 삶을 향상시킬 수 있게 만들며, 도시의 혼잡을 줄이고 더 친근하고 살기 적절하게 만든다.

2.3. 주요 AI 기법

(1) 운영분야의 주요 AI 기법

품질의 안정, 제조시간과 비용의 절감, 고객만족의 향상, 기업에게 편익 제공을 위해 머신러닝이 이용될 수 있다. 지도학습을 통해 작은 몇 개의 특징을 갖는 제품에서 이용가능한 충분한 데이터로 그 특징에 기초한 분류업무를 수행하고 품질결함을 더욱 빠르게 발견할 수 있다. 주요 기술로는 다음이 있다.

- 애널리틱스 플랫폼

    모든 애널리틱스를 위한 플랫폼의 역할 수행

- 자동화된 머신러닝(autoML)

    기업이 모델을 전개하고 프로세스를 더 빨리 자동화하도록 하여 시간소모적인 머신러닝 업무를 자동화

- 지리 애널리틱스 플랫폼

    예측을 위해 미세 위성 이미지의 분석, 공간 데이터 활용, 지형의 변화 포착

- 대화형 애널리틱스

    비즈니스 데이터를 분석하기 위해 자연어처리와 자동화된 리뷰와 제안 분석을 포함한 대화형 인터페이스를 사용

- 실시간 애널리틱스

    시간에 민감한 의사결정을 위해 머신러닝을 사용

- 이미지 인식과 비주얼 애널리틱스

    발전된 이미지와 화상 인식 시스템으로 시각적 데이터를 분석하여 의미있는 통찰이 이미지와 화상에서 도출

(2) 물류분야의 주요 AI 기법

구체적으로 다음의 기술이 활용되고 있다.

- AI를 통한 예측

    경로 최적화와 예측적 수요와 같은 계획수립 역량과 정확한 수요예측을 지원

- 로봇

    로봇은 창고에서 모니터링, 위치 파악, 이동을 위해 사용되며, 이 로봇은 다양한 창고 프로세스에 대해 독립적으로 의사결정하도록 하는 딥러닝 알고리듬으로 제공

- 빅데이터

  빅데이터는 AI와 함께 물류기업이 잠재적 효율성을 촉발하고 정확한 전망을 예측하는 것을 더 쉽게 만들고 공급사슬 투명성과 운송경로 최적화와 같은 다른 공급사슬 측면을 향상

- 컴퓨터비전

  전 세계에 화물을 운송할 때 AI에 기초한 컴퓨터 비전을 사용하여 기존과 사물을 다르게 볼 수 있음

- 자율주행 차량

  물류부문은 생산성과 안전을 향상시키기 위해 보조 제동장치, 차선 지원, 자율운전 등이 포함된 자율주행 차량의 기술을 활용

(3) 공급사슬관리 분야의 주요 AI 기법

머신러닝 시스템과 신경망은 공급사슬관리에 매우 유용할 수 있다.

- 선형회귀와 같은 알고리듬

  채찍효과(bull-whip effect)의 영향을 예측

- 의사결정나무(decision tree)와 랜덤 포리스트(random forest)

  기계 학습에서의 랜덤 포레스트 분류, 회귀 분석 등에 사용되는 앙상블 학습 방법의 일종으로, 훈련 과정에서 구성한 다수의 결정 트리로부터 부류(분류) 또는 평균 예측치(회귀 분석)를 출력함으로써 동작한다): 공급사슬관리자가 자원을 배분하는 리드 스코어링(lead scoring)은 다양한 리드 제네레이션 활동을 통해 생성된 각 리드에 점수와 같은 '포인트(Points)'를 할당하는 일련의 프로세스로서 고객들이 제출한 정보와 그들이 웹사이트나 뉴스레터 등 브랜드와 인터렉션했던 다양한 속성들을 기반으로 각 리드에 점수를 줄 수 있으며, 판매팀과 마케팅팀이 리드의 우선 순위를 정하고 리드에 적절하게 반응하며 리드가 구매 고객으로 전환되는 비율을 높이는 데 도움을 제공)을 수행하는 데 활용

- 신경망

  고객-판매자 음성 및 화상 소통을 분석하고 리드타임을 계획하고 조정하기 위해 공급사슬관리에서 사용

- 머신러닝

  일반적으로 공급사슬관리를 따라 재화와 서비스의 흐름에서 의사결정 프로세스를 최적화하는 데 중요하며, 공급사슬 리스크를 평가하고 시간과 자원절감으로 이어질 수 있음

③ AI와 마케팅

3.1. 특징

최근 AI는 빅데이터를 예측에 활용하여 고객의 소비 결정을 촉진, 시각적 디스플레이와 상품화와 지원, 고객관여의 창출과 같은 다양한 방식으로 소매를 발전시키고 있다. 실제 실무측면에서도 소비자에 대한 환영 인사를 하는 로봇, 가격 조정과 예측을 위한 빅데이터 애널리틱스, 제품과 촉진의 개인화를 위한 추천 시스템, 고객관여와 점포 내 경험 최적화를 위한 자연어 처리, 고객만족 추적을 위한 감성분석과 같은 다양한 분야에서 AI 활용을 전개하고 있다.

학술적 측면에서도 마케팅 분야에서 AI 관련 연구의 심화가 이루어지고 있다. 예를 들어, 소매에서 점포 내 AI의 영향, 자율 쇼핑시스템의 소비자 적용에서 심리적 및 문화적 장애요소에 대한 조사, 설명가능한 자동화된 제품 추천의 개발, 소매 판매를 예측하기 위한 딥 컨볼루션 신경망(딥 러닝에서 선형 연산을 활용하여 시각 이미지를 분석하는 인공 신경망)의 적용, 마케팅에서 비구조화된 데이터와 빅데이터의 사용, 비디오 마이닝(video mining)/텍스트분석(text analysis)/토픽모델링(topic modeling), 감성분석, 동태적 온라인 가격책정과 같은 다양한 머신러닝 방법의 적용과 음악과 뉴스의 순응적 개인화/IoT와 소비자 경험/소비자 경험에 대한 AI의 영향과 같은 AI 활용의 영향, 고객에 관여하기 위한 AI의 전략적 사용 등이 중요한 주제로 다루어졌다.

마케팅은 점차 인간의 인지적 기능을 모방하고 인간의 지능 측면을 보이는 AI에 의존함으로써 비용의 감소, 서비스 채널의 다각화, 혁신적 사고 창출, 지루하고 반복적인 업무의 자동화뿐만 아니라 소비자뿐만 아니라 마케팅 담당자의 창의성 확장을 위한 기회라는 편익을 제공한다.

마케팅의 성공은 소비자의 인적 및 개인적 경험을 창출하는데 늘 의존해 왔다. 이것은

마케팅에서 AI를 적용하는 것이 전도유망하지만 하나의 어려움으로도 만들었다. 마케팅에서 AI기술을 사용하는 폭넓은 기회가 존재한다. 실제 사례에서도 AI, 머신러닝, 로봇은 다음과 같이 마케팅의 4P를 포용하는 것으로 알려졌다.

- 제품(예: Google Home 혹은 Amazon Echo)과 서비스(예: Walmart의 autonomous shoping cart Dash)
- 가격(예: Ebay의 auction sniper)
- 유통경로(예: Tesla의 driverless semi-truck 혹은 Softbank Robotics의 Pepper)
- 판촉(예: Nike의 Chalkbot)

AI는 폭넓은 지식을 얻기 위해 다양한 매체(예: 문자, 시각, 언어)와 원천(웹, 모바일, 대인간)으로부터 광범위한 데이터를 분석하여 통찰을 얻고 이 통찰은 마케팅 담당자가 의사결정역량을 향상시키도록 지원한다. 오늘날의 AI시스템은 인간의 의사결정을 보완하고 인간의 실수를 줄임으로써 의사결정 품질을 향상시킬 수 있다. 이처럼 AI를 통해서 경쟁우위를 얻기 위해서 더 이상 그들을 고용할지 말지가 아니라 어느 정도 고용할지에 대한 것을 고민해야 할 것이다.

하지만 비즈니스 모델, 판매 프로세스, 고객서비스 옵션, 마케팅정보시스템의 변화를 통해 고객에 대한 윤리적 문제와 사적인 데이터 보호 이슈를 인식하는 것이 중요하다. 따라서, 음성봇과 소통할 때 고객의 음성이라는 언어 인식을 통한 데이터 수집은 마케팅전략을 향상시키기 위해 사용된 다른 데이터와 함께 고객의 승인과 일반 데이터보호 규칙이라는 법 및 규제에 맞도록 할 필요가 있다. 또한, AI에 대한 소비자의 회의주의를 줄이고 차별을 피하기 위해 실무자들은 윤리강령과 데이터 보호의 중요성을 반드시 기억해야 한다.

3.2. 주요 AI 역할

(1) 마케팅 전략

마케팅 전략을 위한 지능형 시스템은 비즈니스가 인식되는 방식을 변화시키는 중이다. 이 관점에서 AI는 전략에서 대량고객화, 대규모 시장의 편익과 틈새시장의 결합, 사치품/프리미엄 브랜드를 선호하는 사람들과 저가시장을 선호하는 사람들의 연관성과 같은 흥미로운 관심사를 다루도록 지원한다. AI는 세분화, 목표설정, 포지셔닝하는 것을 도와 마케팅 담당자가 마케팅 활동 전략을 계획하고 수립하는 것을 지원할 수도 있다. 이와 더불어, AI는 마케팅 담당자가 기업의 전략적 지향을 설정하는 데 도움을 줄 수 있다.

AI 기술이 미래의 마케팅 전략에 영향을 미치는 것은 분명하다. 예를 들어, 시장 잠재력에 전략적 지향을 일치시키는 문제가 AI 솔루션을 통해 해결된다. 이런 식으로 AI기반의 마케팅 솔루션 실행자는 비즈니스 모델 결정, 신제품개발, 커뮤니케이션, 가격책정, 판매관리, 광고, 개인화된 모바일 마케팅 전략의 개선을 달성할 수 있다.

또한, 서비스 산업에서 여러 유형의 AI(예: 기계적, 분석적, 감정적)는 현장과의 업무배분을 다시 정의하면서 혁신의 원천이자 더 높은 생산성 달성요인으로서 인식되고 있다. 따라서, 더 많은 표준화를 포함하는 일상적 일과 단순한 거래에 기초한 서비스 업무(예: 배송, 전달, 지불)에 대해서 비용리더십 우위가 기계적 AI 유형을 통해 추구될 수 있다. 또한, 데이터를 학습하는데 의존하는 서비스 업무(예: 신시장 혹은 서비스의 규명, 개인화)에 대해서 품질 리더십 우위는 더욱 분석적 AI 유형을 통해 추구되어야 한다. 나아가, 경험적 학습에 의존하는 업무(예: 고객과 관여)에 대해서 관계우위가 더 직관적 AI 유형을 통해 추구되어야 한다. 이를 종합하면, 다른 유형의 AI는 제공품, 전략, 프로세스에 의존하여 서비스 업무를 점진적으로 향상시킬 수 있다.

AI와 결합되어 그 효과가 향상될 수 있는 아래의 몇 가지 개념이 존재한다.

- 마케팅 애널리틱스
  고객 그룹을 더욱 정확하게 규명하고 충성고객을 발견함으로써 정확한 마케팅 전략과 목표 고객을 개발
- 개인화된 마케팅
  고객을 잘 이해할수록 고객에게 더 잘 서비스할 수 있는데 AI가 고객에게 개인화된 경험을 제공하는 것을 지원
- 상황인식 마케팅
  메시지가 상황에 적합하도록 보장하여 브랜드를 보호하고 마케팅 효율성을 증가시킴으로써 광고가 서비스되는 상황을 이해하기 위해 머신비전과 자연어처리를 활용

(2) 마케팅 채널

마케팅 채널은 구매자–판매자 교환에서 중요한 연결을 반영하며 생산자와 소비자 사이의 차이를 연결하는 의미를 갖는다. 마케팅 채널의 목표가 효율성이라는 것을 고려하면 이와 관련된 주제는 AI기술과 적용(예: 로봇, 음성지원장치 등)을 통한 이 분야의 향상을 위한 지속적인 기회를 제공한다. 올바른 방식으로 데이터를 수집하고 해석, 그것으로부터 학습, 지능적 방식으로 그것을 사용하는 AI의 능력은 AI의 기술적 접근(예: 머신러닝, 딥러닝, 신경망 등)에 의존한다. North Face, Amazon, 1–800–Flowers.com과 같은 소매업체들은

이미 소셜 미디어부터 소매 애널리틱스까지 AI에 기반한 개선된 혁신(예: Pepper Robot, Conversica Sales Agent, IBM Watson Cognitive Computing)을 도입하고 있는 중이다.

특히, COVID-19 팬데믹은 고객이 가정에 거주하면서 오프라인 점포에 덜 접근하도록 만들었기 때문에 마케팅 채널의 향상을 위한 요구를 증가시켰다. 전통적인 판매원과 상호 작용하기보다는 복수의 채널을 통한 탐색과 비교에 대한 소비자 선호의 지속적인 변화와 새로운 상황을 고려하면 AI 솔루션은 아직 부수적이지만 어느 정도 대안적인 마케팅 어시스턴트로서 인식되고 있다. AI의 언어 처리, 이미지 인식, 전체적인 강력한 도구와 알고리듬의 활용 능력은 내부와 외부의 다양한 원천의 데이터에 접근할 수 있다. 이 특징은 온프레미스(on-premise: 소프트웨어 등 솔루션을 클라우드 같이 원격 환경이 아닌 자체적으로 보유한 전산실 서버에 직접 설치해 운영하는 방식)에 전혀 비용을 발생시키지 않고 더 나은 동태적 어트리뷰션(attribution: 무언가가 어떤 사람이나 사물로 인해 발생했다고 간주하는 행위로서 어떤 개별 마케팅 행위로 인해 목표로 하는 결과가 발생하였을 때 전환에 기여했다고 말함)과 온라인 목표설정을 위한 기반을 제공한다. 따라서, 의미론적 인식을 활용하는 데 있어 AI는 마케팅 담당자가 정보를 추출하고 고객에 대해 학습할 수 있는 데이터베이스를 발생시킨다.

(3) 시장연구

IBM의 Watson과 같은 AI 기반의 활용은 경쟁자와 비교하고 세부 보고서를 만드는 것과 같은 일을 수행함으로써 비즈니스를 위해 종합적인 연구를 수행할 수 있다. 미래에 이러한 유형의 도구는 신제품 혹은 신서비스의 잠재적 성공에 관한 놀랍게도 정교한 예측을 제공하기 위해 기업의 데이터를 사용할 것이다.

(4) 디지털 마케팅

가상적으로 모든 디지털 마케팅 활동은 AI의 올바른 사용으로 더 잘 수행될 수 있다. 이에 대한 가장 영향력 있고 무서운 예는 AI에 의해 문서, 음성, 화상 형태로 창출될 수 있는 컨텐츠 생성이다. 이것은 많은 시간과 자원이 절약될 수 있기 때문에 영향력 있고 선거에서 투표자를 조작하는 것처럼 부정직한 목적으로 사용될 수 있기 때문에 무섭다.

AI는 디지털 마케팅에 막대한 영향을 미친다. 마케터는 소비자 행동, 활동, 지표를 이해하기 위해 AI를 사용할 수 있다. 결과적으로, 그들은 적시에 효과적 방식으로 적절한 개인에게 올바른 접근법을 목표로 설정할 수 있다, 마케팅 담당자는 소셜 미디어, 이메일, 웹으로부터 나온 대량의 데이터를 재빨리 처리하기 위해 AI를 사용할 수 있다. 그것은 데이터 선택, 의미있는 상호작용, 기업의 성과 향상을 제공하는 방향으로 갈 수 있도록 마케팅 자동화와 결합하여 사용될 수 있다. AI 마케팅은 데이터의 수집, 소비자 통찰의 수집, 소비자의 다음 움직임 예측, 자동화된 마케팅 의사결정을 지원한다.

예를 들어, 이메일 마케팅의 경우에 대부분의 기업은 이미 사용될 수 있는 가치있는 많은 데이터를 갖고 이것은 AI와 이메일 마케팅을 자연스럽게 적합하게 만든다. 이메일 마케팅 캠페인의 유효성을 향상시키기 위해 AI를 사용할 수 있는 몇가지 데이터 사례로는 가장 높은 기본요금을 발생시키는 헤드라인, 가장 큰 영향을 미치는 이메일 메시지의 길이와 기타 특징, 최고의 결과를 발생시키는 핵심어 등이 있다. Boomerang Respondable(https://www.boomeranggmail.com/)이라는 도구는 Gmail에 작성하는 이메일을 분석하고 그것을 향상시키는 방법에 대한 제안을 제공하는 데 AI를 사용한다(<그림 11.4> 참조).

그림 11.4 Boomerang Respondable의 이메일 향상 AI

(5) 마케팅 성과

AI와 마케팅의 접목은 두 가지 관점하에서 성과를 평가한다. 첫 번째 관점은 AI 도구와 기법이 더욱 고전적인 도구 및 방법에 관련된 성과와 비교해 어떻게 평가되는지에 초점을 둔다. 성과의 관점에서 이 비교는 더 높은 정확성 대 더 높은 비용의 상충관계를 해결하는 데 중요한 가치를 둔다. AI는 투입물과 산출물 사이에 높은 비선형성과 복잡한 관계를 수용할 수 있기 때문에 예측에서 더 높은 성과를 발휘한다. 두 번째 관점은 산출물 변수로서 성과를 다룬다. 그것은 어떻게 AI가 경쟁우위 효율성, 매출예측, 고객을 위한 가치창출의 관점에서 성과에 공헌할 수 있는지에 초점을 둔다. 기업은 빅데이터를 정보와 지식으로 전환함으로써 더욱 효과적인 마케팅과 판매전략을 개발하여 AI로부터 편익을 볼 수 있다.

의사결정지원시스템을 사용하여 마케팅 담당자는 모든 이용가능한 데이터베이스를 완전히 활용하고 고객의 구매행동으로부터 순고객생애가치(net customer lifetime value)를 추정함으로써 마케팅 프로그램의 효율성을 향상시킨다. 예를 들어, AI의 적용은 보험산업에서 고객 가치창출을 지원하는데 사용되며, 환대산업에서 Hyatt 호텔 그룹은 고객에게 교차판매(cross−selling)[1]와 상향판매(up−selling)[2]을 향상시키기 위해 AI를 적용하였고 그 결과 객실 수익이 60%까지 증가하였다. 나아가, AI에 기반한 마케팅 도구를 사용하면서 기업은 어떤 고객이 구매하기 원하는지를 예측할 수 있다. 나아가, AI는 판매 프로세스에 영향을 미치고 그 결과로 매출 성과에 영향을 미칠 수 있다. 현재의 매출 성과 이외에도 기업은 매출의 추세와 변화에 대한 예측에 관련된 AI로부터 편익을 볼 것이다.

(6) 판매

AI는 잠재고객을 창출, 그들의 분류, 그들에게 개인화된 마케팅 메시지 제공까지 모든 단계의 판매 프로세스를 향상시키는 데 사용될 수 있다. 고객관계관리(CRM: customer relationship management)의 모든 주요 제공자들은 고객 니즈를 예측하거나 고객이 구매 프로세스를 분석하는 것처럼 이미 그들의 도구에 AI 특징을 통합하는 중이다. 다음의 주요 역할을 예로 들 수 있다.

- 판매 예측

  모든 고객 접촉과 이전의 판매 성과에 기초하여 자동화되고 정확한 판매예측을 허용
- 잠재고객 창출

  매출 직원이 연결할 필요가 있는 기업을 규명하기 위해 데이터베이스와 소셜 네트워크를 활용하여 방문에 관한 종합적인 데이터 프로파일을 작성
- 예측적 판매

  예측적 판매가 가능하도록 AI를 사용
- 판매 챗봇

  24/7 서비스, 지능적, 자기향상적 봇으로 고객의 처음 질문에 대한 정보와 분석결과를 판매원에게 전달하여 판매원이 고객에게 적절히 대응하도록 유인
- AI 기반의 에이전트 코칭

  AI와 감정 AI가 판매원의 대응 제안, 다음 행동 제안, 판매 컨텐츠 개인화, 소매 판매봇을 가능케함

---

1 동일한 고객에게 여러 관련상품을 연관시켜 판매한다.
2 동일한 제품에 대하여 등급을 높여가며 판매를 제안하는 마케팅 활동이다.

(7) 시장세분화, 목표설정, 포지셔닝

시장세분화, 목표설정, 포지셔닝에 AI는 필수적인 지원을 제공한다. 고객 획득/고객의 선호/군집화에 대한 대응, 목표시장에서 판매 효율성의 획득은 중요한 주제이다. 이 발전의 결과로서 '배송 후 쇼핑' 모델, 적절한 세분화시장에 적절한 제안을 하는 포지셔닝은 중요한 관심사이다. 또한, AI를 통해 지능적 방식으로 브랜드 의사결정의 모델링과 평가를 가능하게 하는 메카니즘의 지원하에 향상된 브랜드 포지셔닝이 가능하게 되었다. AI 파워의 잘 알려진 예시 중 하나는 Google의 알고리듬이 무의식적으로 이루어진 수많은 부정확한 입력 자료가 존재할지라도 올바로 추천을 하는데서 확인할 수 있다.

(8) 마케팅 믹스에서의 역할

① 제품관리

AI기반의 마케팅 애널리틱스 도구는 고객 니즈와 그 결과인 고객만족을 얻기 위한 제품 디자인의 적합성을 제시할 수 있다. 토픽 모델링(topic modeling)은 서비스 혁신과 디자인에 시스템 역량을 부가한다. 제품 탐색 동안에 어떤 특성에 할당된 선호의 가중치는 마케팅 담당자가 제품 추천시스템을 이해하고 의미있는 제품관리를 위한 마케팅 전략을 수립하는 것을 지원하며, 딥러닝은 관심 포인트 추천을 개인화하고 새로운 유통경로를 탐구하도록 하고 고객 니즈에 적합시키는 제공품을 고객화하는 역량을 제공한다.

② 가격책정

가격책정은 가격의 최종 결정에서 여러 측면들을 고려해야 하고 다수의 계산이 소요되는 업무이다. 변동하는 수요에 기반한 실시간 가격변동은 가격책정 업무의 복잡성을 더욱 증가시킨다. 이를 위한 AI기반의 도구(예: multiarmed bandit)는 실시간 시나리오에서 가격을 급격하게 조정할 수 있다. 전자상거래 포탈과 같이 빈번하게 변동하는 가격 시나리오에서 머신러닝 알고리듬에서 베이지안 추론(Bayesian inference)은 경쟁자의 가격에 맞추는 가격 포인트를 재빨리 조정할 수 있다. 최근의 이러한 반응가격은 동태적 가격책정을 최적화하기 위해 고객 선택, 경쟁자 전략, 공급 네트워크를 포함해야 한다.

③ 유통경로 관리

제품 접근과 제품 이용가능성은 향상된 고객만족을 위한 마케팅 믹스의 필수 구성요소이다. 제품 유통은 본질적으로 기계적이고 반복적인 네트워크화된 관계, 로지스틱스, 재고관리, 창고와 운송문제에 의존한다. AI는 패키징, 배송을 위한 드론, 주문추적을 위한 IoT, 주문 재충족을 위한 코봇(cobot: 좁은 공간에서 활동하는 컴퓨터 조종 로봇)을 제공함으로써 유통경로관리에서 완벽한 솔루션을 지원해 준다. 또한, 유통 프로세스의 표준화와 기계화는 공급자와 고객 모두에게 편리함을 제공한다. 유통관리의 효용뿐만 아니라 AI는 서비스 상황에서도 고객관여의 기회를 제공한다. 감성적 AI 코드로 프로그램된 서비스 로봇은 표면행위에서 유용하다. 형체를 갖는 로봇이 고객에게 인사하고 상호작용하나 인적 요소가 고객 즐거움을 위해 서비스 환경을 보완할 필요가 있다. AI로 이러한 서비스 프로세스를 자동화하는 것은 성과와 생산성 향상을 위한 부수적 기회를 제공한다.

④ 촉진관리

촉진관리는 매체계획, 매채선택, 광고캠페인관리, 탐색엔진 최적화 등을 수반하고 촉진 전술은 물리적(physical) 제품에서 물리적 제품과 디지털 서비스의 결합(phygital)으로 전환 중이다. 어떤 고객/시장 세그먼트로 어떤 촉진업무가 최선이고 가장 신속한지를 규명하고 어떤 제안이 사용되어야 하고 언제 사용되어야 하는지를 규명하는데 AI를 적용할 수 있다. 변화된 기술적 세상에서 고객이 컨텐츠, 유통경로, 시기를 결정하는 것처럼 디지털 마케팅 (digital marketing)과 소셜 미디어(social media) 캠페인은 전 세계적인 디지털 변환으로 인해 영향을 미치기 시작하였다. 또한, AI는 고객 프로파일과 선호에 따라 메시지의 개인화와 고객화를 제공하고 컨텐츠 애널리틱스는 가치와 메시지 유효성을 최적화할 수 있다. 이러한 고객 선호와 비선호는 감성적 AI 알고리듬으로 실시간으로 추적될 수 있다. 나아가, 사회네트워크분석(social network analysis)을 활용한 소셜미디어 컨첸츠에서 디지털 연결은 마케팅 담당자가 마케팅 전략을 고객의 연결관계와 구조의 특성에 일치시키는 새로운 기회를 제공한다.

⑤ 광고

웹사이트/모바일/디지털 광고가 점차 전통적 물리적 매체에서의 광고의 자리를 빼앗고 있다. 이것은 광고, 디지털, 다른 마케팅 커뮤니케이션 방법 사이의 구분하는 것이 의미없게 느껴지도록 만들고 있다. 프로그램에 기반하는 유사한 접근법을 통해 광고에 적용된 자동화는 AI를 적용하는 기회를 크게 증가시키는 중이다.

⑥ 브랜딩(branding)

많은 기업 브랜드는 메타버스와 같은 가상세계에서 전달되는 것처럼 실제에서 가상 세계로 이동하고 있다. 웹 특히 소셜 미디어로부터 데이터를 활용하여 브랜드 이미지를 추적하고 이전시키면서 브랜드 이전과 시장지분 변화의 원인을 발견하는 것이 AI에 의해 가능해 진다.

⑦ 다이렉트 마케팅(direct marketing)

다이렉트 마케팅은 고객에 의해 시작되든 혹은 기업에 의해 시작되든 간에 모든 마케팅에서 발현되도록 가상적으로 모든 마케팅 커뮤니케이션(특히, 디지털과 고객관계관리)을 포함하기 위해 메일과 전화라는 전통적 매체에서 벗어나 확장하고 있다. 여러 목표시장과 개인들에 적합한 어떤 접촉 유형의 형태/결합/채널/컨텐츠를 선택하는 것이 AI의 도움으로 가능하게 되었다.

⑧ 대인 판매(personal selling)

대인 직접판매는 향상된 판매관리시스템이 유효고객과 잠재고객의 목표화와 관리를 허용하면서 훨씬 더 강한 정보 지원을 갖는다. 개인들에게 개인화된 대응을 제공하고 그 결과를 분석하며, 다른 방식을 추천하는 방식으로 AI가 사용되고 있다.

⑨ 홍보(public relations)

사회적 네트워크 뿐만 아니라 웹과 모바일 대화의 모든 측면을 통해서 전자적 구전(word of mouth) 혹은 마우스의 언어(word of mouse)가 전통적 매체 노출을 대체하고 유행하고 있고 이를 위한 AI가 빠르게 실시간으로 개발되고 있다. 온라인 리뷰(online review)는 어떤 제품이 판매될지를 결정하는 데 중요한 역할을 하고 여행, 의류, 화장품, 자동차와 같은 부문에서 사회적 인플루언서(social influencer)가 마케팅의 매우 중요한 부분이 되었다. 구전의 패턴, 이유, 제안된 행동, 기저의 정서를 규명하는 데 AI를 적용할 수 있다.

⑩ 컨텐츠

고객을 설득하고 영향을 미치는 데 매우 다양하고 많은 컨텐츠(문자, 음성, 이미지, 영상)의 중요성과 채널 수의 증가가 나타나고 있다. 특히, 모든 종류의 컨텐츠를 탐색, 분류, 분석하는 능력을 보유하고 시장 세그먼트와 개별 고객에게 모든 종류의 컨첸츠를 고객화하는 가능성을 증가시키는 것이 중요해 지고 있다. 5G의 도래로 가능해진 모바일 대역폭의 향상으로 촉진된 영상 컨텐츠의 빠른 증가는 컨텐츠를 소통하는 메시지화가 가능해짐으로서 도전이자 기회를 창출하고 있다. 확장된 세계(가상과 증강현실)는 컨텐츠에 대한 접근을 바꾸고 있고 실제와 디지털 경험의 혼합을 허용한다. 나아가, 모든 커뮤니케이션 채널에서 사용될 수 있는 더욱 풍부한 컨텐츠의 개발을 지원하기 때문에 브랜드와 제품 스토리텔링(storytelling)이 더 많이 사용 중이다. 그러나, AI의 사용이 창의성을 고무하고 과연 그것으로부터 수익을 얻을 수 있는지에 대한 논란이 계속되고 있다. 그러나, 적절한 시간에 적절한 고객과 잠재고객에게 컨텐츠를 서비스하고 그 서비스하는 결과를 분석하는 것과 목표 세그먼트와 고객에게 컨텐츠를 고객화하는 것이 AI를 이용해 가능하게 되었다.

⑪ 고객관계관리

고객의 획득, 보유, 개발뿐만 아니라 고객서비스와 고객경험을 향상시키기 위한 고객관계관리(CRM: customer relationship management)는 갈수록 중요해지고 있다. 고객관계관리와 관련한 미래의 세 가지 주요 주제는 다음과 같다. 첫째, 고객여정(customer journey)이다. 고객여정매핑(customer journey mapping)과 고객의사결정여정(customer decision journey)은 더 높은 정확성, 적합성, 적시성으로 특징된 AI가 사용할 수 있는 새로운 지식에 의해 영향받을 수 있다. 가령, AI는 고객 행동 혹은 부정적 감성에서 발생할 수 있는 이례적인 것을 자동으로 규명하기 위해 고객의사결정여정을 세밀히 고찰하도록 할 수 있다. 하지만, AI가 고객행동, 추세, 선호를 추론할 것이기 때문에 프라이버시 이슈가 우선시될 수도 있다. 둘째, 고객의 요구 혹은 불평을 다루기 위해 고객서비스에서 사용되고 있는 챗봇이 있다. 최근에, 마케팅과 고객관계관리에서 브랜드 사용에 대한 고객의 인식된 리스크를 줄이기 위해 실행 프로세스, 영향, 동인, 도전사항들이 자주 논의되고 있다. 또한 스마트폰, 가상 어시스턴트, 증강현실과 같은 다른 기술과 함께 사용되는 챗봇은 다중채널 전략의 복잡성을 증가시킬 것이고 AI는 이 고객에 대응하는 최적의 채널 결합을 예측하는 것을 지원할 수 있다. 다양한 접점에서 일관적인 상호작용을 전달하는 AI는 중요한 이슈이다. 셋째, 고객관계관리의 중요한 파괴적 기술인 사물인터넷이다. 사물인터넷은 고객의 실시간 데이터 수집을 허용하기 때문에 고객관계관리를 흥미롭게 만든다. 어떻게 기업이 예외적인 고객경험을 설계하고 구축하기 위한 사물인터넷을 사용할 수 있는지 어떻게 사물인터넷이 고객관계관리를 더 높은 수준으로 올릴 수 있는지, 어떻게 실시간 데이터가 이행되기 위한 통찰을 발생시킬 수 있는지가 중요한 주제가 될 수 있다.

⑫ 유통(distribution)

웹은 물리적 제품뿐만 아니라 많은 정보기반 제품과 서비스에 대해 매우 중요한 유통채널이 되고 있고 많은 시장에서 마케팅 커뮤니케이션을 위한 지배적인 채널이 되고 있다. AI는 채널을 최적화, 분실된 채널을 규명, 거래시간을 향상시키고 이행을 정제하는 데 도움을 줄 수 있다.

(8) 고객 서비스

고객의 관점에서 고객 서비스는 AI 기반의 챗봇에 의해 점점 더 자동화되고 있다. 오늘날의 많은 고객서비스 챗봇은 AI가 없는 규칙기반(고객의 가장 빈번한 질문 중 약 30–40개를 답하도록 사전에 프로그램된)이나 미래에 그들의 대부분은 AI가 작동되고 심지어 음성으로 가능해질 것이다. 아마 가장 뛰어난 상업적 가치를 창출한 챗봇은 Alibaba에 의해 AliMe 챗봇일 것이다. 이것은 음성인식, 의미론적 이해, 개인화된 추천과 같은 다양한 다른 기술을 사용하고 2018년 단 하루에 $310억의 매출 기록을 남겼다. 이외에도 다음의 대고객 서비스를 위한 활용 사례가 될 수 있다.

- 소셜 리스닝과 티켓팅(social listening & ticketing)

  고객과 접촉하고 대응하며, 누구에게 판매하고 무엇을 판매하는지를 밝히기 위해 고객을 규명하는 자연어처리와 머신비전, 소셜 네트워크를 사용

- 지능형 콜(call) 애널리틱스와 관리

  고객의 니즈의 특성에 따라 콜을 분류하여 전화 콜을 가장 역량있는 에이전트로 연결시켜주고 음성의 진위 입증과 호출의 의도를 발견

- 고객 서비스 챗봇

  24/7 동안 고객에게 올바른 제안을 제공함으로써 upsell과 cross-sell을 지원하고 고객으로부터 정보를 수집함과 동시에 고객의 복잡한 질문을 이해하고 최선의 답과 추천을 제공

- 서베이 및 리뷰 애널리틱스

  고객만족을 증가시키기 위한 통찰을 밝히기 위해 고객에 대한 서베이와 리뷰를 자연어처리 방식을 통해 최적화

- 고객 접촉 애널리틱스

  모든 고객 접촉 데이터에 대한 첨단 애널리틱스

- 챗봇 애널리틱스

  고객이 챗봇과 상호작용하는 모든 것을 분석

3.3. 주요 AI 기법

마케팅에서 AI의 활용은 고객의 습관, 구매, 선호, 비선호 등을 분석하는데 필요하고 고객관계관리는 인공지능사용자인터페이스(AIUI: artificial intelligence user interface)를 통해 편익을 얻는다. AI와 사물인터넷은 전통적 소매점포를 스마트 소매점포로 전환시켰고 이 스마트 소매점포는 고객경험과 쇼핑의 용이성이 발전하여 더 나은 공급사슬을 유인한다. 유형의 점포 이외에도 AI는 온라인 비즈니스를 안내한다. AI의 발전과 AI가 지원하는 기계는 인간의 5개 감각(보기, 듣기, 맛보기, 냄새맡기, 만지기)을 추적할 수 있다. 그 결과는 e-commerce 비즈니스에 더 나은 소비자-브랜드 연합과 제품-브랜드 연합을 보여준다.

마케팅에서 많은 학술적 및 실무적 논의는 매우 복잡한 관계를 추정할 수 있는 인공신경망에 초점을 두고 있다. 신경망은 판별분석(discriminant analysis)과 로지스틱회귀(logistic regression)와 비교해 시장세분화를 위해 잠재적 고객을 집단들로 분류하는 데 더 정확한 결과를 제공할 수 있고 브랜드 공유 추정의 관점에서 다항 로짓(multinomial logit)분석보다 더 뛰어날 수 있다. 예를 들어, 신경망의 예측력은 가입자의 계약 정보와 전화 패턴 변화를 사용하여 모바일통신산업에서 고객충성을 예측하는 데 사용되고 있고 의사결정나무(decision tree)와 신경망 방법은 시장성장을 분석 및 예측하고 고객획득을 용이하게 하는 데 사용된다.

(1) 사용되는 데이터 유형

① 비구조화된 매체 데이터

많은 데이터는 보통 문자 데이터이나 점차 이미지 데이터의 사용이 증가하고 있다. 이 외에도 오디오 혹은 비디오 데이터가 사용되기도 한다. 특히, 오디오와 비디오 같은 비구조화된 데이터에서 통찰을 추출하는 노력이 계속될 필요가 있다.

● 문자 데이터

　　토픽 모델과 워드 임베딩(word embedding) 방법

● 오디오 데이터

　　RNN(recurrent neural network)과 1차원 CNN(onvolutional neural network)

● 이미지 데이터

　　2-차원 CNN

● 비디오 데이터

　　3-차원 CNN

② 소비자 추적 데이터

기술은 소비자 활동을 광범위하게 추적하는 것을 가능하게 만들었다. 현재 구매, 탐색, 브라우징, 디지털 매체 소비, 기타 웹서핑 행동에 대한 일반적인 온라인 방문데이터는 로그 데이터를 보관한다. 나아가 모바일 장치는 오프라인 단어로 추적, 소비자의 실제 위치와 점포 방문을 기록하는 활동에 대한 접근을 확장시킨다. 사물인터넷 장치의 심화와 소비자의 웨어러블(wearable)의 적용 증가는 세부 점포 내 활동 혹은 24/7 생체정보와 같은 더 풍부한 소비자 추적 데이터를 사용할 수 있게 한다.

③ 네트워크 데이터

우리는 점점 더 연결된 세상에 살고 있다. 사람들의 사회적 네트워크와 별개로 제품, 브랜드, 점포 위치 등와 같은 다른 네트워크들이 점점 더 보편적으로 되고 있다. 심지어 단어 동시생성을 통해 생성된 의미론적 네트워크와 같은 전통적 데이터에 대해서도 네트워크 관점은 시장 구조를 밝힐 수 있다. 소비자 혹은 제품을 독립된 단위로서 다루는 대신에 네트워크 데이터는 대규모 개체 집합들 사이의 연결을 표현하고 마케팅 환경의 전체적 관점을 제시한다. 그러나, 대규모 네트워크를 분석하는 것은 그 높은 차원성으로 인해 어려움을 경험한다. 기존의 논의는 지역적 특성을 요약하는 변수(예: 연결정도 중심성, 구조적 공백 등)를 사용하는 경향이 있는 반면에 전체적 구조정보를 배제하는 경향이 있다. 네트워크 임베딩(network embedding), 그래프 딥러닝(graph deep learning)를 포함한 AI 방법들은 이 어려움을 추적하는 데 유용하다.

④ 통합된 혼합 데이터

AI 방법은 쉽게 다양한 유형의 데이터를 다룰 수 있다. 그러한 방법을 사용하여, 모든 데이터 유형이 우선 맞물리는 것을 쉽게 만들기 위해 벡터(vector)로 전환된다. 소비자들이 점점 더 다양한 유형의 정보에 노출되고 있기 때문에 이 능력이 중요하다. 예를 들어, Airbnb에 올려진 아파트는 문자표현과 이미지를 갖는다. 온라인 사용자는 리뷰를 읽고 제품명세를 브라우즈할 수 있다. 스포츠 게임 시청자는 Twitter에 의견을 트윗거거나 TV 프로그램을 시청할 수 있다. 이 상황에서 소비자 선호와 행동에 대한 심오한 이해는 다양한 원천의 데이터 유형을 결합하는 것을 요구한다. 기존의 논의는 다른 구성요소를 사용하여 다른 데이터를 흔히 처리하는 반면에 통합된 취급이 더 선호된다.

(2) 전략과 계획에서 AI의 활용

AI는 세분화, 목표화, 포지셔닝(STP: segmentation, targeting, positioning)하는 것을 도움으로서 마케팅 활동의 전략과 계획수립에서 마케터를 지원할 수 있다. STP 이외에도 AI는 기업의 전략적 지향을 가시화하는 데 마케터를 지원할 수 있다. 텍스트마이닝과 머신러닝 알고리듬은 수익적인 고객 세그먼트의 규정을 위해 은행과 금융, 예술 마케팅, 소매와 환대와 같은 부문에서 적용될 수 있다. 데이터 최적화 기법의 결합인 머신러닝과 인과 포레스트(causal forest)는 또한 목표화된 고객을 좁힐 수 있다.

(3) 제품관리에서 AI의 활용

AI 기반의 마케팅 애널리틱스 도구는 고객 니즈에 대한 제품 디자인의 적합성과 결과적인 고객만족을 측정할 수 있다. 토픽모델링(topic modeling)은 서비스 혁신과 디자인에 시스템 역량을 추가한다. 제품 탐색 동안에 제품 특성에 할당된 선호 가중치는 마케터가 의미 있는 제품 관리를 위해 제품 추천자 시스템을 이해하고 마케팅 전략을 일치시키는 것을 돕는다. 딥러닝은 관심 추천의 포인트를 개인화하고 새로운 장소를 탐구하는 것을 도울 수 있다. AI는 고객 니즈에 적합한 제공품을 고객화하는 역량을 제공한다.

(4) 가격책정관리에 AI의 활용

가격책정은 가격의 최종결정에서 다양한 측면의 고려를 포함하고 이것은 계산집약적인 일이다. 급변하는 수요에 기반한 실시간 가격변동이 가격책정 업무의 복잡성에 추가된다. AI 기반의 multi-armed bandit 알고리듬은 실시간 시나리오에서 동태적으로 가격을 조정할 수 있다. e-커머스 포탈과 같은 자주 변화하는 가격책정 시나리오에서 머신러닝 알고리듬에서 베이지언 추론(Bayesian inference)은 경쟁자의 가격과 일치시키기 위한 가격 포인트를 재빨리 조정할 수 있다. 최선의 대응 가격책정 알고리듬은 동태적 가격책정을 최적화하기 위해 고객 선택, 경쟁자 전략, 공급네트워크를 포괄한다.

(5) 입지관리에서 AI의 활용

제품 접근과 이용가능성의 확장은 높아진 고객만족을 위한 마케팅 믹스의 필수 구성요소이다. 제품 유통은 네트워크화된 관계, 로지스틱스, 재고관리, 창고와 운송 문제에 의존하고 이것은 본질적으로 대부분 기계적이고 반복적이다. AI는 패키징을 위한 코봇, 배송을 위한 드론, 주문추적과 주문 재충족을 위한 사물인터넷을 제공함으로써 입지관리에 완벽한 솔루션을 제공할 수 있다. 유통 프로세스의 표준화와 기계화는 공급자와 고객 모두에게 편의를 추가한다. 유통관리의 효용 증가 이외에도 AI는 또한 서비스 상황에서 고객관여 기회를 제공한다. 감정적 AI 코드로 프로그램된 서비스 로봇은 표면행위에서 유용하다. 형체를 갖춘 로봇이 고객에게 인사하고 관여하나 인적 요소가 고객 즐거움을 위해 서비스 환경을 보완할 필요가 있다. AI로 서비스 프로세스를 자동화하는 것은 성과와 생산성향상을 위한 추가 기회를 제공한다.

(6) 촉진관리에서 AI의 활용

촉진관리는 미디어 계획, 미디어 스케쥴링, 광고캠페인관리, 탐색엔진 최적화 등을 수반한다. 촉진 전술은 피지컬(physical)에서 피지탈(phygital: physical(물리적인)과 digital(디지털의)의 합성어로서 물리적 제품과 디지털 서비스의 결합 혹은 결합한 상품을 의미)로 전환하고 있는 중이다. 디지털 마케팅과 소셜 미디어 캠페인은 전 세계적인 디지털 전환 현상으로 인해 영향이 확대되고 있다. 변화된 기술적 세계에서 이제 고객이 컨텐츠, 입지, 구매 시기를 결정하고 AI는 고객 프로파일과 기호에 따라 메시지의 개인화와 고객화를 제공한다. 여기서, 컨텐츠 애널리틱스(content analytics)는 가치와 메시지 유효성을 최적화할 수 있고 고객 선호와 비선호는 감정적 AI 알고리듬으로 실시간으로 추적될 수 있다. 소셜 미디어 컨텐츠에서 온라인 소셜 프랙티스에 관한 연구(netnography)는 마케터가 고객 선호에 따라 그들의 마케팅 전략을 일치시키는 새로운 방안을 제공한다.

3.4. AI와 마케팅의 미래 추세

(1) AI 수용 이론

AI의 발전과 그 편익에도 불구하고 사용자 관점에서 제한된 AI 수용은 중요한 관심분야이다. 최근의 논의는 AI 적용이 더 높은 지능과 윤리적 관심의 영역으로 확장됨에 따라 그 수용 프로세스가 더욱 복잡해질 것이라고 논의되고 있다. 따라서 AI와 같은 어떤 기술이 어떻게 그리고 왜 수용되고 거절되는지를 더 잘 이해하기 위해 심리학에 기반한 이론적 관점을 통해 AI기술의 수용이 계속 논의될 필요가 있다. 예를 들어, 핵심적인 이론 프레임워크로서 TAM(technology acceptance model)과 그 확장선에서 UTAUT(unified theory of acceptance and use of technology), VAM(value-based adoption model)이 있다.

① 수용모델의 요소

지금까지 알려진 AI기술의 수용에 영향을 미치는 요소로는 인식된 사용용이성과 인식된 유용성이 잘 알려졌다. 이외에도 신뢰와 같은 관계적 요소와 인식된 인간성과 같은 사회감정적 요소에 더 많은 관심이 주어져야 한다. 일반적으로 소비자들이 AI에 대한 감정을 표현할 때 그들은 그 기술을 신뢰하는 것에 저항하는 우려, 회의, 의심을 표현한다. 이 신뢰와 인식된 인간성 사이의 연관성을 AI기반의 도구에 대해 논의하는 것이 필요하다.

② 프라이버시와 윤리

사용자에 의한 AI의 느리고 제한된 사용을 고려하여 프라이버시와 안전에 관한 윤리적 관심사와 일치하여 AI기술의 수용, 사용, 적용에 영향을 미칠 수 있는 개인 혹은 사용자

수준의 특징에 초점을 둘 필요가 있다. 예를 들어, 인지적 및 감정적 측면은 인식된 유용성과 인식된 사용용이성을 예측하거나 AI 사용의지와 실제 AI의 사용 사이의 관계를 조절한다. 인지적 측면은 관심의 수준과 같은 기술의 특정 유형과 상호작용할 때 요구되고 사용자의 특정 기술에 대한 태도에 영향을 미칠 수 있다. 그러나, 어느 수준의 관심이 AI기술의 상황에서 실제 사용 혹은 적용 의지에 영향을 미칠 수 있는지에 대해 잘 알려지지 않았다. 향후에 AI의 사용자 수용의 역할을 결정하기 위해 더 많은 감정적 요인들이 도입될 수 있다. 예를 들어, 고객이 유용성이 아니라 호기심에서 벗어나 즐거움을 위해 이 서비스와 상호작용할 때 쾌락적인 동기가 AI서비스 사용의 중요한 결정요인으로 고려되어질 수 있다. 유사하게 고객은 AI기반 제품의 확산이 신기술에 대해 호기심을 갖는 초기적용 단계로 이동하기 때문에 실무적 사용을 넘어 즐거움에 더 가치를 둘 수 있다.

마케팅에서 AI의 적용은 소비자의 니즈와 원츠를 이해하는 것을 향상시켜 시장세분화, 목표설정, 포지셔닝의 진화를 가능하게 한다. 따라서, 기술기업은 디지털 발자국(예: Amazon의 예측배송)을 추적하고 사용하고 이전보다 소비자를 더 잘 이해한다. 이 발전은 '쇼핑되는 것이 배송된다'에서 '배송되는 것이 쇼핑의 선행요인이다'는 다른 가능성으로의 이전에 영향을 미친다. 또한, 감정인식기술과 감정적으로 지능을 갖는 기계와 같은 메카니즘(예: Walmart의 감정감지 인터넷으로 연결된 쇼핑카트)이 진정으로 고객의 경험에 우호적으로 영향을 미친다. 그러나, 이러한 모든 발전은 윤리적 관심을 수반한다. 따라서, 모든 포함된 개인, 기업, 다른 이해당사자들에게 윈−윈 상황을 촉진하는 것에 대한 관심이 필요하다.

③ 인구통계적 특성

이미 기존연구에서 나이와 성이 중요한 영향요인이라는 것이 밝혀진 것처럼 AI의 적용 혹은 사용의 성향과 관한 사용자의 인구통계적 세부사항이 추가적으로 필요해 진다. 나이에 관해서 더 젊은 사용자들이 AI 특히 로봇 서비스에 대해 더 긍정적 태도를 갖는다는 주장이 일반적이고 성별의 관점에서 남성은 특히 아동의 교육 혹은 호텔 서비스와 같은 상황에서 여성보다 더 낮은 부정적 인식을 표현하는 것으로 보인다. 그 결과, 여성은 남성보다 AI를 덜 적용할 것으로 논의되고 있다. 이러한 성별 차이는 제품개발과 목표광고를 포함한 사업적 영역의 향상을 유인하기 때문에 기업에게 중요하다. 이러한 성별 특성을 이해한 후에 목소리, 외관 등와 같은 성별 특성(예: 서비스 로봇의 특성)이 사용자의 성별과 AI에 기인된 성별 특성 사이의 유사성과 차이점에 기반하여 적용에 영향을 어느 정도 미칠 것이기 때문에 이러한 분야를 다루는 것이 중요하다.

④ 문화

문화와 AI의 관계가 추가로 고려될 필요가 있다. 일반적으로 기술의 수용을 다루는 모델에서 문화적 차이를 고려하는 것이 중요한 것처럼 AI에도 문화는 중요한 영향을 미칠 수 있다. 이러한 문화로는 국가수준 혹은 국가를 넘어 개인주의와 불확실성 회피와 같은 문화적 차원수준에서 이 차이가 AI기술에 대한 긍정적 혹은 부정적 태도로 이어지는지를 연구해야 한다.

(2) 마케팅 프랙티스 추세

① 마케팅 믹스

마케팅 믹스 의사결정은 점차 정량적이 되고 있다. 가격책정 결정은 일상적으로 동태적 정량모델을 사용하여 이루어지고 있고 상품구색(assortment), 채널, 입지 결정도 마찬가지이다. 한편, 광고는 점차 디지털화되고 개인화되고 있다. AI 방법은 고객의 프로파일과 행동기록에 기초하여 사용자에 대한 목표를 설정하며, 여러 프로그램에 의한 광고 도구와 서비스를 강조하고 있다. 심지어 제품과 광고에서 창의적 디자인은 지원 알고리듬에 의존하고 있고 이 형태는 점차 가속화되고 있다.

② 고객관여

고객의 의사결정 여정에 초점을 두는 지능형 에이전트는 고객 경험을 향상시키는 방향으로 고객의 관여를 지원한다. 소비자가 온라인으로 탐색할 때 입찰머신(bidding machine)을 통해 전달된 목표 광고와 고객화된 웹사이트 최적결합(morphing) 알고리듬을 활용하여 창출된 웹페이지는 잠재고객에게 적절한 정보를 제공하고 관심을 발생시키도록 지원한다. 고객이 실제 점포를 방문할 때 판매 앱은 에이전트가 개인화된 지원을 전달하도록 하는 애널리틱스를 제공하고 증강현실과 가상 피팅룸(virtual fitting room)과 같은 AI 도구는 쇼핑 경험을 효율적이고 즐겁게 만든다. 구매 후에는 활용 팁을 제공하는 자동화된 후속조치(follow-up)를 통해서 고객을 더욱 관여시키고 충성스럽게 만든다.

AI 알고리듬은 대량의 온라인 데이터에서 소비자 선호를 추출하고 관심을 유인하기 위해 관여 문자와 이미지를 창출하도록 지원한다. 컴퓨터가 생성한 가상의 영향력을 행사하는 인플루언서(influencer)는 브랜드 추종을 구축하고 제품의 판매를 촉진한다. 클라우드의 정교한 AI 엔진에 의해 움직이는 Amazon Alexa와 같은 가상 어시스턴트(virtual assistant)는 정보를 제공받거나 구매하기 위한 소비자의 음성 질문에 반응한다. 언어인식과 자연어처리 알고리듬에 의해 가능해진 챗봇은 이미 구매 전과 후의 질문에 응답하는 역할을 맡고 있다.

③ 탐색

인터넷 탐색엔진은 대부분의 고객여정이 시작하는 곳이다. PageRank 알고리듬을 사용하여 Google은 지금 딥러닝 기반의 RankBrain 알고리듬을 적용한 많은 탐색을 처리하고 있고 이것은 탐색결과의 관련성과 강건성을 향상시킨다(<그림 11.5> 참조). 마케팅 담당자에게 탐색엔진 최적화는 Can I Rank 혹은 Alli AI와 같은 머신러닝 기반의 도구를 사용하여 수행된다. 핵심어가 온라인 탐색의 전형적 방식인 반면에 AI 방법은 여러 컨텐츠 유형에 기초하여 탐색한다. 음성인식, 자연어처리, 문자-음성 변환역량을 통해 Dialogflow와 같은 변환엔진은 음성탐색을 효율적으로 다룰 수 있고 Synthetic의 Style Intelligence Agent와 같은 도구는 시각적 탐색을 가능하게 만들고 있다.

그림 11.5 Google의 PageRank 위치

④ 추천

관심있는 고객에게 적절한 제품을 추천하는 것은 마케팅 성과를 엄청나게 향상시킬 수 있다. 초기 추천시스템은 품목기반 혹은 컨텐츠기반의 협력적 필터링(collaborative filtering)과 같은 머신러닝 알고리듬을 사용한다. 그들의 정확성과 강건성은 딥러닝과 같은 더 새로운 알고리듬의 도입으로 계속 향상되고 있다. 이러한 관련성을 평가하기 위해 수백만의 소비자와 제품에 대한 정보를 분석하면서 추천시스템은 디지털 채널을 통해 제품과 소비자를 효과적으로 연결시켜주며 마케팅에서 필수적 구성요소가 되고 있다.

⑤ 어트리뷰션

많은 마케팅 채널과 접점의 상호작용은 최종 변환을 책임있는 접촉으로 돌리는 니즈를 발생시킨다. 전통적으로 어트리뷰션(attribution)은 처음 접촉 혹은 마지막 접촉과 같은 단순한 규칙을 사용해 수행되나 이것은 이해하기 쉬운 반면에 접점의 진정한 공헌을 정확하게

반영하지 않는다. 기업은 지금 모델기반의 어트리뷰션으로 이동하고 있다. 로지스틱 회귀부터 더욱 정교한 분류모델까지를 포함한 폭넓은 AI 알고리듬이 정확한 성과 피드백을 창출하고 채널 디자인과 배분을 향상시키도록 평가되고 적용되고 있다.

(3) 마케팅 산업의 추세

컨텐츠 창출과 커뮤니케이션에서 AI 마케팅의 장점을 적용하는 기업의 능력이 확장될 것이다. 가장 효율적인 매체와 메시지 유형으로 적절한 고객을 목표로 설정하는 기회를 더 연구할 필요가 있다. 이 기술적 전환은 소비자가 '어디에서든', '지금 바로', '차별화된 방식으로', '공정한 가격에서', '좋은 품질로', '모든 것'을 원하는 '모든 사람이 전문가' 시대를 가능하게 만들 것이다.

① 상호작용과 매체 풍부

인터넷 소셜 미디어와 모바일 장치는 문자, 이미지, 비디오와 같은 풍부한 매체 형식에 내재된 정보에 기반하여 기업과 소비자의 상호작용을 급격하게 증가시켰다. 이제 기업이 소비자 인식과 선호를 이해하고 이 풍부한 매체 컨텐츠에 기초하여 브랜드 포지셔닝에 대한 통찰력을 얻는 것이 필연적이 되고 있다. 유사하게, 인지, 인식, 수용을 향상시키는 정보적 및 참여적 컨텐츠를 설계하는 것은 경쟁의 한 중요한 분야가 되고 있다. 하지만, 풍부한 매체 컨텐츠가 인간에게 자연스러운 반면에 규칙에 기반한 기계에게는 큰 어려움이 될 수 있다. 이에 비해 AI 도구는 이 상호작용적이고 매체가 풍부한 환경에서 통찰력을 생성하고 솔루션을 규정할 수 있도록 계속 연구될 필요가 있다.

② 개인화와 목표설정

마케팅은 점차 개인화되고 있기 때문에 풍부한 데이터가 일반적이고 디지털 채널이 개인화된 제공품을 전달하기 쉽게 AI는 상황별 개인화와 목표설정을 달성할 수 있어야 한다. 이처럼 시장세분화는 더욱 정밀하고 미세하게 수백개로 세분화되고 있다. Facebook에서 선호된 브랜드, Google에서 탐색된 제품, 모바일 폰에서 사용된 앱(app)과 같은 선호와 행동 데이터는 점차 미세 세분화로 전개되고 있다. 이와 같은 계속된 정제는 개인화로 이어지고 여기서 각 소비자는 자신의 개별 프로파일에 기초하여 맞춤형 제공품을 전달받으며 차별적 세분시장을 구성한다. 더 나아가, 선호와 니즈는 동태적이기 때문에 효과적인 목표설정은 적절한 고객에게 적절한 제공품을 일치시킬 뿐만 아니라 적절한 상황에서 적절한 순간에 전달하는 것을 필요로 한다. 이처럼 많은 개인화와 상화의존적인 목표설정은 강력한 AI 알고리듬에 의해 추진될 수 있고 이 프랙티스는 AI 접근법의 빠른 발전을 요구한다.

③ 실시간 최적화와 자동화

마케팅 환경의 복잡성은 인간 분석가의 직관적 이해와 역량의 임계치를 초월하고 있다. 작은 몇개의 세분화 시장에 대한 목표설정을 결정하는 것이 인간에게는 가능하지만 수백 개의 정밀하게 정의된 미시 수준의 세분화에서는 자동화가 필수적이다. 또한, 빈번한 상호 작용은 실시간 대응을 요구한다. 모바일 추적이 새롭게 유입하는 고객을 감지할 때 그들에 대해 짧은 시간 내에 판촉 제안을 전달하는 것이 필요하다. 이처럼 자동화와 실시간 최적 화는 마케팅의 업무방식(modus operandi)이 되고 있고 AI는 믿을만한(go-to) 솔루션이다.

④ 고객여정 초점

일반적으로 기업은 전체 고객여정에 대해 전체적 관점을 취하고 있다. 하지만, 디지털 기술은 기업차원의 전체 구매 관점에서 개별 소비자 차원의 피드백 루프를 갖는 연속적인 의사결정 여정의 관점으로 전환할 수 있도록 정교한 고객접점 정보를 수집할 수 있게 된 다. 소비자의 전체 여정에 대한 그림을 조립하는 것은 소비자를 모니터하고 안내하며 적절 한 단계와 상황에서 적절한 정보/서비스/촉진을 전달하면서 기업에게 큰 가치를 부여한 다. 기업은 또한 AI를 통해 전체 여정을 포함하는 장기적 전략을 계획할 수 있고 심지어 고객이 등장하기 전에 고객의 요구를 예측하고 형성하기 위해 사용자 생성 컨텐츠(UGC: user-generated content) 플랫폼을 모니터할 수 있다.

(4) 마케팅에 영향을 미치는 거시환경적 추세

COVID-19 팬데믹으로 인한 자가격리와 비대면기술에 의존하는 뉴노멀(new normal) 환경의 관점에서 AI가 작동하는 마케팅 도구는 소비자의 태도, 신념, 행동의 이해에 핵심 역할을 할 것이다. 이 편익에도 불구하고 윤리적 이슈(예: 투명성, 정당성, 공정성, 프라이버 시), 프라이버시 데이터 보호, 고용기회에 관한 우려가 AI기술의 중요한 단점으로 남아 있 다. 그러나, 이것은 도전이자 기회이다.

① 노동시장의 진화와 마케팅 담당자의 역량

기업에게 AI의 적용은 마케팅 전략과 고객행동을 바라보는 방식을 크게 변화시키고 있 다. AI가 규칙기반 전문가시스템에서 데이터 중심의 학습 접근법으로 패러다임을 이동시 켰기 때문에 조직에서 AI의 실행은 기존의 스킬개발과 훈련 방법을 변화시키도록 유도한 다. 따라서, 노동시장의 혁신과 마케팅 담당자의 역량에 관한 고민이 필요해 진다. 업무에 본질에 따라서 AI는 마케팅 담당자의 활동을 대체하거나 확장할 수 있기 때문에 이에 대 한 논의가 계속 요구된다.

② 제도적 지원의 역할

디지털 변환과 산업 4.0 패러다임이 모든 곳에 영향을 미치도록 확산되는 경로를 만들기 위해서는 제도적 지원이 필요할 것으로 보인다. 따라서, 소비자의 이익을 해치지 않고 AI를 촉진하는 공공정책 수준에 대한 논의가 지역적, 국가적, 국제적 수준에서 이루어져야 할 것이다.

AI와 비즈니스 기능2
– 인적자원, 재무, 회계,
지식 및 혁신

12장

AI와 비즈니스 기능 2
– 인적자원, 재무, 회계, 지식 및 혁신

① AI와 인적자원관리

1.1. 특징

인적자원관리(HRM: human resource management)에 정보기술의 적용은 빠르게 증가하고 있고 이들의 이름은 다양하게 불려졌다. 예를 들어, 웹기반의 HRM, e−HRM, HRM 클라우드컴퓨팅, HR 애널리틱스, 온라인 HRM, 디지털 HRM, 스마트 HRM, AI의 전략적 사용에 기반한 HRM 적용 등의 용어가 등장하였다. 이후 HR기능에서 예측적인 의사결정과 문제해결 및 통찰력 구축을 위해 구조화되거나 비구조화된 HR 특유의 데이터베이스에 대한 접근과 생성을 포함하는 AI 적용에 대한 관심이 증가하고 있다. AI에 기반한 혁신적 데이터베이스 관리의 심화와 사용은 CloudHR, SAP SuccessFactors, BambooHR, GustoHR, OnPay, CakeHR, Trakstar, Deputy, ZohoPeople과 같은 AI−HR 적용과 솔루션으로 실제 명확하게 적용되고 있다.

AI에 기반한 HRM 프로세스의 적용으로 증가된 디지털화와 데이터 사용은 HR 전문가의 역할을 다시 정의하고 바꾸고 있다. 최근의 AI 적용은 확장과 자동화로 나타나고 어떤 경우에는 인간이 수행하던 HRM 의사결정을 대체하고 있기도 한다. 이미 AI에 기반한 HRM 적용은 거의 모든 HRM 영역(예: 채용 및 선발, 훈련과 개발, 성과관리, 인재관리, 직원이직, 보상관리, 직무설계, 직원만족, 직원관여)에서 논의되고 있다.

HR 분야에서 AI 적용의 주요 성과는 다음과 같다. AI 기술은 인적자원의 관리 프로세스를 가속화한다. 관련 비용과 노동력 손실을 낮은 수준으로 유지하려고 노력하는 오늘날의 인적자원관리에서 인력은 AI를 통해 효율적으로 사용될 수 있다. 그 예로서 AI로 채용 비용의 71%를 절감할 수 있고 생산성이 3배 더 증가할 수 있다(Jia et al., 2018). 또한 AI는 인력의 업무 조정을 향상시키고 분산된 업무를 다루는 직원들 사이의 연결을 강하게 만들 수 있다. 이를 통해 AI 기술은 인간 직원에게 여유시간을 부여하고 이 여유시간은 사회적 상호작용을 위한 새로운 기회를 제공해 준다. 동료들 간의 의사소통은 개인의 동기부여를 증가시킬 수 있어서 직원의 업무 표준을 증가시키고 시간의 효과적 사용을 보장할 수 있다. 이런 식으로 직원은 새로운 전략을 개발하고 창의적으로 생각하는 기회를 발견하며, 자신의 에너지를 더욱 중요한 업무에 사용하는 등의 부가적인 여유를 누릴 수 있다.

그러나, 이러한 성과에도 불구하고 HRM에서 AI의 적용은 많은 도전사항을 제시하기도 한다. HR에서 가장 빈번하게 사용되는 분야는 채용과 선발이다. 그러나, AI기반의 채용은 유망한 지원자를 소외시킬 수 있는 가능성으로 인해 공정과 차별에 관한 윤리적 우려를 제기한다. 비록 다른 AI 기술의 사용이 채용 프로세스에서 시간과 자원을 절약할 수 있을 지라도 비판가들은 이것이 편향되고 비윤리적이라고 주장한다. 채용 프로세스에서 AI를 사용하는 찬성과 반대는 향후에 집중적으로 논의할 것이다. 하지만 그 비판에도 불구하고, AI가 몇 가지 방식으로 지원자들을 초기 선별하는 데 매우 유용한 도구일 수 있다는 것은 명백하다. 예를 들어, AI 도구는 음성인식과 컴퓨터 비전 기술의 사용을 통해 지원자의 비디오 발표를 분석하는데 사용될 수 있다. AI는 또한 지원자가 소셜 미디어 사이트에 게시한 어떤 컨텐츠를 꼼꼼하게 분석할 수 있다. 그러나, 그 모델에서 사용된 훈련 데이터(training data)에서 항상 편향이 논란될 수 있다. 따라서, 채용과 선발에서 AI의 실행은 잠재적 지원자들에 대한 영향의 관리뿐만 아니라 윤리적, 법적, 도덕적 문제뿐만 아니라 프라이버시에 대한 비판에 대응할 필요가 있다.

1.2. 주요 AI 역할

(1) 채용(recruitment)

비어있는 직무에 적절한 지원자를 유인하는 것은 어렵고 힘들지만 중요한 업무이다. 기업은 잠재 지원자를 찾기 위해 흔히 웹서치를 사용한다. 그러나, 흔히 조직과 지원자가 다른 용어를 사용하고 미스매치로 이어지기 때문에 이것은 시간소모적일 뿐만 아니라 문제를 낳을 수 있다. 이 주제는 글로벌 인재 풀에서 탐색할 때 더욱 확연하게 나타난다.

쉽게 이용가능한 Python의 Natural Language Processing Toolkit과 Conditional Random Fields, Maximum Entropy Markov Models를 이용함으로써 머신러닝은 이력서로부터 지원자의 정보를 추출하는 자동화된 프로세스를 가질 수 있다. 빈 직무 포지션에 지원자의 적합성을 평가하는 후속 프로세스는 머신러닝 통합으로 가능하다. 어떤 사람은 지원자의 소셜 미디어 사용에 기반하여 그들의 성격을 평가하는 반면에 어떤 사람은 직무 요구사항에 대한 스킬, 자격, 성과를 평가한다. 나아가, Twitter, LinkedIn, GitHub, SPOJ로부터 지원자의 정보를 활용하여 성격과 전문적 스킬을 평가하는 종합적 채용 모델을 개발할 수도 있다. 그러한 모델은 기업에게 사전에 구축된 모집단에서 모든 인재 풀에 대해 지원자를 평가할 수 있는 종합적이고 편향이 줄어든 프로세스를 제공한다. 반대로, 잠재적 지원자에게 직무 적합성을 평가하여 추천을 하는 반대의 접근법을 적용할 수도 잇다. 이 유형의 평가에 사용되는 데이터는 지원자의 프로파일 정보에서부터 그들의 친구 네트워크에 대한 정보까지도 포함할 수 있다.

AI 도구의 발전은 채용 효율성을 확장하기도 한다. 지원자의 이전 직무 행동과 지원자의 특성에 따라 특정 직무의 지원자를 매치시키는 것이 AI 도구를 통해 개발되었다. 또한, 지원자 선택을 위한 AI 도구는 지원자의 미래 성과를 예측할 수도 있고 지원자의 개성을 감지하는 인터뷰를 하도록 만들 수 있다. 이외에도 채용 프로세스에서 차별을 줄이고 HRM 팀을 위한 어플리케이션을 만들며, 신입 지원자를 선별, 평가, 선택, 교육시키는 역할을 맡을 수도 있다.

구체적으로 채용에서 AI는 필터링과 사전 선발에 적용될 수 있다.

① 필터링(filtering)

HR관리자에 의해 결정된 어떤 기준(예: 경험, 교육수준, 나이 등)이 필터링 알고리듬에 도입되면 이력서는 신속하게 검토되고 이 기준들에 맞는 필터링 알고리듬에 의해 정리된 명단으로 분류된다. 또한 AI에 기반한 인적자원관리자는 AI가 개성과 직무 적합성에 대한 실마리를 수집할 수 있기 때문에 적합한 지원자를 찾기 위해 소셜 미디어 데이터를 필터링하고 지원자의 가치, 신념, 태도를 평가한다. 예를 들어, British Airways, BBS, Ford는 필터링 알고리듬을 사용하고 있고 Doris로 불려지는 로봇과 Unilever에서 개발된 HiredScore로 불리는 소프트웨어 도구도 이력서를 필터링하고 스캔할 수 있다.

② 사전 선발(pre-selection)

챗봇이 사전선발에 사용되고 있다. 챗봇은 인적자원 의사결정 프로세스를 더욱 분석적으로 만드는 데 필요한 대규모 데이터 풀을 창출하고 지원자들과의 소통덕분에 24/7 지원 서비스를 제공한다. 챗봇이 지원자들과 소통하는 방식을 개설하면서 그 포지션에 적합하지 않은 사람들을 자동으로 찾아내고 인적자원관리자에게 사전선발에 관한 결과를 제공한다. 이러한 작업을 통해 지원자가 지원 후 24시간 내에 그에게 메시지를 전달할 수 있다.

물론, 탈락한 지원자는 자격 혹은 스킬의 결여에 대한 피드백을 제공받는다. 이것은 지원자에게 긍정적 경험을 창출함으로써 그가 더욱 자신의 단점을 극복하고 발전하도록 도와준다. 예를 들어, SAP(systems, applications and products)가 챗봇 Talla를 디자인하였고 L'Oréal은 챗봇 Maya를 만들었다.

(2) 선발(selection)

선발 프로세스를 위한 AI는 선발기준으로 사용되는 특성을 규명하고 선발 모델을 개발하는데 역점을 둔다. 선발을 위해 규정된 특성은 나이, 성별, 결혼상태, 과거 연간소득과 같은 직원의 인구통계적 특성부터 대응역량, 이해능력, 심리적 특성과 같은 개인적 특징까지 다양하다. 이를 위해 의사결정나무분류 알고리듬을 사용할 수 있다.

직무에 적합한 지원자들은 이미 알려진 것처럼 전통적 인터뷰와 시험을 통해 항상 성공적으로 규명될 수 없다. 선발과정에서 수행된 잘못된 의사결정은 장기적으로 인력의 이직을 증가시킬 수 있다. 또한 때때로 인터뷰는 학력, 성별, 나이 등의 환경요인에 의해 영향받을 수 있고 인적자원관리자는 자신과 유사한 지원자를 선호하는 편의된 선택을 할 수 있다. 선발과정에서 AI를 사용하는 장점은 채용팀이 중요한 잠재력을 갖는 지원자들에게 그들의 시간과 자원을 우선 투자하도록 만든다는 점이다. 이 점에서 선발 프로세스에서 활용되는 AI는 시험, 화상 인터뷰, 선발 의사결정의 관점에서 다루어질 수 있다.

① 시험

AI를 통해 인지능력, 개성, 인내력, 감정지능, 위험감수 능력, 압력하의 성과와 같은 채용에 필요한 지원자의 많은 특징들이 측정될 수 있다. AI는 사전에 선발된 지원자들의 지능수준과 능력을 더 잘 파악하기 위해 선발 프로세스를 게임화(gamification)한다. 게임 기반의 평가는 더 많은 데이터와 더 작은 시간으로 지원자와 조직에게 더 나은 평가 과정을 제공할 수 있다. 이 과정의 게임화는 직원 동기부여와 보유에 중요한 영향을 미친다. Unilever는 HireVue라고 불리는 게임을 설계하였다. 그 게임은 애니메이션과 세 부분으로 구성된다. 첫 번째 부분은 어떻게 지원자들이 높은 위험 상황에서 의사결정하는지를 측정한다. 여기서, 풍선이 지원자들에게 주어지고 그 풍선을 불도록 한다. 동시에, 지원자들은 풍선을 크게 불어 터뜨리게 되면 많은 돈을 벌 수 있을 것으로 기대된다. 이 게임화 프로세스의 두 번째 부분에서 지원자들은 이 과정에서 자신의 감정을 갖는 얼굴을 보여주게 된다. 이 부분에서 지원자의 감정적 지능 수준이 측정된다. 세 번째 부분에서 지원자들은 다시 다양한 사진을 받고 이 사진들을 결합하도록 요구받는다. 여기서, 많은 양의 정보를 저장하는 지원자의 능력과 인내수준이 측정되게 된다.

② 화상 인터뷰

지원자들은 시험 후에 인터뷰를 한다. 화상 인터뷰에서 지원자는 직무에 대해 질문을 받는다. 인터뷰가 분석되고 화상 인터뷰에서 지원자들의 성과를 평가하기 위해 성과점수가 결정된다. 그 후에, 각 지원자는 그들이 동일한 직무에 동일한 화상 인터뷰를 한 다른 지원자들과 얼마나 잘 비교되는지에 초점을 두는 통찰력 점수를 받는다. 인터뷰 평가 시에 AI는 지원자의 대략 25,000개의 다른 데이터 포인트에 초점을 둔다. 또한, 지원자의 목소리 톤, 얼굴 표현, 미세한 표현이 인터뷰 중에 평가된다. 물론, 화상 인터뷰에서 사용되는 안면인식 기법이 지원자 대신 다른 누군가가 부정하게 인터뷰하는 것을 막는다. 예를 들어, Unilever는 Utah 화상 인터뷰 어플리케이션을 개발하였고 PwC(PricewaterhouseCoopers)는 net-Interview 화상 인터뷰 어플리케이션을 만들었다.

③ 선발 의사결정

지원자와 인터뷰 후에 가장 적합한 것으로 고려되는 지원자에 대한 선발이 이루어진다. AI 기술로 더욱 정확한 의사결정을 하도록 머신러닝에 기반한 알고리듬을 이용하여 지원자의 데이터 셋을 분석함으로써 지원자가 그 직무에 어느 정도 적합할 것이라는 것이 예측되고 점수에 의해 서열화된다. Microsoft는 Phenom People로 불리는 어플리케이션을 설계하였다. Phenom People은 인터뷰 후에 지원자를 전문성과 팀관리 스킬에 따라 서열화함으로써 인적자원관리자가 의사결정하는 것을 돕도록 한다. 기술 기업인 Citrix, Electronics Company Philips, General Motors가 이 Phenom People을 사용하고 있다.

(3) 훈련과 개발

일반적으로 직무에 적합한 것으로 고려된 지원자를 선발한 후에 이 직원이 직무를 알고 직무에 대한 필요한 정보를 얻도록 훈련이 조직되어야 한다. 훈련 니즈 규정, 적절한 과정의 추천, 훈련 효과성을 측정하는데 AI가 적용될 수 있다.

이 훈련은 로봇 강사에 의해 진행될 수 있다. 로봇 강사를 이용해 학습 프로세스가 재빨리 그리고 효율적으로 완성될 수 있다. 로봇 강사는 인간처럼 행동하고 소리와 이미지를 인식할 수 있으며, 각 직원이 얼마나 빨리 학습할 수 있는지를 파악할 수 있다. 어떤 주제가 이해되지 않을 때 로봇 강사는 실제 인간 강사처럼 그 주제를 자세히 설명할 수도 있다. 훈련 프로세스에서 로봇 강사는 각 직원의 매일의 학습 상태를 관찰하고 직원의 평균 참석율을 산정하며, 다양한 수준으로 교육을 받도록 하기 위해 시각적 스캐닝 시스템을 사용할 수 있다. 또한, 훈련의 속도가 피교육생의 피드백에 따라 조정될 수 있기 때문에 로봇 강사는 학습의 품질, 속도, 범위를 증가시킬 수 있다. 예를 들어, 로봇 기술을 생산하는

Promobot Company는 Robot Promobot Education을 개발하였다. IBM은 유사한 경험에 기초하여 어떤 훈련이 직원에게 의미있는지에 대해 직원에게 자문하기 위해 로봇 기술과 알고리듬을 사용한다.

기존의 스킬은 시간이 지나면서 진부하게 되고 새로운 스킬을 학습하는 니즈를 창출한다. AI는 몇가지 훈련 프로세스 단계를 자동화하는 것을 지원한다. 연관규칙마이닝(association rules mining)이 직원의 훈련 니즈 규명을 자동화하고 적합한 과정을 추천하는 것을 돕는다. IBM과 같은 기술 거대기업은 직원에게 개인적 경력코치로서 활동하고 그들에게 적합한 훈련과 독서를 제안하는 챗봇을 사용하도록 Royal Bank of Scotland Group을 지원하고 있다. 분류 알고리듬(classification algorithm)은 피훈련자의 성과와 학습행동의 관점에서 훈련하는 효과성의 측정을 자동화하려고 시도한다. 생존분석(survival analysis)과 같은 AI 알고리듬을 사용하는 새로운 방법은 조직이 다른 경력기간에 직원들의 직무수준을 예측하는 것을 도울 수 있다. 이 예측은 직원에게 재직기간 동안에 경력 안내와 적절한 훈련을 제공하는데 활용될 수 있다. IBM의 Blue Match 소프트웨어는 조직 내에서 경력향상을 위한 직무를 제안하기 위해 유사한 방식으로 머신러닝을 활용한다.

(4) 성과평가와 관여

AI 기술의 발전으로 여러 기준을 통해 직원의 성과와 관여를 다룰 수 있다. 예를 들어, 성과평가, 성과예측, 고과 프로세스에서 편향의 감지, 직원 전문성 수준의 추정, 직원에게 고객화된 인센티브의 개발에 적용할 수 있다. 최근에는 다른 기준으로 직원피로, 복수원천에 기반한 평가점수, 직원의 업무 효율성, 발전 잠재력과 같은 다른 기준에 기초하여 직원 성과를 감지, 평가, 분류하는 AI도구가 개발되었다.

① 직원관여

직원의 직무만족, 인터넷 활용 행동과 같은 직원 관여 특징을 감지하고 예측하는 AI 도구가 개발되어 AI가 직원 부정, 불평 등과 같은 HR 관여 실패에 대한 초기 경고를 제공할 수 있도록 할 수 있다. 나아가, 직원의 임금과 보상의 용이한 계산을 촉진, 성별 균등을 보장, 직원에게 임금지불 시스템에 대한 셀프 서비스 접근을 제공, 임금계획을 위한 관리를 지원, 직원에게 편익의 분배에 AI 도구를 효과적으로 적용할 수 있다.

직원이 조직에 대해 관심을 가지고 성공을 위해 더 열심히 일하도록 몰아가기 때문에 직원관여는 대부분의 조직에 바람직하다. 직원관련 데이터는 직원관여를 증가시키기 위해 다양한 방법으로 분석된다. 첫째, 직원의 소셜 미디어 프로파일로부터 추출된 데이터에 대한 텍스트 마이닝은 그들의 브랜드 관여를 이해하기 위해 사용되었다. 둘째, 직원의

Twitter 계정으로부터 얻어진 데이터에 대한 감성분석(sentiment analysis)이 직원의 감성을 이해하기 위해 사용된다. 셋째, 회귀를 따르는 상관관계기반의 변수 선택(correlation-based feature selection) 기법이 선택된 요인들과 직무 스트레스 환경 사이의 관계를 구축하는 데 사용된다.

② 성과평가

성과관리는 직원의 업무와 책임에 대한 성과평가로 이루어진다. 360도 피드백과 같은 잘 구축된 평가 방법은 시간소모적이고 비용이 들기 때문에 AI는 성과평가를 자동화함으로써 이 비용을 절약한다. 머신러닝 알고리듬은 직원을 그들의 성과수준과 직무만족 수준에 기초하여 다른 그룹들로 군집화할 수 있다. 이 결과로서 낮은 성과자의 성과를 강화하고 덜 만족된 직원의 사기를 촉발하기 위해 적합한 전략이 제안될 수 있다.

또한 AI 알고리듬은 직원의 배경 데이터와 성과 특징에 기초하여 직원의 성과수준을 예측하는 데 활용된다. 그러나 성과관리 목적을 위한 직원의 개인적 정보에 대한 자동화된 접근은 그들의 동기부여 수준을 줄이기 때문 이 접근법은 조심스럽게 적용될 필요가 있다. 특히, 평균적인 보통의 성과자는 그들의 상황을 적절하게 설명하기 위해 알고리듬보다는 인간 평가자를 더 선호할 수도 있다. 성과관리 내에서 머신러닝의 새로운 적용은 텍스트 분석(text analysis)과 자연어 처리를 사용한 성과고과 프로세스에서 주관성의 감지, 데이터 마이닝(text mining)과 서열회귀군집화(ordinal regression clustering)를 사용한 직원의 전문성 수준의 추정, k-measn clustering과 decision and classification tree와 같은 분류 알고리듬을 사용한 지원의 효율성에 대한 금전적 인센티브의 영향을 분석과 고객화된 인센티브를 개발하기 위한 직원의 프로파일링을 포함한다.

AI는 인적자원관리자에 의해 결정된 기준에 따라 프로그램된다. 다시 이것은 과거에 전통적으로 측정된 수행 프로젝트, 훈련, 경험, 일하는 방식에 기초하여 직원의 성과점수의 종합적 평가를 할 수 있다. 그 평가의 결과로서 직원에 대한 평균 성과점수가 나올 수 있고 이 점수에 기초하여 직원이 조직에 제공한 스킬, 자격, 미래 성과가 추정될 수 있다. 또한 AI가 어떤 포지션에서 성공적인 지원 자격을 쉽게 학습할 수 있기 때문에 이 성과에 기초하여 직원의 승진 가능성을 예측할 수 있다. AI는 또한 직원의 스킬이 향상되었는지를 알아내기 위해 이 데이터베이스로부터 정보를 받는다. 성과가 낮은 직원은 관리자에게 보고되어 그들은 개인화된 훈련과 발전 프로그램을 제공받을 수 있다. 반복된 성과평가의 결과로서 만약 이 직원의 점수가 평균에 도달하지 못하면 그들은 개선을 보여주지 못했기 때문에 해고될 수도 있다. 성과점수를 초과한 직원은 더 나은 기회, 더 높은 임금, 승진으로 보상받을 수 있다. 그 이유로, 알고리듬적인 보상 시스템이 또한 사용된다. 알고리듬에 의한 보상시스템은 적절하게 사전에 규정된 행동에 대해 실시간 보상을 제공한다. 성과측정 도구로서 IBM은 Watson을 개발하였고 Microsoft는 Workplace Analytics를 만들었으며, 소프트웨어 기업인 Pegasystem은 Pega Sales 어플리케이션을 디자인하였다.

(5) 인재관리

업무부하, 업무 요구사항, 직원 이용가능성, 공정성에 기초하여 업무 이동을 할당하는 AI 도구가 개발되었다. 또한, 노동시장에서 거시수준의 직원 이동에서 미시수준의 직원 이직 가능성으로 직원의 이직 패턴을 발견하고 예측하는 AI 도구가 개발되었다. 나아가, 직원의 훈련 촉진, 직원 복지 향상, 업무현장의 재해를 예측하는 AI 도구가 개발되었고 직원의 전문가 개발을 위해 규정하고 개인화, 직무와 관련된 적절하거나 필요한 훈련 코스의 등록 추적, 신규직무를 수행하기 위해 스킬과 능력을 개발하는 코스를 추적 등에 활용할 수 있다.

인재관리에서 AI는 인재개발, 승진, 팀구축의 관점에서 논의될 수 있다.

① 인재개발

AI는 기업과 직원이 일하는 분야에 따라 미래에 필요로 하는 스킬을 규정하고 조직에서 변환적 변화를 초래하려고 노력할 수 있다. AI가 지원하는 인재개발 솔루션이 직원이 미래에 필요로 하는 스킬을 규명하는 동안에 그들은 거대한 양의 데이터를 필요로 할 수 있다. 그것은 비디오, 사진, 음성으로부터 실시간으로 정보를 얻을 수 있다. 그것은 이 자원으로 그 니즈를 완성할 수 있고 데이터를 분석하고 인적자원의사결정을 지원하는 통찰을 발견할 수 있다. 예를 들어, 인재 프레임워크와 소프트웨어 기업인 Entelo는 직원과 기업에 의해 요구되는 새로운 스킬을 나열하는 envoy 어플리케이션 서비스를 제공하고 있다.

② 승진

AI는 어떤 직원이 승진될지를 결정하는 데 도움을 줄 수 있다. 성과측정 결과에 따라, 그것은 잘 발전된 직원의 승진을 위한 입력 데이터를 점검하고 검증할 수 있다. 데이터 타당성 검증으로서 직원의 숨겨진 측면과 재능이 그들이 받은 훈련과 성과로부터 드러날 수 있다. 승진에 적합한 지원자는 숨겨진 감독과 능력과 일치하여 나열될 수 있다. 나열된 지원자들은 관리자에게 알려지고 최종 의사결정은 인적자원관리자에게 속한다. Intel은 Saffron AI를 설계하였다. 인재획득과 재능관리 플랫폼인 Ascendify는 어떤 직원이 승진 잠재력을 갖는지를 결정한다. 그것은 또한 기업과 사용자가 미래에 어떤 종류의 스킬을 필요로 하는지를 이해하는 데 도움을 준다.

③ 팀 구축

팀관리의 영역에서 AI 알고리듬이 네 가지 주제하에 검토될 수 있다. 그것은 팀의 구성, 팀의 성과, 팀 멤버들의 감성과 의견, 팀 내 협력/상호작용 패턴이다. AI가 지원하는 어플리케이션 시스템은 팀 멤버들의 자동화된 추천을 가능하게 한다. 이 시스템은 다른 팀 리더하에 적합한 팀 멤버들을 제안하기 위해 문헌 데이터베이스, 소셜 네트워크, 인트라넷, 웹, 팀 리더에 대한 직원의 의견과 같은 여러 원천들의 데이터를 포착한다. 특히, 다국적 기업은 잘못된 조율과 잘못된 의사소통이 더욱 일반적이기 때문에 특히 가상 팀에 대해 프로젝트에 팀 구성을 추천하기 위해 AI를 유사하게 사용할 수 있다.

AI는 팀성과와 효율성의 예측(예: cox regression을 통해)을 촉진하고 멤버의 특징과 협력 패턴을 염두에 둔다. 팀 감성과 의견에 대한 AI 어플리케이션이 또한 유용하다. 팀 감성의 양극성을 감지하고 각 멤버의 감성의 지속(예: 표현된 감성의 마지막 시간)을 분석하기 위해 AI에 기반한 도구를 구축할 수 있다. 또한, 팀의 전반적 분위기에 대한 정보를 발생시키기 위해 멤버들의 활동 수준과 그들의 기분을 분석한 플랫폼을 개발할 수 있으며, 사회네트워크분석, 패턴마이닝기법, 분류알고리듬의 결합을 사용하여 개별적인 팀 회의에서 팀 멤버들의 상호작용 패턴을 분석할 수 있다. 이 미시수준의 분석은 각 팀 멤버가 회의에서 하는 토론과 역할을 평가하는 것을 지원한다.

AI 기술은 팀 멤버들의 주요 목표를 이해하는 데 노력할 수 있다. AI는 그들의 업무 능력에 대한 팀 동료들의 지식을 확장하도록 프로그램된다. 그것은 누가 팀에 함께 할지를 결정한다. 머신러닝은 직무 기술서로 학습될 수 있는 정보를 처리하기 시작한다. 이 데이터는 머신러닝 알고리듬에 영향을 미치고 어떤 직원이 팀에 적합한지에 대해 추천을 제공할 수 있다. 즉, AI는 직원들 사이에 좋은 성과를 보이는 팀을 창출하기 위해 적합한 인재를 찾는다. AI는 팀에게 새로운 기회를 창출할 수 있다. AI에 친숙한 팀 멤버들은 그렇지 않은 멤버들보다 2배 더 빠른 성과를 보인다. 또한, 이 기술은 팀의 행동 프로세스를 관리할 수 있다. 그 이유로 팀은 조화롭게 갈등을 균형시켜야 한다. 석유화학회사인 Shell은 Catalant 어플리케이션으로, 그리고 금융기업인 Credit Suisse는 Internals First 어플리케이션으로 적합한 직원을 찾는다.

(6) 임금과 보상

AI는 직원의 노력을 보상하는 임금지표를 개발하는 데 도움을 줄 수 있다. 임금을 결정할 때, 각 직원의 이력서, 선발 프로세스 동안 수행된 심리 테스트 결과, 직원이 훈련과 계발 프로세스 동안 받은 훈련, 훈련이 효율적인지의 결과, 직원이 갖는 성과와 어떤 특별한 스킬에 대한 반영과 같은 대량의 데이터의 조율이 필요해 진다. 이 모든 데이터가 수집되어 분석된다. 이 데이터와 별개로 임금을 결정하는 동안 연속적인 피드백이 직원의 성과에 관해 얻어진다. 직원의 임금은 받은 피드백에 기초하여 결정될 수 있다. 그것은 직원의 임금을 결정하는 머신러닝 프로그램이다. 이 프로그램은 관리자에게 임금의 양에 대한 제안을 제공한다. 그러나, 최종 의사결정은 관리자에게 속한다. 머신러닝과 별개로, 신경망이 또한 공정한 임금관리를 돕는다. 신경망 시스템은 빅데이터 투입물로 공정한 임금평가시스템을 창출하고 지능형 의사결정지원시스템을 설계하는 데 사용될 수 있다. IBM은 Planning Analytics라 불리는 소프트웨어 어플리케이션을 개발하였다. 그것은 성과평가 결과에 따라 직원의 임금을 결정한다. 이러한 이유로 그것은 직원이 단일의 주기적 성과평가가 아니라 그들의 성과에 대해 지속적으로 피드백을 받을 수 있다. 임금은 이 시스템과 일치하여 결정될 수 있다. 임금증가가 존재할 때 IBM 관리자는 임금증가 조언을 제공하는 사내 시스템을 사용한다.

(7) 노동시장과 직원의 이직

직원의 개인적 및 업무관련 요인을 사용하여 이직을 예측하는 데 적용될 수 있다. 직원 이직행동은 이직 의도를 예측하는 것을 지향하는 이직모델의 형태에 많은 관심을 두었다. 기존 연구에 의하면 직원의 이직을 예측하기 위한 다양한 요인들을 사용하였다. 예를 들어, 승진 수, 임금 상승, 최근 평가, 기업에서 소비한 시간, 업무 시간과 같은 업무관련 요인과 나이, 성별, 국적, 결혼상태와 같은 직원관련 요인과 둘의 결합이 있다. 독특한 시도로서, 조직이 어떤 직원이 조직을 떠날 가능성이 있는지에 대한 것뿐만 아니라 그들 중 누군가가 조직에 가치있는지를 예측하는 것을 돕기 위한 자발적 이직 모델 위에서 직원 가치모델을 개발할 수 있다. 그 모델은 직원이 일하는 프로젝트의 중요성, 고객이 직원에 대해 요금이 청구된 개월수, 직원이 현장과제에 위임된 개월 수 와 같은 업무 관련 특성들을 고려한다. 또한, 베이지안 모델 평균화(Bayesian model averaging)를 사용한 모델 불확실성의 존재를 포함할 수 있다. 모델 불확실성은 어떤 모델에 어떤 변수가 포함되는지에 관한 불확실성을 의미한다. 일반적으로, 직무만족과 인식된 조직 지원이 모델 규정과 독립적으로 직원의 이직 의도의 예측요인으로서 강조된다.

나아가 AI 도구를 이용하여 실업율 예측과 직업군 군집화와 같은 노동시장 특성을 분석하는 일을 할 수 있다. 노동력에 대한 AI의 영향은 일반적으로 낙관적이나 AI가 유인하는 실업에 대한 걱정은 매우 심각한 문제가 될 수 있다. 그러나, 대부분의 미디어와 전문가는 기술적 실업을 과대평가하고 있으며, 생산성 향상, 소득증가, 신규 직업 창출 가능성을 무시하고 있다는 비판도 존재한다. 현재로서는 기술적 및 사회적 한계로 인해서 AI가 노동을 완전히 대체하는 대신에 직업을 재구조화할 것이라는 주장이 설득력 있다. 이러한 상황에서 AI 시대에 스킬 포트폴리오에 대한 논의가 필요하다. 미래의 직업은 소프트 스킬과 다학제적 지식을 선호할 것이다.

(8) 고객관여/업무흐름에 대한 베스트프랙티스와 인적자원배분

AI 도구를 통해 관리의 부담을 줄이고 감독자와 직원과 함께 인터뷰(피드백)을 추적하고 분석할 수 있다. 나아가, 직원의 투입과 산출을 추적하고 분석할 수 있다.

나아가, 멤버의 특징(나이, 경험 등)에 관한 정보는 직무역할 배분과 인센티브 디자인에 관한 의사결정을 촉진한다. 예를 들어, 각 개인이 속하는 세대를 확인하기 위해 텍스트마이닝과 분류기법에 기반한 시스템을 개발할 수 있다. 이것은 다세대 팀에 본원적으로 존재하는 기대, 인식, 스킬의 다양성을 관리하는 것을 도울 수 있다. 그럼으로서 HRM 기능이 사람을 관리하는데 더 잘 일할 수 있도록 만든다.

1.3. 주요 AI 기법

인적자원관리 분야에서 업무의 복잡성 정도에 따라 각기 다른 AI 기법이 적용될 수 있다. 일반적으로 복잡한 프로세스는 인지적 유연성과 사회심리적 현상에 대한 이해를 필요로 한다. 따라서, 이러한 프로세스에 적합한 기법을 적용하기 위해서는 대규모 데이터셋이 필요하고 이에 기초한 타당성 분석이 요구된다. 이를 위한 데이터셋으로는 네트워킹 플랫폼, 고용 웹사이트, 온라인 커뮤니티 등이 있다.

지금까지 HRM에서 활용된 알고리듬의 성숙 수준에서 이전현상이 관찰되고 있다. 즉, 휴리스틱기반의 알고리듬에서 메타휴리스틱기반의 알고리듬으로 전환 중에 있다.

① 휴리스틱 기반의 알고리듬

분류와 예측이라는 단순한 HRM 문제에 적용되는 신경망, 의사결정나무(decision tree), 서포트벡터머신(support vector machine), 텍스트마이닝, 랜덤포리스트(random forest), K-최근접 이웃(k-nearest neighbour), 연관규칙발견 등이 있다.

② 메타휴리스틱 기반의 알고리듬

복잡한 HRM 프로세스와 최적화 문제에 사용되는 앙상블학습(ensemble learning), 유전알고리듬(genetic algorithm), 마코프디시전프로세스(Markev decision process) 등과 여러 방법의 결합이 있다.

그 중에서도 HRM에서 대표적으로 강조되는 AI 분야는 다음과 같다.

(1) 머신러닝

머신러닝의 전형적 예는 직원에게 승진을 위해 추천하는 기계를 훈련시키는 것이다. 이 예의 목표는 승진 추천이고 거기로 가기 위한 단계는 이 결정에서 지원자들에 대해 평가된 자격과 기준(성과지표)일 것이다. 이상적으로 훈련용 데이터는 승진을 위해 이미 추천된 직원들의 명단과 개별 기록일 것이다. 기계는 다시 수천 개의 기록을 연구하고 새로운 데이터셋을 고려하여 추천하기 위한 패턴을 규명할 것이다.

머신러닝은 또한 이 복잡한 추천업무를 분석하고 달성하기 위해 신경망을 활용하는 딥러닝 기법을 활용한다. 신경망은 큰 데이터를 재빨리 분석하고 인간이 신경망을 통해 완성된 분석에 기초하여 비즈니스 의사결정을 추천하는 데 지원할 수 있다. 한 예로서, 이 신경망은 실제 사건과 수천의 트윗을 감정변화 사이의 상관관계를 발견하고 사건에 대한 대중의 감정에 영향을 미친 주제를 규명할 수 있다.

(2) 자연어처리

자연어처리는 고유어로 인간과 효과적으로 소통하는 기계의 능력을 의미한다. 그 능력은 기계가 음성과 문자를 더 잘 이해하고 인간으로부터 받은 그 자극에 적절한 반응을 하도록 만든다. 그러한 AI 프랙티스는 고객과 상호작용하고 챗봇으로서 직원을 지원할 때 더욱 확산되고 있고 언어 분석 알고리듬은 직원 사회화, 채용, 훈련과 같은 다양한 프랙티스를 정제하기 시작하였다. 챗봇은 개인과 상호작용할 수 있고 질문에 자율적으로 답할 수 있다.

(3) 머신비전

머신비전은 기계가 주위의 세계를 더 잘 이해하고 받은 데이터에 기초하여 자율적 의사결정을 하도록 시각적 데이터를 처리하는 능력을 제공하는 카메라와 다른 감각 장치를 사용한다. 그 능력의 예로는 자율주행 자동차, 세포수준의 암적 이상을 찾는 의료 인체스캔 기술, 안면인식시스템, 손으로 작성된 주소를 포함한 편지를 자동분류하는 우체국의 능력이 있다.

머신비전 역량은 채용 프로세스와 사전선별 인터뷰에서 시작한다. 이것은 HR 담당자에게 첫인상, 개성분석을 제공하고 지원자에 대한 추적을 권장함으로써 채용 프로세스를 자동화하는 것을 지원하기 위해 비디오 데이터를 리뷰하는 AI 알고리듬을 조사한다.

(4) 추천엔진

추천엔진은 온라인 쇼핑부터 적절한 음악 플레이리스트를 발견하는 것까지 다양한 활동에서 일상의 생활에 스며든 AI 도구이다. 이 엔진은 Amazon, Facebook, Netflix와 같은 기업이 고객에게 개인화된 경험을 제공하도록 한다. 이 독특한 AI 엔진은 고객 혹은 직원에 대해 수집된 행동추세 데이터에 기초하여 그들에게 더 호소하는 컨텐츠 혹은 제품을 강조한다. 그 엔진은 또한 사람들을 소셜미디어 웹사이트를 통해 연결하도록 돕기 위해 개인에 대한 인구통계적 정보을 분석한다.

이 AI 도구는 지원자 추천, 승진 추천, 직원 훈련 및 개발에 적용할 수 있다. 추천엔진은 HRM 전문가들이 인간의 역량을 벗어난 광대한 데이터를 처리하고 추세를 규명하는 능력을 갖도록 권한을 부여한다. 이 추천엔진은 다양한 대중적으로 접근간증한 적용 형태로 전투에 참가한다. 예를 들어, LinkedIn, Instagram, Facebook은 동료를 서로와 연결시키는 것으로 잘 알려져 있다. LinkedIn은 더욱 전문가적인 소셜 미디어(가상의 이력서를 생각해 보자)로서 작용하고, Instagram과 Facebook은 인생에서 더욱 개인적 측면과 취미기반의 활동에 맞춘다.

---

2 AI와 회계 및 감사

2.1. 특징

최근에 AI의 증가 추세는 회계와 감사에서도 목격되고 있다. 회계와 감사 분야에서 빅데이터와 AI의 중요성은 의심의 여지가 없다. 회계와 감사는 정보와 지식경영에 매우 의존하는 지식집약적인 활동이다. 빅데이터와 AI와 같은 정보기술에서 최근의 발전은 관리회계, 재무회계, 재무보고를 향상시키는 데 기여할 수 있기 때문에 빅데이터는 회계에 점점 더 중요한 영향을 미칠 것이다. 유사하게, 감사에서 신기술은 감사계획, 고객 리스크 평가, 내부 통제, 증거 검사와 수집과 같은 모든 감사 단계에 영향을 미칠 것이다. 회계와 감사에서 더욱 반복적이고 인지를 요구하는 업무에 관해 대량의 데이터를 처리하는 AI의 속도는 이미 어떤 인간보다 한수 위로서 평가받을 수 있다.

그러나, AI 에이전트는 회계책임, 그러한 분류의 추적가능성, 노동력과 사회에 관한 근본적인 윤리 차원이라는 몇 가지 문제를 제기한다. 따라서, AI의 사회적 및 윤리적 시사점이 정책입안자에 의해 선별되어야 한다. 정책입안자는 AI가 사람과 세계에게 편익을 제공하고 공정한 사회를 보장하며, 투명하고 책임있는 공시를 수행하고 전 기간동안 강건 및 안전해야 할 필요가 있다. 일반적으로 금융부문은 AI와 로봇 프로세스 자동화와 같은 소프트웨어에 의해 완전히 파괴되는 첫 번째 산업 중 하나로 알려졌다. 마찬가지로 회계 담당자들이 일상적으로 하는 대부분의 일들이 반복적이고 규칙기반이기 때문에 그 일의 대부분은 AI에 의해 수행되고 자동화될 것이다. 자동화에 가장 어렵고 시간이 소요되는 업무들은 고객을 만나고 그들에게 자신의 일과 결과를 설명하는 것이다. 분명히, 그 활동은 가까운 미래에도 인간에 의해 계속 수행될 것이다. willrobotstakemyjob.com은 회계사와 감사자 직무의 94%가 자동화될 것이라고 지적하고 있다.

2.2. 주요 AI 역할

(1) 감사와 빅데이터 애널리틱스
감사와 빅데이터를 이용한 사기, 리스크, 공개와 관련된 이슈와 관련되어 데이터 마이닝과 텍스트 애널리틱스를 사용한다.

(2) 빅데이터
빅데이터가 핵심으로서 소셜미디어, 블록체인, 감사 증거를 포함한다.

(3) 회계와 AI
감사와 빅데이터와 같은 AI의 잠재적이고 논리적인 응용을 제안한다. 회계와 감사의 미래의 일부분으로서 회계의 교육적 측면과 관련하고 새로운 전문가의 훈련을 위해 이 기술이 어떻게 도입되는지와 관련된다.

(4) 기법의 적용
재무비율의 예측과 분석에 초점을 두고 이 정보로 파산의 예측을 분류하려고 한다. 또한, 정보기술과 의사결정 프로세스에 초점을 둔다.

2.3. 주요 AI 기법−설명가능한 AI

(1) 배경
회계와 감사에서 AI 모델의 연구와 활용의 초점은 예측 성과를 향상시키는데 있다. 그러나, AI의 모델의 예측성과가 향상될수록 그 모델의 설명가능성은 일반적으로 감소한다. 많은 변수와 다층 계산은 흔히 어떤 모델을 더욱 효과적으로 만들기 위해서 요구되나 그 모델은 블랙박스처럼 더욱 불분명해진다. 또한, 이러한 복잡한 AI 모델의 설명가능성의 결여는 회계와 감사의 AI 적용에서 중요한 난제이다.

AI 모델이 감사 상황에서 감사자에게 이상 거래 목록을 제공할 수 있는 반면에 왜 그들이 이상치로서 규명되었는지 그리고 감사자가 추가 조사에서 찾아야하는 것에 대해 거의 설명할 수 없는 상황이다. 감사문서와 감사증거에 관한 기존의 표준은 만약 감사자가 AI 모델의 내부 작동방식 혹은 산출결과를 설명하고 문서화할 수 없다면 그러한 도구의 활용성과 실용성을 떨어뜨릴 수밖에 없게 된다.

불분명한 AI 프로그램을 설명하는 니즈는 공인회계사에게만 중요한 것은 아니다. '해석가능한', '공정한', '투명한' AI 모델을 갖는 것은 금융, 보험, 헬스케어에서도 법적인 의무사항이 될 것이다. 이처럼 AI 프로세스와 산출물에 대한 더 나은 해석에 대한 보편적 니즈를 다루기 위해 설명가능한 AI(explainable artificial intelligence) 개념이 등장하였다.

(2) 감사에서 XAI

AI가 감사 절차에 적용될 때 그것은 감사증거와 감사문서와 같이 감사표준을 대상으로 한다. 감사증거 표준은 감사자가 감사 절차를 진행할 때 그들의 의견을 위한 합리적 근거를 제공하기 위해 충분하고 적절한 감사증거를 모을 필요가 있다. 충분성은 감사증거의 양을 측정하고 적절성은 다시 적합성과 신뢰성으로 분해될 수 있는 감사증거의 품질을 나타낸다. AI가 감사 절차에 사용될 때 감사증거의 충분성은 AI가 전체 모집단 검사를 자동화하는 것처럼 특정 감사 절차를 자동화하기 때문에 향상될 수 있다. AI가 비정상을 감지하거나 예측함으로써 감사 절차를 지원할 때 감사자들은 어떤 주장이 AI의 산출물에 가장 적합한지, AI의 결과가 신뢰할 수 있는지를 고려할 필요가 있다.

감사문서 표준은 감사자가 업무의 계획과 성과의 기록, 수행된 절차, 획득한 증거, 감사자에 의해 다다른 결론을 포함하여 모든 재무제표 내용에 관한 감사자의 결론을 위한 기초에 대해 문서화하는 것을 필요로 한다. 감사문서는 그 목적, 원천, 결론을 명확히 이해하기 위해 충분히 구체적이어야 한다. AI가 어떤 재무제표 내용에 관한 감사자의 판단을 지원할 때 감사자들은 AI 도구와 그들의 특성(예: 메카니즘, 신뢰성)으로부터 얻은 감사증거를 문서화해야 한다. 감사문서는 그것이 감사업무의 품질에 대한 리뷰의 근거이고 그것이 계획, 성과, 관여의 감독을 촉진하기 때문에 필수적이다.

구체적으로 감사에서 다음의 AI 어플리케이션의 측면이 문서화될 필요가 있다.

① 어떤 ML 알고리듬이 사용되는가?

② 그 알고리듬이 어떻게 작동하는가?

③ 그 모델을 훈련시키기 위해 어떤 데이터가 사용되는가?

④ 그 모델의 전반적 성과는 무엇인가?

⑤ 훈련된 모델은 어떻게 의사결정을 하는가?

⑥ 그 모델은 특정 사례에 대해 어떻게 결정하는가?(예: 거래와 감사 관여)

③ AI와 재무

3.1. 특징

본질적으로 금융부문이 많은 규칙을 통해 숫자를 다루기 때문에 이 부문은 AI를 적용한 첫 번째 산업 중 하나일 것이다. 최근에 금융과 결제분야에서 흥미로운 변화가 발생하고 있다. 은행은 지점없는 금융을 통해서 언제 어디서든 서비스를 제공하고 있다. 인터넷뱅킹은 대부분 모바일뱅킹(mobile banking)으로 전환되고 있고 ATM(automated teller machine), POS(point-of-sale) 터미널, 지불용 카드는 모바일 지갑(mobile wallet)과 웨어러블(wearable)을 포함하는 근거리통신(NFC: near-field communication)과 접촉없는 모바일 결제 어플리케이션으로 대체되었다. 챗봇과 로보어드바이저(robot(로봇)과 advisor(자문 전문가)의 합성어로서 투자자가 입력한 투자 정보를 토대로 알고리즘을 활용하여 개인의 자산 운용을 관리해 주는 빅데이터 기술 기반 자동화 서비스)는 지능적인 모바일 뱅킹과 결제 문화를 창출하여 은행 서비스와 기타 부가가치서비스(예: 투자, 자문서비스, 대부와 담보)에 인터넷과 모바일기반의 접근이 크게 활용되고 있다.

전통적 헤지펀드(hedge fund) 관리 기업과 투자와 소매은행으로부터 현대의 금융기술(FinTech) 서비스 제공자들까지 많은 금융기업은 오늘날 데이터 사이언스와 머신러닝에 투자하고 있는 중이다. 분석력과 데이터 저장의 지속적 성장에 힘입어 금융시스템에 걸쳐 기계가 읽을 수 있는 데이터의 창출은 금융산업에서 중요한 의미를 갖는다. 예를 들어, 아시아태평양 지역에서 금융서비스 부문에 의한 AI 지출은 2024년에 $ 42억으로 기대된다(Kapoor & Bisht, 2020). 지금까지 AI는 사기감시, 리스크 관리, 사이버 보안, 챗봇, 알고리듬적인 거래, 로보-어드바이저, 신용평가, 자산관리뿐만 아니라 관계관리와 규제 준수에 활용되었다.

3.2. 주요 AI 역할

(1) 일반 금융서비스
금융서비스를 대표하는 은행은 예금과 대출 등의 기본 서비스 제공 혹은 가상의 어시스턴트로 고객을 지원하기 위해 전통적인 챗봇을 통해 고객 경험을 향상시키고 AI의 사용을 확장시키기 위해 AI에 더욱 의존하고 있다. 대부분의 은행은 향상된 고객서비스를 통해 수익 증가, 향상된 효율성/낮은 실수율/향상된 자원활용으로 인한 비용 감소와 같은 다양한 장점으로 AI 기술이 조직에 편익을 제공하는 것으로 간주한다.

(2) 주가예측, 포트폴리오 관리, 변동성, 유동성
주가를 예측하는 것은 투자자들에게 중요하다. 비록 전통적 모델이 주가수익율을 예측하는데 널리 사용되고 있을지라도 머신러닝 기법이 최근 주가를 예측하는데 인기를 끌고 있다. 예를 들어, 서포트벡신방법, 랜덤포리스트, 롱쇼텀메모리(LSTM: long short-term memory)가 실제로 적용된 바 있다.

유사하게 머신러닝 접근법은 포트폴리오를 구성, 주식변동성을 예측, 주식 유동성을 측정하는데 인기가 있다. 예를 들어, 주식변동성을 문자기반으로 측정하기 위해 월스트리트저널(Wall Street Journal)의 1면 제목을 사용한 서포트벡터회귀(SVR: support vector regression)가 사용된 바 있고 최적 투자를 위한 학습기반의 전략과 주식 유동성을 분석하기 위해 ANN을 사용할 수 있다.

(3) 금융 어드바이스와 투자
AI와 로보어드바이저를 사용한 금융 및 투자 자문이 중요한 분야가 되고 있다. 로보어드바이저는 AI 시스템에 의존하면서 디지털 자문서비스의 상황에서 사용되고 자동화된 플랫폼을 포함한다. 비록 로보어드바이저가 서비스 수수료 절감과 24/7 고객 접근과 같은 많은 편익을 포함하지만 실제 고객의 적용은 아직 더딘 편이다. 그럼에도 불구하고 로보어드바이저는 개인투자자의 행동편의를 완화시키고 투자사기를 두려워하는 투자자들을 위해 인간에 의한 금융 자문 수요를 대신할 수 있다. 향후에는 거래 시스템, 금융시장 예측, 포트폴리오 선택과 관리에 AI의 적용이 더욱 활발하게 논의될 것이다.

(4) 신용점수와 리스크 평가

고객의 신용 리스크를 규명하고 전체 고객 신용점수를 제공하는데 AI 기법의 적용에 대한 논의가 활발하다. 사실 파산예측, 금융위기, 디폴트 리스크 평가, 기업 실패, 신용점수 산정 및 평가, 포트폴리오 관리, 사기 감지, 채권 수집 전략의 최적화, 채무 불이행의 신속한 감지와 신호 해석을 향상시킴으로써 리스크 관리를 하는 것이 AI의 중요한 역할 중 하나이다. 더욱 정확한 예측을 위해 다양한 AI 알고리듬들이 적용 및 비교되고 있을 뿐만 아니라 규제 관점에서 알고리듬에 의한 신용점수 평가를 논의할 필요도 있다.

파산예측은 전통적으로 회계기반 정보로부터 파산을 예측하기 위해 어떤 기업의 외부 당사자들(예: 투자자들, 채권자들, 감사자들, 규제자들)의 중요한 역할 중 하나였기 때문에 신용도의 예측은 투자자, 채권자, 규제자, 실무자, 기타 이해관계자에게 중요한 관심사였다. 더군다나 전 세계적으로 아시아금융위기(1997−1998), 닷컴 버블(2000−2002), 글로벌 금융위기(2007−2009), 유럽의 부채위기(2010−2012)와 같은 많은 수의 신용관련 사건이 목격되고 있다.

신용도 예측을 위한 전통적 방법론으로는 선형판별분석(LDA: linear discriminant analysis), 로지스틱 혹은 프로빗 모델(logistic or probit model), 다항로짓모델(multinomial logit model)이 있고 새로운 시대의 분류 모델인 AdaBoost(generalized boosting and random forest), 신경망과 서포트벡터머신과 같은 첨단 데이터마이닝 기법이 있다.

(5) 빅데이터 애널리틱스, 블록체인, 데이터마이닝

AI, 블록체인, 사물인터넷, 빅데이터 애널리틱스는 금융서비스 산업의 대표적 신생기술 중 하나이다. 이점에서 고객 서비스를 향상시키기 위해 random forest, decision trees, and XGBoost와 같은 머신러닝 기법을 적용할 필요가 있다. 또한, 기업은 경쟁자 대비 우위를 얻기 위해 비즈니스 전략에서 AI와 빅데이터 애널리틱스를 사용할 수 있다.

(6) 보험과 보험기술

보험 제안을 효율적이고 수익적으로 처리하고 최적의 가격을 고객에게 추천하며, 클레임을 효과적으로 관리할 뿐만 아니라 고객의 리스크 프로파일을 감지하고 올바른 계획을 제공하기 위해 AI를 활용할 수 있다.

(7) 가격책정과 가치산정

옵션의 가격책정을 위해 알고리듬이 확률적 차분방정식과 컨볼루션 알고리듬의 적용이 이루어지고 있다.

(8) 거래자 행태와 거래 분류

투자자 행동의 추론과 부정확한 거래 분류의 발생과 결과에 적용하고 잇다.

(9) 예측과 전망분석

신경망을 통한 일상의 환율 예측과 조건부 VAR(value-at-risk: 정상적인 시장 여건에서 일정 신뢰수준하에서 목표 보유기간 동안 발생 가능한 최대손실금액을 말함)를 최소화하는 분석이 적용되고 있다.

(10) 돈세탁과 금융사기

사기와 비정상적 금융행동을 감지하고 규제 준수와 업무흐름을 향상시키기 위해 AI를 활용할 수 있다. 데이터 마이닝을 사용한 재무제표 사기의 감시를 중심으로 지능적인 금융사기 감지 알고리듬이 제안되고 있다. 돈 세탁은 911 사건 이후로 국제적 관심사를 받은 이슈가 되었다. 구체적으로 돈세탁을 감지하는 것이 테러리즘과 싸우기 위해 전 세계적으로 각국 정부의 주요 목적이 되었다. 머신러닝 기법은 은행과 자선조직에서 돈세탁 활동과 사기를 감지하고 리스크를 관리하는 유용한 도구가 되었다. 예를 들어, 사기 재무보고서를 예측하기 위한 인공신경망 기법과 연간보고서의 논의와 분석에 적용되는 사기감성 모델을 위한 서포트벡터머신은 기존의 전통적 통계기법보다 좋은 성과를 보인다.

(11) 규제

비록 AI가 많은 편익을 제공할지라도 점점 더 정교해지는 기술은 또한 남용의 가능성을 증가시킨다. 따라서 금융기관은 데이터 소유권, 소비자 프라이버시, 사이버 보안에 관심을 가질 수밖에 없다. 통제되지 않은 혁신이 파괴적 결과를 가질 수 있기 때문에 이 관심을 다루는데 규제가 필요하다. 이 규제는 뱅킹, 투자, 신용평가, 금융자문을 포함한 모든 금융서비스 분야에 영향을 미친다. 예를 들어, 금융자문에서 신뢰와 신용인식을 향상시키기 위한 여러 규제 프레임워크가 존재하고 투자자 보호의 결여와 정보 비대칭 문제에 대한 정당성 논의가 필요할 것이다.

(12) 기타

- 여행 및 경비관리

  호텔, 주유, 택시, 식료품 영수증을 포함한 모든 유형의 영수증에서 데이터를 추출하여 사기 및 규제를 준수하지 않는 영수증을 규명

- 신용 대출과 점수산정

  잠재적으로 성과를 내지 못하는 대출을 밝히는 예측 모델을 통해 강건한 신용대출을 달성

- 비용 납부

  고객이 지불을 자동화도록 청구 시스템을 만들어 대출 회복 비율을 증가

- 개인의 재무상황 모니터링

  AI 챗봇과 모바일 앱 어시스턴트를 사용하여 개인의 재무 상황을 지속적으로 모니터링

- 데이터 수집

  감정 및 다른 시장관련 데이터와 같은 외부 데이터를 효율적으로 수집하여 재무 모델과 거래에 활용

- 채권추심

  채권추심에서 어떤 분쟁을 다룰지 혹은 성공을 어떻게 높일지를 결정하는 추심 프로세스에 적용

- 보험 리스크 감지

  보험과 관련한 모든 리스크 평가

- 금융 서비스 고객화

  사용자의 행동을 추적하고 가치있는 개인화된 제안을 제공

3.3. 주요 AI 기법

이미 주요 역할에서 어느 정도 사용된 AI 기법을 소개했지만 여기서 다시 정리하면 다음과 같다.

(1) 머신러닝

수학, 확률이론, 통계에 기초하는 머신러닝은 지도학습, 자율학습, 강화학습을 포함한다. 데이터 분석은 비구조화된 포맷에서 여러 곳에 있는 정보를 AI와 머신러닝을 사용해 다시

그룹화하고 분석하도록 한다. 이 절차는 은행이 고객관계관리를 향상시키고 사기예방 및 감시를 하며, 회계 혹은 법적 보고 요구사항을 충족시키도록 지원할 수 있다.

나아가, 금융시장에 더욱 직접적인 머신러닝의 적용이 존재한다. 예를 들어, 순차적 의사결정 문제인 온라인 포트폴리오 선택 절차가 있다. 벤치마크, Follow−the−Winner approaches, Follow−the−Loser approaches, Pattern−Matching−based approaches, and Meta−Learning Algorithms 등 다양한 접근법이 제시되었다. 가장 많이 사용되는 머신러닝 방법은 흔히 유전알고리듬(GA: genetic algoritm)과 병행해 사용된 사례기반추론(case−based reasoning)이다.

(2) 전문가 시스템

처음 미국 회계기업과 대학이 프로토타입(prototype) 구축 혹은 지능적인 스프레드쉬트(spreadsheet)를 사용하여 전문가 시스템을 위한 모델링을 하였다. 프로토타입은 기본 조건에 따르는 규칙 집합을 사용하고 규범적 설명과 관리적 선호를 도입한다. 전문가 시스템은 의사결정에서 관리자를 지원할 뿐만 아니라 분석적이고 추론적 업무를 수행하려고 의도하기 때문에 의사결정지원시스템을 넘어선다. 예를 들어, 생산계획, 재무와 회계, 재고, 정보서비스를 다루기 위해 선형계획모형(linear programming) 기반의 최적화를 규칙기반의 AI(rule−based AI) 모형과 결합할 수 있다.

(3) 알고리듬

알고리듬(algoritnm)은 문제를 분류하거나 해결하기 위해 수학 혹은 컴퓨터 사이언스에서 사용된 규칙과 단계들의 집합으로서 투입물에서 시작하여 산출물로 이어진다. 전형적으로, 어떤 문제가 정의되고 규칙들이 그 문제를 해결하기 위해 수립되고 솔루션이 다양한 사례들로 검증된다. 매우 많은 알고리듬이 존재하고 사용되고 있으나 그 예로 불완전한 데이터로부터 규칙을 발견하는 유도모델인 Classification and Regression Tree(CART) 분석이 존재한다. 또한, 유전자알고리듬(GA: genetic algorithm)은 논리가 자연선택(natural selection), 생식(reproduction), 돌연변이(mutation)의 진화이론에 기반한다. GA는 이전 개체군(population)의 최적 솔루션에 기반하여 솔루션들의 개체군을 발생시키는 것을 추구한다.

(4) 모바일뱅킹서비스

① 현황

모바일금융서비스(MFS: mobile financial service)는 모바일 장치를 이용해 소매와 비즈니스 관련 뱅킹 및 결제서비스에 접근하고 사용하는 소비자들을 위한 모든 것을 포함한 서비스를 나타낸다. MFS의 유용성, 편재성, 편리성, 확장성, 저비용 편익을 고려하여 이 용어는 마이크로금융 혹은 전환적 뱅킹을 의미하기도 한다.

2007년 스마트폰의 도래 이전에 피쳐폰(feature phone: 스마트폰만큼 기능이 다양한 것은 아니지만 인터넷 접속이나 음악 저장 등의 일부 기능이 가능한 휴대폰)이 일차적으로 음성 전화 혹은 SMS 메시지를 통해 커뮤니케이션하기 위해 사용되었다. 이제 인터넷 연결성을 갖는 스마트폰의 등장은 금융과 결제산업에서 전환점을 기록하였고 부가가치서비스를 위한 휴대폰(cell phone) 사용을 확장하였으며, 금융산업을 혁신하였고 다양한 스마트 및 파괴적 비즈니스 모델의 창출의 길을 열었다. 결과적으로, 스마트 장치가 소비자의 일상생활에 도입된 10년 내에 모바일 커머스(mobile commerce)와 모바일 지불이 주류가 되었고 이제는 여러 대안적 전달 채널로 언급되는 지점, ATM, 인터넷, POS, SMS 뱅킹을 포함한 전통적 금융 및 결제모델을 앞질렀다.

② 유형

비록 거래(거시와 미시), 소비자-은행관계(공식적 은행계좌의 존재 유무), 접근방법(원격과 인접), 서비스에 접근하는 데 사용된 모바일 장치(스마트와 전통적 장치), 소비자 유형(은행의 이용가능, 낮은 이용, 불가능)과 관련한 범위와 용도에서 교차와 중복이 존재할지라도 MFS분야에서 모바일 뱅킹, 모바일 결제, 모바일 머니라는 세 가지 영역이 규명된다.

예를 들어, 모바일 뱅킹을 수행하는데 사용된 모바일 장치는 휴대폰과 태블릿(tablet)을 포함한다. 따라서, 랩탑(laptop) 혹은 PC에서 금융서비스에 접근하는 것은 모바일 뱅킹으로 고려되지 않고 오히려 랩탑은 온라인/인터넷 뱅킹 항목과 일치한다. 또한, 모바일 뱅킹과 달리 한 개인과 은행 사이의 공식적 관계는 모바일 결제에서 필요하지 않다. 예를 들어, 핀테크와 통신사에 의해 개발되고 제공된 3자 어플리케이션이 모바일 결제 어플리케이션을 사용하여 자금을 받고 보내는 데 사용될 수 있다. 반면에 모바일 머니는 은행을 이용하기 어렵거나 이용할 수 없는 소비자들에게 적절한 것으로 고려된다.

이러한 세 가지 유형의 주요 특징은 다음의 <표 12.1>에 정리되었다.

표 12.1 모바일 금융 유형의 특징

서비스 유형	장치항목과 유형	서비스 제공자	서비스 접근 방법	서비스 유형과 범위	결제방법	주요 소비자 유형
모바일 뱅킹	인터넷 연결이 되는 스마트폰과 태블릿	은행, 용금고, 소액금융기관 (빈곤층을 위한 소액대출 기관)	인터넷, 웹, 모바일뱅킹 어플리케이션	전통적, 부가 가치금융, 비 금융, 미시와 거시	원격과 인접 혹은 NFC	은행을 이용할 수 있는(즉, 계좌가 있는)
모바일 결제	인터넷 연결이 되는 스마트폰과 태블릿	은행, 신용금고, 소액금융기관, 핀테크, 제3자 금융관련서비스 제공자	주로 모바일 뱅킹 어플리케이션	주로 부가가 치와 금융서 비스	원격과 인접 혹은 NFC	은행을 이용할 수 있거나 예금이 없는
모바일 머니	인터넷이 존재 하거나 존재하지 않는 피처폰	은행, 신용금고, 소액금융기관, 핀테크, 통신사, 제3자금융관련 서비스 제공자	무선통신시스템 연결과 SMS 메시지	본질적으로 전통적이며 대부분 소액 결제	SMS를 사용한 원격과 장외 거래	일차적으로 은행에 접근 하기 어렵거나 없는

자료원: Shaikh et al.(2022)

4 AI와 혁신과 지식경

4.1. 특징

비록 AI가 인간과 비교하여 몇 가지 단점을 보유할지라도 기업이 혁신과 지식경영 프로세스에 AI를 사용하고자 하는 몇 가지 중요한 이유들이 존재한다. 혁신 프로세스의 외생적인 요인 중 하나는 혁신관리자들이 점차 매우 변동적인 환경, 훨씬 더 경쟁적인 글로벌 시장, 기술 간의 경쟁 심화, 급진적으로 변하는 정치적 환경에 직면한다는 사실이다. 동시에, 정보의 이용가능성이 증가하고 있다. 이 추세는 경쟁력을 위한 토대가 조직의 정보와 문제해결 역량에 기초한다는 사실의 강력한 증거이다.

혁신의 비용은 급격하게 증가하여 왔다. 예를 들어, IC(integrated circuit)위의 트랜지스터 밀도(transistor density)는 Moore의 법칙에 따라 지수적으로 증가한 반면에 이 발전은 Intel과 같은 기업에 의해 훨씬 더 많은 노력을 요구하게 되었다. 이것은 혁신이 정보처리 과정에서 AI의 비용우위로 인해 그것을 사용하여 도전될 필요가 있다는 것을 의미한다.

결과적으로, 기업의 혁신 프로세스에 AI를 적용하는 방법을 발견하는 것은 혁신관리자에게 상당한 관심을 받았다. 한편으로, 이것은 기업이 경쟁적 환경에 대응하고 주변의 증가하는 많은 양의 정보를 효과적으로 관리하는 더 나은 방법을 창출하는 잠재력을 갖는다. 반면에, AI로 혁신 프로세스를 지원하는 것은 혁신 프로세스의 위험성과 비용을 줄임으로써 기업에게 실질적인 가치를 발생시킬 수 있다.

AI는 인간의 영역을 넘어 중요한 지원을 제공할 수 있다. 실제로, AI는 미래에 기업의 혁신 프로세스에 상당한 영향을 미칠 수 있다고 많은 학자와 실무자들이 주장한다. AI가 혁신 상황에서 잠재적으로 적용될 수 있다는 관점은 AI의 신속한 발전에 의해 지원되고 이것은 앞으로 중요하고 흥미로운 변화를 나타낸다.

4.2. AI가 가능하게 하는 혁신 유형

AI는 조직이 비즈니스 문제에 대한 창의적 솔루션을 발견하고 가치있는 기회를 활용하도록 지원한다. Paschen et al.(2020)에 의하면 AI가 가능하게 하는 혁신 유형은 다음과 같다.

그림 12.1 AI가 가능하게 하는 혁신의 유형과 역량에 대한 영향

자료원: Paschen et al.(2020)

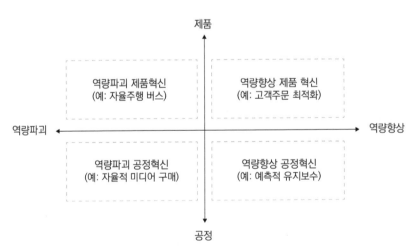

<그림 12.1>은 Tushman & Anderson(1986)의 기술적 불연속성 연구에 기초하여 AI가 가능하게 하는 혁신의 유형을 보여준다. 관리자를 위한 분석적 도구로서 이 유형은 AI가 가능하게 하는 혁신의 변동성과 그들의 잠재적 영향을 혁신의 유형과 조직 역량에 대한 그

들의 영향이라는 두 차원에서 고려한다. 첫 번째 차원은 수직 축에 AI가 가능하게 하는 혁신의 유형을 설정한다. 이 혁신 유형은 어떻게 혁신이 제품이 직면(예: 조직이 생산하는 제공품에 영향을 미치는)하거나 공정이 직면하는지(예: 조직 내 운영에 영향을 미치는)를 설명한다. 기술적 불연속성은 기술적 발전이 너무 중요해서 규모, 효율성, 디자인이 증가하지 않는 것이 오래된 기술을 신기술과 함께 경쟁적으로 만들 수 있다는 것을 나타낸다. AI의 분야 내에서 제품이 직면하는 혁신의 한 예는 도시 운송에서 자율주행차량의 등장이다. 반면에 공정이 직면하는 혁신의 한 예는 목표 시장에 대한 기업의 의사결정을 이해하기 위한 AI의 사용이다.

수평 축의 두 번째 차원에 관해 Tushman & Anderson(1986)은 어떻게 혁신이 역량향상이거나 역량파괴일 수 있는지를 논의하였다. 역량파괴 혁신은 기본적으로 조직 혹은 심지어 전체 산업의 관련 역량들을 변환시키면서 기존 스킬과 지식을 진부하게 만든다. 자율주행차량은 택시 운전사들과 기타 운송 제공자들에게 역량파괴일 수 있다. 반대로, 역량향상 혁신은 조직의 현재 지식과 스킬을 확장할 것이다. 예를 들어, 신속한 신약 발견 프로세스에서 데이터를 고속으로 처리할 때 이것은 AI가 생성한 데이터를 해석하는 생화학자의 역량을 향상시킨다. 요약하면, 역량파괴 혁신은 기존의 스킬과 지식을 뒤집는데 반해 역량향상 혁신은 기존 역량에 태도하고 향상시킨다.

(1) 역량향상 공정혁신

AI에 의해 가능해진 이 혁신은 내부 프로세스의 효율성 증가로 결과된다. 예를 들어, 세계적으로 수백만 개의 엘리베이터와 에스컬레이터를 서비스하는 KONE의 기술자들은 승객안전에 중요한 자재, 부품, 구성요소를 검사하는 것을 포함하여 일상적인 유지보수를 수행한다. 최근에 KONE은 각 엘리베이터에 대해 데이터를 분석하기 위해 AI를 사용하는 사물인터넷 센서를 설치하였다. AI가 잠재적인 문제를 규명하면서 기술자들이 정보를 얻고 추가 진단을 수행하며, 필요한 유지보수를 시작한다. 그 결과, 기술자의 공정 역량이 AI의 사용을 통해 향상된다.

(2) 역량향상 제품혁신

이것은 어떤 산업에서 기존 역량을 향상시킴으로써 고객을 위해 더 나은 제품 성과를 만든다. 그러한 혁신은 오래된 기술의 대체이나 그들을 숙달하는데 필요한 스킬을 제거하지는 않는다. 예를 들어, 자동차 제조업체가 내비게이션 앱, 자동 브레이크, 경고 시스템에 AI를 도입할 때 차량의 소유자들은 운전의 향상을 경험한다. 그러나, 자동차 개발 혹은 생산에 포함된 많은 스킬과 같이 이 향상은 자동차 산업에서 관련한 역량들을 근본적으로 전환시키지는 않는다.

(3) 역량파괴 제품혁신

AI에 의해 가능해진 이 혁신은 새로운 등급의 제공품을 창출하거나 기존의 재화 혹은 서비스를 대체한다. 한 예는 스위스의 일부 지역에서 현재 진행 중인 AutoBus 시험운전과 같이 도시 운송에서 AI에 의해 작동되는 자율버스의 사용이다. 만약 그 시험운전이 성공적이라면 택시 운전사가 무인 자동차의 위협에 직면한 것처럼 대중운송시스템을 위해 버스 운전사는 AI가 작동하는 운전자없는 차량에 의해 대체될 수 있다. 이 유형의 AI가 가능하게 하는 혁신은 운송산업의 역량을 근본적으로 변화시킬 수 있는 반면에 인간의 운전스킬과 지리 지식과 같은 이전의 중요한 역량은 중복적으로 겹칠 수 있다.

(4) 역량파괴 공정혁신

이 혁신은 주어진 제공품을 생산하는 근본적으로 새로운 방식을 나타내고 따라서 특정 조직 혹은 산업에서 기존의 지식과 스킬을 진부한 것으로 만든다. 예를 들어, 광고에서 기업은 디지털 미디어 구매를 자동화하기 위해 AI를 사용 중이다. AI가 작동되는 기계는 자율적인 구매 의사결정을 한다. 이것은 이전의 디지털 미디어 구매 프로세스를 완전히 변화시키고 미디어 구매를 하는 인간의 전문화된 스킬을 중복적으로 만든다. 역량파괴 혁신이 새로운 제공품을 창출하거나 새로운 프로세스를 완전히 가능하게 만드는 지에 상관없이 그들은 산업의 적절한 역량을 심오하게 전환시킬 수 있고 따라서 이전의 스킬, 역량, 기술을 진부하게 만든다.

4.3. AI가 가능하게 하는 지식경영

AI가 가능하게 하는 지식경영은 창출, 저장과 검색, 공유, 응용의 차원에서 <표 12.2>와 같이 정리될 수 있다.

표 12.2 다른 지식경영 프로세스에서 잠재적 AI 적용

지식경영 프로세스	AI의 적용 가능성	사용 사례의 예
지식 창출	−자율학습 분석적 역량을 통해 예측적 애널리틱스를 배양하기 −이전에 알려지지 않은 패턴을 인식하기 −조직의 데이터를 통해 면밀히 조사하고 관계를 발견하기 −새로운 서술적 지식을 개발하기	−매출 확률을 예측 −CRM 기록을 분석함으로써 조직 비효율성을 발견
지식 저장과 검색	−명시적 지식을 수확, 분류, 조직화, 저장, 검색하기 −컨텐츠와 커뮤니케이션의 다양한 채널을 분석하고 필터링하기 −팀과 개인에 의해 지식 재사용을 용이하게 하기	−새로운 사례에 관련된 법적 전례를 조직하고 요약하기 −문제해결 상황에 관련된 분산된 정보를 검색
지식 공유	−약한 연결과 노우후(know−who)를 배양함으로써 동일한 이슈에 대해 일하는 사람을 연결하기 −협력적 지능과 공유된 조직 기억을 용이하게 하기 −지식원천과 병목에 대한 종합적 관점을 발생시키기 −조직의 저장창고에 걸쳐 더욱 연결된 조정 시스템을 창출하기	−커뮤니케이션 시스템에 대한 피드백과 동료 리뷰를 용이하게 하기 −마케팅 채널과 판매 파이프라인 사이에서 실시간 스마트 공유를 용이하게 하기
지식 응용	−지식원천을 참색하고 준비함으로써 상화에 맞는 지식 응용을 향상시키기 −더욱 자연적이고 직관적인 시스템 인터페이스(예: 음성기반 어시스턴트)을 제공하기 −보복 혹은 사회적 비용의 두려움없이 지식에 대한 공평한 접근을 촉진하기	−서비스 지식을 관리하기 위해 온라인 매뉴얼에서 질문/답의 쌍을 발견하고 적용하기 −챗봇을 통해 더욱 인간 중심적이고 접근가능한 지식의 응용을 제공하기

(1) 지식 창출

지식 창출 프로세스는 때때로 무에서 아이디어와 솔루션을 개발하기도 하지만 이미 존재하는 배경 지식의 재구성과 재결합에 의해 가능해진다. 지식창출은 정보를 탐색하거나 조달하여 지식 획득의 형태를 취할 수 있다.

지식창출을 위한 딥러닝의 잠재력은 판매확률 예측과 같은 상황에서 예측력에 있다. 데이터 내 유사한 패턴에 기초하여 자신의 규칙을 도출하는 이 역량의 결과로서 딥러닝 AI는 이용가능한 데이터셋에서 이전에 조직에 알려지지 않은 패턴을 발견할 수 있다. 이것은 자율학습 분석적 역량과 패턴 인식의 특징을 통해서만 가능하고 이것은 조직이 기대하지 않은 방식으로 빅데이터를 이용하는 것을 허용한다.

이미 여러 번 소개되었지만 AI의 적용의 한 예로서 딥러닝 접근법은 과거 약 100년 동안 출간된 재료과학 관련 연구의 330만 개 초록에서 다양한 용어 사이의 유사점을 분석하는데 활용될 수 있다. 그 알고리듬이 복잡한 재료과학 개념(예: 주기표의 구조)을 독립적으로 포착할 수 있을 뿐만 아니라 저명한 기능적 적용을 갖는 공표되지 않은 재료들의 상관관계(예: 유사한 열전도 특성을 갖는 화합물)를 규명하였다. 많은 조직이 사용할 수 있는 것보다 훨씬 더 많은 지식을 수집하고 저장하기 때문에 유사한 기법이 조직의 지식경영에 공헌할 수 있다. 한 보고서는 기업에 의해 수집된 데이터의 60-70%는 미사용되고 있다고 한다(Forrester, 2016). AI 역량은 조직이 고객과 상호작용, 이메일 교환, 기업 채팅 시스템, 소셜 네트워크 사이트에서 토론, CRM 데이터베이스의 기록을 포함하는 데이터셋으로부터 알려지지 않고 기대하지 않은 연결과 통찰을 발견하는 것을 도울 수 있다.

(2) 지식 저장과 검색

지식경영의 다른 핵심 기능은 창출되고 획득된 지식자원을 추적하는 효과적인 저장과 검색전략이다. 이 프로세스는 흔히 지식 저장고의 실행을 통해 구체적으로 지식을 추출, 그 지식을 명시화, 마지막으로 그것을 미래 사용을 위해 체계적으로 기록하는 데 초점을 둔다.

지식경영에서 AI의 효용은 명시적 지식의 저장과 검색을 향상시키는 데 가장 분명하게 드러난다. 딥러닝 AI가 빅데이터와 구성요소의 관계를 유지하기 때문에 이 데이터 중심적인 자율학습 알고리듬은 조직에서 창출한 데이터를 수확, 분류, 조직화, 저장, 검색하는 새로운 기회를 연다. 예를 들어, AI는 새로운 사건에 적합한 이전의 법적 판례를 검색, 조직화, 요약할 수 있다. 게다가, AI는 컨텐츠와 커뮤니케이션 다수 채널을 분석하고, 요약하고, 적절한 주제를 알아내고, 전유적이고 비밀적인 지식을 보호하고, 새로운 상황에 즉각 적용할 수 있는 재사용가능한 통찰력을 제시한다. 예를 들어, Google Gmail 알고리듬은 암묵적 사회적 그룹을 인식하고 이메일을 작성할 때 잠재적인 이메일 수취인을 추천한다.

이런 식으로, 딥러닝 AI는 개인 혹은 팀의 반복되는 지식경영 혹은 커뮤니케이션 프랙티스(예: 이메일 기록)로부터 학습하고 개인화된 솔루션을 제공한다. 예를 들어, 그 시스템은 어떤 문서 혹은 메시지가 지식 노동자의 관심을 유지하거나 가져오는지와 어떤 고객 구매 이력과 공급사슬 이슈가 특정 문제해결 팀 회의를 위해 검색될 필요가 있는지를 시간에 따라 학습할 수 있다. 이 산출물은 다양한 문서와 스프레드 시트로부터 쓸데없는 것을 검색하기 위해 거의 1년에 32일을 소비하거나 매일의 업무에서 폴더 정리를 하는 많은 지식 노동자들에게 생산성을 증가시킬 수 있다.

(3) 지식 공유

조직 전체에서 지식을 유통시키는 것은 문제해결과 의사결정에 효과적으로 적용하는 데 선제조건이다. 그러나 지식 공유는 흔히 시간적, 공간적, 기능적 장벽으로 어렵게 된다. 결과적으로, 많은 조직에서 지식공유는 지엽적이고 파편적인 경향이 있다. AI는 두 방법으로 이 조직적 사일로(silo)를 파괴하는 데 기여할 수 있다.

- 동일한 이슈에 대해 일하나 다른 경계 혹은 지역으로 분리된 사람들을 함께 묶음
- 관리자에게 지식제약을 해결하는 연결된 조정 시스템을 창출

지식공유의 핵심 도전 중 하나는 필요로 하는 프랙티스와 지식과 이질적인 사람들을 연결하는 것이다. AI 접근법은 여기서 약한 연결을 발견하고 강화하고 커뮤니티 기반의 학습을 촉진함으로써 이것을 바로잡을 수 있다. 예를 들어, MITRE(미국의 연방기금을 받은 연구조직)에 의해 사용된 지능적 지식경영 시스템은 유사한 프로젝트 혹은 기술적 문제에 대해 일하는 사람들을 적극적으로 연결하기 위해 연구자들이 어디서, 언제, 무엇을 하는지에 관한 지식을 모은다. 이 상황에서 지식공유를 위한 AI의 가장 근본적인 활용은 협력적 지능(전통적 데이터베이스 시스템에 의해 획득될 수 없는 것)과 관련된다. AI는 창의적 사고를 촉진하고 다양한 팀 멤버들 사이에 공유된 기억을 창출하며, 피드백과 동료 리뷰를 촉진할 수 있다. 이 스마트한 특징은 사람들을 연결하기 위한 커뮤니케이션 채널 이상을 제공하는 Slack 혹은 Yammer와 같은 기업 혹은 개인적인 커뮤니케이션 시스템으로 점점 더 응용되고 있다.

AI 시스템은 지식 원천과 조직 내 병목에 대한 종합적 관점을 제공하기 위해 사람과 팀 사이의 상호연결을 포착하는 동태적 소셜 그래프(social graph: 개인이나 기업간의 사회적 관계를 나타내는 그래프)를 창출할 수 있다. 예를 들어, 사람들에 의해 제공된 Campaign 360은 더욱 일관적 조정을 창출하고 마케팅 채널과 판매 파이프라인(판매 활동의 전체 과정 및 제반 단계)을 공유하면서 다양한 마케팅 캠페인에 의해 창출된 판매 기회에 대한 실시간 통찰을 얻는 것을 가능하게 한다.

(4) 지식 응용

지식 응용은 검색되거나 공유된 후에 지식을 프랙티스에 더하는 것을 의미한다. 이것은 이용가능한 지식자원(예: 베스트 프랙티스의 집합)을 응용가능한 솔루션으로 다르게 내놓거나 새로운 상황으로 신제품과 서비스를 전달하는 것을 포함한다. 많은 경우에 지식 응용은 단순히 다른 사람들의 아이디어를 수정하는 것에 대한 것이 아니다.

지능형 어시스턴트와 같이 AI에 의해 작동되는 새로운 도구들은 상황적 지식 응용을 위한 지식 검색과 표현 니즈를 향상시킬 수 있다. 이것은 지식응용에 관한 지식 저장소의 중요한 도전 중 하나를 다룬다. 그러나, 전통적인 지식 저장소에 비해 지능형 어시스턴트는 이미 알려진 것을 자동적 컨텐츠 청소, 분류, 표식부착(tagging)과 같은 AI가 작동하는 저장/검색전략을 통해 쉽게 처리하도록 만들 수 있다. 한 예로서, AI기반의 서비스 지식 자동화 플랫폼인 Talla는 서비스 지식을 관리하기 위해 질문과 답이라는 쌍을 발견하면서 매뉴얼과 온라인 문서를 청소, 검색, 분류한다.

AI 시스템은 또한 일상의 언어를 사용하여 사람과 대화하거나 논쟁할 수 있는 더 많은 상호작용적 및 직관적 인터페이스를 제공할 수 있다. 예를 들어, 자연어처리는 기계가 인간의 대화를 이해하고 모방하기 위해 디지털 어시스턴트 혹은 챗봇과 닮는 것을 가능하게 하는 AI의 한 유형이다. 검색 메카니즘과 상호작용하는 이 휴머노이드(인간과 비슷한 기계) 방식은 지식응용을 촉진할 수 있다. 챗봇도 인간과 자연스러운 대화를 통해 지식을 제공하고 그 응용을 지원할 수 있다. 이것은 조직 지식에 동등한 접근을 저해하는 사회적 장애물을 줄일 수 있다. 교육부문에서 챗봇의 사용은 학생들이 조직의 지식에 쉽게 접근하고 학교에 의해 적극적으로 지원받는 것으로 느끼게 하는 하나의 사례이다. 그 챗봇은 학생들이 친구와 문자하는 것처럼 일상적 어조로 질문하고 적합한 답을 얻는다. 학생들이 인간이 아니라 기계와 상호작용하기 때문에 그들은 잠재적 사회적 비용의 두려움없이 재정 문제와 정신 건강에 대한 민감한 질문을 할 수도 있다.

4.4. 주요 AI 역할

AI의 활용은 학습의 확산과 역량과 지식의 흡수인 지식창출 프로세스에 영향을 미칠 수 있다.

(1) 지식 창출을 활성화

지식 창출과 관련하여 AI는 기존 지식을 바라보는 새로운 방법을 찾아내기 위한 데이터 수집 지원, 지식의 통합, 신지식을 밝히기 위한 탐구를 제공하는 여러 방법을 시도하도록 지원한다. 즉, AI의 발전은 신지식의 창출을 활성화한다. 특히, AI 기술은 분명히 광대한 데이터를 다루는 다양한 도구의 신속한 개발로 이어지면서 기업이 데이터 수집의 역량을 증가시키는 것을 가능하게 한다. 머신러닝, 딥러닝 등과 같은 기계 혹은 지능형 알고리듬이 더욱 효율적인 지식 검색과 데이터 처리를 만들 수 있다. 그것은 다시 데이터 획득의 속도를 가속화하고 결과적인 이해와 지식의 정확성과 신뢰성을 향상시킨다. AI의 발전으로 인해 그러한 분석방법이 도입되었다.

예를 들어, 딥러닝과 컴퓨터 비전의 기술은 이전보다 더 빨리 대규모의 정보원천을 제공할 수 있다. 예를 들어, 그들이 리튬이온(lithium ion) 배터리를 위한 고체전해질 새로운 소재를 개발했을 때 일본의 Fujitsu Limited와 Chemical RIKEN은 AI의 관련기술을 활용하였다. 이 기술은 과학자들이 반복된 운영의 수를 통제하고 복합화합물의 특징을 합리적으로 예측하는 것을 도왔다. 따라서, 예상보다 더 짧은 기간 내에 과학자들은 높은 리튬이온 전도성을 위한 최적의 재료결합을 정확히 찾아내었고 동시에 더욱 효율적인 고 리튬이온 전도성을 발견하였다.

(2) 지식과 기술의 확산을 가속화

AI 기술은 기업의 모든 부서에 의해 동시에 촉진되고 부서 간 기술혁신의 발전으로 이어진다. AI 기반의 혁신이 가져오는 점점 더 증가하는 높은 수준의 이익으로 수혜를 받은 부서는 추가적인 지능형 기술에 대한 수요를 증가시킬 것이다. 지능형 기술을 적용한 부서로부터 이익을 얻은 후에 R&D 부서는 새로운 수요를 만족시키기 위해 기업의 기술적 정교화를 향상시키고 새로운 스마트 기술을 개발하는 노력을 계속한다. 다시 한번 순환한 지능형 기술의 활용은 R&D 부서를 위한 혁신 확산을 촉진한다.

또한, 기업 수준에서 AI 기술의 활용은 기업들 사이의 정보 이전과 공유의 비용을 줄이는 것을 가능하게 한다. 지식, 기술, 정보 네트워크의 형성은 기업이 정보와 노우하우(know-how) 공유를 교환하는 것을 더욱 편리하게 만든다. 따라서, 기업들 간에 기술혁신을 확산하는 비용이 낮아지고 기업 간 지식과 기술 파급이 이전보다 더 쉬워진다. 이것은 기술혁신의 확산과 전파에 이전되고 이것은 다시 참여한 모든 기업의 기술혁신 역량의 연속적인 향상을 촉진한다.

또한, AI의 발전은 기업들 간의 상호작용적 통합을 가속화한다. 기업이 더 이상 지리적 위치에 의해 제약되지 않을 때 그들은 원격 통제를 더욱 자주 활용하게 된다. 이러한 비즈니스 운영의 변화는 점차 전통적 기업 조직의 경계를 부수고 기업이 더 이상 폐쇄된 주체가 아니고 모듈화된 생산 네트워크로서 만들 것이다. 그러한 네트워크는 기업들 사이에 소통과 협력을 크게 촉진할 것이다. 결국, AI는 거리, 위치, 자원의 불균등한 분포 등의 물리적 제약을 제거함으로써 원격생산, 컴퓨터 통합 비즈니스 시스템, 플랫폼 경제 등과 같이 비즈니스를 수행하는 새로운 철학의 등장을 지원한다. 이 모든 것은 기술혁신의 개발을 자극한다.

(3) 학습과 흡수역량의 향상

기업이 아무리 혁신 지향적이더라도 기업이 시장 정보를 적절하게 해독할 수 없다면 실패할 가능성이 높아진다. 이 때문에 거대기업이 어떻게 어려운 시기에 봉착하는지에 대한 많은 사례가 존재한다. 주목할 만한 한 예는 Eastman Kodak의 사례이다. 역사적으로 이 기업은 혁신과 변화의 문화에서 운영하고 있었다. 그러나, 시장이 변화를 추구하도록 신호를 보낼 때 그들은 필요한 행동을 취하지 않았다. 필름없는 사진이라는 파괴적 기술의 도전에 직면할 때 Kodak은 싸우기 위한 중요한 행동을 취하지 않았다.

시장정보에 기초하여 무엇을 하는 것이 적절한지를 아는 것과 더불어 학습과 흡수역량은 외부 지식을 기업 내로 동화시키는 데 중요한 역할을 한다. 흡수역량은 경쟁우위를 얻고 유지하는 효과적 수단이고 높은 수준의 흡수역량은 혁신 프로세스의 촉발에 긍정적으로 영향을 미친다.

AI의 발전은 조직에서 직원이 이 학습과 흡수역량을 향상시키는 것을 도울 수 있다. 예를 들어, 사람은 지능적인 인간 활동을 모델화하고 자극하기 위해 계속 향상된 컴퓨터를 사용하여 왔고 이것은 전통적 생산시스템에서 넓게 활용된 두뇌활동의 일부분을 대체할 수 있다. 이 정교한 로봇은 알려진 지식에 기초한 추론, 학습, 연관, 문제해결 역량으로 인해 직원이 이전보다 더욱 효과적인 의사결정을 하는 신뢰할 수 있고 효율적인 분석도구가 되었다. 계속 향상하는 정교화의 장비와 장치의 역량으로 인해 직원의 학습과 흡수역량은 향상된다.

(4) R&D와 인재에 투자 증가

내부 R&D는 혁신의 중요한 결정요인이기 때문에 연구와 개발에 대한 투자는 기술혁신이 발생하도록 하는데 효과적인 보장이 될 수 있다. 실제로, R&D에 대한 투자는 R&D 프로세스의 모든 측면에서 중요한 역할을 한다. 특히, 과학적 및 기술적 인재에 대한 직접적 투자는 중요한 기술혁신의 구성요소를 나타낸다. 기업 내에서 AI의 발전은 잠재적으로 지능형 산업로봇, 첨단 지능형 장비, 지능형 생산 프로세스로 이어진다. 그러한 발전은 점차 어느 정도 인간 노동을 대체하고, 생산성을 증가시키고, 비용을 감소시키고 결과적으로 기업은 더 많은 인력, 설비, 재무 자원을 R&D 활동에 바칠 수 있다. 또한, 기업은 AI 기술을 활용함으로써 더 높은 수준의 이익을 창출하고 포착할 수 있다. 증가하는 이익 수준으로 기업은 다시 R&D와 재능에 대한 투자를 증가시킬 것이다. 그것은 새로운 선순환 사이클을 형성하면서 새로운 기술혁신 활동들을 촉진한다. 따라서, AI는 직접 혹은 간접적으로 R&D에 대한 투자의 증가를 통해 기술혁신을 촉진한다.

(5) R&D 프로세스 개선

기업의 R&D 프로세스는 다양하게 정의될 수 있지만 일반적으로 다음의 네 단계로 이루어진다.

- 새로운 아이디어의 발견과 창출
- 아이디어의 선별
- 선택된 아이디어의 실험적용
- 최종 선택된 아이디어의 개발과 상업화

이 각 단계들은 혁신을 목표로 새로운 문제에 대한 새로운 솔루션을 고안하기 위해 인간의 독특한 능력에 크게 의존한다. 엄밀하게 비록 AI가 혁신을 포함한 거의 모든 활동유형에서 인간을 대체하거나 확장하는 거의 무한한 잠재력을 보유할지라도 현재의 상황은 혁신 프로세스의 창의적 업무에서 인간을 대체하는 AI의 잠재력은 여전히 갈 길이 멀다는 것을 의미한다. 반면에 분류, 군집화, 예측 업무를 달성하기 위해 대량의 데이터를 다루고 학습하는 AI의 능력은 광범위한 주관적 판단이 필수적이 아닌 인지집약적 지원업무에서 인간을 지원할 수 있다.

① 새로운 아이디어의 발견과 창출(ideation)

첫 번째 단계는 진기한 솔루션으로 해결할 수 있는 의미있고 해결되지 않은 문제를 규명하는 것을 포함한다. 이 단계는 흔히 혁신자가 매우 큰 탐색 공간(문자, 이미지, 영상과 같은 흔히 대량의 비구조화된 데이터를 다루는 것을 포함)에서 수행해야 하기 때문에 모호한 것으로 생각될 수 있다. AI 알고리듬이 대량의 비구조화된 데이터를 분석하고 종합하는 능력을 갖기 때문에 그들은 혁신자들이 그들의 탐색 공간을 확장하고 더 많은 아이디어를 탐구하도록 도울 수 있다. 비록 AI가 의미있는 아이디어를 규명하는 데 있어 인간의 판단을 완전히 대체할 수 없을지라도 어떤 아이디어들이 시간과 자원제약으로 인해 혁신자들에 의해 규명되지 않을 때 그 아이디어의 결과를 미리 예측하는 방식으로 데이터를 구조화함으로써 혁신자들의 탐색업무를 지원할 수 있다. 예를 들어, 제약산업에서 잠재적 단백질의 탐색 공간은 너무 커서 대규모 연구팀에 의해서도 커버되기 어렵다고 한다. 소비재 부문에서 혁신자는 중요한 주제와 니즈를 규명하고 항목들로 그 주제와 니즈를 분류하기 위해 온라인 포럼 상에서 탐색을 자동화하는데 AI를 사용할 수 있다.

② 아이디어의 선별(screening)

선별 단계는 아이디어 검토와 추가 탐구를 위해 가장 혁신적인 아이디어를 선별하는 것과 관련된다. 혁신자들은 아이디어에 점수를 부여하기 위해 평가 기준에 따라 외부 데이터를 탐구하고 예측하기 위해 머시러닝을 사용할 수 있다. 그 점수는 기준의 가중치에 따라 변동할 수 있고 혁신자는 그 가중치를 목표에 따라 조정할 수도 있다.

③ 선택된 아이디어의 실험적용(experimentation)

광대한 양의 고객 데이터의 이용가능성은 혁신기업이 특정 목적(추정된 수익, 시장 적합, 소비자 적용)에 따라 아이디어의 가치를 추정하기 위해 AI의 예측적 파워를 사용하는 것을 가능하게 한다. 예를 들어, 제조에서 AI가 신제품의 특징에 따라 재료의 최적 결합을 분석하기 위해 머신러닝 방법을 사용하는 것처럼 테스트를 위한 가장 유망한 재료를 선택하는 것을 도울 수 있다.

④ 최종 선택된 아이디어의 개발과 상업화

일단 어떤 아이디어가 테스트되고 입증된다면 그것은 제품개발 단계로 진입하고 그 아이디어는 시장에서 상용화될 수 있는 제품으로 전환된다. 이 단계는 기능, 디자인 모양, 색의 선택과 같이 더욱 구체적인 의사결정을 다루기 때문에 문제해결 지향적이다. 머신러닝과 딥러닝은 특정 특징에 대한 이전의 선호에 대해 혁신자에게 알려주기 위해 고객 선택에 대한 과거 데이터를 활용할 수 있다. 머신러닝은 또한 어떤 재료의 결합이 사전에 설정된 기술적 표준 혹은 생산비용에 충족할 수 있는지를 예측하기 위해 외부 데이터와 생산과 제조에 대한 기업의 과거 기술적 데이터의 배합을 이용할 수 있다. 이 상용화 단계에서 적합한 고객 세그먼트를 규명하고 메일 캠페인을 자동화하는 AI의 군집화 능력을 활용할 수 있다.

(6) 혁신 프로세스 내 의사결정에서 합리성을 확장

실제 의사결정 프로세스 혹은 의사결정을 가능하게 하는 기술로서 AI가 활용될 뿐만 아니라 다른 비즈니스 환경에서 진기한 솔루션을 규명, 프로토타이핑, 검사하는데 의사결정 프로세스를 가속화할 수 있다. AI는 조직의 기능, 산업단위, 조직 사이의 협력을 배양하는 제품개발 활동과 의사결정을 관리하는 능력을 향상시킨다.

● 기회인식

AI가 기술적 기회와 추세를 추적

● 문제인식

실제 데이터와 증거에 기초한 혁신적 접근법 제공

● 혁신의 AI 프로세스

다른 정보와 데이터의 혼합화, 통합, 재결합, 융합

● 의사결정 프로세스의 구체적 단계로서 직관적 정보처리와 탐색

(7) 창의성 프로세스를 합리화하고 향상

- 창의성, 집합적 지능, 흡수역량과 같은 조직 내 혁신 결정요인을 강화
- 학습과 흡수역량을 향상시킴으로써 지식창출을 가속화
- 지식은 기술혁신의 핵심이고 AI는 기존 지식을 바라보는 새로운 방법을 밝히는 것을 지원
- AI는 실험적용, 탐구, 빨리 실패하는 방법론을 가능하게 만들기 위한 새로운 업무 방식을 추구하는 것을 지원
- 전략적 및 운영적 통찰을 추출하기 위해 분석되어지는 의견과 설명을 수집하고 저장하는 새로운 방안을 창출

(8) 자동화를 통해 혁신의 조직화를 재생

- 혁신관리 프로세스를 재생하고 전통적 프랙티스를 혁신
- 혁신은 머신러닝과 AI의 증가하는 편재 덕분에 부분적으로 자동화될 수 있음
- 자율혁신인공지능: 다수의 데이터 원천을 연속적으로 결합하고 분석하는 것으로부터 파생되는 통찰에 기초하여 인간의 개입없이 급진적이거나 점진적으로 혁신할 수 있는 범용기술을 의미

4.5. 주요 AI 기법

혁신 프로세스에서 인간과 AI시스템에 의해 극복되어야 하는 장애물과 수행될 필요가 있는 아이디어 창출과 개발의 핵심 활동을 결합함으로써 혁신 프로세스 내에서 AI가 잠재적으로 활용될 수 있는 네 가지 잠재적인 분야를 정의할 수 있다.

(1) 아이디어를 개발하기 위해 AI로 정보처리 한계를 극복

현재의 AI 시스템은 아이디어와 기회 개발의 분야에서 인간의 정보처리 한계를 극복하는 것이 더 뛰어나다. 현재, AI 시스템은 광대한 양의 데이터를 필요로 하고 처리할 수 있는 딥신경망에 많이 의존한다. 이 특징으로 인해 인간의 능력보다 훨씬 더 많은 양의 정보를 처리하고 흥미로운 분야를 발굴함으로써 아이디어, 기회, 솔루션 접근법을 개발하는 데 인간을 지원할 수 있는 많은 AI 시스템이 있다.

이 개발은 혁신을 위한 향상된 조건과 연결된다. 예를 들어, AI는 배터리 구성요소와 태양광전지를 최적화하거나 새로운 촉매재를 위한 발견 프로세스를 가속화하는 데 사용될 수 있다. 이 새로운 물질을 발견하기 위해 머신러닝기반의 방법이 시험되어야 하는 가장 유망한 재료를 예측하는 데 사용되고 이를 통해 혁신 프로세스를 가속화한다. 물론 신약개발 연구에도 흥미로운 AI 적용이 존재한다. 여기서, AI 시스템은 기술적, 과학적, 의료적 응용에 적합한 단백질을 발견하는 데 중요한 단백질공학 프로세스를 가속화하는 활용을 포함한다. 머신러닝에 기반한 방법이 이 영역에서 흥미로운 이유는 앞서 지적한 바와 같이 잠재적인 단백질의 탐색 영역이 기존의 방법으로 철저하게 탐색하는 데 너무 크기 때문이다. 게다가, AI 적용은 질병의 치료를 규명하는 데도 사용될 수 있다. 마지막으로, AI 시스템이 조직에서 프로세스 혁신을 창출하는 데 사용될 수 있는 많은 분야가 존재한다. 예를 들어, Celonis는 로봇 프로세스 자동화에 적합한 조직의 프로세스를 규명하기 위해 프로세스마이닝(process mining)을 사용한다.

(2) 아이디어를 발생시키기 위해 AI로 정보처리 한계를 극복

AI는 스스로 작동하는 인간에 의해 흔히 간과되는 새로운 아이디어와 기회를 창출하기 위해 훨씬 더 많은 정보를 처리할 수 있다. 전형적인 예는 Outlier.ai에 의해 개발된 어플리케이션이다. 그 기업은 raw metrics 데이터를 인간의 능력으로 읽을 수 있는 통찰을 제공하는 머신러닝 방법을 적용한다. 기업의 데이터를 분석한 후에 Outlier는 특정 관리자를 위한 실행가능하고 흥미로운 통찰을 요약하는 고객화된 스토리들을 창출한다. Outlier는 관리자에게 혁신적인 기회를 강조할 수 있다. 이 고객 중 하나는 수천 개의 점포에서 수백 개의 품목을 판매하는 대형의 글로벌 퀵서비스 레스토랑 프랜차이즈로서 이 어플리케이션을 사용하여 점포의 매출 증대를 이끈 더 나은 점포의 레이아웃을 발견하였다. 이 예처럼 Outlier에 의해 제공된 AI 기반의 분석은 초점 기업에서 혁신을 개발하는 데 중요하였다. 비즈니스 데이터에서 비정상과 중요한 패턴을 발견하는 Outlier의 능력은 AI가 혁신적 아이디어와 기회를 창출하거나 인식하는 데 기업을 지원할 수 있는 한 방법이다. 이 AI 방법은 독립적으로 전체 솔루션을 개발할 수 없으나 그들은 인간 관리자에게 가장 유망한 혁신 방안을 제안할 수 있다.

다른 흥미로운 예는 재료과학 문헌으로부터 잠재적 지식을 포착할 수 있는 AI 시스템을 창출하는 것이다. 그 시스템은 문헌에서 개념의 내재된 특성을 도출하기 위해 자연어처리 적용에서 인기있는 신경망인 word2vec 알고리듬을 사용한다. 그 알고리듬은 연구자들에 의해 어떤 화학지식의 명시적 삽입없이 주기표의 근원적인 구조를 포함하여 복잡한 재료과학 개념을 포착할 수 있다. 그 AI 시스템은 또한 기능적 활용을 위한 재료를 추천할 수 있다. 따라서, 이 방법은 기존의 지식영역 내에서 이루어짐에도 불구하고 미래 혁신을 위한 잠재적 기회를 지적한다.

(3) 아이디어를 개발하기 위해 AI로 국부적 탐색 루틴을 극복

AI가 국부적 탐색 루틴을 사용하는 것을 넘어(즉, 원거리 탐색이 사용되는) 아이디어, 기회, 솔루션 접근법을 규명하고 개발할 수 있다. 예를 들어, Autodesk는 Airbus를 위한 새로운 객실 파티션을 창출하기 위해 다양한 알고리듬을 사용하였다. 새로운 파티션을 고안하기 위해 활용된 발생적 디자인 방법은 디자이너가 스스로 상기시킬 수 없는 제품 유형을 창출한다. Autodesk에 의해 사용된 알고리듬은 점액 곰팡이와 포유류 뼈의 성장패턴에 기초한다. 그들은 새롭고 더욱 효율적이나 안정적인 객실 파티션의 구성을 가능하게 한다. 따라서 개발 프로세스로 AI 방법을 도입함으로써 Autodesk와 Airbus는 그렇지 않는 경우보다 더욱 혁신적인 솔루션을 창출할 수 있다.

더욱 흥미로운 어떤 활용은 생성적 대립쌍 네트워크(GAN: generative adversarial network)[1]에 기초한다. 예술 창출을 위한 CAN(creative adversarial network)은 GAN의 한 유형으로서 진기한 예술을 창출할 수 있다. 그 네트워크는 15-20세기의 1119명의 화가의 81,449 그림

---

1 Ian Goodfellow가 2014년에 NIPS 학회를 통해 논문으로 발표한 딥러닝 프레임워크로서 생성자(generator: 실제 데이터를 학습하여 거짓 데이터 생성)와 차별자(discriminator: 생성자의 데이터의 진위여부 판별 학습)의 두 신경망 모델의 적대적 경쟁을 통해 실제에 가까운 거짓 데이터 생성, 이미지생성(NVIDIA에 의해), 영상생성(deepfake), 텍스트 생성[MIT에 의해] 등에 활용되고 있다.

에 대해 훈련받았다. 그 시스템은 예술 스타일 분류(차별자)와 스타일 모호성(발생자)을 학습하기 위해 두 경쟁 네트워크(차별자와 생성자)를 훈련한다. 결과적으로 CAN은 학습된 스타일로부터 차이가 있는 새로운 예술을 창출한다. 이전의 학습된 스타일로부터 이 차이는 정밀하게 CAN 시스템이 국부적 탐색 루틴을 극복할 수 있고 원거리 탐색을 하기 위한 잠재력을 보여준다. 그러나, 그것은 구체적으로 현재 스타일을 넘어서는 것을 탐구하고 따라서 진기한 아이디어를 창출할 수 있도록 구축된다. 다른 관련된 연구 프로젝트로는 DesIGN(design inspiration from generative networks)이 있다. 이 시스템은 패션 의류를 위해 머신러닝에 기반하여 진기한 스타일, 유형, 모양을 창출한다. DesIGN은 현실적인 천 조각을 만들면서 훈련 데이터셋에서 보여진 것처럼 기존의 패션 스타일과 차이를 보인다. 따라서, 그것은 패션의류를 위한 새로운 아이디어를 개발할 때 국부적 탐색 루틴을 극복한다.

(4) 아이디어를 창출하기 위해 AI로 국부적 탐색 루틴을 극복

AI 시스템은 관련되지 않은 지식영역에서 혁신을 위한 아이디어와 기회를 발생시키거나 인식할 수 있어야 한다. 혁신적 아이디어와 기회의 발생 혹은 인식을 촉진할 수 있는 인공지능에서 한 방법은 강화학습이다. 진기한 아이디어를 발생시키는 데 도움이 되는 자율적 강화학습과 메타강화학습과 같은 강화학습의 최근 발전이 이루어졌다. 강화학습은 일반적으로 (가상의) 환경에서 한 에이전트를 훈련시키는 것을 포함한다. 그 에이전트는 어떤 행동이 보상을 극대화하고 어떤 행동이 그들을 감소시키는지를 학습하기 위해 보상신호를 사용한다. 자율강화학습은 에이전트가 관찰과 행동들을 사용하여 보상 함수를 학습하는 것을 허용함으로써 이 단점을 다루려고 노력한다. 이것은 창의성과 혁신을 위한 흥미로운 방안을 열 것이다. 메타 강화학습은 어떻게 학습이 학습 그 자체의 프로세스를 향상시키기 위해 사용될 수 있는지에 관해 밀접하게 관련된 질문을 다룬다.

참고문헌

Paschen, U., Pitt, C. & Kietzmann, J. (2020), "Artificial intelligence: Building blocks and an innovation typology", Business Horizons, 63(2), 147－155.

Shaikh, A.A., Alamoudi, H., Alharthi, M. & Glavee－Geo, R. (2022), "Advances in mobile financial services: A review of the literature and future research directions", International Journal of Bank Marketing, https://doi.org/10.1108/IJBM－06－2021－0230.

Tushman, M.L. & Anderson, P. (1986), "Technological discontinuities and organiza－tional environments", Administrative Science Quarterly, 31, 439－465.

서비스 산업별
AI 적용

13장

서비스 산업별 AI 적용

1 AI의 서비스 부문에 적용

1.1. 서비스 AI의 주요 특징

Baek et al.(2021)에 의하면 AI 서비스는 비대면, 연속적 모니터링, 융합, 완전한 실행, 개인적 최적화, 복잡한 처리, 정확한 대응, 최신 정보, 양방향 소통, 언제든, 감정적 만족, 니즈 인식, 서비스 연결, 프라이버시, 자율성, 서비스 안정, 편안함, 비용 절약, 효율성, 어디서든, 신속한 반응, 실시간, 동시성, 특징 분석, 고객정보의 보호, 대응성, 사용 용이성, 고품질, 상호작용이라는 총 30가지의 특징을 지닌다고 볼 수 있다. 나아가, AI 서비스는 <표 13.1>와 같이 7가지의 주요 특징을 지니고 있다. 이러한 특징을 갖는 AI는 다양한 서비스 부문에 적용되고 있다.

표 13.1 서비스 AI의 특징

주요 특징	개념	핵심단어	예
개인적 최적화	개별 고객에게 개인화된 서비스 최적해를 제공	−연속적 모니터링 −개인적 특징의 특징적 분석 −개인적 최적화	− AI 스피커가 사용자의 취향과 현재 상황을 인식하여 적절한 음악을 추천
특성화 (specialty)	최신 정보에 기초하여 정확한 고객요구사항의 실행을 제공	−정확한 대응 −최신 정보 −높은 품질	− 챗봇이 최신 시장정보, 개인적 투자성향, 고객요구사항과 같은 현재 상황을 정확하게 반영하여 적당한 재무제품을 추천

주요 특징	개념	핵심단어	예
다양성	고객의 다양한 니즈를 인식하고 서비스할 필요가 있는 사람들을 연결하고 복잡한 서비스의 처리를 제공	−니즈의 인식 −서비스 연결 −복잡한 프로세스	−스마트 장치로 비행, 숙박, 운송에 대한 정보를 얻기 −여행, 휴가, 쇼핑에 관련된 일정과 함께 예약하기
편의성	환경 혹은 상황에 따라 자율적 대응과 서비스의 편리한 사용	−자율성 −편리성 −편암함 −만족 −비용절감	−스마트 청소기가 스스로 아파트의 내부를 청소하고 스마트 장치가 실내 환경에 따라 전기절감 모드로 아파트의 온도/습도를 조작
시간과 공간	고객이 필요로 할 때마다 그리고 하는 곳마다 어떤 시간과 공간 제약 없이 서비스를 제공	−언제든 −어디서든	−사고발생 시 자동차 상태가 24시간 서비스 센터에서 원격으로 점검되고 피해와 영향이 적절하게 다루어짐
실시간	고객의 요청에 신속하게 대응하고 월활하게 상호작용	−신속한 대응 −양방향 −실시간	−사용자가 TV 드라마에서 배우의 옷을 좋아할 때 AI 서비스는 그것이 적절한지와 실시간 주문을 할지를 확인하기 위해 TV 화면에서 그 옷과 고객의 체형 이미지를 즉시 연결
신뢰성	고객의 프라이버시를 존경하고 창출된 개인적 정보를 안전하게 관리하면서 어떤 실수없이 서비스를 완벽하게 취급	−고객정보 −완벽한 성과 −서비스 안정 −프라이버시 −문제대응	−사용자가 계획된 운동을 하지 않고 처발된 약을 복용하지 않았기 때문에 그 사용자의 혈압 수준이 표준을 초과할 때 AI 서비스는 이 상황을 고객 및 관련 조직과 직접 공유 −개인의 의료기록과 같은 개인정보가 철저히 보호되고 관리

자료원: Baek et al.(2021)

1.2. 데이터와 솔루션 관점에서 AI의 적용

기업들은 자신의 비즈니스에서 어떻게 AI를 사용할 수 있는가? 관련 문헌을 정리하면 두 가지 주요 접근법이 나타난다

(1) 데이터 중심적 관점
이 관점은 AI 적용이 데이터 주도적이고 데이터 관리에 초점을 둘 필요가 있다고 주장

한다. 기업의 데이터 관리역량 특히 클라우드컴퓨팅은 AI를 위해 준비한 데이터를 분석하는 것을 가능하게 하고 기업의 컴퓨팅이 발전된 알고리듬(예: 머신러닝, 딥러닝, 신경망)을 지원하는데 충분히 강력하기 때문에 기업이 원하는 바람직한 결과를 보장한다. 반대로, AI 기술의 적용은 기업의 데이터 관리 특히 빅데이터 역량을 신장시킨다. 즉, AI는 기업들이 실시간으로 거대한 데이터를 수집, 다양한 데이터를 취급(숫자, 문자, 음성, 시각/이미지/비디오 데이터), 빅데이터를 더욱 효과적으로 분석하는 것을 가능하게 한다.

(2) 솔루션 중심의 관점

이 관점은 AI 적용이 비즈니스 이슈를 다루는 데 도움을 주기 위해 어떻게 솔루션을 제공하는지를 강조하고 적용의 범위(landscape)를 분석하는 데 초점을 둔다. AI 시스템의 기여 수준은 AI가 기업의 향상된 비즈니스 프로세스를 구성하는 여러 하드웨어, 소프트웨어, 정책, 절차, 조직 배치(organizational arrangement)와 어떻게 통합되고 상호작용하는지에 의해 결정될 것이다.

1.3. 산업별 AI의 영향

Purdy & Daugherty(2019)의 Accenture and Frontier Economics에 의하면 산업의 성장에 대한 AI의 영향은 아래의 <그림 13.1>과 같다.

그림 13.1 산업의 성장에 대한 AI의 영향

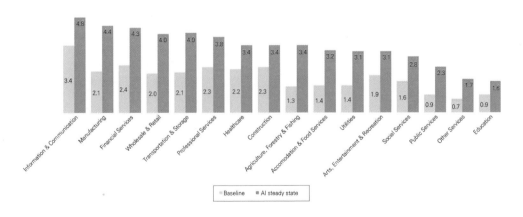

단위: 2035년까지 실질 연간 총부가가치(gross value added)(%)
자료원: Purdy & Daugherty (2019)

<그림 13.1>에 의하면 거의 모든 산업이 AI로부터 편익을 볼 것으로 예측되고 있다. 특히, 정보통신, 제조, 재무서비스 부문이 가장 큰 편익을 실현할 것으로 예측된다. 본 장에서는 이를 토대로 제조 서비스를 제외한 나머지 서비스 부문에서 AI의 적용에 대해 논의한다.

② 소매산업

2.1. 특징

비록 COVID−19 이전에도 Amazon과 BigBasket과 같은 주요 기업들에 의한 온라인 소매가 활발했으나 봉쇄와 재택근무 동안에 온라인 소매점포는 더욱 많은 관심을 받았다. 심지어, 대규모 소매업체들은 COVID−19 이후에 물품의 3D 구현과 같은 온라인 식료품점 쇼핑경험에서 더 많은 기술적 발전뿐만 아니라 향상된 고객서비스와 더 신속한 배송 시간을 추가함으로써 미래 온라인 식료품 산업의 규모를 확장시키고 있다. 나아가, 이전의 물리적 점포의 효용이 축소함에 따라 AR/VR 기술이 고객이 구매 이전에 제품을 시도하도록 지원하고 e−commerce를 위한 AR/VR이 가구, 패션, 미용산업에서 인기가 높아지고 있다. 예를 들어, 가상현실과 로봇조정을 사용하는 Haptic glove는 잠재 고객이 옷을 입는 느낌을 경험하도록 할 수 있다. 또한, AI와 머신러닝의 광범위한 사용이 패션 산업에서 이루어져 제품을 만들 뿐만 아니라 마진을 높이고 재고를 최소화하여 비즈니스 성과를 향상시키는 역할을 할 수 있다.

실제로, Home Depot와 같은 소매업체들은 AI를 통해 다음의 방법으로 이익을 증가시킬 수 있다.

- 점포 내 매출 증가
- 온라인 매출 증가와 잠재적 교차판매(cross−sell)와 연쇄판매(up−sell) 증가
- 공급사슬 효율성 향상, 점포 내 운영 향상, 효율적 결제

이러한 이익 증가가 가능한 이유는 다음과 같이 평가되고 있다.

- 채널의 다양화를 통해 모바일 쇼핑을 더욱 수익적으로 전환
- 점포 내 경험을 더 잘 관리

- 결제, 고객 서비스, CRM을 향상
- 물류와 재고 최적화를 향상

이처럼 소매에 대한 AI의 적용이 풍부하게 가능해진 이유는 다음과 같다.

- 소매는 본질적으로 수많은 고객과 접촉을 포함하고 고객 거래와 속성 데이터와 같은 퍼스트파티 데이터[2]를 이용할 수 있다.
- 퍼스트파티 데이터는 다시 외부 원천에 의한 세컨드파티 데이터와 서드파티 데이터 (예: 소셜미디어 혹은 Acxiom과 같은 데이터 중개업체에 의한 보고서)와 함께 확장될 수 있다.

이러한 데이터를 분석하는데 AI가 적용될 때 실시간으로 개인화된 추천을 전달할 수 있고 이것은 소매업체에게 중요한 가치의 동인을 제공한다.

2.2. 주요 AI 역할

(1) 고객 서비스 관리

소매업체에서 AI는 고객 서비스 관리에 적용되어 고객 여정의 여러 단계에서 고객과 상호작용을 바꾸기 위해 AI가 발생시키는 솔루션을 사용할 수 있다. 소매업체는 고객의 탐색 정보를 더 쉽게, 더 빠르게, 더 개인적이고 자연스럽게 만들기 위해 AI를 사용할 수 있다. 이 목적을 달성하기 위해 AI는 다음의 세 가지 주요 솔루션 유형을 제공한다.

- AI가 가능하게 하는(AI-powered) 의미론적 탐색(semantic search)
- AI가 가능하게 하는 이미지 탐색(image search)
- AI가 가능하게 하는 음성 탐색(voice search)

---

2 우수한 고객 경험(Customer Experience)을 구축하는 데 도움이 되는 데이터는 퍼스트파티 데이터(First-party data), 세컨드파티 데이터(Second-party data), 그리고 서드파티 데이터(Third-party data)의 세 가지 혹은 제로파티 데이터(Zero-party data)까지 네 가지의 카테고리로 구분할 수 있다. 퍼스트파티 데이터는 고객 및 잠재 고객과의 직접적인 상호작용을 통해 수집하는 데이터를 의미하며, 인구통계 데이터, 구매 내역, 웹사이트 활동, 반응, 관심사, 모바일 앱 데이터 및 웹사이트의 기사 읽기 등의 행동이 포함된다. 기업은 제품 및 서비스 판매, 지원 프로세스, 웹사이트 양식, 구독, 설문조사, 소셜미디어 연결 등의 다양한 경로를 통해 이러한 데이터를 수집한다. 세컨드파티 데이터, 서드파티 데이터와 같은 다른 데이터는 고객으로부터 직접 수집되지 않고 다른 원천에서 간접적으로 가져오기 때문에 퍼스트파티 데이터는 고객으로부터 직접 데이터를 받기 때문에 그만큼 가장 가치있는 데이터이다.

소매업체들은 또한 고객이 올바른 의사결정을 하고, 구매에 대한 고객의 신뢰를 강화하고 구매 반환율을 줄이는 것을 돕기 위해 AI를 적용할 수 있다. 이러한 관점에서 AI는 두 가지 관련된 솔루션을 제공한다.

- AI가 가능하게 하는 추천 알고리듬(recommendation algorithm)
- 가상의 체험 서비스(try-on service)

게다가, AI는 소매업체들이 고객 구매와 적절한 쇼핑 지원 및 판매 후 지원을 가능하게 할 수 있다. 따라서, AI는 다음의 두 가지 솔루션을 추가로 제공한다.

- 음성 명령(voice command)
- 노체크아웃 서비스(checkout-free service)

(2) 물리적 및 가상 점포의 관리

소매업체는 AI를 단독으로 사용하거나 물리적 및 가상 점포의 관리의 효율성을 향상시키고 고객의 쇼핑 경험을 능률화하기 위해 점포 인력과 함께 사용한다. 소매 점포에서 AI가 가능케 하는 운영 시스템은 올바른 양으로 올바른 제품이 올바른 시간에 올바른 장소에 있는 것을 보장할 수 있다. AI는 세 가지 주요 솔루션을 통해 소매업체의 온라인과 오프라인 상품판매(merchadizing)를 최적화한다.

- AI가 가능케 하는 시각적 상품판매(AI-powered visual merchandizing)
- AI가 가능케 하는 카테고리 관리(AI-powered category management)
- AI가 가능케하는 상품판매 알고리듬(AI-powered merchandizing algorithms)

게다가, 소매업체들은 반복가능하고, 예측가능하고, 수동적인 점포 내 업무를 수행하는데 로봇의 사용을 확대하는 경향이 있고 그럼으로서 인력이 고객을 돕는데 더 많은 시간을 할애하도록 여유를 제공한다. 이러한 로보틱스 프로세스 자동화는 다음의 두 가지 솔루션을 제공한다.

- 자율적 선반 스캐닝(shelf-scanning) 로봇
- 자율적 점포 대기 통제

AI는 또한 실시간으로 정보를 수집하는데 있어서 인력을 지원하고 고객에게 개인화된 추천을 제공하는 다음의 두 가지 솔루션을 통해 재고 포지션을 점검한다.

- 점포 내 챗봇
- AI가 가능케하는 판매 지원

(3) 공급사슬관리

소매에서 AI가 적용되는 하나의 부문은 공급사슬관리를 최적화하기 위해서이다. AI는 소매업체들이 두 가지 주요 솔루션을 통해 주문과 보충 관리를 최적화하도록 만든다.

- AI가 가능케 하는 수요 예측
- 자율 주문처리 시스템

소매업체들은 물자를 운송하고 관련된 여러 업무를 수행하며, 창고 프로세스를 능률화/자동화하기 위해 자동화된 시스템, 로봇, 특화된 소프트웨어를 사용한다.

창고 로보틱스는 소매업체들이 그들의 창고 운영의 효율성을 향상시키는 것을 도울 수 있다. 여기서, AI는 다음의 세 가지 주요 솔루션을 제공한다.

- 자율 모바일 로봇
- AI가 작동되는 분류 시스템
- 협력적 로봇(cobot)

게다가, AI는 소매업체들이 다음의 세 가지 주요 솔루션을 통해 그들의 배송 서비스를 최적화하거나 자동화하는 것을 도울 수 있다.

- 드론 배송 서비스
- 자율 주행차
- AI가 가능케하는 배송 모델링

(4) 마케팅 관리

AI 시스템은 소매업체의 급격하게 변화는 광대한 데이터를 분석하고 스마트한 마케팅 의사결정을 하는 것을 도울 수 있다. AI는 소매업체들이 판매 촉진 혹은 이익 극대화와 같은 특정 목적을 충족시키도록 외부 요인과 개인의 구매 습관에 기초하여 가격을 급격하게 조정하고 고객에게 다른 가격을 제안하는 것을 가능하게 한다. 여기서, AI는 'AI 가격책정'이라는 주요 솔루션을 제공한다.

- AI에 의한 동태적 가격책정

또한, AI는 소매업체가 다음의 두 가지 주요 솔루션을 통해 커뮤니케이션을 관리하는 것을 도울 수 있다.

- 자율 제품 카탈로그 창출
- AI가 적용된 광고 지출 최적화

새로운 물리적 점포를 개설하는 무거운 매몰비용을 고려하면 점포 입지 의사결정은 소매업체들에게 중요하다. AI는 다음의 솔루션을 통해 이 의사결정의 리스크를 줄이는 것을 지원한다.

- 입지 지능 기술 플랫폼

(5) 사이버 보안과 리스크 관리

사이버 보안은 디지털 경제 하의 소매업체에게 가장 도전적인 이슈 중 하나이다. 네트워크에서 데이터 탈취와 여러 사기 사건들은 소매업체에게 심각한 손해로 결과될 수 있다. 오늘날의 소매업체는 이러한 공격을 탐지하고 대응하는 시간을 줄이는 긴급한 압력에 계속 부딪친다. 그들의 보안팀은 안전 사건을 분류하고 관련시키는 일상적 업무를 수행해야 하기 때문에 사이버 보안 관리를 자동화하기 위해 AI는 사이버 보안의 운영적 효율성과 유효성을 증가시키기 위해 다음의 솔루션을 제공한다.

- AI가 가능케 하는 안전 플랫폼

  사기행위(예: 부정 결제, 가짜 리뷰, 모조 제품)는 수준과 복잡성이 증가하는 중이고 일반적으로 완전히 다른 디지털 발자국 혹은 패턴, 시퀀스, 구조를 갖고 있기 때문에 만약 규칙기반 로직과 예측적인 모델만을 사용하면 그들을 예측불가능하게 만든다. 그러나, AI는 단지 몇 초 만에 대규모 데이터셋에서 비정상을 발견하기 위해 예측적 애널리틱스, 행태적 애널리틱스, 머신러닝을 전개하는 AI 기반의 사기 탐지 솔루션을 제공할 수 있다.

(6) 기타

소매산업에서 현금 수납원이 없는 점포와 슈퍼마켓이 곧 실현될 것이다. AI 기술은 소매점포의 재고와 공급사슬관리에 큰 향상을 가져다 줄 것이다. 로봇 어시스턴트는 소매점포에서 고객과 쇼핑 정보를 공유하고 많은 반복 업무를 수행할 것이다. 구체적으로 다음의 역할이 수행될 것이다.

- 스마트 어시스턴트
  챗봇은 장시간 동안 자동화된 대응을 제공하여 전문적 조언과 대화시 고객이 계속 학습하는 기회를 제공
- 구매 예상
  고객이 주문하기 전에 어떤 재화를 필요로 하는지를 정밀하게 예상
- 가격책정
  고객을 유인하기 위한 제품의 이상적 가격을 결정
- 향상된 광고
  대부분의 고객을 포착하는 정확한 위치에서 광고를 수행하도록 지원
- 개인화
  고객의 구매 습관을 규명하고 평가하여 점포 내 맞춤형 경험을 확장 제공하도록 지원

③ 보건의료산업

3.1. 특징

의학의 발전과 수명기대의 증가로 인해서 보건의료(healthcare) 시스템의 수요는 증가하고 있고 이것은 다시 환자의 니즈를 충족하기 위해 노력하는 비용과 인력의 증가로 이어진다. 이 문제는 AI와 같은 기술 활용으로 해결될 수 있고 그 이유로 헬스케어를 신기술 프론티어를 위한 가장 유망한 AI 적용 분야 중 하나로 만들고 있다. 헬스케어에서 어떤 진단과 치료 프로세스에 AI의 적용이 증가할지라도 앞으로는 결제 메카니즘, 관련 제도, 전문적 실습, 환자 관계와 같은 더욱 확장된 분야로 적용이 증가할 것이다.

스마트 기술은 스마트 웨어러블 장치를 통한 COVID−19 추적부터 더 나은 진단 키트와 개인보호장구 키트를 디자인하도록 지원하기 위해 바이러스 변종을 수집하고 추출하는

것까지를 포함하여 보건의료 비즈니스의 진정한 촉진자가 되었다. 봉쇄와 사회적 거리두기가 일상이 되고 난 후에 원격의료와 원격자문이 급성장했고 정부는 기업이 원격의료 서비스를 제공하는 것을 더 쉽게 제도화하기 시작하였다. 사람들은 진단시간을 가속화하는 챗봇과 대화형 AI의 발전으로 인해 점점 더 가상의 의사와 상담하도록 요구받을 것이다. 유사하게, 수많은 AI와 블록체인 기반의 솔루션은 제약업체로부터 환자까지 약의 이동 경로를 추적하는 것을 가능하게 할 수 있다. AI가 COVID-19에 대한 싸움을 지원할 수 있는 6개 분야는 다음과 같다.

- 조기 경보 및 경고
- 추적과 예측
- 데이터 대쉬보드
- 진단과 예후 평가
- 재활과 치료
- 사회적 통제

또한, 사회적 고립과 봉쇄로 인해 정신건강 치료와 운동이 쉽지 않게 되었다. 건강 추적기와 같은 측정된 셀프기술(quantified self-technology)이 건강과 복지시장에서 이미 매력을 얻고 있다. 예를 들어, 2019년 11월에 Google은 Apple과 Apple Watch 제품과 비교하여 헬스케어 산업의 발판을 마련하는 노력의 일부로서 Fitbit을 인수하였다. '검사(test), 추적(track), 치료(trace)'가 세계 공중보건의 좌우명이 된 것처럼 정부와 일반 대중은 기술을 현실로 만드는 현상을 자주 접하게 되었다. 예를 들어, 우리나라 정부는 국민을 중요한 건강 서비스와 연결하는 예방접종과 자격격리 앱을 출시하였다. 일단 코로나 바이러스 발병이 가라앉으면 많은 사람들이 정신건강에 대한 관심을 둘 것이기 때문에 원격치료 서비스가 많은 수요를 보일 것으로 예상된다. 코로나 환자는 바이탈 사인(vital sign), 건강 중증도, 환자 퇴원에 대한 자료를 수집하기 위한 기존의 영상기반의 초고속 의료 모니터링 시스템을 이용한 환자 모니터링 시스템을 활용할 수 있다. 유사하게 환자의 생존율을 높이는 정확도를 보이는 AI 기반의 혈액표본 진단도구를 활용할 수도 있다.

3.2. 주요 AI 역할

AI는 보건의료 시스템에서 비용과 시간을 줄임으로써 치료를 위한 접근과 품질을 향상시키고 최적화하도록 하는 기술이다. 구체적으로, AI 실행으로 인해 의사와 간호사가 실시간으로 소통하고 특정 일상적 업무를 자동화하며, 환자의 대기시간을 줄이고 접근을 확장하는 것이 가능하다. AI는 또한 개인화된 건강 추적장치(health tracker)를 구축하고 임상 리스크를 줄이며, 보건의료 시스템의 비용을 줄이고 더 효율적으로 만들면서 환자의 건강 상태를 감지, 진단, 모니터하는데 활용될 수 있다.

빅데이터를 통한 AI는 보건의료 서비스를 개인화되도록 만들었고 특히 복잡한 질병의 치료(예: 암, 심혈관, 신경질환)에 큰 변화를 가져왔다. 구체적으로, 환자의 신체적 및 역학적 특징과 관련된 데이터를 군집화함으로써 머신러닝은 잠재적인 질병의 즉각적이고 자동적인 규명을 가능하게 만들었다. 이것은 코로나 바이러스에 의한 세계적 전염병 확산 후에 더욱 분명해졌다. COVID-19의 상황에서 AI는 코로나바이러스에 감염된 환자의 신체 및 임상적 데이터로부터 각 개인에 대해 가장 효과적 치료과정을 결정하도록 하는 중요한 역할을 담당하였다. 나아가, AI 실행은 원격 및 실시간 감염자 선별, 감염의 통합 관리, 감염 통지 및 치료의 정의를 보장하였다.

구체적으로 보건의료 부문에서 잠재적인 AI 솔루션은 다음과 같다.

- 수요 증가
  원격환자 모니터링, 염증의 예측, 만성적 질병의 부담, 나이와 관련한 다발성 질환, 과다투약과 장애, 공중보건 서비스에 대한 증가된 수요를 해결하는 것을 지원
- 보건의료 담당자 부담 해소
  전자적 건강기록 분석, 환자기록 유지, 패턴 인식과 같은 의료 전문가의 피로 축소, 비구조화된 의료기록의 분석, 적절한 치료를 결정
- 업무흐름 효율성 강화
  로봇에 의한 프로세스 자동화
- 의료용 챗봇의 활용
  최신의 정보를 신속하게 공유, 의학적 인터뷰와 진단을 지원, 손씻기와 사회적 거리두기와 같은 행동을 권장, 사회적 고립의 장기적인 심리적 영향을 축소
- 환자에 대한 자가 정보 제공과 재입원
  로봇 수술, 웨어러블 장치에 의한 환자 자가 모니터링, 약물 복용 일정 알림, 약물 간 상호작용 경고, 정신질환자에 대한 챗봇의 사용, 퇴원기록을 통한 재입원 예측
- 기타
  의사 훈련, AI가 공중보건 서비스 제공의 접근/평등/효율성을 향상시켜 글로벌 보건의료 시스템을 달성하는데 촉매제 역할

특히, 의료용 로봇이 지원하는 수술과 가상의 간호 어시스턴트는 수술시 의사를 지원하고 바람직한 결과를 얻도록 지원할 것이다. 또한, AI 시스템은 더 뛰어나고 정확한 의학연구를 수행하는 것을 지원하고 AI가 작동하는 컴퓨터 비전은 X-레이 결과를 분석하는데도 사용 중이다. 이러한 관점에서 AI의 역할을 구체적으로 나열하면 다음과 같다.

- 환자 데이터애널리틱스

  환자에 대한 통찰과 최선의 진단을 제안을 발견하기 위해 환자와 3자 데이터를 분석
- 의료기록과 유전자 정보를 사용하여 개인화된 의료와 돌봄 서비스 제공

  환자 데이터에 따라 최선의 처치 계획을 발견하고 환자에게 고객 맞춤형 솔루션을
  제공
- 신약 발견

  이전의 데이터와 의료지능에 기초하여 신약을 개발함으로써 R&D 비용을 낮추고 산
  출물을 증가
- 실시간 우선순위와 분류

  환자 데이터에 기초하여 정확한 실시간 의료사례의 우선순위 결정과 분류를 가능하
  게 하는 예측적 애널리틱스를 활용하여 환자의 흐름을 자동으로 결정하며, 이러한
  정보를 추출하기 위해 콜센터를 통합하고 자연어 처리를 사용하여 긴급한 치료를 필
  요로 하는 환자의 우선순위를 결정하고 실수 가능성을 낮춤
- 초기 진단

  초기 진단을 가능하게 하기 위해 실험실 데이터와 기타 의료 데이터를 활용하여 만
  성적 조건을 분석하고 유전자 데이터를 갖는 어떤 질병의 발전 가능성에 대한 분석
  을 통해 위험요인을 제거하거나 축소시키는 올바른 치료계획을 제안
- 지원되거나 자동화된 진단 및 처방

  환자 불평과 기타 데이터에 기초하여 잠재적인 진단 실수를 감지하고 막는 통제 메
  카니즘을 통해 특정 환자에 대해 가장 효과적인 복합 치료 방안을 제안. 의료 인공
  지능(AI) 기업 루닛이 AI가 의료 현장에서 의사랑 똑같이 검진해 전문의보다 유방암
  을 효과적으로 찾을 수 있었음(<그림 13.2> 참조).

그림 13.2 루닛

- 의료 이미지 통찰

  잠재적 질병을 감지하기 위해 높은 이미지 처리 역량을 보유하여 이미지를 분석 및 변환시키고 잠재적인 상황을 모델화

- 보건의료 시장 연구

  시장 가격, 이용가능한 보험계획, 약 가격, 기타 공공 데이터를 추적함으로써 병원의 경쟁력을 유지

- 보건의료 브랜드 관리와 마케팅

  시장 인식과 목표 세그먼트에 기초하여 브랜드에 대한 최적의 마케팅 전략을 개발

- 유전자 분석과 편집

  유전자와 구성요소를 이해하고 유전자 편집의 영향을 예측

- 장비와 약 비교 효과성

  신약의 효과를 보기 위해 단지 시뮬레이션하기 보다는 다른 환자의 데이터에서 테스트하고 결과를 벤치마크와 비교하여 약과 의료장비의 효과성을 분석

- 보건의료 챗봇

  환자 일정 수립, 특정 질변과 규제에 대한 정보 제공, 환자 정보의 작성, 보험 서류 취급, 정신건강 지원을 제공하기 위해 챗봇 사용

- 수술 니즈의 타당성을 평가하기 위한 예측적 분석

- 감염이 높은 질병을 진단하기 위한 머신러닝

- 어시스턴트로서 헬스케어 앱(app)의 사용

- AI 가 작동하는 웨어러블 추적 헬스 상황

- 치매의 초기 감지
- 행정업무의 자동화

(4) 머신러닝

4.1. 특징

가상여행 어시스턴트, 가상현실, 로봇 가이드, 다양한 잡일의 자동화를 포함하는 AI는 여행 중에 맞춤형 서비스를 전달할 수 있다. AI를 통해 통합된 챗봇이 지역 가이드로서 서비스하고 예측적 분석은 사용자 경험을 향상시키고 비용을 줄일 수 있다. 인공적으로 지능을 갖는 로봇은 대면 방식의 고객지원을 줄일 수 있고 데이터애널리틱스는 데이터를 분석하고 소비자에게 가격계획 정보를 제공하는 데 활용될 수 있다. 이미 셀프체크인과 자동화된 여권 키오스크는 여러 공항에서 이용할 수 있고 AR 앱은 소매, 게임, 사회적 네트워킹뿐만 아니라 여행에서도 인기를 얻고 있다.

빅데이터 분석의 응용은 전통적 환대와 여행산업을 크게 변화시켰다. 환대와 여행산업이 디지털 정보를 크게 활용하는 산업 중 하나이기 때문에 빅데이터애널리틱스는 실시간 추정과 더욱 복잡한 분석을 쉽게 하기 위해 이 산업 내 모든 요소를 연결할 수 있다. 예를 들어, 소비자에 대한 공간적, 시간적, 시공적인 특성을 적절하게 포착하는 데 많은 제한을 갖는 설문지 혹은 인터뷰 기반의 데이터와 비교하여 지리적 위치 태그가 부탁된 사진과 문자 컨텐츠와 같은 빅데이터는 아이디어, 선호, 행태와 같은 여행자에 대한 가치있는 정보를 반영할 수 있다. 또한, 기업이 네트워크 내에서 시장정보와 수익 지표를 공유할 수 있는 첨단 시스템의 발전으로 인해 빅데이터애널리틱스와 정보기술은 이미 호텔 수익관리에서 영향력 있는 게임 체인저가 되었다.

여행 전/도중/후에 여행자들을 돕는 AI가 가능하게 하는 가상의 어시스턴트와 챗봇은 수년 내에 일상화 될 것이다. 일부 공항, 여행 박람회, 박물관은 이미 안면인식(중국공항과 Finnair의 탑승권없이 체크인)을 통한 체크인을 테스트 중이고 이것은 대기줄을 크게 줄이고 사람들은 더 빠른 이동을 허용할 것이다. 또한, 음성명령에 의한 호텔 예약, AI 컨시어지 서비스(Amazon의 Alexa, Apple의 Siri), 여행서비스 챗봇(Facebook Messenger 플랫폼), 스마트 시티[3]에서 스마트 여행, 자율주행차와 서비스로서 모빌리티[4], 로봇 서비스 직원과 같은 방법이 적용되고 있다.

예를 들어, 호텔에서 AI 기술은 다음과 같이 다양하게 활용될 수 있다.

- 챗봇 기반의 음성인식 시스템
  - 객실 온도와 조명의 통제
  - 음식 및 음료 주문
  - 예약 일정수립과 관리
  - 다양한 정보제공 서비스
  - 사례: Caesars Entertainment, Hilton Worldwide, Marriott International
- 안면인식 시스템
  - 손님 체크인
  - 객실 체크인
  - 사례: Flyzoo Future Hotel
- 운송 로봇
  - 음식, 편의용품, 쓰레기 전달
  - 사례: Aloft hotel
- 애널리틱스
  - 고객화된 개별 서비스를 위한 고객 프로파일링
  - 객실사용 최적화
  - 에너지와 물 소비 최적화
  - 수율관리, 운영활동의 유지를 위한 모니터링과 자동화
  - 사례: InterContinental Hotel Group, Starwood Hotel

4.2. 주요 AI 역할

환대와 여행분야는 이미 AI와 빅데이터 활용에 관심을 보이기 시작하였다. 예를 들어, 머신러닝과 딥러닝은 방문자 도착을 예측, 수요예측, 여행지 마케팅에 관여, 감정 분류, 방문자 행태 연구 등에 활용되었다. 또한, 빅데이터 시대에 환대산업은 핵심 성과지표를 종합하기 위해 재산관리시스템, 수익관리시스템, 고객관계관리에서 컴퓨터화된 프로세스와

---

3 센서, IoT, AI가 교통과 여행자 흐름, 대기공해, 커뮤니케이션과 같은 정보와 관련한 데이터를 수집하고 관리하는 데 사용되어 도로, 운송, 빌딩 인프라를 운영이다.

4 여행자가 대중교통, 개인차량, 사이클과 같은 여러 유형의 운송을 사용하여 돌아다니는 것을 더 쉽게 만들어 자동차 통행량을 줄이는 것을 지향하는 이동이다.

AI를 적용하였다. Amazon의 Alexa, Apple의 Siri, Google Assistant와 같은 스마트홈 기기와 어플리케이션은 환경 통제, 정보 제공, 서비스 주문, 불평 소통을 위해 호텔 객실에 침투하고 있다. 로봇기기는 프로그램가능한 집안 청소 목적과 로비 안내원, 벨보이, 안내원 지원을 위해 활용될 뿐만 아니라 레스토랑에서 웨이터로서 투입되었다. 레스토랑의 소유자는 로봇을 직원의 까다로운 업무 부담을 완화함으로써 장기적으로 비용을 줄이는 기회뿐만 아니라 첨단 엔터테인먼트의 형태로서 간주한다. 실험적 호텔 프로젝트인 도쿄의 Henn Na 호텔은 최소의 인간 노동을 갖는 저비용호텔로서 운영하기 위해 로봇과 최신의 기술을 활용한다. 로봇 집사(예: Aloft 호텔의 Boltr), 바텐더로서 로봇 팔(Royal Caribbeans의 Quantum of the Seas의 Bionic Bar) 혹은 심지어 싱가포르의 여행정보센터의 가상의 로봇 에이전트는 어떻게 기술적 발전이 환대 비즈니스의 일상 운영으로 빠져드는지를 보여주는 추가 사례이다.

주요 적용 이슈는 다음의 개인, 조직, 산업의 세 가지 수준에서 분류될 수 있다.

(1) 개인적 수준

개인적 수준에서 개별 소비자는 환대와 여행산업의 수요측면을 대표한다.

① 소비자 행동

다양한 유형의 빅데이터가 공간적, 시간적, 시공간적 행동을 포함한 여러 방문자의 행태를 분석하는 데 활용된다. 구체적으로, 모바일 장치(예: 디지털 카메라, 노트북, 모바일 폰)의 인기와 모바일 추적 기술의 지속적한 발전으로 인해 이 장치로부터 수집된 빅데이터는 더욱 정밀한 방식으로 시간과 공간적 행동을 탐구하는 데 적용될 수 있다. 예를 들어, 도시 방문자의 공간적 행동을 이해하기 위해 여러 사회네트워킹 플랫폼(예: SNS)의 빅데이터를 사용할 수 있다. 시간적 행동을 위해 시점 혹은 시간간격을 기록할 수 있는 UGC(user generated contents) 데이터와 장치 데이터가 방문자 행동의 시간적 변동을 연구하는 데 사용될 수 있다. 나아가, 데이터를 추적하는 공간적 및 시간적 특성으로 인해 일별/주별/월별 시간적 변동, 체류기간, 방문자의 이동 지도와 같은 방문자의 시공간적 행동을 연구할 수 있다.

또한, ICT의 높은 속도의 발전은 Facebook, Twitter와 같은 소셜 미디어와 3자 온라인 플랫폼을 통해 정보를 탐색하고 공유하는 것을 가능하게 한다. 온라인과 모바일 기술의 발전은 여행자들이 정보를 얻고 여행에 대한 의사결정을 하는 방식에 상당히 큰 영향을 미쳤다. 예를 들어, 호텔선택 과정에서 소비자들을 더 잘 이해하고 돕기 위해 TripAdvisor.com의 온라인 리뷰에 기초하여 빅데이터를 얻고 호텔예약 과정에서 소비자의 의사결정을 이해하기 위해 어떤 모델을 구축할 수 있다. 여러 유형의 온라인 플랫폼에서 나온 빅데이터는 다양한 유형의 여행자(예: 단독 여행자, 커플 여행자, 가족 여행자)의 행동 차이를 밝히기 위해 분석되고 비교될 수 있다.

② 소비자 태도

인터넷 기반 기술의 도래는 소비자가 자신의 여행경험의 거의 모든 측면에 대한 관점과 태도를 게시하는 다양한 새로운 채널을 제공한다. UGC 데이터는 주로 만족과 선호에 초점을 두면서 방문자의 태도를 연구하는데 사용되는 중요한 빅데이터의 원천이다. 보통 만족을 평가하기 위해 '명시 선호(stated preference)'를 활용하는 전통적 서베이 연구와 달리 빅데이터는 표본과 주관적 조작에 의해 초래되는 잠재적 편의를 제고하는 더욱 대표적인 표본을 포괄하는 '현시 선호(revealed preference)'로서 온라인 플랫폼에서 나온 UGC 데이터(예: 온라인 리뷰)를 사용한다. 현재 분석도구의 발전으로 인해 온라인 플랫폼으로부터 도출된 빅데이터는 만족과 선호의 중요한 영향요인을 체계적으로 조사하는 데 적용될 수 있다.

빅데이터 애널리틱스를 사용한 만족에 영향을 미치는 요인들로서 호텔에 대한 만족은 가장 많은 관심을 받은 주제일 수 있다. 예를 들어, 호텔 특성, 호텔 서비스 품질, 호텔 위치, 교통의 편리성이 소비자의 만족에 가장 중요한 결정요인일 수 있다. 나아가, 다양한 요인의 결합이 만족 수준을 결정할 수 있다. 예를 들어, TripAdvisor에서 추출한 UGC 데이터의 항목분석(content analysis)은 여행 중 환경친화적 관광객의 만족에 영향을 미치는 다양한 요인(예: 서비스, 금전적 가치, 자연환경 등)을 규명할 수 있다. 유사하게, 호텔에서 유형(예: 호텔의 물리적 특성)과 무형(예: 호텔 직원의 상호작용)의 요인들이 호텔에 대한 온라인 리뷰 데이터를 분석함으로써 고객만족에 영향을 미칠 수 있는지를 찾아낼 수 있다. 또한, 전통적 연구가 호텔 특성을 잠재변수로 다루고 그들을 측정하기 위해 주관적인 자체평가 항목들을 활용한 반면에 빅데이터는 일련의 사전 정의된 규칙을 갖는 특성을 객관적으로 평가하는 분석적 도구를 만들어 낸다. 예를 들어, 1년 이상동안 서울의 100개 이상의 호텔에 대한 온라인 리뷰 데이터를 활용하여 도시지역의 호텔 위치에 대한 만족을 조사할 수 있다. 또한, 텍스트마이닝 방법을 사용하여 중국과 미국 관광객들의 막대한 온라인 리뷰를 비교하는 교차문화 연구는 문화적 차이로 인해 두 국가의 레스토랑에 대한 만족에 영향을 미치는 요인들이 다르다는 것을 확인해 줄 수도 있다. 만족과 더불어 불만족과 만족과 불만족 모두를 결정하는 요인에 대한 연구도 중요하다. TripAdvisor로부터 추출된 긍정적 및 부정적 온라인 리뷰에 대한 텍스트마이닝 방법을 통해 다른 유형의 호텔에 대한 만족과 불만족에 영향을 미치는 요인을 밝히는 것도 중요하다.

소비자 선호는 빅데이터 연구에 의해 조사된 다른 중요한 주제이다. 이미 언급하였지만 소셜미디어 데이터, 온라인 리뷰, 모바일 인터넷 활용 데이터는 선호를 조사하는 주요 데이터 원천들이다. 예를 들어, TripAdvisor로부터 수집된 수만 개의 평가등급을 분석하는 퍼지(fuzzy) 다기준의사결정 기법은 호텔 선택에 관한 손님의 완전한 선호 프로파일을 구성할 수 있다. 또한, 국제 여행객의 저녁 선호에 대한 종합적인 통찰을 얻기 위해 대규모 온라인 리뷰 데이터와 텍스트 처리 기법이 적용될 수 있다.

(2) 조직 수준

조직 수준에서는 마케팅 관리와 성과 분석에 초점을 둘 수 있다.

① 마케팅 관리

빅데이터의 사용은 환대와 여행산업에서 고객 서비스, 마케팅, 촉진 프로세스를 변화시키고 있다. 비록 빅데이터애널리틱스가 만병통치약은 아닐지라도 제품과 서비스의 통합 마케팅 커뮤니케이션에 적용될 수 있는 유용한 방법이다.

빅데이터의 적용은 개인화된 서비스, 여행제품의 지능형 추천, 정밀 마케팅과 같은 마케팅 전략과 운영을 향상시키기 위한 새로운 통찰을 제공한다. 예를 들어, 머신러닝 접근법을 사용하여 TripAdvisor의 사용에서 도출된 고객의 온라인 리뷰를 프로파일링하여 스파(spa)호텔의 고객 세분화 방법을 도출할 수 있다. 이러한 분석을 통해 여러 고객 세분화에 기초한 고객화된 마케팅 전략을 수립할 수 있다. 또한, 전자구전(e-WOM: electronic word of mouth)이 환대 마케팅에서 빅데이터의 매우 가치있는 원천이 될 수 있다. 예를 들어, Booking.com의 수십만 개의 온라인 리뷰를 분석함으로써 언어가 호텔 서비스 마케팅에서 중요한 역할을 한다는 것을 파악할 수 있고 데이터마이닝 기법이 온라인으로 받은 평가와 코멘트에 기초하여 호텔의 핵심 경쟁력을 규명하는 데 활용될 수 있다.

빅데이터는 여행지의 효과적이고 효율적인 마케팅 전략을 개발하는데도 유용하게 활용된다. 예를 들어, 미디어 공유 웹사이트에 게시된 많은 양의 여행사진을 분석함으로써 여행지의 특성에 대한 여행자의 선호를 밝힐 수 있다. 여행자 사이의 소셜미디어의 사용을 통해 고객관여를 포착할 수 있는 기존의 지표를 향상시킬 수 있고 첨단 분석적 기법을 활용함으로써 빅데이터는 여행지 마케팅에 매우 큰 가치를 제공한다. 예를 들어, 해외 여행자에 의한 수만 개의 Flickr[5] 사진을 분석하여 여행지 판촉을 위한 더욱 적절한 사진을 선택하는 것을 가능하게 한다.

---

5 이미지와 영상을 제공하는 호스트 서비스이다.

② 성과분석

조직성과(특히, 재무적 성과와 환경적 성과)를 향상시키기 위해 빅데이터를 활용할 수 있다. 내부의 기업 데이터(예: 분기별 재무성과 기록), UGC 데이터(예: 온라인 리뷰), 운영 데이터(예: 온라인 예약 데이터)는 호텔 재무성과의 영향요인을 분석하는 데 사용되는 빅데이터의 주요 원천이다.

또한 환대산업에서 빅데이터와 AI의 중요한 역할 중 하나는 '수익관리(revenue management)'에 적용이다. 수익관리는 약 60년 전 항공산업에서 처음 적용되었고 지금까지 수십년 동안 환대산업에 활용되었다. 전통적으로 그것은 올바른 제품을 올바른 고객에게 올바른 시간에 올바른 가격으로 판매하는 것으로 정의된다. 지금까지 이것은 주로 객실부서에서 실행되었는데 이후 수익관리는 객실의 점유율 향상 중심에서 가격 최적화 수익관리로 이동하고 있다. 지금까지 기존의 수익관리 소프트웨어는 주로 정보로 제공되고 인간에 의해 유지되었으나 AI의 등장과 컴퓨터 소프트웨어와 하드웨어의 빠른 발전으로 수익관리 소프트웨어는 더욱 정교하게 되었고 신뢰할 수 있으며, 의사결정에서 휴리스틱(heuristic)이 되고 있다.

첨단기술, 슈퍼컴퓨터, 클라우드서비스를 사용하여 규칙기반 수익관리에서 과학기반 수익관리로의 이동이 가능하게 되었다. 자동화되고 중심화된 수익관리시스템은 모든 가능성을 효과적으로 분석하고 호텔의 전체적 전략과 일치하여 가장 최적의 옵션을 실행한다. 이것은 호텔의 효율성 수준의 향상으로 이어지고 더 낮은 비용과 더 높은 이익으로 결과된다. 이제 자동화된 수익관리 소프트웨어의 실행으로 예측과 가격책정을 위해 빅데이터를 사용하는 것이 가능하게 되었다. 특히 장단기 예측은 성공적인 비즈니스 운영과 경쟁우위를 위해 매우 중요하다. 고객이 머물기 전, 머무는 동안, 머문 후에 남긴 디지털 발자국을 이용하여 호텔은 고객의 만족, 선호, 지리적 위치, 지출 습관 등을 포함한 다양한 고객 프로파일을 만들 수 있다.

대부분의 수익관리 모델이 주로 역사적 데이터에 의존하는 반면에 빅데이터는 기업의 외부 데이터도 고려할 수 있다. 이 데이터는 예를 들어, 여행지의 정치적 환경과 안전을 포함할 수 있다. 소셜 미디어는 호텔이 이 데이터를 얻는 좋은 원천으로서 이것은 더욱 고객 중심적이고 새로운 유통채널로서 간주될 수 있다. 실시간으로 이 모든 데이터의 효과적 활용을 통해 객실 요금 혹은 패키지가 각 고객별로 고객화되고 수익 극대화와 고객만족을 위해 개별적으로 최고의 옵션을 제공하게 된다.

(3) 산업 수준

산업 관점에서 빅데이터는 예측과 산업발전에 주로 관심을 둔다.

① 예측

효과적 예측은 환대와 여행경영에 기여할 뿐만 아니라 산업의 경제적 성장을 용이하게 하는데 큰 영향을 미친다. 전문적 데이터베이스, 정부 데이터베이스, 운영 데이터 등 다양한 유형의 데이터 원천이 사용되고 가장 일반적으로 사용된 운영 데이터 원천은 Google과 같은 검색엔진의 웹 검색 데이터이고 가장 자주 활용된 방법은 시계열분석, 계량경제모델, 정성적 모델, AI 기법이다.

환대와 여행산업에서 가장 중요한 예측은 도착, 수요, 방문자 규모, 방문자 이동, 호텔 예약 등이다. 방문자 수요를 예측하기 위해 다른 원천의 지방, 지역, 국가 데이터가 활용되며 다중선형회귀(multiple linear regression)와 분류와 회귀나무(classification and regression tree) 모델보다 예측의 정확성을 향상시키기 위해 인공신경망 모델이 적용될 수 있다. 또한, 웹 검색 데이터가 호텔 수요를 예측하기 위해 일반적으로 사용된다. 예를 들어, 호텔 수요를 예측하는데 웹사이트 트래픽 데이터가 중요하게 활용될 수 있다. 또한, Google Trends에서 나오는 데이터를 사용하는 것은 호텔 일시숙박을 예측하는 더욱 현실적인 예측 기간으로 결과된다. 나아가, 호텔 예약 취소를 막고 성과를 보장하기 위해 예약 취소를 예측하기 위한 머신러닝 기법이 적용될 수 있다. 즉, 예측성과를 향상시킬 뿐만 아니라 어떤 유형의 고객이 더 취소할 가능성이 높은지를 규명할 수 있고 예측의 정확성을 높이기 위해서는 구조화된 데이터뿐만 아니라 비구조화된 데이터의 결합을 시도해야 한다. 정부와 산업 모두를 위해 정확한 예측은 의사결정과 자원의 배분에 중요하다.

② 산업 발전

빅데이터는 다양한 새로운 디지털 기술과 통합된 기술혁신으로 산업발전을 이끌면서 환대와 여행산업의 성장에 기여한다. 즉, 산업의 스마트하고 지속가능한 발전은 빅데이터와 그 큰 가치에 의존한다. 빅데이터는 더 나은 서비스와 경험의 개발과 전달을 용이하게 함으로써 산업의 발전에 기여할 수 있다. 첨단의 디지털 기술로 인해 전체 여행 과정 동안 여행객들에 의해 만들어진 광대한 데이터가 언제 어디서든 기록되고 추출될 수 있다. 따라서, 실시간으로 개인화된 서비스를 제공함으로써 여행객들의 경험을 더 스마트하게 만드는데 이 데이터를 사용할 수 있다. 빅데이터는 또한 산업발전을 위한 지속가능성 지향적인 생태계에 기여할 수 있기 때문에 빅데이터애널리틱스는 사회와 산업의 지속가능한 발전의 추구와 지속가능한 자원의 사용을 촉진하기 위해 활용될 수 있다.

(4) 호텔에서 역할 사례

Nam et al.(2021)에 의하면 호텔에서 AI의 적용은 다양한 이유에 의해 적용된다.

- 구매주문 프로세스의 자동화
  많은 실수를 만드는 일상적이고 반복적인 구매주문 활동과 지연이 프로세스를 자동화하는 소프트웨어에 의해 대체(비용절감, 축소된 실수, 축소된 사이클타임)

- 음성안내된 서비스 데스크
  작은 수의 직원이 예약을 위한 더 많은 전화를 돌 볼 수 있고 자동화된 시스템이 불평, 서비스 요청 등과 같은 내부 전화의 90% 정도를 취급할 수 있다(수익관리, 더 나은 고객 응대)

- 가상의 콘시어지(concierge)
  다국적 언어의 웹기반 터치 스크린 컨시어지가 운영될 수 있다(비용축소, 향상된 고객경험)

- 블록체인 기반의 가상 지갑
  고객이 음식과 음료와 같은 몇가지 서비스를 사용하는 동안에 패키지 거래의 비용을 상응하는 계좌로 돌리도록 한다(비용절감)

- 객실 통제를 위한 음성 인식
  조명, 커튼, TC, 온도 등을 통제한다(향상된 고객경험)

- 룸서비스 로봇
  로봇이 요청된 룸서비스 품목을 배송한다(비용절감, 향상된 고객 경험)

- AI 기반의 배터리 백업 시스템
  배터리 팩이 긴급 보조배터리를 대체하고 AI는 사용률과 수요에 기초하여 전기를 부담하고 제공한다. 이 AI 시스템은 객실 사용률에 따라 풀장의 온도를 자동으로 통제한다(비용 절감).

- 고객 프로파일링
  규칙기반의 엔징을 사용하여 고객 데이터는 통합된 고객 프로파일을 만들기 위해 레스토랑, 골프장, 스파 등과 같은 다양한 채널에서 수집된다(수익 증가, 더 나은 고객 서비스).

- 메뉴 창출과 평가
  메뉴를 변화시키는 비용을 자동으로 계산하고 일상적 검증 과정을 간소화한다(비용절감, 증가된 생산성).

- 여권 검증

  자동적 번역을 포함하여 여권정보의 입력과 검증을 자동화한다(증가된 생산성).
- 객실 배분

  AI는 이익을 극대화하기 위해 객실 활용률을 최적화한다(수익 증가).
- 동작감지

  센서가 손님이 방에 있는지를 감지하고 객실 온도가 자동으로 조정된다(비용 절감).

5 미디어와 엔터테인먼트산업

5.1. 특징

미디어와 엔터테인먼트 산업은 점점 더 사용자 행태에 대해 학습하고 컨텐츠 추천을 만들기 위해 AI 기반의 솔루션을 추구하고 있다. AI는 COVID-19 이후에 독특한 플랫폼 기반의 디지털 컨텐츠를 디자인하고 개발하기 위한 중요한 가능요인이다. Netflix, Disney Plus, Amazon Prime과 같은 온라인 스트리밍 서비스(online streaming service)는 점차 인기를 얻고 있으나 콘서트, 게임리그, 요리축제와 같은 생생한 이벤트도 여전히 인기를 구가하고 있다. 하지만 앞으로 게임은 향상된 인터넷 연결과 모바일 게임이 수백만 명에게 온라인으로 즐길 수 있는 장소를 제공하기 때문에 더욱 증가할 것이다.

COVID-19 이전에도 있었지만 이후에 특히 가상 이벤트가 일상적이 되고 있다. 특히, 기술산업에서 수년 동안 많은 회의는 가상의 티켓을 받았고 e-스포츠 경기에서부터 패션쇼까지 다양한 이벤트가 메타버스 형태로 자주 관심을 받고 있다.

5.2. 주요 AI 역할

(1) 놀이공원과 로봇 탑승

경남 창원의 로봇랜드는 세계 최초의 로봇 테마파크이다. 약 250개의 로봇과 R&D, 컨벤션 센터를 두고 10년에 걸쳐 22개의 놀이기구를 보유하고 있다. 여기에, 공원주위에 방문자를 운송하는 자율주행차, 로봇 선사시대 동물, 20미터 높이에서 물로 하강하는 로봇 상어에 탑승, 조립라인 로봇의 전시, AI가 작동하는 로봇과 능동적 상호작용을 제공하는 미디어 아트 경험, 차이코프스키의 백조의 호수에 맞춰 춤추는 산업용 로봇, 입구에 전시된 13미터 높이의 환영 로봇 등을 포함한다(<그림 13.3> 참조).

그림 13.3 창원의 로봇랜드

Disney는 2005년 오래 전부터 캘리포니아 애너하임의 Tommorrowland Area of the Park 의 일부분에 Honda의 ASIMO 휴머노이드를 포함시켰다. 최근에, Disney는 Marvel과 Star Wars 프랜차이즈와 같은 환상적인 캐리커처를 가져오기 위해 지능형 로봇을 개발하는 중 이라고 공표하였다.

산업용 로봇 디자인에 기초한 탑승시스템은 약 20년 전에 개발되었다. 대표적인 제조업 체인 KUKA는 <그림 13.4>와 같이 로봇 팔의 끝에 2명이 올라가는 곤돌라(gondola) 형태 의 산업용 로봇에 기반한 Coaster를 생산하였다. 이것은 부드러움부터 극단까지 5개의 사 전 프로그램된 탑승 옵션을 보여준다.

그림 13.4 KUKA의 Coaster

(2) 영화산업에서 로봇 시스템

로봇은 영화산업에서 카메라 운영과 특수효과의 창출을 포함하여 점점 더 많이 사용되고 있는 중이다. 로봇 카메라 시스템은 인간에게 너무 위험하고 접근할 수 없는 위치에서 운영, 높은 위치 정확성과 반복가능성, 사전에 프로그램되거나 원격으로 통제되는 능력을 포함한다. 그들은 트랙에 기반한 손수레(dolly), 자유롭게 움직이는 받침대, 독립적인 팬과 틸트(tilt) 시스템과 같은 수많은 다른 형식으로 이용가능하다. <그림 13.5>는 MRMC에 의해 만들어진 Bolt X Cinebot을 보여준다. 이것은 높은 속도로 무제한적 여행을 제공하는 3.2미터의 접근이 가능하고 무게가 20kg의 탑재화물을 갖고 궤도이동할 수 있다.

그림 13.5 MRMC의 Bolt X Cinebot

(3) 휴머노이드 로봇과 공연예술에서 활용

휴머노이드 로봇은 대부분 AI의 발전으로 인해 더욱 복잡하고 정교한 공연을 보이며 엔터테인먼트에서 역할이 증가하는 중이다. 엔터테인먼트에서 지향된 첫 번째 휴머노이드 중 하나는 Sony에 의해 개발된 QRIO(quest for cuRIOsity)이다. 이것은 댄스루틴을 포함하며 대화를 하고 환경에 적응하고 인간의 움직임을 모방하도록 설계되었다. <그림 13.6>은 Robocup 이벤트에서 두 QRIO 로봇이 Sony의 AIBO 로봇 개를 바라보는 모습이다.

그림 13.6 QRIO 로봇과 AIBO 로봇 개

이외에도 다른 휴머노이드가 개발되었다. 한 예로 영국의 Engineered Arts는 Ameca, Mesmer, Quinn, RoboThespian이라는 네 가지 로봇 제품을 만들었다. <그림 13.7>과 같은 Ameca는 세계에서 가장 발전된 휴머노이드 로봇으로 불렸고 미래의 휴머노이드 로봇 기술의 발전을 위한 플랫폼으로서 설계되었다. 한편, Quinn은 리셉션과 정보제공 장소와 같은 위치에서 고객 상호작용을 지향하는 AI에 의해 작동되는 서비스 로봇이고 Mesmer는 초현실적 휴머너이드 로봇을 구축하는 시스템이다. 각 로봇은 실제 사람의 3D 스캔을 통해 설계되고 만들어졌다. 이 로봇들은 인간의 뼈골격 구조, 피부조직, 표현의 정교한 모방을 허용한다.

그림 13.7 Engineered Arts의 Ameca 로봇

휴머노이드 로봇의 역할은 춤, 음악, 시 낭송, 오페라와 같은 공연예술에도 다양하게 존재한다, 몇 개의 완전한 로봇 록밴드가 개발되어 투어를 다니고 음악을 출시하였다. 최근에는 AI 기법의 활용을 통해 음악을 연주할 뿐만 아니라 작곡도 하고 있다. 이러한 현상이 인상적이지만 로봇과 혼합 인간/로봇 공연이 정당한 자격으로 예술형태가 될 것인지 혹은 오래가지 못하는 새로운 것뿐일지는 분명하지 않다. 궁극적으로 이것은 기술보다는 관중의 반응에 의해 결정될 것이다.

(4) 저널리즘

AI 기반의 활용은 많은 양의 새로운 기사를 발생시키기 위해 훈련될 수 있다. 마찬가지로, 기자는 자료 조사 및 연구를 더욱 효과적으로 수행하도록 AI를 활용할 수 있다.

(5) 영화 및 엔터테인먼트

- 영화예고편 편성
  IBM의 Watson은 SF 영화 '모건'의 장면들을 공포, 평온, 슬픔, 행복 등 다양한 감정으로 분석한 뒤 예고편 삽입에 가장 적합한 10개 장면을 선별
- 영화 홍보 및 상영 일자 결정
  AI를 활용해 TV와 영화 이용자들이 어떻게 소문을 내는지와 언제 영화를 개봉해야 흥행하는지를 결정
- 관객반응 감지
  헐리우드 대형 영화사는 시사회에서 관객의 반응을 감지하기 위해 안면인식 기술을 사용하고 이를 토대로 영화의 구성(plot)을 향상
- 영화 흥행요소별 성공확률 분석
  AI를 통해 영화의 흥행 확률을 높이기 위해 영화 장르와 예산 수준, 배우 선택에 따른 흥행 수준을 예측하고 최적의 조합을 결정
- 페이스 스왑
  주연 배우의 얼굴을 미리 학습해 스턴트맨과 같은 대역 얼굴을 주연 배우의 얼굴로 전환
- 컨텐츠 개인화
  Netflix와 같은 OTT 플랫폼이 당신에게 관심있는 쇼와 영화를 보여주는데 추천시스템 활용

- 디에이징(de－aging)

  나이를 더 어리게 되돌리는 기술로서 80대의 배우를 40대의 배우 시절 외보와 목소리를 학습해 특정 나이대를 영상으로 구현(<그림 13.8> 참조)

그림 13.8 디에이징 기술을 적용한 알 파치노의 얼굴

- 타 데이터 태깅(tagging)

  미디어와 엔터테인먼트 산업에서 컨텐츠는 일상적으로 창출되는데 그 컨텐츠를 시청자가 쉽게 발견할 수 있게 만드는 것은 AI에서는 쉬운 일이다. 대규모로 이 일을 수행하기 위해 이 기업들은 컨텐츠를 분석하고 프레임에서 대상을 규명하기 위해 태그를 부여

- 의사결정 자동화

  자연어처리와 머신러닝을 통해 다양한 원천에서 공유된 원래의 애널리틱스 정보로부터 성과보고서를 생성

- 자막생성

  자막방송이 주류가 됨에 따라 컨텐츠가 다양한 지역의 관객에 적합해지도록 만들어야 하는데 정확한 다국어 자막이 AI를 통해 가능

- 탐색 최적화

  Google이나 Naver에서 영화의 이름을 입력하기보다 한 이미지를 단순히 업로드하면 그 이미지에 기초하여 결과를 얻는다. 당신이 노래의 이름을 알고자 한다면 무작위 가사를 입력하는 대신에 곡조를 연주하면 그 노래를 찾을 수 있다.

(6) 스포츠산업

- AI 코칭

  영상 빅데이터에 AI를 적용해 개인 신체 능력과 중요한 의사결정까지 맞춤형 코칭을 제공

- 게임 전략 수립

  축구에서 페널리킥 성공률을 높이는 방향과 패스와 태클 실패가 경기에 미치는 영향, 선수교체 타이밍 등

- 선수 부상관리

  훈련, 플레이 방식, 피로도, 신체 특징 등을 분석하여 관리

- AI 심판

  야구 스트라이크 결정, 체조와 스케이트 등의 점수, 축구의 경고와 퇴장 등을 AI가 결정

6 금융과 보험산업

6.1. 특징

ATM, 폰뱅킹, 텔레뱅킹, 인터넷 뱅킹, 모바일앱기반의 뱅킹, 최근의 AI 등은 소비자의 은행 경험에 상당한 영향을 미치고 있다. 이 중에서 AI가 은행이 다양한 범위의 프로세스를 자동화하고 빅데이터의 처리를 가속화하는 빠르고 단순한 방법인 프로세스 자동화를 허용하기 때문에 특히 소매금융에서 AI는 소비자 행동에 중요한 영향을 미친다. 동시에, AI와 5G 연결성과 결합된 스마트폰 사용의 성장으로 인해 금융은 셀피페이(selfie-pay), 블록체인, 자신의 은행계정을 갖는 자율주행차, 미래 금융시스템의 디자인을 알려주는 AR 기술과 같은 새로운 기술의 도입으로 전통적 금융지점을 계속 변화시키고 있다.

현재 금융과 재무에서 AI의 적용은 여전히 비용 절감과 생산성 향상에 초점을 두고 있지만 앞으로는 AI가 개인화된 투자 조언과 사기 감지와 같은 더 높은 가치창출뿐만 아니라 자동화된 요금 결제, 자금 이체, 거래 알림과 같은 고객 행동을 위해서도 그 적용 범위를 넓힐 것이다.

AI의 몇 가지 주목할 만한 장점은 인간 실수 및 판단 편향의 감소와 더 뛰어난 예측 정

확성 및 정밀성 향상이다. 그러나, 비록 AI가 인간과 동일한 수준으로 좋은 재무적 조언을 제공할지라도 훨씬 더 낫지 않으면 소비자들은 AI의 성과를 인간 전문가보다 객관적으로 열등한 것으로 고려하는 경향이 있다. 예를 들어, 복잡성이 낮은 업무의 경우에 소비자들은 AI의 문제해결 능력이 인간 고객 서비스보다 더 뛰어나는 것으로 고려한다는 것이다. 그러나, 만약 그 업무가 매우 복잡성 수준이 높다면(여기서 너무 많은 정보가 정보 과부하를 초래) 소비자는 인간의 고객 서비스를 우월한 것으로 간주하고 AI보다 더 많이 사용할 것이다.

보험산업에서도 기술은 신규고객을 획득, 운영효율성의 향상, 비용 절감, 독특한 사용자 경험 제공을 위해 사용될 수 있다. KYC(know your customer) 확인, 문서없는 고객 교육, 프로파일 기반의 고객 서비스, 신용점수에 기반한 대출상환, 사기 감시, 돈세탁방지 방안, 규제 보고서는 AI와 자동화에 의해 영향받을 것이다.

사실 금융산업에서 완전한 디지털화를 달성하는데는 오랜 시간을 필요로 할 것이다. 핀테크(fintech) 혁신은 비대면 결제, 음성기술 최적화, 블록체인 기반의 스마트 접촉, 스마트 주택담보대출 보험에서 수년 동안 지속적으로 향상 중이고 Apple, Samsung, Google은 가상 지갑(virtual wallet)을 자신의 모바일 제품으로 통합시키고 있다. 식료품점과 레스토랑 기업은 고객 요구를 충족시키기 위해 비대면 결제 옵션을 적용하고 있다.

지능형 자동화와 로봇 자동화는 점점 더 더 많은 인력과 인간의 노동시간을 필요로 하는 중요하고 시간소모적인 절차를 자동화하기 위해 사용되고 있는 중이다. HCL Tech의 Exacto는 다양한 유사한 사용사례를 가능하게 하는 플랫폼이다. 그것은 또한 금융기관이 더 많은 투입물을 처리하는 것을 가능하게 하여 업무의 평균 취급시간을 줄여준다.

6.2. 주요 AI 역할

(1) 핀테크

금융산업에서 디지털 기술은 핀테크 패러다임의 등장에 기여하였다. 핀테크는 인터넷 관련 기술(예: 모바일, 클라우드 컴퓨팅, 블록체인)을 금융서비스 산업을 특징짓는 주요 프로세스(예: 대부, 지불, 자금이체)와 결합하는 단어이다. 규제당국과 전문가 단체에 의해 적용된 핀테크의 더욱 공식적 정의는 금융시장과 제도와 금융서비스의 제공에 대한 관련된 실질적인 영향을 갖는 새로운 비즈니스 모델, 어플리케이션, 프로세스, 제품으로 결과될 수 있는 기술적으로 가능한 재무적 혁신으로서 고려한다. 실제로, 운영수준에서 핀테크는 기술에 의해 전달된 금융서비스와 솔루션을 포함하는 반면에 더욱 전략적 수준에서 핀테크는 금융 활동을 향상시키기 위해 기술을 적용하는 새로운 금융산업을 나타낸다.

핀테크 서비스와 어플리케이션은 대부, 결제, 청구서 발부, 개인 금융 및 자산관리, 자금 이체 및 송금, 가상화폐, 자본 시장과 크라우드 펀딩과 같은 기술이 가능하게 하는 제품의 확산을 통해 사회와 비즈니스에 상당한 영향을 미친다. 핀테크의 확산과 사용은 기업과 산업 수준 모두에서 많은 편익을 제공한다. 실제로, 핀테크는 혁신 기업에게 다음의 편익을 제공한다.

- 더 작은 리스크를 제공
- 금융거래의 공평성과 진실성을 유지
- 더 낮은 거래비용을 보장
- 안전하고 투명한 거래를 지원
- 새로운 진입자에게 진입장벽을 축소
- 새로운 비즈니스 모델과 창업기업을 창출

게다가, AI는 또한 더 나은 고객관여를 창출하기 위해 사용된다. Bank of America가 현재 고객에게 사용하고 적용 중인 AI 도구 중 하나는 더 나은 고객관여를 제공하는 목적을 갖는 챗봇 서비스이다. 가상 어시스턴트가 고객에게 24/7서비스를 제공하고 은행이 매우 많은 고객 질문을 다룸으로써 운영 효율성을 향상시키는 것을 돕는다. 게다가, 챗봇과 고객의 대화로부터 수집된 데이터의 패턴을 연구함으로써 은행은 고객의 행동과 관심사에 대한 통찰을 얻는다. AI는 데이터를 분석하고 은행이 가장 적합한 시간에 고객에게 접근하는 방법과 같이 이전에 알려지지 않은 마케팅 기회를 규명하도록 도울 수 있는 의미있고 실행가능한 패턴을 생산한다. 그것뿐만 아니라 데이터에서 이상치의 규명을 통해 사기감지를 더 빠르고 비용효과적으로 하게 된다.

그러나, 고객과 직접 상호작용하는 서비스 기술을 도입하는 데 많은 어려움이 존재한다. 전방 오피스에서 후방 오피스까지 데이터의 조율과 데이터 참조는 흔히 품질 이슈를 발생시킨다. 따라서, 올바르게 데이터 품질 프로그램을 갖는 것이 대규모 AI 계획에 필수적이다. 유사하게, 서비스 내에서 기술 도입의 성공은 인간과 자동화된 기술 사이의 관여의 수준에 의존한다. 비록 은행이 핀테크를 우선적으로 선호할 지라도 고객은 보통 그러한 AI 주도의 시스템에 그들의 돈을 쉽게 기꺼이 맡기지 않을 것이다. 따라서, AI의 효과적 실행을 위해 고객이 그것을 사용하여 편익을 볼 것인지를 보장하기 위해 고객의 관점을 이해하는 것이 중요하다.

(2) 모바일 뱅킹

모바일 기술의 활발한 발전으로 AI와 모바일 뱅킹 사이의 실무적 연결이 더 강화되었고 둘 사이의 관계가 중요하게 되었다. 일반적으로 모바일 뱅킹 혁신의 핵심 측면으로서 AI가 사용자의 경험을 더 잘 발전시키고 뱅킹 서비스의 효율성을 증가시켜 더 심오한 사용자 관계를 창출한다고 한다. AI가 가능하게 하는 모바일 뱅킹 앱을 사용할 때 어려움에 직면하는 사용자는 적시에 인공적으로 지능을 갖는 서비스의 도움을 찾을 수 있다. AI가 작동하는 모바일 뱅킹 앱은 상호작용 중에 인간을 지원하고 유사한 문제를 동일하게 처리하기 위해 자연어를 활용하며, 정밀한 질문을 지능적으로 형성할 수 있다. 그 목표는 표준화된/일관적인/신뢰할만한 결과를 발생, 효율성을 향상, 인간 고객서비스의 주관적 판단 실수 리스크를 줄이는 것이다.

---

7 교육부문

7.1. 특징

교육부문은 COVID-19 발발 후 심각하게 붕괴된 분야로서 이를 극복하기 위해 화상, 음성, 발표와 같은 다른 유형의 정보가 학습의 개인화를 위해 사용되고 있다. Microsoft Teams 플랫폼은 팀 업무와 회의를 위한 좋은 사례이다. 오랫동안 학교는 디지털 수업이라는 대안을 해결하기 위한 인프라를 향상시키고 있고 음성 녹음, 온라인 채팅을 병행하는 실시간 수업은 기술기반 학습의 좋은 사례이다. 또한, 가상현실 시뮬레이터가 시험, 수술, 인공호흡을 연습하기 위해 사용되었고 팬데믹 위기 동안에 시뮬레이터의 역할은 더욱 중요하게 되었다. 이것은 의료스킬을 가르치기 위한 수업지도에 대한 보완으로서도 활용되었다.

의학교육에서 니즈와 기회의 이전뿐만 아니라 e-환자를 포함할 필요가 있게 될 것이다. 강의 안내는 선생과 학생들에게 필요한 배경 정보를 제공할 것이고 또한 학생들이 e-환자의 이슈와 잠재력을 다룰 수 있는 의료 전문가가 되도록 준비하는데 강사들을 지원할 것이다. 이것은 Google classroom, Google Meet, Zoom, Cisco Webex, Massive Open Online Course와 같은 온라인 교육 앱의 도움으로 가능해진다.

교육에서 AI의 역할에 대한 세 가지 패러다임이 제시될 수 있다.

- 지능형 튜터링 시스템(intelligent tutoring systems)의 초기 버전
  - 기본 패러다임: AI가 감독, 수혜자로서 학생
  - 기법: 통계적 관계기법에 기초한 AI가 사용
  - 사례: ACT Programming Tutor, Stat Lady 등
- 대화기반의 튜터링 시스템(dialogue-based tutoring systems), 탐구적 학습 환경 (exploratory learning environments)
  - 기본 패러다임: AI가 지원, 협력자로서 학생
  - 기법: Bayesian network, natural language processing, Markov decision trees
  - 사례: An exploratory environment QUE
- 인간-컴퓨터 운영, 개인화된/적응 학습
  - 기본 패러다임: AI가 권한부여, 리더로서 학생
  - 기법: 두뇌-컴퓨터 인터페이스, 머신러닝, 딥러닝
  - 사례: 실시간 MOOC 예측 모델링, VR, AR, 메타버스 등

7.2. 주요 AI 역할

교육에서 AI는 30년 전 이후부터 전통적 교육 모델에서 개발하는 것이 불가능했던 교육 디자인, 기술적 발전, 교육연구를 위한 새로운 패러다임을 촉발하는 강력한 도구로서 고려되었다. 일반적으로 교육부문에서 AI 적용은 다음의 세 가지 유형으로 나타난다.

① 프로세스 자동화

기록 업데이트 혹은 관리적 서류작업과 같은 지원업무를 자동화하는 AI의 가장 쉽고 최소의 비용의 형태이다. 이 자동화는 조직이 반복적인 업무에 대해 시간과 돈을 절약함으로써 투자에 대한 높은 수익으로 이어질 수 있다.

② 인지적 통찰

컴퓨터가 실시간으로 데이터로부터 학습하고 패턴을 인식하고 예측적 분석을 수행함으로써 인간의 뇌를 모방한다. 이것은 고객이 어떤 제품을 구매할 것 같은 지를 예측하는 소프트웨어 시스템에서 보여질 수 있다.

③ 인지적 관여

자연어처리와 머신러닝 역량을 사용하여 24/7 고객지원에 관여하는 챗봇의 형태에서 대부분 보여진다.

AI가 작동하는 교육 챗봇과 강사는 교육적 경험을 급진적으로 향상시키고 개인화된 교육을 제공하는 것을 도울 것이다. 또한 안면인식은 교육의 효과성을 분석하는데 사용되고 학생으로부터 직접 피드백을 얻는데 사용될 수 있다. 또한, AI 활용은 실시간으로 취업기회를 분석하는데 사용될 수 있다.

AI는 다음의 교육 프랙티스에 폭넓게 적용되고 있다.

- 개인화된 학습

  다른 역량을 갖는 학생에 따라 수업과 학습전략을 맞춰 AI 기반의 개인화된 교육을 제공할 수 있음
- 행정 업무의 경감

  점수평가, 연속적 평가, 과제 검토, 질문에 대한 답변과 같은 수작업의 반복적인 행정업무를 자동화하거나 단순화
- 증가된 접근성

  24시간 학습 플랫폼에 접근할 수 있는 원격 수업이 진행될 뿐만 아니라 장애우와 특별한 니즈를 필요로 하는 학생에게도 동일한 기회 제공
- 학습 컨텐츠

  AI에 의해 작동되는 디지털화된 교육과정은 더욱 상호작용적, 참여적, 단순화된 음성, 화상, 전자책, 시각화된 차트 등을 포함하는 스마트 학습 컨텐츠를 제공
- 시각적 어시스턴트

  디지털 AI 선생과 챗봇과 같은 가상의 어시스턴트를 갖는 AI기반의 학습 시스템은 동시에 많은 학생들과 실시간으로 소통을 제공하고 교육과정에 대한 통찰력있는 피드백을 허용

특히, 교육에서 AI는 교육적 혁신에 기여하였는데 그 사례는 다음과 같다.

- 개인화된 학습으로의 변화
- 강사의 역할의 도전
- 복잡한 교육시스템의 개발

의료/간호/헬스케어 교육, 과학교육, 군사훈련, 제조훈련, 언어 훈련 교육서비스에서 메타버스의 몇가지 잠재적 적용이 존재한다. 메타버스의 특징으로 인해 교육에서 메타버스는 전통적인 VR과 AR 기반의 교육과 다르다.

한편, 교육의 주요 업무 내용별로 AI의 역할을 세분화하여 정리하면 다음과 같다.

(1) 학습관리시스템

전통적 지도 모델은 AI에 의해 변환 중이고 개인화된 학습 경험을 창출하고 있다. 인지적 관여와 통찰 기술로 무장한 AI 플랫폼은 선생이 개별 학생의 관점을 위한 시간이 결여될 때 책임을 갖도록 함으로써 학생들이 그들의 요구사항을 충족시키도록 정상궤도에 올려놓는데 그들의 성공을 보장할 수 있다.

① 적응적 플랫폼

증가된 원격 학습으로부터 디지털 학습이 발전함에 따라 AI의 사용은 교과과정 컨텐츠가 어떻게 학생에게 전달되는지를 향상시킬 수 있다. 교육기관은 고객화된 학습 계획, 맞춤형 튜터링, 독특한 평가형태를 창출하기 위해 과정관리 시스템으로 AI 역량을 통합할 수 있다. 출판사에 의해 출시된 몇 가지 적응적 시스템은 McGraw-Hill의 ALEKS, Pearson의 Revel, Carnegie Learning의 MATHia이다. AI가 향상시킨 플랫폼은 시험, 퀴즈, 연습문제를 학생들의 달성도에 따라 개인화함으로써 모두에게 적용되는 교육 모델을 분할한다. 한편, 시각 및 청각적으로 장애가 있는 학생들에게 ALEKS와 같은 시스템은 스크린 확대, 문자 리더기, 책이 없는 과정 자료와 같은 접근가능성을 제공하고 원격으로 학습하는 학생 혹은 온라인 동시 강의는 그들이 놓친 개인화된 강의를 대체하기 위해 AI 학습 소프트웨어를 사용할 수 있다.

② 학습관리시스템에 내재된 튜터 플랫폼

교육기관은 선생이 개인별로 도와줄 시간이 부족한 힘겹게 공부하는 학생들에게 신속한 지원을 제공하기 위해 AI를 사용한다. 예를 들어, Pearson은 2016년 교과과정관리시스템과 통합될 수 있는 Pearson의 학습소프트웨어인 Revel을 수반하기 위해 AI 튜터링 플랫폼을 개발하기 위해 IBM의 Watson과 협력하였다. Revel에서 Watson은 개인별 평가에 대해 선생과 소통함으로써 교과과정 전체에서 학생들을 돕고 학생들이 실시간으로 질문하는 것을 허용한다. 머신러닝 역량으로 장착한 AI 개인적 어시스턴트는 현재 과학, 기술, 공학, 수학 과정에서 개인화된 교육에 제한되나 정성적인 교과과정에서 더 정교한 피드백을 제공하도록 발전될 수 있다.

(2) 교육적 지원

AI는 인간 선생이 이행하기 어려운 개인적 기반에서 학생을 가르치는 독특한 방식을 드러냄으로서 전통적인 교실 수업 모델을 파괴한다. 챗봇과 가상현실 형태의 인지적 관여 소프트웨어는 학생과 선생에게 학술적 장점을 제공한다. 자동화된 언어처리 시스템은 교육기관이 국제학생과 장애를 가진 학생을 장벽없이 가르칠 수 있도록 만든다.

① 교육 어시스턴트로서 챗봇

교실에서 AI는 선생의 역할을 제거하는 의도가 아니라 학생과 교육 사이에 연결되지 않은 부분이 존재할 때 지원으로서 작용한다. AI가 교육 도구로서 사용될 수 있는 한 방법은 교실에서 수업 어시스턴트로서 챗봇을 사용하는 것을 포함한다. 첫 번째 수업 어시스턴트는 2016년 IBM의 Watson과 협력하여 Georgia Institute of Technology의 Ashok Goel 교수가 컴퓨터 사이언스 프로그램에서 원격 AI 기반 교육과정을 위해 만들어진 24/7 챗봇인 Jill Watson이다. 플랫폼을 테스트하는 AI 챗봇으로서 Jill Watson의 정체성은 챗봇이 소유한 대면 강의 스킬을 입증하기 위해 학생들에게 비밀로 부쳐졌다. 2019년 이 챗봇은 생물학원론과 대면 컴퓨터 사이언스 수업에서 학생들과 함께 일하였다. AI 챗봇은 수행을 통해 계속 향상하도록 허용하는 머신러닝 역량을 갖는다. Jill Watson은 Georgia Tech의 온라인 질문과 솔루션 지원 시스템인 Piazza를 따라 훈련되고 2년간의 컴퓨터 사이언스 교육과정 데이터에서 나온 4만개의 질문으로 프로그램되었다.

② 가상의 문화적 경험

보통 대학은 국제학생을 선발하고 학생들에게 국제적 경험을 제공함으로써 학생단체를 다각화하려고 노력한다. 학교 내 챗봇이 그들의 모국어로 학생을 지원하며, 인지적 수업은 가상의 문화적 경험을 제공할 수 있다. Microsoft는 음성, 시각, 청각 자동화된 인식을 지원하기 위한 머신러닝 알고리듬으로 구성된 Azure Cognitive Services를 만들었다. 이 시스템은 교실 강의 시 하부 자막을 번역하는 Mrcrosoft PowerPoint를 위한 플러그인(plug-in)으로서 이용가능하다. 음성인식은 자동으로 기록되고 오디오를 음성기호로 바꾸고 다시 그것을 문제로 바꾼 후에 누군가의 모국어로 오디오 번역을 제공한다. 이 시스템은 선생이 국제학생과 장애학생들을 더욱 잘 가르치도록 한다.

(3) 학생성과의 평가

AI 학습 소프트웨어는 고객화된 학습의 편익을 제공하나 학생의 공부에 대해 수집된 데이터가 어떻게 평가되고 해석될지는 발전된 데이터애널리틱스를 필요로 한다. 학생을 평가하는 것에 관해서 AI는 테스트와 채점과 같은 시간소모적인 업무를 맡을 수 있다. 예측적 성적애널리틱스는 학생이 졸업하거나 수업을 통과하는데 대부분의 지원을 필요로 하는 것이 어디에 있는지를 교수자가 규명하도록 돕는다.

① 자동화된 점수부여

교육기관은 Blackboard, Pearson, McGraw-Hill과 같은 교육과정관리시스템과 학습소프트웨어 플랫폼에 많은 투자를 한다. 그러나, 이 기술은 발전된 데이터마이닝 시스템 없이 완전한 잠재력을 갖고 사용되기 어렵다. AI 기술을 갖는 자동화된 점수부여는 교수자의 점수부여 업무를 대체할 수 있고 그들에게 학생의 개인적 니즈에 초점을 두도록 하는 여유 시간을 제공한다. Purdue University, New York University와 같은 대학은 점수부여를 위한 AI 평가 플랫폼인 Gradescope를 사용 중이다. Gradescope는 유사한 학생 반응을 자동으로 그룹화하고 정답과 다른 질문에 피드백을 제공한다.

다음에 교육과정을 조정하기 위해 간결한 데이터 보고서가 교수자에게 제공된다. 복잡한 컴퓨터 프로그램 프로젝트를 평가하는 데 시간을 소비해야 하는 교수자 대신에 교수자는 적응가능한 평가 지시문으로 된 AI 소프트웨어를 공급할 수 있다. Pearson은 Revel 학습시스템을 통해 디지털 교육과정으로 인지적 컴퓨팅 기술을 실행하였고 과제에 대한 프로세스 자동화를 사용하여 교수자들이 학생의 성과에 초점을 두는 것을 가능하게 하였다.

정답과 오답을 갖지 않는 글쓰기 과제와 같은 과목의 자동 성적부여에서 학생의 과제, 퀴즈, 시험에 대한 AI의 평가로 인한 한계로 인해 비판이 발생하기도 한다. 그러나, University of Michigan에서 2016년에 교수자가 빈약한 글쓰기를 규명하는 자동화된 처리와 알고리듬으로 학생의 페이퍼를 읽는 것을 지원하는 M-Write 시스템을 개발하여 이 한계를 초월하였다. 이 시스템은 교수자가 1대1 평가를 제공하는데 시간이 부족한 대형 수업에서 학생들에게 개별적 관심을 둘 수 있게 한다.

② 부정행위 예방

교육기관에서 온라인 학습은 학생들에게 새로운 일상이 되고 있다. 그러나, 동일한 교육과정관리시스템을 사용하는 인터넷과 교육기관에서 답에 대한 쉬운 접근으로 표절과 부정행위 이슈가 점점 더 부각되고 있다. 온라인으로 부정행위와 싸우기 위해 디지털 감독자의 형태로 인지적 관여 기술이 교실 외부에서 시험을 치르는 학생의 행동을 모니터하는 데 사용될 수 있다. Proctortrack과 ProctorU와 같은 인지적 감독 시스템은 부정행위를 막는 것을 돕기 위해 Moodle, Canvas, Blackboard와 같은 교육과정관리시스템과 통합된다. 학생들은 안면, ID, 지문 스캔의 생체분석을 통해 이 플랫폼으로 그들의 신원을 입증한다. 그들의 행동이 시험에 걸쳐 내내 만약 그들이 컴퓨터를 떠나거나, 온라인으로 누군가와 접촉하거나, 다른 웹브라우저에 접근하게 되는지를 관찰하게 된다. 가장 큰 관심 시험의 경우에 이 시스템은 불빛 변화 혹은 이상한 소음과 같은 사람이 감지할 수 없는 요인을 관찰하기 위해 AI와 인간 감독자와 결합될 수 있다.

(4) 선발, 입학, 보유

① 선발

감소하는 입학자원과 COVID-19의 영향으로 대학의 등록율이 점차 감소하고 있다. 교육기관은 학교가 올바른 다음 단계인지를 확신하지 못하는 학생들에게 가치를 향상시키기 위해 AI 기술을 사용하는 기회를 갖는다. Georgia State University와 같은 대학은 이 선발 도전을 향상시키기 위해 챗봇을 사용하는 중이다. 대학 캠퍼스에서 챗봇은 잠재적인 학생의 입학 프로세스부터 등록금까지 학교에 대한 질문에 답하기 위해 고객지원시스템으로 작동하는 학생 24/7에 접근할 수 있다. 이 디지털 도구는 전화하거나 장학금 관련 직원과 통화하기보다 챗봇 온라인과 대화하는 것을 선호할 수 있다.

② 편향되지 않은 입학

어떤 프로세스를 향상시키기 위해 자동적인 시스템에 의존하는 것과 관련해 수집된 데이터의 품질은 운영의 성공에 핵심이다. 전통적인 대학 입학 프로세스는 입학이 총평점평균, 표준화된 시험점수, 개인적 추천, 지원자의 특징을 포함하는 대학의 보편적 요인과 특징에 의해 결정된다. 또한, 사회경제적이고 인구통계학적 요인들도 중요한 영향을 미치는데 이들은 인종, 성별, 민족, 종교, 소득수준을 포함한다.

불평등은 입학 상담가 주관적 의사결정에 의존하는 입학 프로세스에 편향을 수반할 때 발생한다. Salesforce의 Education Cloud와 같은 AI 프로그램은 학생의 위치, 소득수준, 의도된 교육과정, 학교와 소통의 빈도에 입학을 목표로 함으로써 학생들을 다양화하는 것을 지원한다. 인지적 AI는 입학 담당자의 선입관에 직면하는 학생들이 피해를 보는 대면 인터뷰 프로세스를 대체하는 중이다. 인터뷰하는 학생 혹은 지원자를 인터뷰하는 것과 관련해 프로세스 자동화 스캔은 인종과 같은 이유로 인해 학생의 입학을 막는 편향의 사인을 찾는다. 교육기관은 이전에 입학한 학생 성과에 기초하여 학생의 성공률을 결정하기 위해 예측적 애널리틱스를 사용하여 우수한 지원자가 학교와 일치하는 것을 보유하는지를 더 잘 감지할 수 있다.

③ 목표로 설정한 보유

보유는 다음 학기에 계속 등록하는 전일제 1학년 학생의 비율로서 정의될 수 있다. 학생이 교육을 중단하거나 다른 학교로 이전하는 일차적인 이유는 등록하는데 재정적 어려움, 학문적 엄격함, 학교-개인의 생활 균형에 기인한다. Georgia State University에서는 동일한 원론 수업에서 실패한 학생의 과거 성적을 분석함으로써 그들이 실패하기 전에 수업에서 애쓰는 것을 예측한다. GPS Advising 프로그램(Graduation Progression Success)은 학생 중도 탈락에 관련성이 있는 800개의 다른 유형의 행동과 학술적 선택을 갖는 학생의 진행을 추적하기 위해 예측적 분석을 사용하고 48시간 내에 교직원이 그 학생에게 연락을 취할 수 있도록 한다.

(5) 조언, 감정적 지원, 경력 서비스

① 조언

교육에서 AI의 핵심 초점이 학생의 학습경험을 향상시키는 데 있는 반면에 조언과 같은 외적 요인은 학습경험을 만들거나 세분화할 수 있다. 학생은 졸업 요구사항, 수업 이용가능성, 나아가 이러한 문제를 조언하는 인력의 부족에 직면한다. 챗봇과 AI 소프트웨어는 24/7 지원을 제공함으로써 학생의 바쁜 스케줄을 고려하면서 관리인력을 확장할 수 있다. Stellic은 2015년에 Carnegie Mellon University 졸업생에 의해 만들어진 자동화된 대학 조언 플랫폼이다. 이것은 졸업 요구사항을 달성하지 못하는 리스크에 빠진 학생을 예측하는 개인화된 스케줄과 학위 계획을 제공한다. Stellic은 학생을 위한 개인화된 시스템을 만들기 위해 교육과정 정보, 요구사항, 과거의 학생 스케줄을 분석한다. 이 유형의 예측적 애널리틱스의 목표는 대학생들이 어떤 교육과정을 필요로 하는지 알고 대면 약속에 참여하는 것으로부터 시간을 절약하면서 수업을 신청하도록 지원하는 것이다.

② 감정적 지원

학교생활의 균형에서 대학 경력에 걸쳐 성공에 초점을 맞추는 것은 학생 보유, 졸업율, 학생의 학교와 연결을 증가시키는 것을 돕는다. 상담자, 교수, 행정직원들은 모든 학생의 감정적 행복을 밀접하게 모니터할 수 없다. 어떤 교육기관은 등록을 유지하기 위해 1학년생의 경험에 주로 초점을 둔다. 그러나, 이것은 지원이 결여된 복학생을 무시할 수 있다. AI를 실행하는 것은 교육을 중단하기 전에 대부분의 원조가 필요한 학생을 규명하기 위해 모든 학년에 걸쳐 학생의 발전을 더 잘 추적할 수 있다. 2016년에 학생정보시스템 캠퍼스 관리는 Microsoft Azure 기술에서 운영되는 CRM 시스템 CampusNexus Engage의 한 특징으로서 AI 챗봇 RENEE(retain, engage notify and enablement engine)을 만들었다. 그 챗봇은 학생의 복지를 설문조사하고 대학의 자문가로서 작동하며, 중요한 학생이 감정적으로 혹은 학술적으로 어려움에 직면하고 있는지를 평가한다. 개인적인 학생 데이터를 수집함으로써 교육기관은 관리자가 개별 학생을 돕기 위해 개입해야 하는 시기를 규명하는 예측적 모델을 만들 수 있다. 챗봇 RENEE와 연결된 학생들은 대화의 주제에 따라 대면 지원으로 유도된다. 예측적 애널리틱스는 단지 학술적 성과를 넘어 학교생활에 적용될 때 학생 관여와 보유에서 의미있는 추세를 밝힐 수 있다.

③ 경력 서비스

학생이 대학 학위로부터 받기 원하는 결과는 바람직한 산업에서 위치를 보장하는 경력 준비 스킬이다. 학생이 졸업 후 세상에 나가기 위해 준비하는 것과 관련해 교육기관이 제공하는 지원은 AI에 의해 향상될 수 있다. 학생과 고용자는 관여를 향상시키고 미래지향적인 학생을 배양하기 위해 MARi와 같은 '경력 GPS' 플랫폼을 사용 중이다. 이 AI 시스템은 학생이 그들의 경력 목표에 기초하여 향상을 필요로 하는 분야의 요약 보고서를 만들기 위해 학생의 스킬과 경력에 기초한 데이터를 수집할 수 있다. 경력자원센터는 학생이 노동력을 위해 준비하는 새로운 방법을 지속적으로 찾는 교육기관의 한 부분이다. AI가 지원된 경력 서비스 플랫폼은 대면 네트워킹 혹은 직업조언 기회를 찾고자 하는 학생들에게 다가가는데 더욱 효과적일 수 있다. IBM은 2018년에 스킬을 구축하고, 경력 가이드를 받고, 기업 내에서 발전을 추적하기 위해 직원의 지원을 제공하기 위해 직원들을 위한 자신의 AI 경력 가이드인 Watson Career Coach를 만들었다.

8   운송서비스산업

8.1. 특징

지능은 운송 서비스와 재화가 효율적이고 효과적으로 전달되는 것을 보장하고 현재 데이터 수집 기술은 막대한 양의 운송 데이터를 수집하고 다룰 수 있다. 사용자의 목적과 적절한 이용가능 정보의 명확한 포착을 필요로 하는 지능이 정보보다 더 유용하다는 것은 분명하다. 차량, 인프라, 운전자/사용자를 포함하는 전체 운송시스템의 기능은 동태적 상호작용의 관점에서 AI 기법으로부터 편익을 볼 수 있다. 더욱 완전한 운송 데이터의 측정은 교통감지 기술이 진보함에 따라 점점 더 실행가능해지고 있다.

지능기반 운송시스템(ITS: intelligence–based transporation system)은 최근에 등장하였고 커뮤니케이션, 통제, 정보처리의 조합에 기초한다. ITS의 목적은 운송 네트워크의 통제자와 다른 사용자들이 실시간으로 더 나은 의사결정을 하는 것을 도와 운송시스템의 전반적 효율성을 향상시키는 것이다. ITS 기술은 교통 특징에 대해 가정할 필요없이 더욱 정교하고 완전한 데이터를 얻음으로써 향상될 수 있다.

교통관리에서 AI를 탑재한 운전자 지원 기술과 발전은 교통혼잡 축소뿐만 아니라 차량의 안전성 향상과 모든 운전자들 지원할 것이다. 또한, AI가 환경적 지속가능성에 제공할 수 있는 것은 인간 건강에 위협이 되는 공해를 제한하고 에너지 효율성을 극대화하며 자원을 덜 사용하는 것이다.

운송 인프라는 현재 적절하게 기능하는 데 실패하고 있다. 우리는 흔히 불충분한 용량, 낮은 수준의 안전과 신뢰성, 환경의 오염과 운영의 비효율성에 직면하고 있다. 그러나, 다양한 AI 접근법의 활용은 이미 인프라에 대해 새롭고 지능적인 운영을 구축하는 것을 도울 수 있다. 현재 많은 운송은 학습기법이 적용할 수 있을 때 간선도로에서 교차로 관리, 여행시간 추정, 차량 연료분사시스템과 같은 AI를 사용한다. 이제 자율차, 자율비행기, 드론 등은 운송산업을 완전히 바꿀 것이다. 5G와 AI가 가능하게 하는 스마트 운송은 더 원활한 교통과 더 작은 사고를 보장하기 위해 차량이 서로와 커뮤니케이션하는 것을 허용할 것이다.

8.2. 주요 AI 역할

운송산업에서 AI가 포함되는 중요한 분야는 다음과 같다.

● 자율주행차

  모든 산업에서 자율주행차는 운영의 효율성과 효과성을 향상시키고 있음
● 차량 사이버보안

  커넥티드(connected) 및 자율차량이 해킹으로부터 안전을 보장하기 위해 지능형 사이버보안 솔루션을 갖도록 해야 함
● 비전시스템

  자율주행차의 비전 센싱과 처리를 통합하여 비전 시스템을 확보
● 운전 지원

  탑승자의 경험을 향상시키기 위해 필요한 구성요소와 지능형 솔루션을 확보

이러한 분야를 모두 고려하여 AI의 주요 역할을 정리하면 다음과 같다.

(1) 공유 모빌리티에서 AI의 활용

Uber와 Lyft와 같은 자동차 공유에서 이루어지는 서비스는 인근의 목적지를 추천한다. Uber는 목적지, 탑승시간, 위치와 같은 기준에 따라 승객이 얼마나 지불할 의향이 있는지를 AI를 이용해 평가하는 경로기반 가격책정을 개발하였다. 이 결과로 Uber는 어떤 의심스러운 행동을 하는 운전자를 모니터하는 AI를 사용하였다. AI와 센서에 의해 작동되는 자율주행 차량은 공유운송의 미래로서 평가받고 있다.

(2) 버스에서 AI의 활용

대중운송에서 버스의 중요성으로 인해 안전성과 신뢰성을 향상시키기 위한 AI가 등장하였다. 버스 운송 시간표는 버스 운전자의 일정계획을 극대화하면서 운행 안전성을 강조하는 Ant Colony Hybrid로 알려진 알고리듬에 의해 규제된다. 버스 승객은 인공신경망을 사용하여 다음 버스가 도착할 시간을 예상하기 때문에 시간을 절약할 수 있다. 실시간 교통 빅데이터와 어디로 그리고 어떻게 여행하기 원하는지를 결정하기 위한 승객의 투입물을 사용하여 가장 빠른 경로를 발견하고 고객이 바라는 위치에만 정차하기 위해 AI를 장착한 고객화된 버스가 수요 대응적인 대중운송을 달성한다. 합리적인 운송 규모를 유지하고 완전한 용량으로 운영하는 것은 운영비용을 낮추는 데 필수적이다.

향상된 운영 통제와 전체 서비스 품질이 대중운송에서 AI 시스템의 사용을 통해 달성되었다. GPS 신호의 사용과 함께 이 시스템은 실시간으로 운송단위를 추적하고 모니터할 수 있고 차량에게 어떤 변화를 알려주고 차량을 위한 대안 경로를 관리하며, 승객은 모바일 앱을 통해 정보에 접근한다.

(3) 도시 이동

실시간 데이터와 향상된 네트워크 활용에 기반한 의사결정이 지능형 도시 운송의 미래이다. 이를 위한 인지적 자율주행차는 다음의 특징을 충족시켜야 한다.

- 자율 수리
  자율진단과 자율 교정이 가능
- 자율 사회화
  자연어로 다른 차량, 사람, 환경과 소통하는 차량의 능력

- 자율 주행

  통제된 상황에서 스스로 운전하는 차량의 능력
- 자율 학습

  차량이 운전자, 승객, 환경의 특징뿐만 아니라 자신의 특징을 사용
- 자율 구성

  각 차량의 디지털 정보의 사용을 통해 바람직하고 맞춤형의 차량 경험을 결정하는 것이 가능
- 자율 통합

  어떤 다른 지능형 운송 장비와 같은 운송시스템으로 통합되는 역량

한편, 운송부문에서 대표적인 AI 기능과 적용 사례는 다음 <표 13.2>와 같이 정리할 수 있다.

표 13.2 운송부문의 대표적인 AI 기능과 적용 사례

AI 기능	적용 사례
비선형 예측	교통수요 모델링
통제 기능	신호통제, 동태적 경로 안내
패턴 인식	도로와 교량의 틈새 규명
군집화	행동에 기초한 특정 운전자 계층의 규명
계획	운송계획을 위한 AI 기반의 의사결정시스템
최적화	최적의 운송 네트워크 디자인, 도로 네트워크 유지를 위한 최적의 업무 계획 개발, 교통신호를 위한 최적의 시간계획 개발

9 통신과 기타 네트워크 서비스

9.1. 특징

네트워크 서비스는 주로 통신과 수도/가스/전기와 같은 유틸리티를 포함한다. 그중에서도 네트워크에 관한 대부분의 AI 적용은 주로 통신산업에 관련된다. 예를 들어, FTTH point－to－point(fiber to the home P2P)[6] 미래 텔레콤 네트워크의 시작에서 아키텍처와 위상배치가 중요하다. 어떤 사람은 아키텍처를 최적화하기 위해 AI의 활용을 제안한다. 예를 들어, 네트워크 비용을 최소화하기 위해 모든 광재생기(optical regenerator)의 수를 최소화하는 AI 기법(유전자 알고리듬과 신경망)이 사용될 수 있다. 또한, FTTH Passive Optical Network(PON) 텔레콤 네트워크의 시작에서 잠재적으로 중요한 AI 적용은 네트워크에서 노드(스플리터) 위치의 결정이다. 나아가, AI는 그러한 네트워크에서 서비스 품질을 최적화하기 위해 AI를 사용할 수 있다.

이외에도 AI의 적용을 통해서 FTTx(fiber to the x)[7]와 Fibre－Wireless(Fi－Wi) 텔레콤 네트워크를 최적화할 수 있다. 게다가, 통신산업에서 AI는 데이터센터 내 최적의 네트워크 아키텍처를 디자인하는 데 사용될 수 있을 뿐만 아니라 개시의 실행을 지원하는 AI 활용이 존재한다. 어떤 통신 제공자는 원격 네트워크에서 광학 네트워크의 개시를 위해 로봇을 사용한다. 그러한 로봇은 개시 비용을 50%까지 줄일 수 있다.

9.2. 네트워크 운영에서 AI 적용

통신, 전기, 가스, 물, 운송과 같은 모든 네트워크 산업에서 네트워크 운영을 위해 AI가 유용하게 적용된다.

(1) 통신산업

통신산업에서 네트워크 운영을 지원하기 위한 많은 AI 활용이 존재한다.

① 백본(backbone)과 네트워크 재구성에서 자원배분

AI는 백본의 동태적 차원화를 지원할 수 있다. 예를 들어, 신경망에 의해 예측된 트래픽 양과 방향에 기초하여 재구성을 수행할 수 있다.

---

6 광섬유를 집안까지 연결한다는 뜻으로서 초고속 기가 인터넷 설비 방식의 한 종류
7 광케이블을 어디까지 보내느냐에 관련된 모든 기술을 총칭

② IP 네트워크에서 연결과 라우팅의 구축을 지원

전기 스마트 그리드(smart grid)가 센서를 우선 설치하고 운송 네트워크를 구축할 필요가 있는 반면에 비즈니스 경우에 통신 운영자는 기존의 네트워크에서 이미 이것을 이용할 수 있다. 따라서 네트워크 산업에서 시장에 영향을 미치는 첫 번째 AI 활용은 통신에서 나타난다. 예를 들어, IP 네트워크에서 가장 에너지 효율적인 라우트는 통신 운영자의 에너지 발자국을 줄일 수 있다.

③ 통신 네트워크에서 광전송의 파라메터를 최적화

예를 들어, 이것은 레이저 증폭과 위상잡음(phase noise)을 필요로 하며, 어떤 것들은 전송 효율 측정의 품질을 지원한다.

④ 네트워크 실패를 시시각각으로 규명하고 유지 니즈를 예측

예를 들어, 광액세스 네트워크에서 진단과 유지 예측을 위해 AI 기법이 적용될 수 있다.

⑤ 통신 네트워크의 잠재적 AI 기반의 자동복구

예를 들어, 문제 발생시 AI에 결정하여 서버가 자동으로 재시작할 수 있다. 통신 운영자 혹은 그들의 파트너에서 제공된 새로운 AI기반의 시스템은 패턴을 찾고 네트워크에서 이상을 감지, 예측, 위치를 알아내어 직접 완화 단계를 취한다. 또한, 그들은 네트워크에서 디도스(DDOS) 공격을 규명하고 관련한 패키지 특성을 분석 및 규명하며, 네트워크를 보호하기 위해 그러한 특성을 갖는 모든 패키지를 삭제한다.

⑥ 가상 어시스턴스

대화형 AI를 통해 통신기업이 광대한 고객지원 트래픽을 통제하고 고객의 콜 대기시간을 줄이며, 문제를 해결하고 다른 프로젝트의 설치와 구축을 지원한다.

⑦ 사기 감시

통신산업은 가짜 신분정보, 불법적 접근, 사기 행위, 도둑질, 복제의 온상이기 때문에 불법 활동과 비정상적 트래픽을 감지하기 위한 실시간 대응 AI가 필요하다.

⑧ 예측적 애널리틱스

시장 패턴과 추세를 분석함으로써 임박한 손실을 예측하도록 예방적 대응방안을 가능하게 만든다.

⑨ 고객 감성 분석

서비스 혹은 제품의 부정적 및 긍정적 영향을 이해하는 것을 지원하여 변화된 고객행동, 선호, 패턴을 분석하는 것을 지원한다.

⑩ 통신에서 로봇 프로세스 자동화

노동력 관리, 데이터 입력, 요금청구와 같은 노동집약적이고 시간소모적인 활동이 주로 포함된 백오피스 활동과 장기적이고 반복적인 규칙기반 행동을 더욱 효율적으로 관리하도록 지원한다.

(2) 전기산업

AI는 스마트 그리드(smart grid) 운영의 관점에서 또한 전기 네트워크에서 기본적 역할을 한다. 특히, 수요와 트래픽 관리에 관련하여 스마트 그리드는 현재 전개된 것들과 급격히 다른 미래의 전기 그리드의 비전을 의미한다. 전기와 정보 둘의 양자적 흐름을 갖는 이 네트워크는 AI가 실시간으로 수요를 관리하는 것을 지원할 수 있기 때문에 전기가 간헐적 재생 원천에서 더욱 효율적으로 발생될 수 있다.

(3) 가스, 물, 운송산업

① 가스, 물, 운송산업은 그들의 네트워크의 운영에서 AI를 점점 더 활용하고 있다.

통신과 유사하게 가스산업에서도 AI 알고리듬이 가스 터빈 유지의 진단과 예측에 사용될 수 있다. 결함있는 파이프로 인한 가스 손실이 많은 국가에서 중요한 문제로 알려진 것처럼 물산업에서도 유사한 활용이 발견될 수 있다.

② 어떤 형태의 스마트 그리드 어플리케이션은 또한 더욱 전통적인 물산업에서도 가능하다. 예를 들어, 저수지 관리를 최적화하고 물 자원을 예측하기 위해 AI를 사용할 수 있다.

③ AI는 물의 품질관리를 지원할 수 있다.

④ 지능형 운송 시스템은 또한 오늘날의 운송산업에서 네트워크 운영을 변환시키기 위해 AI를 사용할 수 있다. 예를 들어, 실시간으로 교통상황에 반응할 수 있는 도시 교통통제에서 자율적인 지능형 에이전트를 실행하기 위한 AI 전략을 사용할 수 있다.

10 공공서비스

10.1. 특징

(1) 현상

안면인식과 다른 기술을 통해 공공안전을 증가시키는 것처럼 AI 기술이 다양한 방식으로 정부에 의해 사용될 수 있다. 정부는 또한 공공의료, 교육, 기타 중요한 사안과 관련한 여러 상황을 더 잘 예측하고 대비하기 위해 대량의 시민 데이터를 분석하는데 AI를 사용할 수 있다.

AI의 잠재성에 대한 관심은 민간부문에서 명확하지만 공공부문에서도 빠르게 확산되고 있다. 일반적으로 어떤 조직에 AI의 도입은 뛰어난 효율성과 더 높은 품질의 서비스를 목표로 한다. 공공부문은 고객에게 주는 가치창출을 극대화하는 것 이상의 목표를 갖는다. 게다가, 공공부문에 의해 제공되는 다수의 서비스는 구체적 수요없이 일반적으로 제공(예: 교통신호)되기 때문에 많은 시민들에게 영향을 미친다. 따라서, 공공 서비스는 일반적(일반적으로 제공된)과 특정(개별적으로 요구된) 서비스로 구분될 수 있다.

공공부문에서 AI의 활용은 교육, 에너지, 공공보건, 안전, 운송 등 매우 다양한 부문에서 나타날 수 있다. 심지어, AI가 기여할 수 있는 정부부문의 범위는 금융과 재정, 데이터 보안과 관리, 법률시스템, 물리적 인프라, 정책입안, 연구와 개발, 통신 등으로까지 확장할 수 있다. 그러나, 본 교재에서는 일반적인 논의에만 초점을 두도록 한다.

공공서비스는 디지털 발전을 위한 뛰어난 잠재력을 갖는다. e-Government는 공공부문의 디지털화에 붙여진 이름이다. 정보와 통신기술(비 AI 기반 소프트웨어)의 공공부문에 대한 그 영향은 이미 알려진 사실이다. 나아가, AI의 공공서비스 부문에서의 역할은 점차 그 잠재력과 실행이 확대되고 있는 상황이다. 정부에 의해 사용된 다른 ICT 기술에 비해 AI는 정부 조직의 핵심 기능에서 잠재적인 전개와 기술의 학습 특징으로 인해 공공부문의 성과를 증가시키고 의사결정에 영향을 미치기 때문에 시민들에게 훨씬 큰 영향력을 미칠 것이다.

공공기관에서 자신의 공공서비스 내에 AI 기술의 통합은 사용방식에 따라 시민에게 큰 편익과 공공적 가치를 제공할 수 있다. 예를 들어, 더욱 데이터 중심적으로 만들면서 공공정책 수립 프로세스에 AI 기술을 적용하는 잠재적 가치는 사회적 이슈의 더 신속한 인지, 잠재적 정책 솔루션에 대한 더 나은 분석, 신규 정책의 전개 후에 신속한 피드백 루프와 같은 편익을 제공할 수 있다. 나아가, 정부에서 AI 기술의 적용은 일반 프로세스를 자동화하고 AI 시스템의 추천을 통해 강화되고 권한이 부여된 공무원을 보유하기 때문에 공공조직의 운영을 더욱 효율적이고 효과적으로 만들 수 있다.

정부서비스 부문에서 활용될 수 있는 대표적 AI 기법은 다음과 같다.

- AI 기반의 지식관리 소프트웨어
  - 지식의 일반화와 체계화－지식의 수집, 정렬, 변환, 기록, 공유
  - 전문가 시스템이 지식경영의 지식의 성문화를 지원
  - 신경망의 사용이 지식을 분석, 유통, 공유를 가능하게 함
- AI 프로세스 자동화 시스템
  - 표준화 업무의 자동화(지속적인 품질로 예측불가능한 조건을 갖는 공식적인 논리 업무 수행)
  - 복잡한 인간의 활동 프로세스(공식적인 논리적 혹은 위험한 업무)이 자동화 시스템으로 이전될 수 있고 이것은 업무를 수행하는 데 인간을 지원
  - 규칙기반의 평가, 업무 흐름 처리, 스키마 기반의 제안, 데이터 마이닝, 사례기반추론, 지능형 센서 기술을 포함
  - 로봇의 프로세스 자동화가 추가 기술 혁신을 통한 하위 영역으로서 등장. 이것은 소프트웨어 시스템의 사용자 인터페이스와 인간의 상호작용을 모방하기 위해 소프트웨어 로봇 혹은 AI 주동의 노동자들의 역량을 활용
- 가상 에이전트
  - 음성 애널리틱스, 컴퓨터 비전, 기록된 데이터의 수단으로 사용자와 상호작용하거나 실시간 번역, 자연어처리, 감정 컴퓨팅을 포함할 수 있는 컴퓨터 기반의 시스템
  - 인간을 위해 업무를 수행할 수 있는 소프트웨어
  - 하위분야는 챗봇과 아바타(avatar)
- 예측적 애널리틱스와 데이터 시각화
  - 이 애널리틱스는 계량적이고 통계적인 데이터 분석에 기초
  - 보고서 작성, 서술적 분석, 예측적 분석을 위한 빅데이터의 처리
  - 데이터로부터 학습할 수 있는 알고리듬에 기초한 기술적 하위 영역으로서 머신러닝
- 동일성 분석
  - IT 시스템에 대한 접근을 통제하고 리스크 기반의 신원 점검을 자동화하기 위한 빅데이터와 결합된 소프트웨어, 첨단의 애널리틱스, 동일성 접근 관리
  - 딥러닝과 머신러닝, 감정 컴퓨팅, 인공적 면역체계를 포함

- 인지로봇과 자율 시스템
  - 지식 표현을 포함하고 학습과 대응할 수 있는 더 높은 수준의 인지적 기능을 갖는 시스템
  - 개별 감정에 대응할 뿐만 아니라 인간의 행동을 결정하고 적응하기 위한 감정적 컴퓨팅과 연결
- 추천시스템
  - 정보 필터링 시스템
  - 개인의 선호를 예측하기 위해 개인화된 정보를 걸러내는 소프트웨어 기반 시스템
- 지능형 디지털 어시스턴트
  - 음성애널리틱스에 기반한 소프트웨어
  - 정보를 탐색하거나 단순한 업무를 완성하기 위해 사용자와 시스템/장치 사이에 직관적 인터페이스를 제공
- 음성애널리틱스
  - 언어의 지능적 인식과 처리를 위한 소프트웨어
  - 자연어를 이해하거나 대응
  - 음성언어로부터 문자언어로 번역 혹은 한 자연어에서 다른 자연어로 변환
  - 실시간 보편적 번역과 자연어처리 시스템을 포함
- 인지적 보안 애널리틱스와 위협 지능
  - 자연어 처리와 머신러닝을 통해 보안정보를 분석하기 위한 인지적 기술의 추가적 적용
  - 정보를 해석하고 조직화하고 이유를 제공

10.2. 주요 역할

일반적으로 공공부문에서 AI의 사용은 프로세스를 자동화하거나 인간 의사결정역량을 증강시키기 위해 사용될 것이다.

(1) 세 가지 주요 역할

① 정책수립 지원

정부에서 AI의 잠재적 영향 중 하나는 다양한 정책수립 단계를 향상시키는 것이다. 일반적인 정책 사이클은 어젠더 설정, 정책 수립, 의사결정, 정책 실행과 평가의 단계라는 여러 과정을 거쳐 진행된다. 정책수립 기능을 위한 AI의 적용은 사실에 기반한 데이터 중심

과 증거기반의의 정책수립을 가능케 하여 더 나은 의사결정과 더욱 정교하거나 덜 불확실한 정책 의사결정을 가능하게 한다. 이점에서 정책 과정에서 AI를 사용하는 핵심 편익은 정책수립 프로세스에서 다양한 단계들의 효율성, 효과성, 정당성을 증가시키는 것이다. 그러나, 빈약한 품질의 데이터 혹은 편의에 기초한 의사결정이 이루어졌을 경우에는 잘못된 의사결정을 할 리스크가 커질 수 있다는 점을 강조할 필요가 있다.

② 공공서비스 전달의 향상

AI 시스템은 챗봇을 사용하거나 혹은 이용가능한 시민의 특징과 정보에 기초한 개인화된 서비스를 통해 기업과 시민들에게 직접 공공서비스의 전달을 향상시키는 데 사용될 수 있다. 빅데이터와 AI의 결합은 조직의 정보서비스를 향상시켜 정부성과를 크게 향상시키는 잠재력을 가질 뿐만 아니라 공공서비스 전달의 효율성을 향상시키고 예산을 절약하며 생산성을 증가시킬 것이다. 나아가, 새로운 혁신적 공공서비스를 개발하는 것을 지원할 수 있다. 그러나, AI시스템은 편의된 추천 혹은 편향된 의사결정을 만드는 것을 가능하게 할 수 있다는 점을 고려해야 한다.

③ 내부관리의 향상

내부 관리를 위해 사용된 AI는 더욱 효과적이고 효율적인 자원 배분(재무와 인적자원을 포함)을 위해 활용되고 더 나은 전체 관리와 인력의 성과로 이어질 수 있다. 운영적 업무에 대해 AI는 반복된 활동과 다른 비효율적 프로세스를 제거하는 것을 도우면서 공무원이 어떻게 일하는지와 어떻게 자원이 사용되는지를 관찰하는 것을 지원하는데 사용될 수 있다. AI 기술은 유지를 필요로 하는 대상을 규정하고 안전을 향상(특히, 사이버 공격을 감지하고 예측함으로써 공공관리의 내부 네트워크의 사이버 보안)시키는 데 전개될 수 있다. 나아가, 공공부문에서 가장 일반적으로 언급된 편익 중 하나는 감사를 수행하는 잠재력을 증가시켜 시민들의 사기 혹은 직원의 부패에 의한 사기 거래를 감지하는 가능성이다. 또한, 공공 조달에서도 계약선발, 정보제공, 조달 의사결정 지원, 부패 리스크가 있는 입찰자 규명, 실수 혹은 비위 리스크를 축소시키는 자동화된 프로세스와 같은 다양한 방식으로 조달 프로세스를 지원할 수 있다.

④ AI 기반의 셀프서비스기술

AI 기반의 셀프서비스 기술(SST: self-service technology)은 전통적 SST에 비해 <표 13.3>의 특징을 갖는다.

표 13.3 AI 기반의 SST의 특징

특징	전통적 SST	AI기반의 SST
공간	물리적	물리적과 디지털을 연결
핵심 기술	버튼	자연어처리, 안면인식, 추천 알고리듬
상호작용의 특징	사용자 대 기계	− 사용자 대 기계 − 기계 대 기계(접점 대 접점) − 사용자 대 사용자 − 사용자 대 정부 공무원
경험의 본질	오프라인 경험	새로운 개인화되고 중단없는 사용자 경험
서비스 제공	고정된 서비스	상시 접속 및 상시 대응 서비스

첫째, 자연어처리, 안면인식, 머신러닝, 추천 알고리듬, OCR 인식과 같은 지능적 특징은 24시간 셀프서비스를 사용자에게 제공하기 위해 AI 기반의 SST로 통합된다. 둘째, AI 기반의 SST는 이전의 비즈니스 거래에 기초하여 데이터를 수집하고 처리한다. AI가 스스로 학습할 수 있기 때문에 더 많은 거래가 처리되면 알고리듬의 정확성이 증가할 것이다. 따라서, 추천 알고리듬을 사용하여 AI 기반의 SST는 개인화된, 중단없는, 향상된 사용자 경험에 공헌한다. 셋째, AI 기반의 SST는 발전된 저장 역량, 높은 처리속도, 정확한 개인화 역량의 지원으로 더욱 일관적인, 적시의, 효과적인 서비스를 사용자에게 제공할 수 있다. 결과적으로, 정부 기관은 향상된 업무효율성과 사용자 경험, 서비스 비용의 절감, 인간 업무 부하의 경감이라는 잠재성으로 인해 높은 속도로 AI 기반의 SST를 활용하고 있는 중이다.

(2) 구체적 역할

더욱 구체적으로 잠재적 편익을 나열하면 다음과 같다.

● 효율성과 성과편익

효율성, 효과성, 더욱 효율적인 정부서비스와 운영, 효율적 프로세스와 업무 자동화, 프로그램 효율성, 실수 감소, 성과와 프로세스 단순화, 관리부담 경감, 단순하고 반복적인 업무로부터 자원제약 완화

● 리스크 규명과 모니터링 편익

효과적 리스크 규명, 모니터링 수준 향상, 실수 감지 향상, 지능형 모니터링 보장, 복잡하고 긴급한 문제에 대한 통찰, 사기감지 향상, 안전과 보안 향상, 내부 통제에 기여, 관리사기 리스크의 평가

- 경제적 편익

  경제개발을 자극, e-정부 서비스와 시스템의 경제성 강화, 비용 절감, 개인화된 서비스를 개발, 자원배분 강화, 경제와 생산성 수준 향상, 경쟁력 향상, 노동대체, 불필요한 요식행위 절감 등

- 데이터와 정보 처리 편익

  향상된 대량의 정보처리, 지속적인 자율개선 역량 강화, 데이터 활용 향상, 빅데이터의 분석, 상호운영성, 신지식 창출, 인간의 간섭없이 지능적 네트워크 보장 등

- 서비스 편익

  공공서비스 향상, 서비스 전달에서 효율성과 효과성 강화, 개인화된 공공서비스 제공 보장, 서비스 품질 제고, 혁신을 배양하고 서비스 품질을 촉진, 시민이 요구하는 서비스에 대한 접근 강화, 접근성/개인화 가능, 서비스의 생산성과 품질 향상

- 사회에 대한 편익

  공공부문의 가치창출, 정보역할을 확대, 사회적 편익 제고, 공공가치의 확대, 시민의 삶의 질 향상, 안전 강화, 교육 자극, 다양한 정부기능에서 가치 창출

- 의사결정 편익

  정부 의사결정자를 지원, 의사결정 향상, 더욱 정확한 의사결정, 정책수립의 효율성과 효과성 향상, 공공기관에서 자동화된 의사결정, 공공정책의 디자인과 평가에 정보제공, 관리적 부담의 감소, 잠재적 행동 분야를 강조 등

- 관여와 상호작용 편익

  시민과 상호작용 향상, 가상의 어시스턴트 창출, 시민의 e-정보 소통 향상, 정부의 투명성 향상, 시민의 신뢰 배양

- 지속가능성 편익

  환경 보호 지원, 자연자원 처리 향상, 지속가능한 환경 관리과 자연자원 관리

- 국방과 군사

  - 감시: 드론 영상으로부터 얻은 알려지지 않은 차량과 적대적 활동의 가능성을 규명하기 위한 영상을 분석하기 위한 컴퓨터 비전의 활용
  - 사이버 보안: 국방관련 소프트웨어의 결함을 자동으로 규명하기 위해 AI 기반의 사이버 도구를 활용
  - 치명적 자율무기 시스템: 목표를 감지하고 그 목표를 파괴하기 위해 장착된 무기 시스템을 인간의 개입없이 자동으로 전개하는 전투용 무기
  - 자율 차량: 자율 무인 항공기, 무인 전투함, 무인 잠수함 등

10.3. 도전사항

공공부문은 그 파급효과와 AI에 대한 근본적 우려를 고려하면 매우 조심스럽게 AI를 적용할 필요가 있는 분야이다. AI를 적절하게 도입하고 활용하는 데 해결해야 할 도전 사항은 다음이 있다.

(1) 데이터

데이터 획득과 저장, 데이터 통합, 시스템/데이터 품질, 부정확하고 불명확한 데이터, 외부 데이터 원천에 대한 의존성, 민감한 데이터의 남용과 미사용, 데이터 수집/형태/품질의 표준의 결여, 데이터 갭, 불충분한 데이터 사용, 비구조화된 데이터, 데이터 이질성, 데이터 공유와 보안의 어려움 등

(2) 조직적 및 관리적 문제

데이터 공유에서 조직의 저항, AI 개발을 위한 전략계획의 결여, 관료주의의 저항, 적절한 AI 지배구조의 결여, 협력/자원/스킬에 관련된 어려움, 기관들끼리의 비협조, 기관 간 협력시 기회주의, 인적자원의 부족에 따른 내부관리 문제, 대량의 데이터를 다루는 역량의 제한, AI의 사용에 대한 부정적 태도 등

(3) 스킬의 어려움

AI에 대한 제한된 인력의 지식, 스킬 격차, 조직 내 AI 인재의 결여, 기술적 스킬에 대한 교육의 격차, 전문가의 결여 등

(4) 해석의 어려움

AI 해석의 결여, 결과의 해석 문제, 정보 과부하, 잘못된 정보의 문제, AI 접근법에 대한 전반적 어려움 등

(5) 윤리적 및 정당성 도전

인간과 기계의 판단 사이의 차이, 중요한 의사결정에 인적 요소를 포함하지 않는 문제, 도덕적 딜레마, AI 적용에 의해 초래된 불평등과 불공정, 부정확하고 불공정한 데이터에 의한 의사결정, 데이터의 비윤리적 사용, 프라이버시의 결여, 사이버 보안, 데이터 보호, 신뢰의 결여, 투명성/신뢰/민주주의와 관련된 도전, 인간 잦율성에 대한 AI의 위협, 과도하고 유연하지 못한 통제, 정부와 시민 사이의 기존의 파워불균형 확대, 지능형 기술에 대한

과도한 의존, 알고리듬의 불명확성 등

(6) 정치적, 법적, 정책적 도전

평등한 보호/투명성이라는 근본적 가치를 축소, 통제와 책임성에 대한 문제, 자율 시스템의 규제, AI의 법적 및 기술적 블랙박스 속성(알고리듬과 소스코드와 사용 데이터의 전유적 특징으로 인한), 데이터 소유권의 결정 문제, 문화적 및 사회적 요인이 복잡성을 발생, 디지털 격차, AI 적용에서 일부 기관의 배제 등

(7) 사회적 도전

노동시장에 대한 영향, 일상의 활동에서 비인간화, 증가된 실업, 가난의 심화, AI의 사회적 수용과 신뢰, AI 기술에 대한 비현실적인 기대, AI 기술의 가치와 장점에 대한 불충분한 지식 등

(8) 경제적 도전

직업의 손실, 재무적 실현가능성, 효율성으로 인한 경제적 피해

---

11 전문서비스산업

11.1. 특징

회계 및 감사기업, 광고업체, 건축회사, 바이오테크기업, 법률기업, 의료기업, 보험중개업체, 기술서비스업체, 엔지니어링과 설계업체, 투자은행, 경영컨설팅, 재산컨설팅업체, 마케팅 및 홍보기업이 제공하는 전문서비스에서 AI의 전개는 제품 및 서비스 전달 프로세스에서 활발하게 AI 기술을 사용하고 있다. AI는 전문가 업무에 심오한 결과를 미칠 것이고 심지어 전문가를 불필요하게 만들 것이라는 주장도 있다. 특히 법률서비스 부문에서 새로운 비즈니스 구조와 기술을 포용하지 않는 중소규모의 기업은 생존하지 못할 것이라고도 얘기된다. 그러나, 다른 사람들은 법률서비스에서 직업 안정성에 대한 AI의 영향은 기술이 달성할 수 없는 비구조화된 인적 상호작용에 대한 본원적 니즈로 인해 계속 중도적일 것이라고 덜 극단적인 예측을 하기도 한다.

이에 대한 경영학자들의 근본적 연구 주제는 '의사결정 권한이 지능적 기계에 위임될 수 있는지?', '업무 성과에 영향은 무엇인지?' 등이며 이 질문은 서비스 전달에서 인간의 전문성의 핵심 역할이 여전히 기대되기 때문에 전문서비스에서 특히 극단적(경제적으로 중요한) 인 상황에 놓여 있다고 볼 수 있다.

일반적으로 전문서비스는 전형적으로 낮은 생산량, 높은 다양성, 높은 고객 접촉, 고객화된 프로세스, 전문가의 전문성과 재량에 의존이라는 특징을 갖기 때문에 자동화하기 쉽지 않을 것이다. 운영 프로세스에서 이전의 많은 IT는 덜 숙련된 노동자에 의해 수행된 반복적인 업무만을 맡았다. 그러나, 전문가 서비스에서 AI 기반의 시스템의 사용은 이전에 매우 숙련된 인간 노동자들의 배타적 보호로서 간주된 지식집약적 업무를 수행하기 위해 IT 사용과는 다르게 결과될 것으로 볼 수 있다.

주요 전문서비스 기업의 AI 활용 기법의 예를 들면 다음과 같다.

- KPMG

  Tax Data Reader라고 불리며 문자데이터 애널리틱스를 창출하여 자연어처리와 특징 인식 기술을 사용하여 막대한 양의 데이터를 읽을 수 있다. 또한 광대한 양의 비구조화된 데이터를 다루는데 감사 프랙티스에 적용되는 비즈니스 의사결정과 프로세스를 향상시키도록 설계된 KPMG Ignite로 불리는 AI 도구들의 포트폴리오를 구축하였다.

- PwC

  어떤 급여비용의 합리성과 적정성을 신속하게 평가하는 컴퓨터 모델을 개발하여 감사 품질을 증가시키고 처리 속도를 향상시켰다. 또한 AI가 가능하게 하는 기술을 통해 예측 애널리틱스와 자연어처리 역량을 향상시키는 데 투자하여 감사 효율성을 향상시키기 위해 GLai로 알려진 맞춤형 도구를 개발하였다.

- Deloitte

  IBM Watson과 제휴를 통해 업무에 소비하는 시간을 줄이기 위해 생산성을 향상시켰다.

- Deloittesms

  COVID-19 동안에 퇴직연금 문의를 관리하는 것을 돕기 위해 AI 적용 챗봇을 개발하였고 계약에서 정보를 리뷰하고 추출하는 프로세스를 자동화하기 위한 문서검토 플랫폼을 개발하여 법적 계약문서를 검토하는데 소비한 시간을 50%까지 줄였다.

- Ernst & Young

  데이터를 감사 플랫폼(EY Canvas)에 도입하기 전에 고객 재고를 모니터하기 위한 항공 드론을 전개함으로써 글로벌 감사 프로세스를 향상시키기 위해 AI를 출시하였고 감사와 같은 일상적 업무를 자동화하는 목적으로 고객에게 더 정확하고 효율적인 감사를 전달하기 위해 자사 소유의 Robotic Process Automation(RPA) 시스템을 사용하여 AI 기술을 적용하였다.

● BDO

감사 지능 로봇을 구축하였다.

● Baker McKenzie

변호사들에게 법률직의 변화에 대한 주간 뉴스피드를 제공하기 위해 Lancelaw라 불리는 지능형 플랫폼을 출시하였다.

11.2. 주요 AI 역할

(1) 마케팅에서 역할

흔히 보수적으로 고려되고 있지만 전문서비스기업도 마케팅 프랙티스에 영향을 미치는 최신 기술적 혁명에서 생존하기 위해 AI를 적용해야 한다고 얘기된다. AI는 비즈니스 마케팅 성과의 다음 물결을 변화시키는데 중요하다. 특히, 전문서비스 기업은 인터액티브 마케팅과 데이터베이스 마케팅에 기반하여 시장에서 더 잘 수행하기 위한 프랙티스에 관여해야 한다. 전문서비스 기업에서 마케팅 프랙티스가 점차 데이터 주도적이 되고 있고 마케팅 자동화와 관련된 증가하는 효율성에 초점을 두고 있다.

(2) 기타 역할

- 감사기업의 업무가 점점 더 로봇 혹은 인공지능에 의해 수행되는 중이기 때문에 이들은 디지털화를 포용하는 중이다.
- 보증서비스에서 AI가 일반원장의 검토, 세무 규정준수, 보증을 지원하기 위한 블록체인, 서류작업 준비, 데이터 애널리틱스, 비용 규정준수, 사기 감시, 의사결정을 포함한 감사와 회계절차를 수행한다.
- 보증/감사 프로세스의 구체적 구성요소의 로봇 업무 자동화
- 변호사가 복잡한 계약 지불 의무를 관리하기 위해 AI를 사용
- 변호사를 위한 AI가 지원하는 기술, 자동화에 대한 법률업무의 위협, AI 규제, 로봇 경찰, e-발견, 데이터 차별, 법적 절차에서 AI 적용을 포함하여 법적 환경에서 AI의 적용이 증가
- 핀테크 부문에서 로봇-자문가(robo-advisor)는 전문직 인간의 자문가를 모방

- 전문서비스 기업 내 대인 판매와 매출관리 연구에서 AI 활용
- 회계사와 법의학 팀이 e-메일의 감성분석을 평가하고 작성된 대화의 톤을 평가하여 사기와 파산예측을 규명하기 위해 AI 알고리듬을 사용
- 법률 서비스에서 AI의 사용은 계약 초안과 검토, 디지털 서명, 계약관리, 법률 및 문제관리, 계약 자산실사, 전문성 자동화, 법률 애널리틱스, 업무 관리, 제목 검토, 임대차 계약서를 포함
- 법률 애널리틱스: 변호사는 과거 판례법, 승소/패소율, 판사의 추세와 패턴에 대한 과거 기록으로부터 데이터를 사용
- 문서 자동화: 로펌은 데이터 입력에 기초하여 작성된 문서를 만들기 위해 소프트웨어 템플릿을 사용
- 지적재산: AI 도구는 변호사들이 대규모 IP 포트폴리오를 분석하고 컨텐츠로부터 통찰을 구축하도록 안내
- 전자청구: 변호사의 임금 청구가능시간이 자동으로 계산
- 예측기술: AI 소프트웨어가 소송 결과를 예측

참고문헌

Baek, C. H., Kim, S. Y., Lim, S. U. & Xiong, J. (2021), "Quality evaluation model of artificial intelligence service for startups", International Journal of Entrepreneurial Behavior & Research, DOI 10.1108/IJEBR−03−2021−0223.

Nam, K., Dutt, C.S., Chathoth, P., Daghfous, A. & Khan, M.S. (2021), "The adoption of artificial intelligence and robotics in the hotel industry: Prospects and challenges", Electronic Markets, 31, 553-574.

Purdy, M. & Daugherty, P. (2019), How AI Boosts Industry Profits and Innovation, Accenture Report, https://www.accenture.com/fr−fr/_acnmedia/36dc7f76eab444cab6 a7f44017cc3997.pdf.

AI의 잠재적
위험과 미래

14장

AI의 잠재적 위험과 미래

1 AI의 잠재적 위험

지금까지 서비스 부문에서 AI의 적극적인 활용과 미래에도 그렇게 될 수밖에 없는 관점에서 많은 서비스 이슈에 대해 논의하였다. 그러나, AI가 서비스 부문에 활용되기 위해서는 여전히 해결해야 할 문제들이 많이 존재한다는 것을 여러 번 지적하였다.

1.1. 인식된 정체성 위협

AI 서비스 도구가 서비스 거래에서 진정으로 수용되기 위해서는 그들이 의도된 기능을 수행할 뿐만 아니라 사회적으로도 받아들여질 필요가 있어야 한다. 그러나, 지금까지 많은 연구에서 논의되고 지적된 것처럼 로봇 동료를 선호하는 다수의 사람들은 심리적 편익(예: 우정)보다 효용 편익(예: 지원)을 지향한다. 언캐니 밸리(uncanny valley)에 따르면 사람들은 이 개체의 의인화가 매우 높은 수준에 접근(예: 인간과 닮은 감정적 AI)할 때에만 그들의 동료로서 그 개체를 사회적으로 수용할 수 있고 사회적 개체로서 이것을 받아들일 것이다. 그러나, 현재의 기술은 AI 도구가 이 수준의 인간성을 달성하는 데 충분치 않다. 따라서, 현재의 AI 발전 단계에서 사람들은 그들의 효용편익을 위해 AI 서비스 도구를 어쩔 수 없이 수용하는 경향이 있고 이 도구가 그들의 인간 정체성을 위협한다고 인식한다. 다음의 <그림 14.1>을 보고 여러분은 어떤 생각이 드는가?

그림 14.1 언캐니 밸리 사례

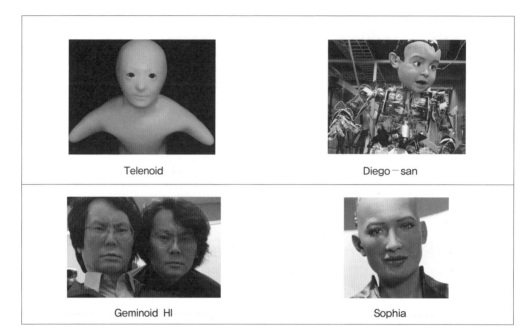

Telenoid

Diego-san

Geminoid HI

Sophia

1.2. 네트워크 보안과 정보 프라이버시

네트워크 보안과 정보 프라이버시에 대한 관심은 AI 적용의 또 하나의 해결 사항이다. 데이터 수집, 저장, 접근은 AI 도구가 환경적 변화를 처리하고(예: 다른 고객과 대화) 문제를 해결하는 것을 가능하게 하는 근본적 기능이다. 현재의 기술은 이 도구들이 외모, 음성, 행동, 배경, 습관과 같은 고객으로부터 종합적 데이터를 기록하는 것을 허용한다. 이 데이터는 다시 고객이 자신의 개인 정보를 통제하고 보안 리스크에 대해 스스로를 보호하는 제한된 능력을 갖도록 해야 한다.

그러나, 광대한 양의 개인적 정보의 수집과 저장은 AI에 대한 소비자의 수용을 제한할 수 있고 이것은 잠재적으로 부정적인 영향을 미친다. 개인 프라이버시에 대한 과거의 위반 사례인 일상적인 다수의 데이터 침해와 소비자가 배신되었다고 느끼게 만드는 방식으로 기업이 AI를 사용한 구체적 사건은 고객 신뢰의 손실로 결과된다. 후자의 예로는 어떤 여성이 임신한지를 예측하기 위해 구매 데이터를 사용한 Target과 사망을 예측한 보험사의 사례가 있다.

더욱 극적인 AI 실패 사례로는 의료 상황의 오진과 통제를 잃은 자율주행차량으로서 이는 곧 죽음으로 결과된다. 또한, 환대산업에서 엄청난 양의 정보가 소비자의 행동과 소비 습관에 관해 이용될 수 있는데, 이 중 어떤 것은 배우자, 사장, 커뮤니티에게 불쾌한 일일 수 있다. 새로운 AI 특징을 서비스 제공품으로 실행하는 기업은 고객의 개인적 삶에 대한 수용하기 어려운 침해를 유념할 필요가 있을 것이다.

1.3. 변화에 대한 저항

(1) 고객의 저항

고객이 AI 도구와 강제로 상호작용하도록 강요받음으로써 개인적으로 평가절하되었다고 느낄 수 있다. 이 때문에 인간 직원에 의해 전달되었던 서비스를 대체하는 AI 서비스 도구를 사용하는 것은 고객의 서비스에 대한 인식에 도전할 수 있다. 특히, 환대서비스 상황에서 서비스 제공에 포함된 사회적 상호작용의 품질은 고객의 인식된 서비스 즐거움에 의미있게 영향을 미친다. 따라서, 고객들은 사회적 상호작용에 대한 그들의 선호로 인해서 AI 도구로 제공된 서비스를 사용하는 것을 단호히 거절하거나 잠재적으로 평가절하할 수 있다.

(2) 직원의 저항

AI 서비스의 상황에서 인간 직원은 서비스 접점에서 중요한 역할 플레이어이다. 서비스를 제공하는 데 사용된 AI 도구들은 고객뿐만 아니라 직원과도 상호작용한다. 실제로, 서비스 직원으로서 AI 로봇을 실행하기 위해서는 단지 기술, 비용, 서비스 품질뿐만 아니라 인간 직원의 수용과 태도에서도 중요한 사항을 고려해야 한다.

이와 관련한 모든 연구는 서비스 로봇의 적용이 고객 및 직원 모두로부터 니즈와 편익을 고려하지 않고는 성공적일 수 없다고 강조하고 있다. 예를 들어, 헬스케어 사업에서 서비스 로봇의 기술 측면에 초점을 둔 프레임워크를 개발하는 어떤 문헌리뷰에서 고객과 직원 모두에 의해 요구되는 서비스 로봇의 10가지 핵심 특징을 사용자 친숙성, 인간과 상호작용, 용이한 접근, 신속한 반응, 문제 진단과 해결, 정확성, 보장성, 신뢰성, 거래 입증과 보안, 원격 모니터링으로 규정한 바 있다.

그러나, 기존 연구는 직원들이 AI 서비스 도구에 대해 긍정적 태도보다는 부정적 태도를 보통 갖는다고 주장한다. 예를 들어, AI와 로봇에 의해 대체되는 위협으로 인해 호텔 직원의 이직 의도에 긍정적인 영향을 미치게 될 것이다. 교육 상황에서도 발달 장애를 갖는 어린이들을 교육시키고 돌보기 위해 서비스 로봇을 사용하는 것에 대한 수용에서 경력이 많은 실무자들은 학생들보다 오히려 서비스 로봇의 사용에 대해 더 부정적인 태도를 가질 수 있다.

1.4. 고용 혼란

AI 문헌에서 더욱 영향력 있는 주제 중 하나는 인간 노동을 대체하고 인간을 소모품으로 만드는 기술에 대한 전망과 그 시사점이다. 2030년까지 전 세계적으로 8억개의 직업이 자동화될 것이라는 McKinsey의 전망(Manyika et al., 2017)은 낙관적으로 보일 수 있으나 그 배치전환 수준의 비율은 산업에 긍정적 및 부정적 시사점을 갖고 글로벌 경제에서 중요한 혼란을 초래할 것이다. 그러한 많은 수의 사회적 서비스 로봇을 도입하는 데 필요한 자본 투자, 자동화로부터 뒤따르는 비용절감, 그러한 배치전환의 인간 직원에게 미치는 영향은 급격히 전체 산업을 재형성할 것이다.

사회적 및 분석적 기능으로 AI가 발전함에 따라 서비스 로봇은 제조에서 산업혁명과 유사한 변곡점에 있는 자신을 발견할 것이다. 환대와 서비스 산업에 대한 Price Waterhouse Coopers의 예측에서 미국의 현재 환대직업의 25%가 2030년까지 자동화될 것이라는 예측처럼 인간노동 혼란의 수준은 더욱 급격해질 것이다.

Frey & Osborne(2017)은 미국 노동시장에서 702개의 직업에 걸쳐 인간 직업이 AI 기술에 의해 대체될 가능성을 언급하였다. 그들의 결과는 운송, 물류, 관리 지원, 생산과 관련된 직업들이 AI 기술에 의해 대체될 가능성이 높다고 제안한다. 환대 서비스에서 숙박관리자, 인적자원관리자, 판매 및 마케팅 관리자, 현장 감독자, 음식서비스 관리자, 세프와 주방장은 낮은 리스크(10% 미만) 수준에 있는 것으로 고려되는 반면에, 컨시어지, 고객 서비스 부서, 청소인력, 세탁 및 드라이클리닝 노동자는 각각 21%, 55%, 69%, 71%의 확률로 AI 도구에 의해 대체되는 것으로 훨씬 더 위험하다. 80% 이상의 확률로서 대체될 가능성이 가장 높은 직원은 주방직원, 음식나르는 종업원, 카운터 직원, 호스티스 직업이다.

Davenport & Kirby(2015)는 만약 자동화가 줄여주는 기능을 대체하여 새로운 업무들이 발생되지 않으면 실업에 대한 심리적 및 사회적 고통이 확장될 것이고 AI가 지식 업무를 맡으면서 혼란이 특히 심하게 될 것이라고 주장하였다. 과거의 산업혁명에서도 노동 혼란에 대한 유사한 우려가 표명된 바 있다. 그러나, 비록 단기 혼란이 특정 산업 및 부문에서 발생할지라도 전반적인 장기적인 영향은 다른 경제 부문의 노동에 대한 니즈를 증가시킬 수 있다. 게다가, 과거 혁명은 아주 힘든 육체노동 업무를 위협하였으나 인간의 지능적인 기능을 침해하거나 위협하지 않았다. 현재는 산업혁명 이후에 서비스가 기계적 AI 로봇이 모방할 수 없는 이질적인 상호작용을 필요로 하기 때문에 노동은 제조에서 서비스 업무로 이전하고 있다. AI가 Huang & Rust(2018)의 네 가지 지능 수준을 통해 발전한다고 가정하면 인간 직원이 생존하기 위한 열쇠는 AI가 가능케 하는 서비스 도구의 활용을 가장 효과

적으로 관리함으로써 고객의 서비스 경험을 향상시키기 위해 그들의 스킬과 지식을 진화
시키는 것에 있다.

1.5. 불평등한 접근, 편익, 영향

AI 기술이 새로운 부문으로 확산하기 시작함에 따라 자원제약과 ICT 기술에 대한 불평
등한 접근은 추가적인 리스크를 만든다. 현재 모든 사람이 AI를 저렴하게 적용하거나 기술
을 보유하고 있는 상황은 아니다. 많은 인력을 고용하고 있는 소규모 제조 혹은 서비스 부
문도 자동화와 결합된 AI의 적용의 증가가 증가된 수익과 자원 효율성의 증가에 기여하는
것으로 제안되었으나 그러한 편익의 공평한 분배가 당연하지 못하는 것이 현실이다. 이것
은 디지털 격차(digital divide)가 AI에도 명백히 존재할 수 있을 보여준다. 자동화의 증가로
인해서 결과되는 고용기회의 손실에 대한 우려와 불확실성이 또한 중요하다. 오히려, '모든
사람 혹은 모든 비즈니스에 AI를' 이라는 신조는 기회와 접근의 불평등 문제로 인해서 기
술적 발전에 해로운 영향을 미칠 수도 있다. AI 기술에 대한 평등한 접근은 공평하거나 평
등한 결과를 보장하지 않는다. 비록 AI의 보편적 사용이 개별 비즈니스와 조직의 운영비용
을 효과적으로 최적화할 수 있을지라도 여전히 자본의 집중으로 결과될 수 있고 불평등을
심화시킬 수 있다.

1.6. 충격, 공격, 실패의 확산

AI와 관련 기술은 인간과 기계뿐만 아니라 기계와 기계 사이, 기계와 생태계 사이, 심지
어 전체로서 지구 생태계에 복잡하고 새로운 상호작용을 초래한다. 그러나, 새로운 인간-
기계-생태계 상호작용에 의해 초래된 내생 및 외생 리스크는 실패의 파급을 확대시킨다.
보통 복잡한 시스템은 내생적으로 발전하는 기대하지 않은 충격과 파급의 영향을 받기 쉽
다. 이것은 내부 실패가 예기치 않게 등장할 수 있고 특히 만약 시스템의 구성요소가 최적
화되고 적절하게 관리되는 상황이라면(예: IoT로 연결된 프랜차이즈 점포의 네트워크) 이것
이 네트워크 연결을 통해 확산되고 전체적으로 시스템에서 실패를 창출한다는 것을 의미
한다. 한편, 의도적인 외부 공격도 그러한 내부 취약성을 노출할 수 있다. 딥신경망과 같은
심지어 가장 발전된 AI 시스템도 사보타주(sabotage)와 같은 방해행위에 취약하다. 연결성
과 정보의 흐름이 서비스 부문 AI 기술의 운영에 선제조건이나 이것은 또한 시스템의 안
전에서 잠재적으로 심각한 약점이 될 수 있다.

1.7. 효율성과 회복성

서비스 부문에서 AI와 관련 기술의 사용은 효율성과 생산성의 증가로 이어질 수 있다. 그러한 효율성 이익의 극대화를 위해 시스템 성과를 최적화하는 것은 장기적으로 전체 시스템 기능화와 회복력을 취약하게 만들기도 한다. 이 시스템이 점점 더 최적화되고 효율적이 되기 때문에 그들은 또한 더욱 불안정하고 바람직하지 않은 소위 체제변화라 불리는 것에 취약하게 된다. 이 체제변화는 터무니없는, 원하지 않은, 때때로 되돌릴 수 없는 변화로 특징된다. 예를 들어, AI를 통한 높은 효율성과 생산성 추구는 자연, 환경, 기후, 다양성에 피해를 미칠 수 있다. 중복과 다양성보다 효율성을 우선시하는 AI 시스템의 적용은 그러한 회복력의 약화를 가속화할 수 있다. 자동화의 경제적 편익이 대부분의 서비스 조직에게 가장 중요한 것으로 보이기 때문에 이 기술에 대한 투자는 당연히 효율성과 생산성에 강한 인센티브를 갖는다.

2 AI의 단점과 위험

현재 AI 알고리듬의 주요 강점은 인간의 제한된 개입 혹은 개입없이 데이터 내 숨겨진 패턴을 밝히고 원재료로부터 더 고차원의 구성개념을 자율적으로 창출하는 능력에 있다. AI 알고리듬은 인간이 규정한 모델의 파라메터를 단순히 산정하지 않고 어떤 의미에서 스스로 자율적으로 모델을 창출한다. 이에 그들의 거부할 수 없는 강점이 존재하지만 이것은 다시 여러 단점과 위험도 부수적으로 발생시킨다. 다음에 이와 관련한 여러 이슈들을 설명한다.

2.1. 상식의 결여

(1) 감정 이해의 문제

AI의 적용이 증가하는 분야는 인간 내 감정을 인식하는 컴퓨터의 능력인 감정 지능이다. 감정지능은 이미지 인식(예: 얼굴에서 행복을 감지하고 혹은 얼굴표현에서 거짓의 증거를 발견), 음성분석(예: 콜센터에 접근하는 화난 고객을 감지), 문자분석(예: 온라인 리뷰에서 불만족을 감지)에 적용한다. 고객이 AI와 상호작용하는 것을 회피하는 일반적인 성향을 고려하면 감정을 인식(아마도 모방)하는 AI 시스템의 능력은 또한 소비자의 저항을 줄이기 위한 중요성을 증가시킬 것이다.

그러나, 감정을 인식하는 것과 이해하는 것 사이에 개념적으로 중요한 차이가 존재한다 (심리학에서 감정 지능은 감정을 인식, 사용, 이해, 관리하는 것을 구분하고 이 능력들은 다르지만 서로 관련되는 것으로 논의된다). 컴퓨터 프로그램이 아무리 발전할지라도 느끼기는커녕 즐거움을 이해하지 못할 것이다. 기껏해야 그것은 우리 인간이 임의대로 미소라고 이름붙인 이미지 항목과 통계적으로 관련된 그림 내 기하학적인 패턴을 규명하고 인식하도록 훈련될 수 있다. 어떤 의미에서 AI 알고리듬은 사이코패스(psychopath)로 볼 수 있다. 그들은 심지어 가짜 감정을 인식하도록 훈련될 수 있고 우리는 그것을 파악하는 데 오랜 시간이 걸린다.

(2) 의식 이해의 문제

의식 혹은 이해도 마찬가지이다. 어떤 AI 프로그램은 단어 '사랑'과 '결혼' 사이의 통계적 연관성이 존재한다는 것을 자율적으로 학습할 수 있고 이 연관성을 표면상 인간에게 의미있는 문장을 자동생성하기 위해 사용할 수 있다. 그러나 그 AI 프로그램은 이 단어 혹은 문장이 진짜로 의미하는 것을 이해하지 못한다. 마찬가지로, 자율주행차는 어떤 수를 써서라도 보행자를 피하도록 학습할 수 있으나 생명의 본원적 가치에 대한 이해없이 그렇게 할 것이다. AI 알고리듬에게 보행자를 치는 것은 단지 피해야할 정량적 벌칙이고 만약 오래 지속된다고 해서 그러한 벌칙이 고통, 회한, 죄를 생성하지 않을 것이다.

(3) 상식 결여의 문제

AI 알고리듬이 감정, 의식, 이해가 결여되는 것뿐만 아니라 실제로 발견된 어려움 중 하나는 그들이 또한 상식(때때로 잊혀지는 것이 쉬운 것처럼 이해하는 것이 확실한 어떤 것)이 결여된다는 것이다. 즉, AI는 인간이 명시되지 않은 암묵적으로 동의한 규칙들에 복종하지 않고 상식이 작동하는 세계에 대한 이해를 하지 않는다. 예를 들어, 만약 기업이 떠들썩한 광고를 설계하기 위해 커뮤니케이션 에이전시를 채용한다면 두 당사자는 이 마케팅 캠페인이 인간의 생명을 위험에 빠트리거나 법을 어겨서는 안된다는 것을 암묵적으로 당연히 알고 있다. 그러나, AI는 인간의 생명과 무관하게 광고의 효과를 극대화하는 방안을 찾을 것이다. 이 상식의 결여는 다음에 얘기할 목적함수의 규정을 특히 복잡하고 흔히 과소평가된 업무를 만든다.

2.2. 목적함수의 문제

(1) 목적함수 설정의 어려움

강화학습에서 목적함수는 AI 알고리듬이 시간에 걸쳐 극대화(혹은 극소화)하려고 시도하는 보상(혹은 벌칙)들을 규정한다. 마케팅에서 연구자와 실무자들은 일반적으로 이익과 시장지분 극대화, 제품 잠식, 고객 보유, 효용 극대화를 따지는 목적들을 설정한다. 그러나, AI 알고리듬이 상식에 의해 통제받지 않고 사전에 정의된 특징 혹은 모델 규정에 의해 제한되지 않기 때문에 전체 목적함수의 정의는 가장 중요해진다. 어떤 인간의 목적이 암묵적으로 이해되기는 하지만 정량적 보상과 벌칙으로 전환하는 것이 어려운 환경에서 목적함수를 설정하는 것이 쉽지 않다. 이 어려움은 지도학습에도 해당되지만 특히 강화학습에서 더욱 사실이다.

예를 들어, 공항에 가능한 빨리 가라고 한 승객에 의해 지도를 받은 빈약하게 프로그램된(혹은 더욱 정밀히 빈약하게 인센티브된) 자율주행차는 교통법규를 어기고 과속으로 사고를 내면서까지 최단 시간 내에 목적지에 접근할 수 있다. 다른 극단적인 사례로서 보행자를 치면 무한의 부정적 벌칙을 받는 자율차는 결국 계속 멈춰서 있고 전혀 움직이지 않는 것을 학습할 것이다. 강화학습에서 기업은 바람직한 결과(정시 도착, 만족 극대화, 수익 확보)를 달성하기 위한 보상과 비교하여 정량적 벌칙(생명의 손실, 고객 이탈, 법 위반)을 통해 바람직하지 않은 결과를(흔히 명시적으로) 계량화할 필요가 있다. 하지만, 생명의 손실을 0이 아닌 1명 이하로 지정하고 법 위반을 3건 이하로 설정한다는 것이 얼마나 부담스러운 일인지를 상상해 보기 바란다.

(2) 목적함수 개념화의 어려움

비록 악의 없이 설계되었을지라도 인공적 일반지능이 궁극적으로 인간성을 파괴할 수 있다. 그 이유는 인간성의 최종 가치(사랑, 인생, 다양성)에 대한 보상이 AI의 목적함수에 구축되기 어렵기 때문이다.

AI 적용의 어려움은 그들이 분석자가 인과성을 완전히 이해하지 못하는 극히 복잡하고 다차원적인 문제를 다룰 수 있다는 점에 있다. 하지만, 그것은 그들의 주요 장점이자 가장 위험한 단점이다. AI 모델은 전통적 모델보다 설계자의 목적함수를 인식하지 못하는 '기대하지 않은', '지연된', '정량화 어려운' 결과를 더 만들 것이다. 이미 미국의 사법시스템에서 사용된 AI 기반의 소프트웨어인 COMPAS가 인종적으로 편향된 것으로 입증되었고 이미 그 결과로 수백 명의 희생자가 나올 가능성이 있었다.

강화학습이 마케팅 영역에서 뛰어난 잠재력을 가질지라도 마케팅 관리자가 추구하는 목적은 '복잡한', '다차원적인', '정량화가 어려운', '마음속에 있는' 생각이고 빈약하게 개념화될 수밖에 없다는 점을 기억해야 한다. 관리자가 이익 극대화를 고려할 때 그것은 법률, 도덕, 형평성, 윤리에 관한 무언의 가정에 의해 자주 제약된다.

2.3. 안전하고 현실적인 학습 환경

(1) 안정적 학습 환경의 문제

Chess 혹은 Go 게임에서와 같이 만약 사전에 정의되고 임의의 규칙들이 환경을 정의한다면 학습 환경은 완벽하게 자극이 될 수 있고 AI는 자신을 상대로 플레이함으로써 학습할 수 있다. 예를 들어, Alpha Go는 자신을 상대로 130만 번의 게임을 혼자 플레이하였고 3천만 포지션의 승리 확률을 스스로 평가하였다.

만약 환경이 더욱 복잡하고 현실적이나 여전히 유한한 잘 정의된 법칙을 지킨다면 컴퓨터 시뮬레이션은 여전히 적절한 학습 환경을 제공할 수 있다. 예를 들어, 항공시뮬레이션 시스템과 관련하여 AI는 항공역학, 비행원칙(상승, 중력, 추진 등)의 법칙을 도입하고 모델화하는 컴퓨터 시뮬레이션에서 훈련될 수 있고 심지어 기상상황(예: 바람)을 변경시킬 수도 있다.

(2) 현실적 학습 환경의 문제

AI가 투입물과 산출물 사이의 실제 인과관계를 이해해야 하는 필요성을 줄인다고 믿는 경향이 있다. 충분히 큰 데이터셋과 충분히 강력한 딥러닝 알고리듬을 고려하면 딥러닝 모델은 사전 지식 혹은 조사 중인 현상에 대한 깊은 이해가 없이 어떤 인과관계를 현실과 가깝게 모델링할 수 있기 때문이다. 그럼에도 불구하고, 학습하는 환경은 현실적이어야 한다.

특히, 비즈니스 세계에서 이것은 사실이다. 고객은 물리적 법칙을 따르지 않고 경쟁은 유한한 잘 정의된 규칙을 따르지 않는다. 만약 강화학습이 실생활에서 무작위 전략의 실험을 최적으로 안내할 수 있다면 그것은 너무 비용이 높고, 너무 느리고, 너무 위험하고, 따라서 받아들일 수 없는 것으로 간주될 것이다. 결과적으로 환경에 대한 컴퓨터 시뮬레이션의 현실적인 디자인(예: 고객의 행동을 모델링)은 효과적 강화학습 접근법의 개발과 훈련에서 필수 단계로 남아 있다.

그러한 사전단계의 중요성을 과소평가하는 것은 의심스러운 결과로 이어질 수 있다. 예를 들어, 서비스 가격책정 의사결정을 최적화하기 위해 강화학습으로 실험하였다고 하자. 그 알고리듬은 몇 명의 개인들을 수 개월 동안 매일 최적의 게임 방식으로 학습하였다. AI

에 의해 고안된 그 의사결정은 훈련되는 시뮬레이션 환경에서는 최적이었으나 그 환경 자체가 충분히 현실적이지 않았다. 고려해야 하는 변수가 너무 많기 때문이다. 만약 이 모든 요인들이 이해되지 않으면(그리고 적절히 측정되지 않으면) AI에 의한 의사결정은 실패할 것이다.

2.4. 편향된 AI

AI 알고리듬의 편향 가능성과 그 결과로 나타나는 리스크와 영향은 많은 관심을 받았다. 정책과 보건의료 부문과 같은 여러 영역에서 나타났듯이 훈련 데이터의 비일관성과 편향, 부실한 데이터 포착, 결함있는 AI 모델은 AI 시스템이 적용될 때 해로운 영향을 미칠 수 있다. 이 유형의 알고리듬 편향은 많은 원천을 가질 수 있고 다음의 방식으로 자주 등장할 수 있다.

(1) 훈련 데이터 편향
이것은 AI 시스템이 빈약한, 제한된, 편향된 데이터 셋으로 디자인되면 나타날 수 있다.

(2) 이전 상황 편향
이것은 AI 시스템이 하나의 상황을 위해 디자인되고 부정확하게 다른 상황으로 이전될 때 나타날 수 있다. 훈련 데이터와 결과 모델이 초기 상황에서 개발되고 일치될 수 있는 반면에 다른 상황에서 그것을 동일하게 사용하는 것은 결함있고 잘못된 결과로 이어질 수 있다. 예를 들어, 그러한 편향은 개인과 기업이 자신을 위해 기존에 이미 만들어진 AI 소프트웨어를 무조건적으로 적용할 때 나타날 수 있다.

(3) 해석 편향
비록 훈련 데이터와 알고리듬이 사용되는 상황이 적절할지라도 그들의 적용은 여전히 해석 편향으로 이어질 수 있다. 이 유형의 편향에서 AI 시스템은 설계자에 의해 의도된 것처럼 작동할 수 있다. 그럼에도 불구하고, 사용자는 그 시스템의 효용을 완전히 이해하지 못하거나 그 시스템이 지원할 수 없는 다른 의미를 추론하려고 노력할 수 있다.

2.5. 설명가능한 AI

이 용어는 미군에 의해 개발된 훈련시스템의 능력을 설명하기 위해 Van Lent et al. (2004)에 의해 처음 이름이 붙여졌다. 2017년 미국 DARPA(defense advanced research projects agency)는 지능형 시스템을 설명할 수 있는 기법을 개발하기 위해 XAI 프로그램을 추진하였다. DARPA는 XAI를 최종 사용자가 AI 시스템의 새로운 창출을 이해, 적절히 신뢰, 효과적으로 관리할 수 있는 설명가능한 모델을 만드는 기법으로서 XAI를 정의하였다. 설명가능성과 해석가능성은 기존 문헌에서 어떻게 사용자가 의사결정의 원인을 이해하는지를 의미하도록 상호호환적으로 사용할 수 있다. XAI는 머신러닝 알고리듬의 역할에 대한 산출물을 제공하는 것뿐만 아니라 사용자와 알고리듬이 결론에 어떻게 도달하는지를 알려주는 정보를 공유하는 것을 강조한다.

AI를 설명한다는 개념은 전문가 시스템이 AI의 표준이었던 1970년대 중반부터 이미 존재하였다. 전문가 시스템은 전문가 지식으로 구축된 규칙기반 시스템으로서 AI의 첫 번째 물결로 고려된다. 이후 머신러닝과 같은 통계적 학습 방법으로 대표된 AI의 두 번째 물결의 도래로 XAI의 개념은 AI 연구가 모델 실행과 예측적 파워 향상에 초점을 두었기 때문에 상대적으로 천천히 발전하였다. 그러나, 많은 현대의 AI 어플리케이션이 투명성과 해석가능성이 결여되었고 윤리와 신뢰에 관한 우려와 제한된 어플리케이션으로 이어지는 것을 안 후에 최근 XAI 논의와 연구가 급증하고 있다. XAI는 자신을 설명할 수 있는 알고리듬을 생성하려고 시도하는 AI의 세 번째 물결의 일부분으로 간주된다. XAI의 니즈는 네 가지 측면으로 요약된다.

- 정당화하기 위해 설명
- 통제하기 위해 설명
- 향상시키기 위해 설명
- 발견하기 위해 설명

XAI는 XAI의 목적이 인간이 업무를 지원하는 도구를 더 잘 활용할 수 있도록 불분명한 AI 시스템을 더 잘 이해하도록 만들기 때문에 인간참여(human−in−the−loop[1])의 개념과 동일하다. 최근에 XAI는 운송, 보건의료, 법률, 재무, 군사 분야에 적용되고 있다.

---

1 시스템이 보다 안정적인 결과를 도출할 수 있도록 훈련과 테스트 또는 조정을 수행하는 사람을 의미한다.

2.6. 통제가능한 AI

2017년 런던테러에 공포에 질린 사람들은 모든 운송수단을 사용하여 현장을 벗어나려고 노력하였다. 그 폭증한 수요가 안정화된 다음에 승차공유 회사인 Uber의 가격 알고리듬은 그 시간에 일반요금의 2배 이상으로 승차가격을 자동으로 조정하였다. 결과적으로, Uber는 이익을 창출하기 위해 런던 테러리스트의 공격을 활용한 오명을 받았다.

실제로, 이 가격 급등은 Uber의 누군가에 의해 이루어진 의사결정의 결과가 아니고 동태적 가격책정(dynamic pricing) 알고리듬의 결과이다. 사회적 분노에도 불구하고 Uber는 적절한 대응을 통해 이 문제를 해결하였다. 첫째, 그 회사는 문제가 있다는 것을 재빨리 인식하기 위해 제대로 된 핵심성과지표와 모니터링을 하고 있었다. 둘째, 그들은 알고리듬에 의한 의사결정을 중단시키는 메카니즘을 우선적으로 설계하였다. 셋째, 홍보 관점에서 그들은 무슨 일이 일어났는지를 재빨리 대중과 소통하고 해당지역에서 모든 승차를 무료로 하였고 24시간 이내에 과도한 요금을 지불한 고객에게 환불하였다.

이 사건은 좋은 AI는 통제가능한 AI라는 것을 모두에게 경고한 사례이다. 초기의 AI 알고리듬 설계단계에서 모든 조직은 실시간으로 통제, 중단, 무효로 하기 위한 메카니즘을 올바르게 설치할 필요가 있다.

3 AI의 미래

3.1. AI의 미래에 대한 견해

이미 이전 장에서 AI의 미래에 대한 몇가지 관점을 간단히 언급하였지만 그 다양한 견해(혹은 시나리오)를 네 가지로 자세히 정리하면 다음과 같다.

(1) 낙관론자

비즈니스와 사회에서 AI와 로봇의 성장을 둘러싼 걱정과 불신을 상쇄하면서, AI가 우리에게 줄 수 있는 것에 대한 낙관주의가 존재한다. 낙관론자들은 AI가 모든 것을 근본적으로 변혁하는 것을 당연한 것으로 받아들인다. 즉, 우리의 뇌가 클라우드에 직접 연결된 채 인간이 컴퓨터의 속도/기억용량/지식공유 능력을 이용하도록 할 수 있는 유전학, 나노기술, 로봇기술을 갖는 유토피아적 미래인 공상과학(science fiction)을 전망한다. 유전학은 질병을 피하기 위해 우리의 유전자를 바꾸고 노화를 늦추거나 역행시키는 것이 가능해 우리의 수명을 연장시킬 수 있다. 3D 프린터를 이용한 나노기술은 우리에게 무한한 부의 창출을 가져다 주는 정보와 저렴한 자재를 통해 가상적 및 물리적 제품을 만들도록 도와줄 수 있다. 마지막으로, 로봇은 모든 실제 육체적 및 정신적 업무를 담당할 것이고 인간이 원한다면 자신의 선택적 활동(예: 취미생활과 레저 등)과 관심을 갖고 있는 일(예: 창의적 일)을 수행하는데 시간을 보내도록 여유를 제공할 것이다.

특히, AI는 보건의료를 지원하는데 적극적으로 사용될 수 있다. 이것은 이미 진행 중이다. AI는 성공적으로 암, 심장, 신경학과 같은 분야에 걸쳐 초기 감지, 진단, 성과예측에 사용되어 왔다. AI는 인간이 생각할 수 없는 방식으로 빠르게 패턴을 규명하고 빅데이터와 함께 일하는 데 적합하다. 따라서, AI는 패턴을 발견하고 의료적 재앙으로 이어질 수 있는 행태적 실수를 예방하는 것을 도움으로서 질병을 치료하는데 사용될 수 있다.

만약 AI와 로봇이 어떤 산업에서 인간 노동자를 대체하면 우리는 인간이 더 이상 효율성과 속도로 판단되지 않고 이타주의, 감정, 창의성으로 판단되는 인간성으로의 복귀를 볼 수 있다. 노동력 구성의 전환은 생활에서 더 많은 자유시간과 더 편안함을 허용할 수 있다. 일하는 시간의 축소는 공해방출의 감소로 이어지고 궁극적으로 기후변화를 다루는 것을 도울 것이라고 주장한 사람도 있다.

(2) 비관론자

Elon Musk는 'AI로 우리는 악마를 소환 중이다'라고 하였다. 비즈니스와 사회에 AI와 로봇 기술의 증가하는 사용에 대한 많은 걱정이 존재한다. 비관론자들은 인간의 가장 강력한 21세기 기술(예: 로보틱스, 유전공학, 나노기술)이 인간을 위험에 빠진 종(species)으로 만들도록 위협하고 있다고 생각한다. 기계가 더욱 더 지능적이 되고 사회문제가 더욱 복잡해짐에 따라 사람들은 AI의 의사결정이 인간보다 더 나은 결과를 가져오기 때문에 기계가 사람을 위해 모든 중요한 의사결정을 맡도록 할 것이라고 생각한다. 궁극적으로 이 상황은 모든 중요한 의사결정의 효과적 통제를 기계가 하도록 하고 사람들은 기계에 의존하며 자신의 선택을 두려워하도록 만들 것이다.

다른 예로서, 소셜 미디어를 통한 불미스러운 정치적 이데올로기를 공유하는 조직의 딥페이크(deepfake)[2]에 의해 초래될 수 있는 부수적 피해 혹은 해킹된 로봇과 AI와 관련된 위기를 고려해 보자. 화이트 해커(white hacker)가 자율자동차를 원격으로 통제할 수 있다는 것을 보였을 때 이미 AI의 위기는 발생하고 있다. 나아가 해킹된 AI, 사악하게 프로그램된

---

2 인공지능의 영상합성 조작 기술이다.

로봇, 갈취 혹은 통제하기 위한 기술의 일반적 오용에 의해 초래된 파급효과는 우리가 이 새로운 환경의 잠재적 위험을 인식할 필요가 있다는 것을 의미한다. 이것은 의도한 리스크에 해당하는데 의도하지 않은 리스크도 발생할 수 있다. 이것은 심지어 우리가 최선의 의도로 진행하였음에도 불구하고 빈약한 실행 혹은 의도하지 않은 결과로부터 발생하는 피해로서 직업 소멸, 관계 이슈, 취약계층의 인적 접촉의 감소, 소수인종과 가난한 사람들의 의도적인 배제가 해당된다.

많은 과학자들과 철학자들은 낙관론자들이 사고하는 기계와 지능형 로봇이 발생시킬 수 있는 문제점과 잠재적 위험의 크기를 과소평가하고 있다고 믿는다. 그들은 모든 일이 기계와 로봇에 의해 행해지는 유토피아적인 세계에서 컴퓨터와 로봇이 쉽게 이용가능하게 되고 사람이 일하도록 하는 동기부여가 되지 않을 것이기 때문에 컴퓨터와 로봇이 모든 중요한 의사결정을 담당하면서 인간은 이류의 지위(컴퓨터의 애완동물과 동등한)로 돌아갈 것이라고 생각한다.

Harari(2016)는 비관론자 사람들 중 하나이다. 그의 책(Homo Deus: A brief history of tommorrow)은 다음의 세 가지 주장을 한다.

① 과학은 모든 것을 포용하는 신조(dogma)로 융합 중이고 이것은 유기체가 알고리듬이고 인생이 데이터 처리라고 간주한다.
② 지능(intelligence)은 의식(consciousness)과 분리 중이다.
③ 무의식적이나 매우 지능적인 알고리듬이 우리가 자신을 아는 것보다 더 잘 우리를 알 수 있다.

AI 기술의 발전으로 자율주행차량이 폭넓게 사용될 때 법적인 규제에 의해 인간의 운전을 금지하거나 규제하는 시기가 올 수 있다. 분명히, 자율주행차량은 인간처럼 속도제한을 초과하지 않고 음주 혹은 약물중독 하에 운전하지 않을 것이며, 졸지 않고 전화하거나 SMS 혹은 이메일을 함으로써 정신이 팔리지 않아 인간보다 더 작은 실수를 범할 것이기 때문에 더 작은 사고를 유발할 것이다. 그러나, 인간을 운전하지 못하게 하면 두 가지 결과가 존재한다. 첫째, 택시운전, 트럭운전 등을 포함하여 많은 노동 대체가 존재할 것이다. 둘째, 컴퓨터가 우리보다 더 우월하다는 것을 인정하면서 운전의 자유를 빼앗을 것이다. AI의 가장 큰 장점이 객관성이고 인간보다 덜 실수하는 그들의 능력에 있기 때문에 이러한 주장이 받아들여진다면 앞으로는 컴퓨터가 핵발전소 운영, 공공정책 수립, 최적의 경제전략에 대한 결정과 같은 다른 의사결정을 수행하도록 허용하는 것은 그리 어렵게 생각되지 않을 것이다. 나아가, 극단적으로 사람들이 감정적으로 투표하고 어떤 후보의 비현실적 공약을 믿기보다 컴퓨터가 객관적 기준을 사용하여 대통령과 국회의원을 선택하도록 제안할 수도 있다. 비록 그러한 생각이 최소한 가까운 미래에 결코 받아들여지지 않을지 모르겠지만 사람들이 흔히 잘못된 후보를 선택하고 나중에 사전 공약이 심지어 반대로 간다는 것을 알아차린 후에는 그들의 선택을 후회하기 때문에 그것을 고려할 여지는 충분히 있다.

비관론자들은 만약 컴퓨터가 궁극적으로 모든 중요한 의사결정을 담당하게 되면 사람이 단순히 컴퓨터에 의한 의사결정을 관찰하는 것으로 역할이 강등되기 때문에(컴퓨터가 운전하는 차량에서 승객이 되는 것처럼) 사람이 할 일은 거의 남아나지 않을 것이라고 말한다. 이것은 결국 인간이 컴퓨터의 애완동물이 되는 것이다.

(3) 실용론자

현재 AI의 미래에 대한 다수의 관점은 잠재적인 디스토피아적 결과에 대한 우려로 인해서 부정적이다. 예를 들어, Tesla의 CEO인 Elon Musk는 그것은 악마를 소환하는 것과 같다고 말하고 핵무기보다 더 나쁜 결과라고 환기시킨 바 있다. 이처럼 낙관론자의 수는 상대적으로 훨씬 작지만 AI 기술이 'OpenAI'와 효과적 규제에 의해 통제될 수 있다고 믿는 실용론자도 존재한다. 이 사람들은 AI 분야의 활용이 두 가지 부류로 구분될 수 있다고 생각한다(Markoff, 2016).

① 인간지능을 복제하려는 노력
② 인간의 의사결정을 확장하기 위해 컴퓨터의 파워를 활용하는 인간의 능력을 확대

실용론자들은 체스를 언급하면서 현재의 세계 챔피언은 인간 혹은 컴퓨터가 아니라 노트북 컴퓨터를 사용하는 인간이라고 한다. 그들의 관점은 인간이 자신의 스킬을 확장하기 위해 컴퓨터 파워를 활용하도록 학습할 수 있고 인간은 언제나 AI보다 한발 앞서 있거나 최소한 불리하지 않다는 것이다. 실용론자들은 또한 최악의 경우에 반도체 칩이 어떤 위험한 경우에 작동하지 않도록 하는 사고하는 기계/로봇으로 대체될 수 있다고 믿는다. 그들은 이처럼 지능 확대를 강조하여 인간이 사고하는 기계와 스마트 로봇과의 경주에 앞서는 방법을 고안함으로써 AI의 잠재적 위험을 피하거나 최소화할 수 있다고 주장한다.

(4) 회의론자

회의론자는 AI 자체가 실제로 가능할 뿐만 아니라 인류에 위협이 될 거라고 믿지 않는다. 이 주장의 주요 옹호자인 Dreyfus(1972)는 인간 지능과 전문성은 복제되고 공식적 규칙으로 모방할 수 없다고 주장한다. 그는 1966년 Baylor & Simon이 컴퓨터는 10년 내로 세계

체스 챔피언이 될 것이고 기계는 인간이 할 수 있는 어떤 일이든지 20년 내에 모두 할 수 있을 것이라고 한 예측이 실현되지 않았음을 지적하였다. 그는 우리 사고가 컴퓨터와 전혀 같지 않듯이 인간지능이 정보처리관점에 기반한다는 잘못된 전제에 기초하였기 때문에 Baylor & Simon(1966)의 낙관론은 완전히 실현되지 않았다고 주장한다.

그들은 일단 컴퓨터가 충분히 발전된 알고리듬을 보유하면 계속 학습능력이 향상하고 우리의 사고가 작동하는 방식을 복제할 수 있을거라고 믿는 것 자체가 잘못되었다고 생각한다. 그들에 의하면 컴퓨터는 창의성이라는 가장 높은 인간의 능력을 달성할 수 없다. 창의적이 되는 것은 어떤 사전규칙을 깨고 반알고리듬적이 되는 것을 필요로 하기 때문이다. 즉, 창의적 대변혁은 예측될 수 없기 때문에 그렇게 하도록 AI에 의해 개발된 어떤 알고리듬은 반드시 실패할 것이라고 생각한다. 수십만 명의 평범한 화가를 모아놓은 것보다 훨씬 뛰어난 한 거장에 의한 그림을 생각해 보기 바란다. 혁신적 대변혁, 전략적 사고, 기업가정신, 위험수용 등과 같은 창의성을 필요로 하는 모든 업무는 인간에게 지능형 기계에 비해 명백한 우월성을 제공하면서 결코 혹은 최소한 예측가능한 미래에서 알고리듬에 의해 수행될 수 없다.

그러나, 비록 회의론자의 비판이 지난 세기에는 타당할 수 있지만 그들은 AI의 새로운 발전을 예상하지 못했다. 오늘날 기계가 인간이 할 수 있는 모든 일을 할 수 있는 날이 멀지 않았다. 예를 들어, Deep Blue는 인간이 할 수 있는 대부분의 일을 할 수 있게 되었다. 이것은 21년 만에 Baylor & Simon(1966)의 예측이 잘못되었음을 알려준다. 또한 자율주행 차량, 노인을 돌보는 간호로봇, 우리가 찾는 것을 우리보다 더 잘 알 수 있는 Google Search를 생각해 보기 바란다.

3.2. 이해관계자별 미래에 대한 견해

이해관계자 이론(stakeholder theory)에 따라 어떻게 AI가 내부 이해관계자(노동력과 경영을 위한 AI의 사용에 의해 주도된 기업에 대한 시사점)와 외부 이해관계자(고객, 공급자, 사회, 정부, 기타 이익집단으로부터 나올 수 있는 기업의 AI 미래 추세의 시사점)에 영향을 미칠 수 있는지를 논의한다.

(1) 내부 이해관계자

① 직원

AI는 흔히 업무환경의 미래를 논의할 때 언급된다. AI 에이전트는 언젠가는 반복적 업무를 맡고 그 업무의 효율성을 극대화할 것이다. 결과적으로, 자동화로 인해 새로운 유형의 직업이 창출되는 반면에 수백만 개의 직업이 사라질 것이다. 일에 대한 AI 영향의 1라운드에서는 창의적 직업이 AI 대체로부터 안전할 것으로 추정된다. 실제로, 몇 연구자들은 AI가 인간의 창의성을 인식하고 사용하는데 항상 실패하고 새로운 유형의 감성경제학[3]이 새로운 직업 창출을 촉발할 것이라고 주장한다. 그러나, 최근의 예는 또한 인간의 예술과 음악활동을 모방함으로써 창의적 업무를 수행하는 AI 시스템도 보여준다.

AI 에이전트는 업무현장에서 적용될 수 있는 새로운 창의적 및 혁신적 개념을 개발하기 위해 그들의 인간의 조상으로부터 학습하는 더 많은 파워를 가질 것이다. 이것은 업무 이행의 패턴과 창의적 프로세스에 대한 더 나은 이해로 인해서 AI 시스템이 더 안전한 업무 조건과 편의를 제공하도록 지원할 수 있기 때문에 스마트 업무현장의 창출에 기여할 수 있다. 예를 들어, Hyundai와 Mercedes-Benz는 인간 노동자가 더 나은 대부분의 반복적인 업무를 수행하도록 돕는 외골격에 내재된 AI를 이미 사용 중이다.

스마트 시스템은 또한 제조를 혁명화하고 있는 중이다. 실제로, Industry 4.0은 이미 많은 대기업에서 현실로 다가오고 있다. 스마트 제조는 공장의 수요 및 공급 네트워크, 고객에 실시간으로 반응하는 통합된 시스템을 나타낸다. 사물인터넷은 활동의 대부분을 추적하기 위해 연결된 센서를 실행함으로써 운영 성과를 측정하는 데 기업을 지원할 것이다. Nature Fresh Farms은 AI로 사물인터넷을 내재하는 편익을 사용하여 신선제품을 선별하는 방법을 향상시킴으로써 35초 이상에서 8초까지 포장시간을 줄였다. 나아가, AI시스템은 모든 의사결정 수준에서 과거의 성공과 실패로부터 학습할 수 있고 어떤 부품 혹은 완전히 새로운 개념적 디자인을 만드는 창의적인 방식과 같은 더 나은 솔루션을 고안할 수 있을 것이다.

② 로봇 직원

오늘날, 로봇은 실제 세계에서 상호작용하는 방법을 학습하기 위해 그들의 주변환경을 감지할 수 있다. 따라서, 로봇 시스템에 내재된 AI 에이전트는 그들이 걷는 것을 학습하고 장애물을 회피하며, 복잡한 인간 스킬을 터득하는 방향으로 진화하고 있다. 자율 주행차와 고객 서비스 봇과 같은 복잡한 업무를 수행하기 위해 AI를 사용 중인 자동화 시스템의 확산은 그들을 더 손쉽게 이용할 수 있게 만들면서 궁극적으로 그러한 시스템을 제조하는 비용을 낮출 것이다. 또한, AI 에이전트가 일상의 경험(예: 고객 어시스턴트 혹은 공장 노동자처럼)과 그들이 인간-개체관계에서 주인 역할을 맡는 업무로 통합되기 때문에 또한 그들은 새로운 유형의 구매자가 될 것이다.

---

3 감성, 감정이입, 대인간 관계에 기반하는 Feeling Economy이다.

③ 관리자와 소유자

오늘날, 기업은 이미 누구를 채용하는지를 결정하도록 관리자를 돕기 위해 AI 시스템을 사용하는 중이다. 예를 들어, Unilever는 인턴십에 수천명의 잠재적 후보자를 성공적으로 분석하고 조사하기 위해 HireVue를 사용 중이고 L'Oreal은 국제적인 후보자를 채용하기 위해 유사한 방법을 사용 중이고 어떤 후보자를 선별하는데 필요한 시간을 90%까지 줄였다. AI에 기반한 그러한 자동화된 시스템은 비록 초기 수준에 머물러 있지만 전통적인 인간 기반의 채용보다 훨씬 덜 편향되고 더 객관적인 것으로 알려졌다. 멀지 않은 미래에는 관리자와 직원 모두가 인지적 스킬을 향상시키기 위해 뇌-컴퓨터 인터페이스(BCI: brain-computer interface)의 사용을 증가시킬 수 있다. 오늘날, 뇌-컴퓨터 인터페이스는 사람의 뇌 파동을 사용하여 컴퓨터(스마트폰 혹은 AI)와 상호작용하도록 폭넓게 개발되고 있다. 그러나, 또한 미래에는 뇌 파동을 포착할 뿐만 아니라 인간의 뇌와 상호작용하는 양방향 시스템인 뇌심부 자극(DBS: deep brain stimulation)에 의존할 것이다.

비록 DBS가 인지신경학에서 새로운 분야가 아닐지라도 그 발전은 몰입형 현실 혹은 기억 향상과 같은 다른 분야로 지속적으로 확장하고 있다. 그러나, 상업적 적용을 위해 BCI를 사용하여 발생하는 편익에도 불구하고 미래의 잠재적 적용은 나이보다 훨씬 더 높은 지능 수준을 갖는 새로운 유형의 혼합 인간(Humanoid 2.0)을 창출하게 되어 수많은 윤리적 도전에 직면할 것이다. 더 많은 지능적 노동력이 사회를 지배할 수 있기 때문에 그러한 인지적 차이는 중요한 비즈니스 시사점을 가질 것이다.

뇌에 신경자극과 나노칩의 통합은 인간 유기체를 트랜스휴머니즘(transhumanism)[4]을 향해 향상시킨다. 트랜스휴머니즘은 기술의 발전에 의해 열린 인간 유기체와 인간의 조건을 향상시키기 위한 기회를 이해하고 평가하는 운동이다. 트랜스휴머니스트는 실제 생물학적 상태가 다양한 감정, 사고, 경험하는 인간을 제한하지만 기술을 도입하여 활용될 수 있다고 믿는다. 인간 역량의 향상은 그들의 주관적 행복과 직원의 직무 성과를 향상시키는 것과 관련된다.

(2) 외부 이해관계자

① 고객

비즈니스 환경의 변화는 이미 기업이 소비자와 상호작용하는 방식에 영향을 미치는 중이다. 예를 들어, 레스토랑이 예약을 스케줄링하도록 하는 Google Assistant에 의해 입증되었듯이 사용자들에게 선행적으로 행동을 취하도록 할 수 있는 첨단 AI 어시스턴트는 서비

---

4 과학기술로 영생하는 등 인간의 몸과 정신을 개발 및 개선하려는 신념 혹은 운동이다.

스를 전달하고 소비하는 새로운 방식을 제시하면서 조만간 일상적이 될 것이다. 소비자는 쾌락적/심미적 경험을 향상시키며 반복적인 업무를 줄이기 위해 점점 더 AI 기술(심지어 인지적 스킬을 향상시키기 위한 BCI)을 적용할 것이다. 그 예로서 소유자의 행동에서 학습하고 감정적 파트너로서 작용하는 감정이입적 AI 챗봇인 Replika와 의사결정 프로세스 동안 고객 지원을 확장하는 Conversica를 포함한다.

② 공급자와 사회

지능적인 사이버물리(cyber−physics) 시스템을 형성하기 위해 AI와 결합한 사물인터넷의 진화는 어떻게 우리가 우리의 삶을 살 것인지에 대한 새로운 시사점을 가져올 것이다. 가까운 미래에 우리가 일상에서 사용하는 모든 것은 연결될 것이라고 기대된다. 그러한 네트워크화된 장치는 엄청난 양의 실시간 행태 데이터를 발생시킬 것이고 이것은 도시가 더 잘 관리되고 더 지속가능해지는 것을 돕는데 사용될 수 있는 잠재적 지식을 밝히기 위해 AI 알고리듬을 사용하여 분석될 수 있다. AI가 더 지능적이 됨에 따라 스마트 시스템은 이전에 결코 생각하지 못했던 방식으로 도시 거주자의 일상의 삶을 최적화하는 방식을 발견할 것으로 기대된다. 기업과 공급자 사이의 관계는 또한 소비자를 더 잘 서비스하고 생산 효율성을 향상시키기 위해 빅데이터 정보를 통합하는 니즈의 증가를 다룰 필요가 있을 것이다.

③ 정부: 법과 윤리

딥러닝은 환경으로부터 학습함으로써 주어진 결과를 정교하게 예측하도록 개발된다. 그러나, 네트워크에 내재된 은닉 레이어(hidden layer)를 갖기 때문에 그들은 대부분 블랙박스이다. 그러나, 최근의 eXplainable AI(XAI)하에 맞춰진 AI 기법은 AI에 기반한 미래의 투명한 활용을 위한 길을 열고 있다. 그러나, AI에 본원적인 복잡한 학습 절차에 투명성을 가져오기 위해 수행된 연구에도 불구하고 더 많은 연구가 AI 언어를 인간의 언어로 전환하는데 필요된다. 그러나, AI 시스템과 인간 사이의 소통 프로세스가 정착될 필요가 있을 뿐만 아니라 의무와 복종을 갖는 전체 AI 시스템과 로봇 권리 헌장이 등장해야 하고 UN과 같은 국제 기구에 의해 승인되어야 한다. 불법행위와 책임에서 시민을 지배하는 현재의 법은 책임있는 사람을 규제하는데 예를 들어, 만약 AI 시스템과 로봇이 타인들(예: 인간, AI 에이전트, 혼합 존재)에게 육체적으로 해를 끼쳤다면 그 책임에 AI 시스템을 포함하도록 확장되고 검토되어야 한다. 동일한 맥락에서, AI 시스템이 제품 혹은 경험을 만들 때 혹은 그들을 사용할 때 지적재산에 권리를 부여하고 세금을 지불할 의무를 갖는다.

이미 'AI for Humanity' 혹은 'Institute for Ethics in Artificial Intelligence'와 같은 운동이

과 조직이 존재하듯이 AI가 지능적이 됨에 따라 인간은 그것의 진화를 통제할 수 없을 거라는 걱정이 늘어나는 중이다. AI 에이전트와 혼합 인간에 기반한 초지능형 사회가 환경과 사회적 변화의 관점에서 엄청난 편익과 도전 모두를 가져올 수 있다. 일반적으로 초지능 상태를 의미하는 특이성(singularity)[5]은 다음 10년 이후에나 발생할 수 있다. 그러나, 리스크와 만일의 사태에 대비하기 위해 오늘날 이 문제가 논의되어야 한다. 그러한 리스크는 미래 AI 시스템의 안전의 결여, 투명성의 결여, 사회경제적 불평등을 심화시킬 수 있는 자기주도적 학습으로부터 잠재적인 편향되고 불공정한 처리, 그러한 지능형 시스템으로부터 인간 지능의 의존성 수준을 포함한다.

4 서비스산업에서 AI와 고용

서비스산업에서 AI가 고용에 다양한 형태로 영향을 미친다(Gu et al., 2022).

4.1. AI와 고용 규모

고용에 대한 AI의 영향에 관해 첫 번째 관심은 AI가 고용을 줄일 것인지 여부이다. 이 이슈에 세 가지 다른 관점이 존재한다.

(1) AI의 대체효과

이 관점은 대규모 AI 활용이 고용을 줄이고 광범위한 비고용으로 이어질 것이라는 AI의 대체효과를 강조한다. 그럼에도 불구하고 AI는 모든 일을 대체할 수 없고 인간의 감정적 소통 혹은 비상식적인 인식을 갖는 업무가 대체되기 어려운 반면에 일차적으로 단순한 반복성, 높은 리스크, 정밀성과 효율성에 대한 강조가 요구되는 업무를 대체한다는 것이 강조되었다. 어떤 사람은 AI의 대체효과가 고정되지 않고 기간별로 산업별 대체효과가 다르다고 주장하기도 한다. 어떤 연구는 심지어 인구가 고령화하는 상황에서 노동에 대한 AI의 대체는 보완적 대체라고 주장하며 대체효과에 대해 긍정적 태도를 유지하기도 한다. AI는 노동자들이 더 발전된 직무에 초점을 두는 것을 가능하게 할 수 있다.

---

5 AI가 인간의 지능을 극복하는 상태이다.

(2) AI의 창출효과

두 번째 관점은 AI의 창의적 영향을 강조하고 AI가 새로운 고용 기회를 늘리고 총 고용을 증가시킬 수 있다고 믿는다. 보통 AI의 훈련, 해석, 유지와 같은 새로운 고용기회가 발생한다. 그럼에도 불구하고, 어떤 사람은 새롭게 창출된 고용은 낮기 때문에 대체된 고용을 상쇄시키기에 불충분하다고 생각한다.

(3) AI의 상쇄효과

세 번째 관점은 AI의 대체효과와 창출효과는 어떤 수준의 상호 상쇄효과를 갖는다고 주장한다. 따라서, 그것은 고용에 중요한 고유영향을 미칠 수 없다. 우리나라도 여전히 AI의 발전의 초기 단계에 있고 AI 활용의 깊이와 폭이 불충분하고 서비스 산업이 주로 감정적으로 소통된다는 점을 고려하면 대체되는 것이 부적절할 수 있다. 따라서, 서비스산업에서 고용에 대한 AI의 대체효과는 진정으로는 나오지 않을 것이고 혁신적 영향을 상쇄하는 데 충분하지 않을 것이다.

4.2. AI와 고용구조

일반적으로 고용구조는 스킬 구조, 직업구조, 교육구조, 나이구조로 구성된다. 이중에 스킬 구조는 학자에 의해 가장 큰 관심을 갖는다. 기술적 진보는 고숙련과 저숙련 노동자의 차별화를 악화시키고 고용 양극화로 결과된다고 알려졌다. 이 현상은 또한 AI 활용에도 존재한다. 고숙련 노동의 직업이 복잡하고 대체되기 어려우며 AI 발전이 고숙련 노동과 일치될 필요가 있기 때문에 AI 발전은 고숙련 노동자의 수요를 증가시킨다. 한편, AI가 중간숙련 노동자에 대해 가장 강한 대체효과를 갖고 중간숙련 노동자들 사이의 경쟁을 격화시키고 그들이 더 높거나 낮은 숙련성을 갖는 직업으로 이동하도록 만들 것이기 때문에 AI 발전은 중간숙련 노동자의 고용환경을 악화시킨다. 따라서, 창출효과와 대체효과의 결합된 행동 하에 AI 발전은 고숙련 노동자들의 수요를 증가시키고 중간숙련 노동자들의 수요를 감소시키는 방식으로 고용구조를 변화시킨다.

4.3. AI와 고용 소득

고용소득에 관해 AI는 기업의 노동소득 비중을 향상시킬 뿐만 아니라 고숙련과 저숙련 노동 사이의 소득격차를 악화시켜 교육수익에 기초하여 임금 불평등과 산업 간 임금 격차를 확장시킬 뿐만 아니라 교육수준이 높고 숙련된 노동 집단에게 편향된 소득 분포로 결과될 것이다. 그럼에도 불구하고, 어떤 사람은 임금에 대한 AI의 영향이 노동력과 AI 기술 사이의 상관관계에 의존한다는 다른 견해를 유지하기도 한다. 즉, 그것은 AI가 노동력과 대안적 관계를 개발하는지에 의존하고 노동력을 위한 AI의 대체수준이 점차 더 높아질 때 고용소득이 처음에는 증가하고 나중에는 감소한다. 서비스 산업에서 노동대체가 실재한다는 것을 고려하면 AI 발전은 서비스 산업의 소득수준을 향상시킬 수 있다.

4.4. AI와 노동 이동성

틀림없이 AI는 산업과 지역별로 노동의 이전을 촉진하여 AI와 관련되지 않은 다른 산업의 고용을 증가시킬 것이고 고용구조 변화의 속도와 수준의 차이를 만들 것이다. 예를 들어, 수많은 제조 인력이 도매와 소매산업과 같은 전통 서비스로 유입되고 그 이유로 전통 서비스의 고용을 증가시킨다. 또한, 서비스 산업 내 지식 및 기술집약적 서비스 직업이 새롭게 발생하여 이 부문의 고용비중이 증가할 것이다. 서비스 산업에 대한 AI의 영향은 산업에 직접 영향을 미칠 뿐만 아니라 제조와 다른 산업에도 간접적으로 영향을 미친다. 이 간접적 역량은 서비스 산업에서 고용경쟁과 압력을 창출할 뿐만 아니라 새로운 서비스 산업에서 인재의 니즈를 만족시킨다. 따라서, AI 발전은 노동의 산업간 흐름을 가속화할 수 있다.

5 AI와 윤리

5.1. 배경

서비스 제공에서 서비스 로봇과 AI의 사용은 이 기술의 발전이 현장서비스에 도입됨에 따라 윤리적 관점에서 몇가지 문제점을 발생시킨다. 광범위한 대중성에도 불구하고 과거 연구는 AI 가 주도하는 사고 시스템이 직면하는 도전을 논의하였다. 그들은 사회적 불확실성, 실수 발생가능성, 편향된 알고리듬과 계산 오류로 결과될 수 있고 인류에게 기대하지 않은 피해를 줄 수 있다. 또한, 조직은 규제 가이드라인과 환경적 표준에 적합하지 않음으로서 프라이버시, 시스템의 안전과 진실성과 관련한 AI기반의 윤리적 이슈에 직면한다. 따라서, AI에 의해 지배되는 조직은 더욱 공정, 설명가능, 포용적이어야 하고 비즈니스 윤리를 따라야 한다.

AI 비즈니스 윤리는 조직의 비즈니스 모델(도덕적 추론, 인권, 행동강령), 고객경험(인식된 가치, 프라이버시, 안전과 진실성), 운영 프로세스(공정성, 포용, 지배구조)에 영향을 미친다. AI와 관련한 윤리적 이슈는 데이터 통제, 프라이버시, 신뢰성, 오너쉽(ownership), 훈련, 활용, 신분 도용, 개인적 데이터 보호 등과 같이 매우 다양한 분야를 포함한다.

5.2. 핵심 AI 윤리 이슈

(1) AI 기법과 잠재적 윤리이슈

공평성, 차별, 책임성, 사기, 범죄 등과 관련된다.

(2) AI 윤리의 기술적 및 정치적 시사점

지속가능성, 책임성, 디지털화와 관련된다.

(3) AI 윤리의 사회적 시사점

편향과 차별, 부정의, 프라이버시 침해, 감사의 증가, 자율의 손상, 기술에 대한 과잉의존 등과 관련한다.

(4) 산업별 AI 윤리

예를 들어, 헬스케어에서 데이터 프라이버시, 개인 데이터의 불법적 노출, 생체정보와 유전 데이터의 보호 문제와 관련된다.

5.3. AI 및 로봇 활용에 대한 흥미로운 윤리적 이슈

서비스 영역에서 실현가능한 시간의 순서에 따라 <그림 14.2>과 같이 주로 다섯 가지 윤리적 이슈가 발생한다(Belk, 2021).

그림 14.2 윤리적 이슈의 시간대

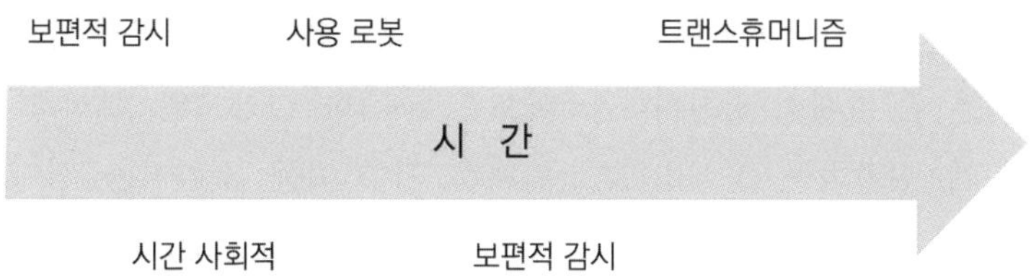

(1) 보편적 감시

위성, 드론, 디지털 도구뿐만 아니라 온라인과 거리에서 감시가 뉴노멀(new normal)이 되고 있다. 이것은 감시 자본주의(surveillance capitalism)로도 불린다. 그러나, 인터넷, 정부, 군사, 대학, 기업의 관점의 발전으로 시작하는 것은 서로 영향을 미치고 함께 보편적인 감시의 네트워크를 발전시켰다. 기술적으로 감시망은 우리가 CCTV, 양방향 거울, 숨겨진 비디오카메라에 대해 걱정하던 시기보다 훨씬 더 보편적이 되고 있다. 이 감시는 범죄를 줄이고 가장 적절한 시간에 정보가 필요한 사람들에게 광고를 목표화하는 많은 편익을 제공하나 윤리적으로 문제를 발생시키고 있다.

다른 유형의 도박과 비교하여 비디오 포커(video poker)는 지불할 여유가 있는 모든 것을 잃기 전에 더 오래 플레이를 즐길 수 있는 낮은 위험부담의 게임이다. 카지노(casino)와 다른 비디오 포커는 많은 기계를 갖고 매우 작은 필요 서비스 직원으로부터 편익을 볼 수 있다. 그러나, 그들은 또한 기계에 대한 중독을 높이는 능력을 갖는 것으로부터 편익을 본다. 더욱 정교한 기계에서 도박 사이트가 기계에서 기계로 심지어 카지노에서 카지노까지 플레이어를 따라다니는 것을 허용하는 내장된 안면인식이 존재한다. 그들은 플레이어의 선호하는 플레이 스타링을 결정하고 이 스타일에 맞추기 위해 원격으로 기계를 재프로그램한다. 그들은 법적으로 승률을 변화사킬 수 없으나 승이 분포되고 플레이어가 더 길게 플레이할 수 있는 방식을 변화시킬 수 있다.

Apple의 Siri, Amazon의 Alexa, Microsoft의 Cortana, Google Home과 같은 우리 가정에서 사물인터넷과 대화형 디지털 도구와 인터페이스의 등장으로 이 디지털 개체를 의인화하는 성향이 거의 필수불가결하다. 이 도구는 우리가 말한 것을 듣고, 녹음하고 다시 Amazon, Apple, Google에 보낸다. Amazon은 또한 제3의 개발자에게 그 기록을 보내는 것을 고려하고 있다. 이것은 프라이버시의 이슈와 해킹의 가능성뿐만 아니라 범죄의 경우에 증거로서 경찰이 그러한 기록을 소환할 수 있는지를 초래한다. 이 도구들은 굉장히 편리하나 그 배경기업이 피해를 주지 않을 것이라는 것을 신뢰해야 한다. 그러한 대화형 디지털 어시스턴트가 오싹하게 하고 그들이 감시되는 것을 느끼는 사용자들이 존재한다. 소비자들이 사물인터넷 도구의 잠재적 감시를 더 인식할수록 그들의 편리함 수준은 변할 수 있다.

개인적 데이터의 기록은 Fitbit, Apple Watch, Garmin, Waze 앱 등을 통해 건강, 여행, 운동 데이터의 자율 측정과 업로드 추세로 더욱 완성된다. 측정된 자아(quantified self) 혹은 자가추적 이동은 이 추세의 명칭이다. 스마트폰, 추적화, 그래프화, 분석화 덕분에 많은 소비자들은 몸무게, 심장박동, 음식소비, 수면패턴, 지역 이동, 소비지출, 심지어 성생활을 포함한 생활의 다른 측면을 적극적으로 모니터, 추적, 그래프화, 분석하는 중이다. 많은 자가 추적기들은 또한 측정된 자아로 불리는 웹 사이트를 통해 데이터를 온라인으로 공유하기 시작하였다. 소비 커뮤니티를 구축하는 것과 더불어 이 아이디어는 데이터를 모으고 분석을 촉진하는 것이다.

(2) AI의 사회공학 활용

보편적 감시가 잠재적으로 촉진하는 것들 중 하나는 사회공학(social engineering)이다. 공항의 안면인식 도구는 여행자의 여권 정보를 통해서 탑승자에게 인사, 게이트 정보, 비행 정보 등을 다시 확인해 주는 역할을 한다. 물론, 이러한 활동이 더욱 신뢰할 수 있는 사회를 만드는데 일조한다. 이것은 사회적 신용이라고 부르고 중국에서처럼 사람들에게 그들이 얼마나 좋은 시민인지를 반영하는 세자리 점수를 부여한다. 그 점수는 행동의 관찰로부터 나온다. 예를 들어 그들이 적절하게 줄을 서는지, 무단횡단하는지, 횡단보도에 차를 멈추는지, 금연구역에서 흡연하는지, 음악을 너무 시끄럽게 연주하는지, 정시에 세금과 공공비용을 납부하는지, 하루에 얼마나 많은 비디오게임을 하는지, 얼마나 많은 술을 마시는지, 소셜 미디어에 게시하는 글은 무엇인지, 누가 친구인지 등과 같은 행동들이 포함된다.

이 행동들이 사회적 신용점수를 낮추는 반면에 많은 기저귀 구매(좋은 부모의 대리치), 사회주의 정부와 경제에 대한 우호적 메시지의 게시, 선호된 신문을 읽는 것, 헌혈하는 것, 기부하는 것, 군대에 가는 것과 같은 다른 행동은 그들을 올릴 수 있다. 높은 사회 신용점수를 갖는 사람들은 자유롭게 여행하고, 보증금없이 집을 예약하고, 온라인 데이트 사이트에서 더 나은 위치를 차지하고, 병원에서 줄을 서지 않아도 되고, 할인된 에너지 공과금, 더 좋은 환율, 열차역에서 특별한 대기공간 허용, VIP 첵아웃, 더 좋은 이자율로 대출, 더 높은 인터넷 속도 등의 혜택을 누릴 수 있다.

그러나, 낮은 사회적 신용점수를 갖는 사람은 여러 가지 제약이 뒤따른다. 공공의 블랙리스트에 이름이 올라가고 심지어 스마트폰 상에서 500미터 이내에 '사회의 낙오자 지도'에 대한 위치를 볼 수 있다. 실제로 중국의 사회적 신용시스템은 '디지털 채무자의 감옥'으로도 불린다. 이것은 '거대한 사회공학 실험', '디지털 독재', '신뢰의 게임화', '미래의 디스토피아적 악몽'으로도 비판받아 왔다.

Facebook은 사진 상에서 얼굴없이도 옷, 걷는 방식, 머리, 체형으로 당신을 규명할 수 있도록 하고 있다. 비판가들은 자신의 사진을 게시하는 Facebook의 도전이 AI 소프트웨어가 나이가 들어감에 따라 계속 우리를 인식할 수 있도록 훈련하는 것을 도울 수 있다는 두려움을 제기하였다.

(3) 군사용 로봇

잠재적으로 큰 결과를 갖는 한 서비스 로봇 분야는 군사용 로봇의 사용이다. 드론과 같은 대부분의 군사용 로봇은 여전히 군사력, 마시일 방어시스템의 사용에 대한 의사결정에 인간이 중심이 된다. 이 방어시스템은 너무 느리고 작동하기 어렵기 때문에 미래에는 인간의 개입없이 운영되는 것을 목표로 하고 있다. 완전히 자율적인 군사용 로봇을 상상하는 것에 대해 경고고 있을지라도 두려움에서 싸우고 싸우기를 거부하는 인간 병사보다 더욱 도전적(예: 전쟁범죄)이고 일관성이 있을 수 있다는 주장도 있다.

이 이슈는 경찰 로봇에도 적용된다. 의심된 폭발물 장치를 무장해제하기 위해 유사한 로봇을 사용하기도 했지만 범죄가 우려되는 지역뿐만 아니라 범죄성향이 높은 개인을 규명하기 위해 대화형 AI를 사용하는 경찰이 존재할 수 있다. 이때 경제력 격차, 성별, 인종적 프로파일링은 윤리적 관심을 제기하는 프랙티스들 중 하나이다. 즉, 의도하지 않은 알고리듬 결과에 의한 이러한 두려움은 쉽게 가라앉지 못한다. 또한, 경찰은 CCTV 카메라, 공중 드론, 안면인식 AI에 의존하기 때문에 시민의 프라이어비와 익명성에 대한 침해의 두려움이 존재한다.

(4) 섹스 로봇

자주 논의되는 서비스 로봇이 사용될 수 있는 방식 중 하나는 성적 동료로서이다. 섹스 로봇의 등장은 이미 시작되었다. 섹스와 포르노가 VHS 테이프, DVD, 인터넷을 포함한 이전 기술에 이미 적용될 것처럼 섹스는 또한 가정용 로봇의 중요한 자극으로 보인다. 다른 사람에 대한 한 사람의 상업용 파워의 실행은 일종의 노예의 형태로 나타날 것이다. (여성) 섹스봇은 여성에 대한 폭력과 착취를 줄일 수 있지만 여성을 비인간화하고 상업화함으로써 반대 효과를 발휘할 것이라는 주장도 있다. 섹스로봇에 대한 세 가지 유형의 윤리적 우려가 존재한다.

- 로봇에 대한 편익과 해
- 사용자들에 대한 편익과 해
- 사회에 대한 편익과 해

(5) 트랜스휴머니즘: 인간과 AI의 혼합

서비스 로봇과 AI가 죽음보다는 삶을 포함하는 것으로 고려된다. 트랜스 휴머니즘은 인간이 자신의 생물학적 몸을 버림으로써 영생을 얻기 위해 컴퓨터 혹은 AI 로봇으로 의식을 업로드할 수 있다고 믿는다. 업로드된 의식은 또한 네트워크화된 컴퓨터의 광대한 자원과 더욱 빠른 처리로부터 잠재적으로 편익을 얻을 수 있다. 아마도 로봇이 인간을 위해 수행할 수 있는 궁극적인 서비스는 인간의 지능과 개성을 포함하기 위한 새로운 육체를 제공하는 것이다. 여기서 윤리적 관심사는 이것이 그러한 서로게이트(surrogate)를 할 여유가 있는 부자들에게 제한되는 가능성, 의식을 갖는 기계가 더 이상 인간이 아니라는 가능성, 그것이 초지능적인 로봇의 종으로 이어질 수 있다는 가능성을 포함한다.

참고문헌

Baylor, G.W. & Simon, H.A. (1966), A chess mating combinations program. Proceedings of the 1966 Spring Joint Computer Conference, 28, 431−447.

Belk, R. (2021), "Ethical issues in service robotics and artificial intelligence", The Service Industries Journal, 41(13−14), 860−876.

Davenport, T. & Kirby, J. (2015), Beyond automation, Harvard Business Review.

Dreyfus, H. (1972), What Computers Can't Do, MIT Press.

Frey, C.B. & Osborne, M.A. (2017), "The future of employment: How susceptible are jobs to computerisation?", Technological Forecasting and Social Change, 114, 254−280.

Gu, T.T., Zhang, S.F. & Cai, R. (2022), "Can artificial intelligence boost employment in service industries? Empirical analysis based on China", Applied Artificial Intelligence, 36(1), DOI: 10.1080/08839514.2022.2080336.

Harary, Y.N. (2017), Homo Deus: A brief history of tomorrow, HarperCollins Publishers.

Huang, M.H. & Rust, R.T. (2018), "Artificial intelligence in service", Journal of Service Research, 21(2), 155-172.

Manyika, J., Lund, S., Chul, M., Bughin, J., Woetzel, J., Batra, P., Ko, R. & Sanghvi (2017), "Jobs lost, jobs gained: Workforce transitions in a time of automation", McKinsey Global Institute's latest report. https://www.mckinsey.com/featured−insights/future−of−work/jobs−lost−jobs−gained−what−the−future−of−work−will−mean−for−jobs−skills−and−wages.

Markoff, J. (2016), Machines of loving grace: The quest for common ground between humans and robots, HarperCollins Publishers.

van Lent, M., Fisher, W. & Mancuso, M. (2004), "An explainable artificial intelligence system for small−unit tactical behavior", Proceedings of the Nineteenth National Conference on Artificial Intelligence, Sixteenth Conference on Innovative Applications of Artificial Intelligence, July 25−29, San Jose, California, USA.

저자 약력

• 김진한

금오공과대학교 경영학과에 재직 중인 김진한은 서강대학교에서 경영과학 전공으로 박사학위를 받았다. 저자는 한국외환은행 경제연구소, 현대경제연구원, 포스코경영연구소, 피츠버그대학교에서 과학적 의사결정, 신사업, 기술혁신과 네트워크 등에 대한 컨설팅과 프로젝트를 수행하였으며, 서강대, 이화여자대학교, 건국대, 인천대, 세종대 등에서 강의를 한 바 있다. 현재 대학에서는 서비스운영관리, 기술경영, 공급사슬관리, 빅데이터분석 관련 과목의 강의를 주로 하고 있다.

• 김주한

한국과학기술원 부설 고등과학원에 재직 중인 김주한은 서울대학교에서 천문학 전공으로 박사학위를 받은 후 한국천문연구원, 고등과학원에서 박사 후 연구원으로 재직하였다. 그 이후에 캐나다 이론천체물리연구소에서 국비 방문연구원으로 1년 간 재직하고 경희대 응용과학대학에서 학술 연구교수로 재직 후에 고등과학원으로 옮겨 지금까지 재직 중이다. 주된 연구분야는 수치우주론으로, 계산우주론 시뮬레이션을 통해 우주의 생성과 진화 그리고 은하 등을 연구하였고 지금까지 다수의 세계적인 우주론 다체 시뮬레이션을 수행한 경험을 갖고 있다.

AI와 서비스경영

초판발행	2023년 2월 28일
지은이	김진한·김주한
펴낸이	안종만·안상준
편 집	김윤정
기획/마케팅	장규식
표지디자인	BEN STORY
제 작	고철민·조영환
펴낸곳	(주)**박영사**
	서울특별시 금천구 가산디지털2로 53, 210호(가산동, 한라시그마밸리)
	등록 1959. 3. 11. 제300-1959-1호(倫)
전 화	02)733-6771
f a x	02)736-4818
e-mail	pys@pybook.co.kr
homepage	www.pybook.co.kr
ISBN	979-11-303-1698-7 93320

copyright©김진한·김주한, 2023, Printed in Korea

* 파본은 구입하신 곳에서 교환해 드립니다. 본서의 무단복제행위를 금합니다.
* 저자와 협의하여 인지첩부를 생략합니다.

정 가   30,000원